Georg Bollenbeck
Theodor Storm

Eine Biographie

1817 – 1888

Insel Verlag

Mit neunzehn Abbildungen

Für H. K.

Erste Auflage 1988
© Insel Verlag Frankfurt am Main 1988
Alle Rechte vorbehalten
Satz: Uhl + Massopust GmbH, Aalen
Druck: Wilhelm Röck, Weinsberg
Printed in Germany

Inhalt

lie »geht es gut« und es fehlt auch nicht an Geselligkeit · Sorgen: der Körper, das
Geld und die Kinder · Wünsche über die Nahwelt hinaus · Abseits wohnend, aber
mitten in den Literaturverhältnissen · Der produktive Lebenszusammenhang
von geordneter Lebenslage, problematischer Lebenssituation und Literatur · »Es
herrscht Novellennot«, die neuen Zeitschriften ermuntern zum Schreiben

Theodor Storm

Eine Biographie

I.
Friesische Mischung weltweit?

An einem Tag, irgendwann in den späten fünfziger oder frühen sechziger Jahren des 19. Jahrhunderts, flanieren zwei Herren, ein Redakteur der konservativen Kreuzzeitung und ein Kreisrichter aus der Provinz durch Berlin. Sie unterhalten sich weder über Politik noch über Rechtsfälle. Sie reden über Kollegen, über Rückert und Uhland, über Lenau und Mörike. Der eine spricht sein Lieblingsthema an »Wie eigentlich feine Lyrik sein müßte«. Beide dichten. Und haben sich bereits einen, wenn auch bescheidenen, Namen gemacht. Der kleinere Herr ist sonderbar gekleidet, trägt eine leinene Hose und Weste, ein grünes Röckchen, einen ausgeleierten alten Schal, einen Reisehut. Im Tiergarten verspüren die Herren Hunger. Man entscheidet sich, nicht ohne Einwände des Bessergekleideten, der Aufsehen befürchtet, für Kranzler, das Nobelcafé. Schwellenangst ist dem Mittvierziger im grünen Röckchen unbekannt. Er verweilt länger am Buffet und wählt einen zentralgelegenen Tisch – zum Leidwesen des weltgewandten Journalisten.

Theodor Fontane, damals Journalist der Kreuzzeitung, erzählt uns die Anekdote in seinen Erinnerungen an Theodor Storm, damals Kreisrichter in Heiligenstadt. Beide schätzen sich als Autoren, und doch werden sie nicht miteinander vertrauter. Aber über Literatur können sie sich verständigen – auch wenn die politischen Ansichten weit auseinandergehen. Der Journalist ist ein Preußenfreund. Der preußische Kreisrichter dagegen haßt die Preußen, ihr militärisches Gehabe, den Umgangston, die Bürokratie. Auch die unterschiedliche Lebensweise befremdet. Fontane kennt Leipzig, Dresden und Berlin, verbringt mehrere Jahre in London. Undenkbar, daß er sich nach Neuruppin, seinem Geburtsort, zurücksehnt. Storm hingegen liebt Kleinstädte, ihre Häuser mit anliegenden Gärten, ihre Überschaubarkeit. Er möchte zurück nach Husum in seine Geburtsstadt. In seinen Erinnerungen beschreibt, ja karikiert Fontane Storms »Husumerei« und »Provinzialsimpelei«, die Teezeremonien, den Versuch, in Preußen Husumer Lebensverhältnisse zu inszenieren. Ihn stört der verengte Blickwinkel, die Neigung zum Idyll, die stimmungshafte Wahrnehmung der Wirklichkeit. Demgegenüber spielt Fontane, dies ist unverkennbar, seine Weltläufigkeit und Sachlichkeit aus.

»Er war«, so heißt es in den Erinnerungen, »für den Husumer Deich, ich war für die Londonbrücke; sein Ideal war die schleswigsche Heide mit den roten Erikabüscheln, mein Ideal war die Heide von Culloden mit den Gräbern der Camerons und Mac Intosh. Er steckte mir zu tief in Literatur, Kunst und Gesang.«[1]

Auch anderen Zeitgenossen fällt der Hang zum Überschaubaren und Provinziellen auf. Und sie können sich dabei auf Leben und Werk berufen. Storms Herkunft bleibt im regionalen und sozialen Sinne sein unmittelbarer biographischer Bezugspunkt. Er lebt ereignisarm in geordneter Bürgerlichkeit, in einer Nahwelt, deren Zentrum die Familie, Leseabende und der Gesangverein ausmachen. Gesellschaft schrumpft bei ihm zu Geselligkeit, und seine Umwelt erscheint häufig als Natur mit poetischem Zauber. Auch das literarische Werk, die Gedichte, Märchen, Erzählungen, Novellen bleiben jener Nahwelt verhaftet. Heimat und Natur, Familie und Liebe erscheinen auf den ersten Blick als immer wiederkehrende Generalthemen. Und die Räumlichkeiten sind dem Leser als enge und bisweilen beengte bald vertraut. Dies ist hinlänglich bekannt. Bezeichnend schon die charakterisierenden Metaphern zeitgenössischer Kritiker. Die Texte seien »Kaviartönnchen« (P. Heyse), »verwelckte Blätter« (F. W. Hackländer), »Kleinmalerei« (R. Prutz), »Genrebildchen« (P. Rosegger), »Lyrik für den Nipptisch« (R. Gottschall). Sicherlich sind in den Metaphern unterschiedliche Bewertungen lebendig, die Skala reicht von »klein und fein« bis »klein und beschränkt«, gemeinsam bleibt aber trotz unterschiedlicher Bewertungen das festgestellte ausschnitthaft Begrenzte.
»Weitab vom laufenden Webstuhl der Zeit« sieht am Jahrhundertausgang der jugendliche Freund Erich Schmidt den »friesischen Strand- und Seedichter«.[2] Der einflußreiche Germanist hebt hier an einflußreicher Stelle zwei charakterisierende (nicht

unbedingt charakteristische!) Züge hervor, die schon zu Lebzeiten des Autors von der Literaturkritik formuliert und später von der zuständigen Wissenschaft, der Germanistik, festgeschrieben werden. Sicherlich bietet Storms Provinzialismus Gelegenheit, den Autor als ebenso unpolitischen wie schollenverbundenen Dichter darzustellen. Ob er dies auch rechtfertigt, bleibt zu klären. Jedenfalls entwerfen die Vertreter der Institution Literatur, die Lehrer, Kritiker und Germanisten aus völkischer und später auch nationalsozialistischer Sicht einen friesisch-niederdeutschen oder nordischen Storm, dessen Schrifttum aus Blut und Boden erwachsen soll. Wenn, wie folgenreich bei Josef Nadler, »friesische Sippe« und »nordische Abkunft« den Dichter und sein »Schrifttum« hervorbringen,[3] dann entlastet dies von sozialem und historischem Erklärungsdruck. Bezeichnend ist dafür auch, daß Franz Stuckerts große Stormbiographie nicht mit der Geburt oder mit gesellschaftlichen Verhältnissen in Husum, sondern mit umfassenden Landschaftsschilderungen beginnt.[4] Es geht dabei nicht um die nüchterne Schilderung der Region, sondern um die Einstimmung ins Schollenhafte. Solche »Aufnordung« erlaubt verschiedene Akzentuierungen. So kann man mit Blick auf die späte Novellistik den Autor etwa als aufrechten deutschnationalen Freiheitskämpfer heroisieren. Vorherrschend bleibt aber weit über die Germanistik hinaus die Vorstellung vom sentimentalen und unpolitischen Heimatdichter aus der grauen Stadt am Meer. Nicht die Germanistik, sondern das von ihr beeinflußte Lesebuch dürfte vorstellungsprägend wirken. Jedenfalls herrscht das Bild vom Heide- und Deichdichter, vom Idylliker und Melancholiker bis heute vor. Nicht nur im deutschen Sprachbereich, sondern weltweit, wie ein Blick in internationale Lexika zeigt. Dagegen kommt auch nicht jene eifrige Germanistik an, die nach 1945 in zahlreichen, oft ermüdend zu lesenden Spezialuntersuchungen Einzelaspekte aus Leben und Werk analysiert und interpretiert. Innerhalb der Forschung gilt Storm heute als Sprachartist, der, bisweilen nicht frei von trivialliterarischen Zügen, Raffinement und Einfachheit miteinander zu verbinden weiß. Auch hat man versucht, den Autor, wie in der Biographie von Peter

Goldammer,[5] als Demokraten vorzustellen oder ihn wenigstens, wie Karl Ernst Laage, von der Husumerei zu »befreien«, indem die Distanz zur Heimat ebenso hervorgehoben wird wie die Verbindung mit der nationalen und internationalen Literatur.[6] Außerhalb der Fachwissenschaft aber überleben alte Vorstellungen vom verträumten Poeten, so als sei er eine Art literarischer Spitzweg.

Hier soll kein Forschungsbericht präsentiert werden. Es geht auch nicht um die Aufzählung einzelner Stormdeutungen. Daß nach Zeit und Interesse Künstler unterschiedlich bewertet oder gar vergessen werden, läßt sich nicht als Besonderheit der Stormrezeption verbuchen. Die Art und Weise, wie Literaturgeschichte geschrieben wird, Autoren bewertet und ihre Werke gelesen und gedeutet werden, gibt vielmehr Auskunft über die Interpreten und deren gesellschaftlichen Horizont.

Auch zu Storm finden wir verschiedene, ja gegensätzliche, historisch und sozial zu relativierende Deutungen. Sieht man von skurrilen »Interpretationen« ab, so lassen sich diese einzelnen Deutungen nicht einfach als beliebige Konstrukte abtun. Denn sie beziehen sich, diese häufig überbewertend, auf bestimmte Einzelzüge in Leben und Werk. Unterhalb der plausiblen oder weniger plausiblen Charakterisierungen und Interpretationen, seien sie nun völkisch, existentialistisch, werkimmanent oder literatursoziologisch orientiert, gibt es einen Minimalkonsens: Dies ist die allseits festgestellte »Enge« in Leben und Werk, die allerdings unterschiedlich beurteilt wird: abwertend als unbedeutende Beschränktheit, aufwertend als bedeutsame Überschaubarkeit. Dazu Storm, weniger naiv, als viele seiner Interpreten vermuten: »Ich bedarf äußerlich der Enge, um innerlich ins Weite zu gehen« (an H. v. Preuschen 21.9.1881). Dies soll für die Lebensverhältnisse und kann auch für das Werk gelten.

Storm ist achtzehn Jahre jünger als Balzac. Welch ein Unterschied in der Erfassung zeitgenössischer Wirklichkeit – sofern man sie als zu dokumentierende bürgerliche Gesellschaft bestimmt! Welch ein Unterschied aber auch in der Gestaltung des individuellen Gefühlslebens, der beseelten Natur! Balzac be-

zieht sich auf eine moderne, politisch und materiell vereinheit-
lichte bürgerliche Gesellschaft, und er versteht sich bekanntlich
als deren Historiker. In seinen Romanen wird viel Geld verdient
und verloren. Storms Wirklichkeit ist eine vorindustrielle Provinzwelt, der er eine poetische Seite abgewinnen will. Bei ihm
spielt das Geld eine geringe Rolle, dafür werden um so häufiger
Blumen und Küsse ausgetauscht. Auch hier sollte eine nüchterne
Selbsteinschätzung angeführt werden:

>Zur Klassizität gehört doch wohl, daß in den Werken eines Dichters
der wesentliche geistige Gehalt seiner Zeit in künstlerisch vollendeter
Form abgespiegelt ist, und werde ich mich jedenfalls mit einer Seitenloge begnügen müssen« (an E. Kuh 1.9. 1872).

Storm wirkt ähnlich wie Adalbert Stifter oder Gottfried Keller
im Vergleich mit der westeuropäischen oder russischen Literatur
altfränkisch und idealrealistisch. Die häßlichen Seiten der bürgerlichen Gesellschaft, Verstädterung und soziales Elend, Eile
und Erwerbsgier, kommen bei ihm nicht vor, wohl aber ihre
gefährdenden Auswirkungen in einer vorindustriellen Nahwelt.
»Friesische Mischung weltweit?« lautet die etwas gewagte Überschrift zu diesem einleitenden Kapitel. Dies soll vor allem auf die
Diskrepanz zwischen der »Enge« in Leben und Werk und auf
eine überraschende Popularität »darüber hinaus« verweisen. Es
ist schon verwunderlich, daß der vermeintliche Heimatdichter
Weltwirkung erlangt und zum vermutlich meistgelesenen
deutschsprachigen Autor des 19. Jahrhunderts avanciert. Offensichtlich überlebt der Provinzler und vermeintlich versponnene
Idylliker viele Weltmänner des literarischen Lebens. Wer kennt
heute noch den weitgereisten Paul Heyse, den selbst der Nobel-
preis für Literatur (1910) nicht vor dem Vergessen bewahren
konnte? – Wer nur für den Deich zuständig sein soll, der wird
nicht nur hinter dem Deich gelesen. Populär wird und bleibt
Storm nämlich weit über den deutschen Sprachbereich hinaus.
Es erscheint zunächst paradox, daß er besonders in entwickelten
kapitalistischen Ländern wie Japan und den USA zahlreiche
Leser findet. In Japan behauptet sich Storm als beliebtester

deutscher Autor des 19. Jahrhunderts mit über 200 Ausgaben, davon 40 für die Schule![7] In den USA dient er zudem als beliebtes Objekt für akademische Qualifikationen, für Interpretationen, Magisterarbeiten, Promotionen. Die Verlagsorte bestätigen die internationale Wirkung: Athen, Sofia, Mailand, Paris, Amsterdam, New York, Moskau, Toronto u. a. Allein in beiden deutschen Staaten werden nahezu 15 Millionen Stormbücher gekauft und, so kann vermutet werden, teilweise auch gelesen. Verfilmungen, Hörspiele, Fernsehberichte und Zeitungsartikel begleiten und befördern diese Popularität. Keine Frage, Storms Wirkungsgeschichte liest sich als Erfolgsgeschichte. Als ihre Aktivposten gelten einzelne Gedichte, vor allem aber zwei unterschiedliche Novellen: *Immensee* und *Der Schimmelreiter*.

Was soll überhaupt eine Werkbiographie? Soll sie den Erfolg des Autors nachzeichnen und erklären? Will sie darstellen »wie es eigentlich gewesen ist« oder verbindliche Interpretationen liefern und ein neues Stormbild entwerfen? Wer ist das Subjekt der möglichen Geschichte? Der individuelle Autor oder die gesellschaftlichen Verhältnisse, die einzelnen Werke oder die Macht der Tradition? Welche Rolle spielen dabei der Vermittler und das zu Vermittelnde?

Der scheinbar einfachste Weg führt jedenfalls in eine Sackgasse. Gemeint ist hier der Gestus des redlichen »bei der Sache Bleibens«, des Erforschens und Präsentierens von Daten. Ihm verdankt die Stormforschung ihre Materialbasis, die kommentierten Texte, die entdeckten und publizierten biographischen Dokumente, die Einzelinterpretationen und Gesamtdarstellungen. Ohne sie bleibt biographisches Schreiben vollends der Vermutung und Einfühlungskraft ausgeliefert. Koaliert allerdings der Anspruch des »bei der Sache Bleibens« mit der Absicht, Leben und Werk so darzustellen »wie es gewesen ist«, dann entsteht eine problematische Stimmigkeit zwischen den unterschiedlichsten Fakten. Schon der ältere Positivismus greift auf die Biographie zurück, weil ihr Lebenskontinuum die splitterhafte Vielzahl der erforschten Details und Kausalverbindungen zu integrieren verspricht. Aber gerade die Konzentration auf die herauszuarbeitenden Sinneinheiten des Ererbten, Erlernten und Erlebten läßt den breiten Strom der gesellschaftlichen Verhältnisse zum biographischen Rinnsal verkümmern. Anders ausgedrückt: Die Teleologie der Biographie entlastet von Gesellschaftsanalyse. Oft erscheint die Kindheit als Miniaturausgabe der späteren Karriere, in der dann Mühsal und Glückszufall wirken. So entsteht häufig eine problematische Chronologie, die zwischen Geburt und Tod des Betroffenen Ereignis an Ereignis reiht. Ihre wohltätige Wirkung beschreibt Robert Musil: »Wohl dem, der sagen kann ›als‹, ›ehe‹, und ›nachdem‹! Es mag ihm Schlechtes widerfahren sein, oder er mag sich in Schmerzen gewunden haben: sobald er imstande ist, die Ereignisse in der Reihenfolge ihres zeitlichen Ablaufs wiederzugeben, wird ihm so wohl, als schiene ihm die Sonne auf den Magen.«

Die Orientierung auf das »Vorher« eröffnet allzu leicht eine mechanisch-kausale Perspektive, mit der das literarische Werk zum Resultat einzelner Ursachen gerät. So sollen zahllose Fakten und Einzelheiten den Nachweis erbringen, daß der Autor in einer bestimmten Situation nur so und nicht anders schreiben konnte. Das einzelne Werk leuchtet dann bestenfalls als Edelstein in einer Ursachenkette auf. Bleiben offensichtliche Lücken, dann muß sie das »Genie« des Autors (eine vage Größe) füllen. Das »bei der Sache Bleiben« entrückt so in die Höhen des »Schöpferischen«. Verläßlichkeit und »Objektivität« schlagen in Spekulation oder gar Mythenbildung um. Diese Tendenzen sind aus der Geschichte der Biographie bekannt. Es sei hier nur an die Lessing-Biographie des Stormfreundes E. Schmidt, oder an Robert Pitrous »La vie et l'œuvre de Theodor Storm« (1920) erinnert. Wie diese objektive »Manier« in eine subjektive mythenbildende umschlägt, zeigen die Goethe- und Nietzschebiographien von Friedrich Gundolf und Ernst Bertram. Zu einer solchen Heroisierung bietet sich Storms bürgerlich geordnetes Leben indes nicht an.

Was heißt also Werkbiographie? Ist nicht auch mit unserem Begriff ein möglichst stimmiger Zusammenhang zwischen Leben und Werk unterstellt? Die Orte und das Personal, die Stoffe und die Motive stammen, wenn auch nicht mit autobiographischer Verbindlichkeit, aus der eigenen Lebenswelt. Man könnte Storm als einen autofiktiven Autor charakterisieren, der fremden Lebenswelten mißtraut und sich ganz auf die eigenen Erfahrungen verläßt. Selbst in den Chroniknovellen wirkt das Vergangene familiär und heimatlich. Ganz im Gegensatz etwa zu den Kraftgestalten in Conrad Ferdinand Meyers Novellen, deren Helden in der großen Welt auftreten, Schlachten schlagen und Intrigen bestehen. Leicht lassen sich bei Storm autobiographische Motivschichten freilegen. So etwa im Falle seines Sohnes Hans, der sein Leben zum Leidwesen des ordentlichen Vaters verbummelt und als Alkoholiker stirbt. Dies wird als erbliche Trunksucht in den Novellen *John Riew* und *Der Herr Etatsrat* verarbeitet. Es ist variiert mit dem Thema des verlorenen Sohnes, mit oder ohne Schuld des Vaters, mit versöhnlichem oder unversöhnlichem Ausgang, in den Novellen *Carsten Curator*, *Hans und Heinz Kirch*, *Bötjer Basch*. Das Lebensproblem seines Sohnes Karl, eines mittelmäßigen Musikers, erzählt er in der Novelle *Ein stiller Musikant*. Und *Viola Tricolor* verarbeitet seine gefährdete zweite Ehe, den Kult um die verstorbene Gattin und die Aussöhnung mit der zweiten Frau. Storm selbst spricht solch biographische Bezüge – nebenbei bemerkt, sie sind ein Steckenpferd der Stormforschung – selbst häufiger an. In seiner Lyrik benutzt er, wie noch zu zeigen, unduldsam und dogmatisch, eine Poetik, die auf die individuelle Lebenssituation verweist. Gemeint ist die Erlebnislyrik. Dieser Begriff dient auch als Waffe gegen den literarischen Erbfeind, Emanuel Geibel, dessen Verse als nur gemachte, nicht erlebte bekämpft werden und dessen Erfolg Neid hervorruft.

Ein Biograph hat solche lebensgeschichtlichen Linien nachzuzeichnen, zugleich aber auch die Ablösung des Werkes von der alltäglichen Lebenswelt herauszustellen. Was ist damit gemeint? Bekanntlich entsteht die Erlebnislyrik aus einer bestimmten Lebenssituation. Meistens bleibt sie auch auf diese beschränkt. Ihre unglückliche Liebe mögen Millionen mit Gedichten verarbeiten, das Erlebnis mag »echt« sein, die Gedichte können dennoch mißlingen. Der mögliche therapeutische Wert solcher Lyrik soll hier nicht bestritten werden. Selten wirkt sie allerdings über ihren partikularen Ansatz hinaus. Storm reflektiert häufiger das Problem des individuellen Erlebnisses und seiner nötigen lyrischen Verallgemeinerung. Für ihn besteht die eigentliche Aufgabe des lyrischen Dichters darin,

»eine Seelenstimmung derart im Gedichte festzuhalten, daß sie durch dasselbe bei dem empfänglichen Leser reproduziert wird, wobei freilich der Wert und die Wirkung des Gedichtes davon abhängen wird, daß sich die individuellste Darstellung mit dem allgemeingültigsten Inhalt zusammenfinde« (4. 331).

Ebensowenig wie das Werk sich in eine biographische Ursachenkette einfügen läßt, kann ein individueller Lebenslauf als Vorgang der Lebensgeschichten, Gegenwart der Lebensvollzüge und vor- und rückblendenden Lebensperspektiven als privat abgegrenzt werden. Sicher, die Individuen gehen immer von sich selbst aus; besonders intensiv übrigens Storm. Aber dieser alltägliche Sachverhalt kann keine biographische Methodik begründen. Denn Gesellschaft besteht nicht nur aus, sondern auch in Menschen, deren Wahrnehmungen sie prägt, Handlungen bedingt und Lebenschancen verteilt. Nicht ohne Grund gleichen viele, nur auf die Persönlichkeit ausgerichtete Biographien alten Scherenschnitten: Ihre Portraits sind scharf kontrastiert, und doch bleiben die Gesichtszüge im Dunkeln und die Hintergründe im Hellen verborgen. Auch deshalb ist diese Werkbiographie als Gesellschaftsbiographie geplant. Sie möchte weder eine private Detailchronologie noch eine erweiterte Kulturgeschichte bieten. Ihr geht es um Storms Individualität als gesellschaftliche Erscheinung, um den Ereignischarakter seiner Werke in und gegenüber einer bestimmten literarischen Reihe.

Erzählen ist eine Grundlage historischer Erkenntnis. Es ermöglicht über Zeiterfahrung und Erinnerung Sinnbildung. Wie sich dies bei Storm ausformt, bleibt aufzuzeigen. Für den Biographen bedeutet dies eine durchlässige Grenze zwischen wissenschaftlicher und literarischer Biographie. So besteht die vorliegende Arbeit, wie jedes Unternehmen dieser Art, aus zwei Schreibweisen. Sie versucht Storms Lebensgeschichte zu erzählen, wo sie sich zeitlich und räumlich bewegt, und sie integriert die Analyse von Leben und Werk. Bekanntlich besserten in den letzten Jahren literarische Biographien den lädierten Ruf der Gattung. Um die Erwartungen zu senken, sei betont, daß das vorliegende Buch von einem Literaturwissenschaftler stammt, einem eigentlich ungeeigneten »Erzähler«, der sich als Vermittler versteht; dies allerdings ohne die Absicht oder Illusion, schildern zu wollen »wie es gewesen ist« – auch wenn Material und Informationen dargeboten werden. Nein, ich schildere nicht meine Reise nach Husum, meine Eindrücke auf dem Deich, meine Gefühle gegenüber Hauke Haien. Subjektivität wird zurückgenommen, und doch leiten mich bestimmte Absichten, nämlich Storm von unserer Gegenwart her in seiner Zeit zu verstehen, ihn zu aktualisieren, indem man seinen geschichtlichen Ort »für uns« beschreibt.

Versteht man Geschichte als Schauplatz großer Persönlichkeiten und Machtkämpfe, dann lebt Storm im Abseits und schreibt Abseitiges. Eröffnet aber die Perspektive einer »histoire totale« den Blick auf kollektive Denk- und Verhaltensweisen und deren Strukturbedingungen, dann befindet sich Storm »mitten« in kollektiven Mentalitäten des 19. Jahrhunderts, in den Spannungen zwischen Konvention und Wunsch, Gefährdung und Geborgenheit, Zeit und Vergänglichkeit. So wird sich das traditionelle Stormbild als Verniedlichung erweisen.

II.
Bürgerliche Lebensformen und die Poesie als Stimmungsmacht

Storm stirbt am 4. 7. 1888. Als drei Tage später der Zug aus Hademarschen-Hanerau mit dem reichgeschmückten Sarg in Husum eintrifft, erwarten ihn am Bahnhof nicht nur Bürger und Schriftstellerkollegen, sondern auch der Oberpräsident, der Bürgermeister, die Stadtverordneten. Am 15. 7. berichtet *Die deutsche Presse*, das Organ des deutschen Schriftstellerverbandes:

»Vom Rathhause wehte eine schwarze Trauerflagge. Unter Glockengeläute bewegte sich der imposante Leichenzug nach dem St. Jürgen-Kirchhof zur Familiengruft... Bemerkt sei noch, daß dem Wunsche des Dichters gemäß kein Geistlicher der Bestattung beiwohnte.«

Keine Frage, da wird ein berühmter Autor bestattet, einer, den schon zu Lebzeiten die Literaturgeschichten als Aktivposten der Nationalliteratur verbuchen; einer, der im Lesebuch steht. Ehrenbürger seiner Heimatstadt ist er schon; das obligatorische Denkmal, Erinnerungsbeiträge und Schulausgaben werden folgen. Storm, der sich als Autor, insbesondere als Lyriker, ein Leben lang unterschätzt fühlt, erfährt seit den späten sechziger Jahren verstärkte Anerkennung, auch wenn seine Novellistik und Lyrik aus der Sicht des »modernen« Naturalismus überholt wirken und dem gründerzeitlichen Kraftmeiertum biedermeierlich erscheinen.

Der Wunsch, in der Familiengruft bestattet zu werden, läßt sich nicht als Spleen eines alternden Bohemien verbuchen. Storms Leben kennt keine Absonderung vom bürgerlichen Milieu, keine Stilisierung als Vagabund oder Dandy, keine organisierte Unordnung oder rebellische Gesinnungsgemeinschaft mit anderen Literaten. Unser Autor arbeitet 36 Jahre lang gewissenhaft als Jurist, liebt einen geordneten Tagesablauf, haltbare Kleidung und ordentliche Wohnungen. Geht er auf Reisen, was selten vorkommt, dann darf das eigene Nachtkissen nicht fehlen. In praktischen Alltagsgeschäften, in Geld- und Rechtsfragen beweist er eine nüchterne Sachlichkeit. Bei Honorarfragen bitten ihn gelegentlich Schriftstellerkollegen um Rat.

Andererseits bildet sich bereits im ersten Lebensdrittel eine Distanz zum bürgerlichen Herkunftsmilieu aus. Als junger Rechtsanwalt beklagt er sich über die Einsamkeit und Langeweile in Husum. Später, nach der Rückkehr aus Heiligenstadt, findet er das gesellige Leben »langweilig« und »fast übertrieben« (an L. Pietsch 10.12.1865). Als alter Mann verkauft er sein Vaterhaus und verläßt die nur vermeintlich vielgeliebte Heimatstadt – nicht wie man vermuten könnte, um Altersruhe auf dem Land zu finden, sondern um »sich zu verjüngen« und als »Poet noch eine neue Periode zu erleben« (an den Sohn Karl 23.10.78). Weitere Ungereimtheiten, vielleicht auch Widersprüche, lassen sich anführen. Der ehrbare Familienvater und Verfechter der lebenslangen monogamen Ehe hat kurz nach der Hochzeit eine Geliebte, wechselt noch als reifer Herr mit einem Backfisch schlüpfrige Briefe und schreibt Novellen und Gedichte voller sublimierter Sexualsymbole. Der preußische Jurist mißtraut den preußischen Siegen. Während die Husumer Bürger, wenige Jahrzehnte zuvor noch augustenburgisch-königstreu, den Sieg über die Franzosen feiern (das *Husumer Wochenblatt* berichtet am 7.9. und 29.10. 1870: »Unsere Stadt entfaltet Flaggenschmuck. Abends waren alle Häuser illuminiert... Bis spät in die Nacht gab man sich der Freude hin«), bewahrt Storm Distanz. Sein Haus bleibt jedenfalls dunkel.

Dieses hier nun angedeutete »Einerseits« – »Andererseits« soll die Verbundenheit mit und die Distanz gegenüber seiner Herkunft ausdrücken, jene wohlbekannte vermeintliche »Husumerei« und jenes kaum bekannte Darüberhinausgehen. Dies läßt sich im ersten Lebensdrittel gleichsam romanhaft als Entwicklung erzählen: ein Kleinstädter zieht in die Welt, besucht das Gymnasium, studiert in Kiel und Berlin, erlernt nicht nur einen reputierlichen Beruf, sondern erwirbt literarische Bildung, kehrt nach Hause zurück und sieht die Heimatstadt mit anderen Augen. Lebenszeit dient als Zeit zum Leben, als Raum für die Ausbildung einer persönlichen Identität. Die ist bei Storm nach dem ersten Lebensdrittel abgeschlossen und bleibt für individuelle Entwicklungen offen; offen für eine Geschichte, die keine abrupten Brüche oder Schicksalsschläge kennt, sondern sich in einer ruhigen gleichmäßigen Lebensführung darbietet. Die von der Psychoanalyse hervorgehobenen Nachträglichkeiten kindlicher Erlebnisse sollen damit nicht übergangen, aber doch relativiert werden. Das Muster der immerwährenden Wiederkehr des Kindlichen ist jedenfalls für eine Werkbiographie zu schematisch. In Storms Kindheit liegt nicht die spätere Schriftstellerei verborgen, der dann nur noch Mühe und Zufall ans Licht verhelfen. Von ihr geht allerdings Identitätsbildung aus, und bei der literarischen Stoff- und Motivwahl bestimmt sie mit. Die Forschungsperspektive der früh ausgebildeten Identität und der offenen persönlichen Geschichte geht über Kindheit und Jugend hinaus, indem sie in der einmaligen Persönlichkeit Gesellschaft als bedingende ausmacht.

Schon den Zeitgenossen erscheinen der Autor und seine Stadt nebst Umland unzertrennlich. Dies wegen der im Heimatlichen angesiedelten Stoffe und Motive. Zu erwähnen ist hier der stimmungsvolle Lesebuchklassiker *Die Stadt*, als »graue Stadt am Meer« eine Art Erkennungsmelodie unseres Autors.

> Am grauen Strand, am grauen Meer
> Und seitab liegt die Stadt;
> Der Nebel drückt die Dächer schwer,
> Und durch die Stille braust das Meer
> Eintönig um die Stadt.
>
> Es rauscht kein Wald, es schlägt im Mai
> Kein Vogel ohn' Unterlaß;
> Die Wandergans mit hartem Schrei
> Nur fliegt in Herbstesnacht vorbei,
> Am Strande weht das Gras.
>
> Doch hängt mein ganzes Herz an dir,
> Du graue Stadt am Meer;
> Der Jugend Zauber für und für
> Ruht lächelnd doch auf dir, auf dir,
> Du graue Stadt am Meer.
>
> (1. 14)

Jene Unzertrennlichkeit von Autor und Stadt stiftet aber auch die politische Legende von Storm, dem tapferen Schleswig-Holsteiner und deutschen Patrioten, den die bösen Dänen ins Exil schicken, und der nach der Befreiung wieder zurückkehrt.[1]

Verbundenheit gegenüber seiner Herkunft meint für uns auch die regional und sozial besonderen Verhältnisse und Verhaltensweisen, die Storm in Husum vorfindet und sich aneignet. Kindheit und Jugend bleiben für die weiteren Lebensvollzüge und Lebensperspektiven prägend – trotz der sich herausbildenden Distanz.

Dies muß erläutert werden, und deshalb zunächst eine erinnerte Anekdote von einem Besuch bei Mörike in Stuttgart:

»Noch sehe ich ihn mit meinem Vater, den alten Poeten und den alten Advokaten, in aufmerksamer Betrachtung vor der Schiller-Statue stehen... Plötzlich wendet Mörike sich zu mir und sagt mit großer Herzlichkeit: ›Wisse Sie was? Ihr Herr Vater hat so was von einem alte Schweizer!‹« (4. 486).

Da keine äußeren Ähnlichkeiten zwischen Schiller und Johann Casimir Storm bestehen, kann sich das Urteil nur auf Habitus und Herkunft beziehen. Auch Husum gehört zum deutschsprachigen Bereich und befindet sich doch außerhalb einer bestimmten obrigkeitsstaatlichen deutschen Tradition. Die Stadt liegt im Herzogtum Schleswig-Holstein, das über eine eigene Verwaltung und ein eigenes Münzwesen verfügt. 1815 treten die Herzogtümer Holstein und Lauenburg dem Deutschen Bund bei, Schleswig hingegen nicht. Dennoch gelten die Herzogtümer als unteilbar. Sie gehören der dänischen Monarchie, sind aber nicht Teil des Königreichs. Verwirrende und konfliktträchtige Besitzrechte also. Storm wird so als Untertan der dänischen Krone geboren, spricht deutsch und denkt bei dem Wort Vaterland zunächst an Schleswig-Holstein. In den zwanziger und dreißiger Jahren des 19. Jahrhunderts sind Husums Einwohner augustenburgisch-königstreu. Im Stundenplan des Quartaners Storm meint »Beschreibung des Vaterlands« Dänemark und Schleswig. Und noch 1842 führt das *Husumer Wochenblatt* eine Rubrik

wird er zu einem unpolitischen Demokraten, der er auch dann noch bleibt, wenn nach der Niederlage der achtundvierziger Revolution das kompromißbereite Bürgertum Soll und Haben bilanziert und für die ökonomische und politische Einheit auf den Freiheitsanspruch verzichtet. Ein Gleichgewicht zwischen Adel und Bürgertum läßt er nie gelten. Für ihn bleibt der Adel »oben« und das Volk, bisweilen auch als Pöbel oder Proletariat abgewertet, »unten«.

War Lübeck ein »Bildungserlebnis«, so weitet der zweite Aufenthalt in Kiel den Horizont bis hin zur Politik. Das Miteinander von bürgerlicher Nüchternheit, das heißt in Kiel der ordnungsgemäße Abschluß des Studiums ohne weitere akademische Ambitionen, und ästhetisch-künstlerischer Wirklichkeitsaneignung steht nun fest. Darin hat die Politik nur einen beschränkten, aber über jede politische Konjunktur hinaus stabilen Stellenwert. Auch seine literarischen Wegweiser (nicht unbedingt Vorbilder!) bleiben unverrückt: die Empfindsamkeitslyrik des Göttinger Hain, der junge Heine, Eichendorff und Mörike. Die Kritik der romantischen Schule wird nicht angenommen, und am Ende der Kunstperiode sieht er sich später selbst.

Politik und Literatur vermischen sich in dem Projekt Storms und der beiden Mommsens, Volkssagen, Sprüche und Sprichwörter aus der Heimat zu sammeln; ein, so könnte man mit Blick auf das Sammeln von Volksliedern durch Arnim und Brentano oder der Kinder- und Hausmärchen durch die Brüder Grimm vermuten, romantisches und patriotisches Unternehmen. Die Vermutung ist nicht gänzlich falsch, aber doch zu allgemein. Jedenfalls liegen die Studenten mit ihrer Sammelbegeisterung im Trend. Allein zwischen 1830 und 1848 erscheinen ca. 170 Sagensammlungen, die allerdings nicht pauschal als Beitrag zur nationalen Identitätsbildung verstanden werden können.[30] Sagensammeln kann auch, wie etwa bei Ludwig Bechstein, dem reaktionären Kleinfürstentum dienen, indem es die Eigenart irgendeines Ländchens hervorhebt. Darum geht es dem »spiritus rector« Th. Mommsen nicht,[31] mag vielleicht auch bei Storm der Lokalpatriotismus vorherrschen. Die Freunde betrachten ihr Werk als ernsthafte Forschungsarbeit, sichten – auch nach der Studienzeit in Kiel – Druckwerke und Wochenblätter, halten Ausschau nach Erzählern. Ende 1842 schreibt Storm aus Husum an Th. Mommsen:

»Anbei schicke ich Ihnen, was ich an Sagen etc., auch an Märchen hier gesammelt... Nächstens werde ich auch an einen Organisten Hansen auf Sylt schreiben, der sich für all dergleichen interessiert und auf reichhaltigem Boden lebt« (21. 12. 42).

Dabei denkt der junge Advokat ganz lebenstüchtig, daß ordentliche Arbeit auch ordentlich honoriert werden muß:

»Unsre Sagen etc. anbelangend, so möchte ich verzweifelt gern, daß wir mündlich konferierten, was dem Volkskalender preiszugeben sei; meiner Meinung nach nicht zuviel. Vielmehr scheint mir notwendig, daß wir, wenn nicht mit, so doch unmittelbar darauf, ein selbstständiges Heft unserer Sammlung erscheinen und uns das tüchtig honorieren lassen müssen; es ist in der Tat Arbeit genug dabei« (an Th. Mommsen 14. 5. 43).

Als 1843 Karl Leonhard Biernatzki zum ersten Mal sein »Volksbuch für die Herzogtümer Schleswig, Holstein und Lauenburg« (»für das Jahr 1844«) herausgibt, veröffentlicht er erste Proben der Sammlertätigkeit und eine Einladung der Freunde, ihnen beim Sammeln zu helfen. Darin fordern sie wissenschaftliche Authentizität und eröffnen eine nationalstaatliche Perspektive. Sie wenden sich gegen die Versifizierung und novellistische Umgestaltung der Sagen, bevorzugen die »schlichte Fassung« und »schmuckloseste Darstellung« und sehen ihr Projekt »in der Reihe der Sagenbücher der Deutschen Provinzen«. Daraufhin meldet sich ein junger Akademiker und Unterbibliothekar aus Kiel, der bereits ebenfalls begonnen hat, Sagen zu sammeln. Er möchte mit den Freunden zusammenarbeiten, nicht als Helfer, sondern als Mitherausgeber. Dies wird von Th. Mommsen akzeptiert und auch gegenüber Storm durchgesetzt. Ihm erscheint eine »Kiel-Husumer Redaktion« unmöglich, und er bevorzugt, vor seiner Abreise nach Italien, Karl Müllenhoff, weil er diesem eher den Abschluß der Sammlung zutraut als Storm, dem vermeintlich eitlen und faulen Advokaten. Zu Recht übrigens, denn bereits 1845 erscheinen die Sagen, Märchen und Lieder der

Herzogtümer Schleswig, Holstein und Lauenburg. Herausgege-
ben von Karl Müllenhoff.
Wichtiger als Storms Sammlerbeitrag zur entstehenden Germa-
nistik ist ein anderes Vorhaben der Kieler Studenten, nämlich das
Liederbuch dreier Freunde, eine Art Poesie-Bilanz Storms und
der beiden Mommsens aus der Studienzeit. Auch hier geht die
Anregung offensichtlich von Th. Mommsen aus, der Anfang
1843 Storm gesteht, wie schwer es ihm auf die Seele falle, daß die
Gedichte, die im Kieler Freundeskreis entstanden waren, unter-
gehen sollten. Es gehe darum, der »Clique« ein poetisches
Denkmal zu errichten, die Verfasser sollten anonym bleiben (die
Autoren werden im Inhaltsverzeichnis genannt), er werde die
Redaktion übernehmen: »Sie wissen, ich bin zum Redakteur
geboren; senden Sie mir nur Unvollendetes, Fragmente, was Sie
haben.«[32] Schon 1843 erscheint das *Liederbuch dreier Freunde*.
Es läßt kein einheitliches Lyrikkonzept erkennen, wohl aber
gemeinsame literarische Ansichten, nämlich die Absage an die
politische Lyrik des Vormärz (ohne daß Th. Mommsen mit
deren Rhetorik bricht) und das Bewußtsein, in einer literarischen Übergangsperiode zu leben. Der Spielerischste und Ge-
wandteste ist Th. Mommsen. Er beherrscht jene biedermeierliche Vieltönigkeit, dichtet ironisch und humorvoll, bietet mit
seinen gelehrten Anspielungen dem Bildungsbürger ein poetisches Puzzle. Seine Leistung, sein »Kunstbewußtsein«, seine
»Goethebildung«, hebt in einer Rezension ein einflußreicher
Kritiker, der ehemalige Jungdeutsche Ludolf Wienbarg (*Hamburger literarische und kritische Blätter* 11. 12. 1843) besonders
hervor. Und es passiere Mommsen gelegentlich sogar, »daß er
sich in einem Heineschen Vers gegen Heine erklärt und in einem
Gedichte an Georg Herwegh herweght«. Storm ist in der Sammlung mit 44 Gedichten vertreten, von denen die meisten konventionell wirken, einige aber schon einen eigenen Stil erkennen
lassen. In der Regel gelten diese Gedichte als unbedeutend. Es
sollte allerdings stutzig machen, daß Storm, ein überaus strenger
Kritiker seiner eigenen Lyrik, 1852, als er die erste Separatausgabe seiner Gedichte zusammenstellt, auch einige (*Märchen*, die
Fiedellieder) aus dem *Liederbuch dreier Freunde* aufnimmt. Der

gelehrte Th. Mommsen mag im Variieren der Stillagen der Geschicktere sein, bei Storm wird aber in einzelnen Gedichten hörbar, daß hier jemand aus der literarischen Reihe tritt. So deutet zwar der Schäfer in *Traumliebchen* auf den Rokoko-Leichtsinn der Jungdeutschen, und der Titel erinnert an die *Traumbilder*, aus dem ersten Zyklus des Storm wohlbekannten *Buch der Lieder*,[33] doch läßt sich das Gedicht weder inhaltlich noch formal als Heine-Kopie lesen.

> Nachts auf des Traumes Wogen
> Kommt in mein Kämmerlein
> Traumliebchen eingezogen,
> Luftig wie Mondenschein.
> Sie ruht auf meinem Kissen,
> Sie stört mich auf mit Küssen
> Und lullt mich wieder ein.
>
> Glühend um meine Glieder
> Flutet ihr dunkles Haar,
> Auf meine Augenlider
> Neigt sie der Lippen Paar.
> »So küß mich, du blöder Schäfer!
> Dein bin ich, du süßer Schläfer,
> Dein heut' und immerdar!«
>
> »Fort, fort aus meinem Stübchen,
> Gaukelndes Nachtgesicht!
> Ich hab' ein eigen Liebchen,
> Ein and'res küß ich nicht!«
> Umsonst, ich blieb gefangen,
> Bis auf des Morgens Wangen
> Brannte das rosige Licht.
>
> Da ist sie fortgezogen,
> Schwindend wie Mondesschein,
> Singend auf Traumeswogen
> Schelmische Melodein:
> »Traum, Traum ist alles Lieben!
> Wann bist du treu geblieben?
> Wie lang' wohl wirst du's sein?«
>
> (1. 228).

Schwanken Heines Liebesgedichte zwischen empfindsam-unglücklicher Liebe und leichtfertiger Zerstreuung und äußert sich in den *Traumbildern* die Irrealität des Traumes in schaurig-phantastischen Balladen, so thematisiert Storm, ohne Verpflichtung zur rhetorischen Tradition, Treue, Versuchung und Vergänglichkeit aus der Perspektive des Unterbewußtseins eines jungen Mannes. Eine spielerische Spannung zwischen den verschiedenen Modalitäten der Liebe kennt er nicht, weder im Leben noch in der Literatur. Erotische Leidenschaft und Ehe sind bei ihm nicht unproblematisch identisch, aber doch immer spannungsreich aufeinander bezogen. So wie für Storm und nicht für Heine eine Liebeserklärung zu ihrer Bestätigung die Heiratsabsicht braucht, so spielt sich in seiner Literatur, in den Gedichten und Novellen, Leidenschaft immer vor dem Horizont der Ehe ab. Eine altertümliche Auffassung, so könnte man vermuten; in der ersten Hälfte des 19. Jahrhunderts ist dies aber eine moderne. Denn nach dem Prinzip der traditionellen Ehe werden Heiraten aus sozialen Gründen arrangiert und man hofft, daß sich Liebe und Zuneigung einstellen. Liebe kann so nach außen verlagert werden, weil sie die Ehe nicht begründen und zusammenhalten muß. Mit der Auflösung der Ständegesellschaft und den höheren Individuierungschancen entsteht, zumindestens als ideologisches Projekt, die Liebesheirat, die Vorstellung der freien Gattenwahl, mit dem Versprechen, individuelle Liebe und Eheinstitution dauerhaft miteinander zu versöhnen. Nicht ohne Grund entsteht im Biedermeier das Bild von der Kleinfamilie, die sich in häuslicher Zurückgezogenheit um den Böllerofen und den Tannenbaum versammelt. Beiden kommt auch in Storms Leben und Literatur ein hoher Stimmungswert zu. Jetzt werden Privatheit, Gemütlichkeit und eheliche Liebe zu Leitwerten. Von daher beziehen die Darstellungen der schönen Biedermeierfamilien bis heute ihren anheimelnden Glanz. Storm wird dies nicht gartenlaubenhaft ausmalen, sondern als Idylle und Gefährdung, oder wie in *Traumliebchen* als Treue und Versuchung gestalten. Wer die Liebesheirat ernst nimmt, der schwankt nicht mehr zwischen der ernsthaft-unglücklichen Liebe des Petrarkismus und der spielerischen Tändelei der Anakreontik, vor allem dann nicht, wenn allein die Erlebnisse des Individuums das lyrische Subjekt zum sprechen bringen. In dieser künstlerischen Subjektivität gründet die Möglichkeit für einen Individualstil. Dies befördert auch die Ablehnung möglicher Muster, insbesondere der Vormärzlyrik, ihrer Phrase, ihrer Bildermacherei und Vorliebe für Allegorisierungen. Dabei sollte nicht übersehen werden, daß Storms Ablehnung jeglicher Manier eine kritische Tradition fortführt. Auch Heine polemisiert gegen eine trivialisierte Romantik und eine pathetische Vormärzlyrik; und die repräsentative Lyrikerin des Biedermeier, Annette von Droste-Hülshoff, nimmt sich vor, nie »auf den Effekt zu arbeiten, keiner beliebten Manier, keinem anderen Führer als der ewig wahren Natur durch die Windungen des Menschenherzens zu folgen«.[34] Wenn Storm selten satirisch oder ironisch und nie selbstparodistisch schreibt, dann gründet dies in einem bekenntnishaften lyrischen Ausdruck, der sich auf empfindsame persönliche Erlebnisse beruft.

Diese Beziehung entfaltet sich mit der Lebensgeschichte, und sie kann in ihr an Spannung verlieren. Bekanntlich schreibt der alte Storm bedeutende Novellen, aber bis auf einige Ausnahmen, wenige und belanglose Gedichte. – Sein erstes überliefertes Gedicht ist *An Emma* (17. 7. 1833) gerichtet, ein Mädchen mit dem sich später der zwanzigjährige Student verloben wird. In einem Bekenntnisbrief an seine Braut Constanze (11. 6. 44) beschreibt er Einzelheiten. Das Mädchen sei geistreich, natürlich und schön gewesen. Offensichtlich ist dies eine Jugendliebelei, ein Werbespiel, voller Galanterie und Eifersucht und mit, wie literarisch vorgeschrieben, Verdruß und Tränen. Ebenso gefühlsarm und konventionell fällt das Gedicht *An Emma* aus. Dieses und einige andere (z. B. *Lose Mädchen*) dienen als lyrische Gesellschaftskonversation. Ein besonderes Talent lassen sie nicht erkennen, es sei denn, man bewertet das Gedichtemachen als Ausdruck einer Neigung zur Lyrik.

Jener subjektlose Konversationston herrscht auch noch in zahlreichen Gedichten des *Liederbuchs dreier Freunde*. Einige wie z. B. *Vier Zeilen*, *Rechenstunde* oder *Bettlerliebe* entstehen allerdings auf einem Erlebnisfundament, von dem aus Storm seinen individuellen lyrischen Stil bilden wird. Gemeint ist die Liebe zu einem neun Jahre jüngeren Mädchen. Nichts Ungewöhnliches, so könnte man vermuten; nur, als Storm es Weihnachten 1836 kennenlernt, da ist er neunzehn und das Mädchen zehn Jahre alt. Der Gymnasiast aus Lübeck verbringt seine Weihnachtsferien in Hamburg bei Verwandten, bei Friederike Henriette Scherff (geb. Alsen), einer Cousine seiner Mutter. Zur Feier am Heiligen Abend sind auch Therese Rowohl und ihre Pflegetochter Bertha von Buchan eingeladen. Ihr Vater, ein wohlhabender Kaufmann, hat sie in die Obhut der Pflegemutter gegeben, damit sie den strenggläubig katholischen Verwandten seiner früh verstorbenen Frau entzogen und protestantisch erzogen wird.[35] Bertha muß hübsch sein. So stellt jedenfalls ein Miniaturbild sie dar. Und so empfindet es auch Storm. Ihre blauen Augen, ihr »nachtbraun lockicht Haar« besingt er in dem Gedicht *Junge Liebe*. Später setzt er diesem als Motto hinzu »Aus eignem Herzen geboren, / Nie besessen, dennoch verloren«. Hier spricht Storm eine Liebesgeschichte an, die er selber inszeniert, die als Tändelei beginnt und als Enttäuschung endet. Warum überhaupt darüber berichten? Wen interessieren die Wünsche und Gefühle eines enthusiasmierten Gymnasiasten? Ist es nicht ebenso belanglos zu wissen, welche exakte Route der winterreisende Heine fährt, in welches Bordell Nietzsche geht oder wo Kafkas Schloß liegt? Immerhin bedeutet das Bertha-Erlebnis für Storm mehr als eine neckische Liebelei, denn mit ihm findet er einen eigenen lyrischen Ausdruck.

Die beiden sehen sich nicht oft. Nach der ersten Begegnung treffen sie sich erst wieder Ostern 1838. Die Zuneigung des jungen Mannes wird von dem Mädchen erwidert. Sie lädt ihn häufiger nach Hamburg ein, schreibt, sie verlange nach ihm, schlägt Termine vor. Storm schickt ihr Weihnachten 1837 als Geschenk das Märchen *Hans Bär* und verfaßt für sie ein *Gespräch zwischen Zigeunerknaben und Zigeunermädchen*, das anläßlich eines Polterabends aufgeführt wird. Bertha bedankt sich artig und sendet einen Bericht von der Aufführung. Ist Storm in Hamburg, so erzählt er Geschichten. Man singt gemeinsam, löst Rätsel; ein harmloses Zusammensein also. Nein, das ist es nicht, denn der junge Mann steckt voller Hintergedanken, die sich in »harmlosen« Küssen äußern und literarisch sublimiert werden. In dem Gedicht *Lockenköpfchen*, das kurz nach der ersten Begegnung entsteht, lockt, ganz konventionell, eine verführerische Nixe den Jüngling in die Tiefe: »Wie wohl, wie warm / In deinem Arm! / Lieb' Knabe, laß uns scherzen« (1. 182). Aber diese Nixe ist das zehnjährige Lockenköpfchen Bertha! Storm scheint das Unangemessene zwischen der kindlichen Zuneigung Berthas und den eigenen Wünschen zu spüren. Jedenfalls im Gedicht gesteht er »Ich bin voll Schuld« und versucht, die unschickliche Altersdifferenz durch eine Anrede zu mildern, die dem Neutrum Kind durch ein Attribut eine vorzeitige Weiblichkeit verleiht: »Du lieblich jungfräuliches Kind« (1. 224f.). Als Storm, lyrisch verklausuliert, Bertha seine Liebe gesteht, geht sie nicht direkt darauf ein und weist ihn doch zurecht, man sei »am frohesten«, wenn man seine Erholung in kindlich reinen und unschuldigen Freuden suche! Auch F. Scherff und Th. Rowohl, beide um Unterstützung gebeten, sind von dem Werben um Bertha nicht erfreut. Die Briefe sollen hier nicht ausführlich zitiert werden. In denen der Pflegemutter ist ein frömmelnder Ton nicht zu überhören. Und offensichtlich macht Storm die Einflüsse eines strenggläubigen Protestantismus (Bertha besucht im Winter 1841/42 den Konfirmationsunterricht) für die Entfremdung von ihm verantwortlich. Dies wird literarisch in dem Gedicht *Zwischenreich* verarbeitet:

Meine ausgelass'ne Kleine,
Ach, ich kenne sie nicht mehr;
Nur mit Tanten und Pastoren
Hat das liebe Herz Verkehr.

Jene süße Himmelsdemut,
Die der Sünder Hoffart schilt,
Hat das ganze Schelmenantlitz
Wie mit grauem Flor verhüllt.

Ja, die brennend roten Lippen
Predigen Entsagung euch;
Diese gar zu schwarzen Augen
Schmachten nach dem Himmelreich.

Auf die Tiziansche Venus
Ist ein Heil'genbild gemalt;
Ach, ich kenne sie nicht wieder,
Die so schön mit uns gedahlt.

Nirgend mehr für blaue Märchen
Ist ein einzig' Plätzchen leer;
Nur Traktätlein und Asceten
Liegen haufenweis umher.

Wahrlich, zum Verzweifeln wär' es –
Aber, Schatz, wir wissen schon,
Deinen ganzen Götzenplunder
Wirft ein einz'ger Mann vom Thron.

(1. 39f.)

Dieser einzige Mann ist Storm jedenfalls nicht. Auch sein Heiratsantrag wird abgelehnt. Th. Rowohl schreibt, Bertha sei ein
frommes Kind, das Gott gehöre, »lieb und gut – ohne noch einen
Roman gelesen und für leidenschaftliche Liebe Sinn und Emp-
fänglichkeit aufgefaßt zu haben.«[36] Offensichtlich mißtraut sie
Storms Gefühlen und hält ihn für einen poetisch gestimmten
jungen Mann. Der versteht den Vorwurf und antwortet in einer
literarischen Manier, die das Mißtrauen der Pflegemutter vermutlich bestätigt:

»...nach meinem Gefühl ist die Liebe das klarste, einfachste, natürlich-
ste; ein gegenseitig Ruhen im Gemüt; die Stützen ihres Lebens sind
Achtung und Vertrauen. Die Liebe aber, die sich aus der guten oder
schlechten Darstellung einer fremden Liebe im Roman entwickelt, ist
eine arme Treibhauspflanze, für die mein Herz unendlich viel zu groß
ist –.«[37]

Von nun an liebt Storm solche Reflexionen über die Liebe, über
echte und unechte, und vor allem über seine eigene, die viel
Aufmerksamkeit verlangt. Therese Rowohl, bisweilen als eng-
stirnig und frömmelnd dargestellt, muß eine kluge Frau sein,
denn sie erkennt in dem Werben des jungen Mannes ein literarisch gesteigertes Gefühl. An dessen Lebenstüchtigkeit zweifelt
sie deshalb übrigens nicht. Nüchtern und für den literarisch
eingestimmten Studenten ernüchternd, rät sie, er solle doch

»den schönen rein poetischen Sinn, die Erinnerungen seiner jugendlich aufgefaßten Freuden, eine reich ausgeschmückte Phantasie... ins bunt bewegte prosaisch geschäftige Leben«

mit hinübernehmen, sozusagen von der schwärmerischen Jugendwelt in den nüchternen Berufsalltag. Glaubt man Storms Tagebuchaufzeichnungen, dann stürzt ihn im Herbst 1842 das Scheitern der Heiratspläne in eine tiefe Krise. Und Ende Mai 1843 schreibt der junge Advokat aus Husum an Th. Mommsen, er befinde sich in einem »Abgrund von Traurigkeit« und »ich weiß nicht; ich glaube aber, die Liebe zu diesem Kinde wird mein Leben noch schlimm verwüsten« (24. 5. 43).

Das klingt unheilschwanger nach Liebe als Krankheit und Gefährdung. Doch wir sollten uns nicht täuschen lassen. Wenige Zeilen zuvor schildert er eine typische Stormsche Gemütlichkeitsszene:

»...nach Tisch trank ich im elterlichen Garten auf dem Bleichplatz Kaffee; der Kaffeetisch stand freilich unterm großen Fliederbusch; aber ich setzte mich so recht in vollen Sonnenschein, und es war alles, daß der Gartenstuhl meine breite Behaglichkeit aushielt«.

Wer das schreibt, der beginnt sich in Husum einzurichten, unternimmt Landpartien und schaut schon anderen Mädchen nach. Das hat er übrigens auch in den Zeiten des heftigsten Berthakultes getan. Wir erinnern uns, der Zwanzigjährige verlobt sich mit einer anderen, mit Emma Kühl aus Föhr, und obwohl der Student in Kiel ein von Bertha heimlich angefertigtes und übersandtes Miniaturbild besitzt, betet er die imaginäre Geliebte im Gartenhaus an.

Was ist überhaupt »echt« am Bertha-Erlebnis? Warum verliebt sich ein Neunzehnjähriger in eine Zehnjährige und nicht in eine üppige Dreißigerin? Nein, Storm ist nicht pädophil wie einige seiner Schriftstellerkollegen im Viktorianischen England. Es lassen sich aber verschiedene Motive ausmachen, die es zu entmischen gilt. Hier soll nicht besserwisserisch zwischen literarischen Stilisierungen und echten Gefühlen unterschieden werden, aber die Zuneigung zu Bertha trägt romantische Züge, ist Ausdruck literarisch vorgeschriebener Gefühle, Emotionen und

Affekte. Sie drückt sich zudem auch literarisch aus. In den Briefen und Gedichten äußert sich die Sehnsucht nach der fernen Geliebten und das Ideal der ewigen und einzigen Liebe.[38] Gerade die Altersdifferenz erschwert die Ermöglichung des Unwahrscheinlichen und verlangt einen erhöhten Aufwand an Sentimentalität und Gefühl, die durch die räumliche Trennung als Sehnsucht nach dem Wiedersehen lebendig, aber auch unverbindlich und emotional verlagerbar erscheint. Insofern ist die Verlobung mit Emma bei gleichzeitigem Bertha-Kult ebenso möglich wie das Nacheinander von bürgerlicher Behaglichkeit am fliederumdufteten Kaffeetisch und die bedrohliche Vorstellung, durch Berthas Absage würde sein Leben zerrüttet. Die Liebe des literaturbegeisterten Gymnasiasten und Studenten ist so romantisch eingestimmt, sie wird aber keine romantische Fernliebe. Zerstörerisch wirkt sie nur auf dem Papier, zerrüttet wird niemand, und doch ruft die Absage bei Storm Schmerz und Enttäuschung hervor. Auch hier erweist sich die Pflegemutter als kluge Beobachterin, wenn sie ihm schreibt, sein »Lebensweg« sei »mit Sicherheit gezeichnet«.[39] Ja selbst dem enthusiasmierten Studenten bleibt die bürgerliche Ordnung fester Lebensgrund, auch wenn sich in seiner Wahrnehmung Alltäglichkeit und Poesie stimmungsvoll vermischen. Husum als Lebensform, die Perspektive eines ordentlichen Berufes und einer glücklichen Familie, wirkt richtungweisend. Die universalgeschichtliche Dimension der Romantik als spezifisch ästhetische und weltanschaulich-philosophische Dimension bleibt Storm immer fremd. So meint denn ›romantische Züge‹ hier weitaus unbestimmter die Übernahme einzelner Elemente der romantischen Liebe als gesteigerte Empfindsamkeit und Reizbarkeit. Mit dieser Vorstellung unterscheidet dann Storm in einem Brief an seine Braut Constanze zwei Arten von Küssen »bürgerliche und romantische« (2.6.44). Und im Alter charakterisiert er seine Zuneigung zu Bertha von Buchan als »so eine Art Phantasieliebe« (an Elsabe Storm 23.12.82).

Storm bemüht sich schon früh, seine Zuneigung zu erklären. Gegenüber der Pflegemutter führt er eine Begründung an, die auch hier den Einfluß der Romantik erkennen läßt, geht es doch um die Klage über die verlorene Kindheit, die mit ihrem Zauber nun verschwunden sei, und darum liebe er die Kinder, »weil sie die Welt und sich selbst noch im schönen Zauberspiegel ihrer Phantasie sehen« (März 38). Später versucht er in der stark biographisch geprägten Erzählung *Im Saal* seine Vorliebe für kleine Mädchen als eine Art Familienerbe darzustellen. Auch sein Großvater, dem er angeblich ähnelt, habe sich in eine Achtjährige verliebt und gewartet, bis sie sechzehn geworden sei.

Aus psychoanalytischer Sicht soll der frühe Tod der geliebten Schwester Lucie eine Fixierung bewirkt haben, die seine Partnerliebe lange beeinflußt und ihn in seinen Dichtungen zu Wiederholungsphantasien veranlaßt habe.[40] Solche Nachhaltigkeiten aus der Kindheit sind nicht auszuschließen. – Für das Verständnis der Stormschen Lyrik bleibt hervorzuheben, daß die Zuneigung zu Bertha und vor allem die Enttäuschung als Erlebnisfundament für die lyrische Phantasie tonangebend wird. Storm verarbeitet seine Erlebnisse literarisch, und er ist sich dessen bewußt. Er schreibt an seine Braut Constanze: »Vielleicht wäre ich daran zugrunde gegangen, wenn dies Gefühl nicht zum Objekt geworden, das ich künstlerisch zu gestalten suchte.«[41] Mit dem Bertha-Erlebnis wachsen Affekte und Emotionen, die der anakreontische Liedtyp nicht in Worte fassen kann, und die sich im individuellen Ausdruckslied steigern und über das partikulare Ereignis hinausgehen: Später wird er Bertha etwas despektierlich als »meine alte Flamme« bezeichnen; ein abgeschlossenes Kapitel also. Und doch entfacht sie zum ersten Mal jene typisch Stormsche Atmosphäre mit Erinnerung und Vergegenwärtigung, Sehnsucht und Enttäuschung, Wehmut und Selbstbehauptung[42] wie etwa in dem Gedicht *Junges Leid*:

> Und blieb dein Aug' denn immer ohne Tränen?
> Ergriff dich denn im kerzenhellen Saal,
> Hinschleichend in des Tanzes Zaubertönen,
> Niemals ein dunkler Schauer meiner Qual?
>
> O fühltest du's! Nicht länger kann ich's tragen;
> Du weißt, das ganze Leben bist du mir,

Die Seligkeit von allen künftgen Tagen
Und meiner Jugend Zauber ruht auf dir.

In meiner Liebe bist du auferzogen;
Du bist mein Kind – ich habe dich geliebt,
Als fessellos noch deine Locken flogen,
Als deine Schönheit noch kein Aug' getrübt.

Ob du dich nimmer nach dem Freunde sehntest,
Der Abends dir die schönen Lieder sang,
Indes du stumm an seiner Schulter lehntest,
Andächtig lauschend in den vollen Klang?

O fühl' es nimmer, wie Vergangnes quäle!
Doch wirst du's fühlen; weiß ich's doch gewiß
An jedem Funken deiner, meiner Seele,
Gott gab dich mir, als er dich werden hieß.

O kehr' zurück, und wandle, was vergangen,
In dunkle Schmerzen der Erinnerung!
Noch blüht dein Mund, noch glühen deine Wangen,
Noch ist mein Herz wie deines stark und jung...

(1. 218 f.)

III.
Mit Liebe, Musik und Literatur
gegen Husums Enge

Mitte Oktober 1842 besteht Storm nach fünfeinhalbjährigem Studium beim Königlich-Schleswig-Holsteinisch-Lauenburgischen Oberappellationsgericht in Kiel die Abschlußprüfung. Das Dänisch-Examen muß er noch nachholen. Er kehrt, begeistert von der Reise über das herbstliche Land, nach Husum zurück, um zunächst in der Advokatur des Vaters zu arbeiten. Einige Monate später, im Februar 1843, wird er sich selbständig machen. Er konzipiert Schreiben, bearbeitet Eingaben und Briefe, informiert sich über bäuerliche Erbschaftsprobleme. Die Rechtsverhältnisse sind ebenso komplex wie die politisch-administrativen Formen. Da gibt es Landschaften, Ämter und Harden, adlige Gutsbezirke, selbständige Klosterbezirke, aristokratische, monarchistische und demokratische Ordnungen. Urversammlungen in den Dorfschaften und Sonderrechte der Bauern.[1] Wie schon auf dem Gymnasium und der Universität sind auch jetzt keine Klagen über die Arbeit zu hören, wohl aber Berichte über besonders interessante Fälle. Glaubt man den Briefen, so freut sich die ganze Familie, daß Theodor, der Älteste, wieder zu Hause ist, auch wenn er mit erheblichen Schulden zurückkehrt, zudem ein wenig blaß und kränklich wirkt und sich darüber hinaus als launenhaft erweisen wird. In Berlin war er ein nicht sonderlich wohlhabender, unbekannter junger Mann aus dem fernen Norden, in Kiel galt er als Student aus gutem Hause. In Husum ist er als Sohn eines angesehenenAdvokaten und Enkel eines Senators eine Respektsperson. Er braucht sich nicht hochzuarbeiten, sondern legt sich, auch im wörtlichen Sinne, in ein gemachtes Bett. In der Hohlen Gasse bewohnt er

»die hübscheste Stube im ganzen Hause, zwei elegante Lehnstühle, die sich an meinem Tische gegenüberstehen, geben dem Ganzen einen unwiderstehlichen Komfort;« er esse viel mehr als in Kiel »namentlich habe ich an Krammetsvögeln, Austern und Karpfen ein erkleckliches zu mir genommen« (31. 10. 42).

Das klingt nach behaglichem Einleben. Doch wenige Zeilen weiter klagt er gegenüber dem Studienfreund Th. Mommsen:

»Ich entbehre hier alles, den Freund und die Geliebte (damit ist Bertha gemeint G. B.); ich verfalle noch gegen meine Natur in Langeweile... Ach, es ist mir hier so wunderlich öde unter meinem Fenster, wie vermiß ich da das leichtsinnige Kieler Straßengewimmel, es ist hier so still, und ich versichre Sie, obgleich mein Fenster nicht hoch genug liegt, um sie zu sehen, man fühlt sie ordentlich, die große, wüste, menschenfeindliche Nordsee; ich bin's gar nicht mehr gewohnt; es wird mir ganz unheimlich, wenn mir jeden Abend und jede Nacht die Fenster Stoß auf Stoß im harten Nordwest klirren. Könnten Sie an solchem Abend noch den gegenüberstehenden Lehnstuhl einnehmen – gewiß, ich erwarte Sie... Aber kommen Sie, Sie müssen mich auch in meiner Familie kennenlernen. – Schreiben Sie mir doch... Sie wissen gar nicht, was einem in Husum die Briefe wert sind« (31. 10. 42).

Auch in anderen Briefen fällt das Nebeneinander von Behaglichkeit und Einsamkeit auf. Und in den Klagen schwingt immer die Erinnerung an Kiel an die Zeiten der Clique mit: »Wie reich war ich in Kiel!« (an Constanze 5. 8. 45). – In den sieben Jahren der Abwesenheit hat sich Husum nicht verändert, wohl aber Storm. Die Rückkehr wirkt ernüchternd, auch wenn ihm die Heimatstadt Geborgenheit, eine feste Lebensbahn und Anerkennung bietet. Ihn enttäuscht die Kleinlichkeit und Beschränktheit der Bewohner; er fühlt sich einsam im Idyll.

Elf Jahre wird er in Husum bleiben. Und auch diese Zeit läßt sich als Geschichte erzählen, die Lebenssinn macht. Denn auch jetzt dient die Zeit als Raum für die Herausbildung seiner Identität. Zu erzählen ist die Geschichte eines jungen Juristen, der nicht nur seine Paragraphen, sondern auch die Poesie im Kopf hat. Ihn lähmt keine Berufsroutine. Die wird akzeptiert. Aber da ist eine prosaische Nüchternheit und Gefühlskälte, die auf die hochgestimmten Gefühle und ästhetischen Bedürfnisse abstoßend wirkt. Dieser Widerspruch zwischen einer situationalen und personalen Befindlichkeit[2] lebt sich weder im Weltschmerz aus, noch führt er zu einer Anpassung an beschränkten Biedersinn. Läßt sich die Zeit in Lübeck und Kiel als Bildungserlebnis charakterisieren, so versucht Storm nun den bürgerlichen Alltag und sein Künstlertum in ein Gleichgewicht zu bringen. Der

Advokat hält sich zwar für einen verkannten, aber nicht für einen verhinderten Lyriker. Und der Dichter bejaht den Brotberuf. Storm löst nicht den Widerspruch zwischen Prosa und Poesie, aber versucht ihn auszubalancieren, indem er ein bewußtes Verhalten zu seiner Umwelt entwickelt. Das traditionelle Bild vom melancholischen, kontemplativen und stimmungsstarken Künstler verdeckt dessen Fähigkeit, sich eine eigene Nahwelt zu bilden. Nachdem er 1865 wieder in Husum einen Gesangverein gegründet hat, schreibt er an Ludwig Pietsch: »Ihr seht, daß ich mir's überall zu schaffen suche, was ich zum Leben bedarf« (13. 3. 65).

Liebe, Ehe, Familie, der Gesangverein und die Literatur werden so in den vierziger Jahren gegen Husums Enge aufgeboten. In dieser Zeit des Ausbalancierens drängt sich mit der »Schleswig-Holsteinischen Bewegung« Politik auf, ohne daß er darüber zu einem politischen Menschen würde. Und jetzt entsteht mit *Immensee* eine Novelle, die ihm über die Region hinaus eine ebenso dauerhafte wie problematische Popularität sichert und ihm bei seinem zweiten Berlinaufenthalt zusammen mit den Gedichten den Eintritt in die dortigen Literatenkreise verschafft.

Nach der Eröffnung einer eigenen Praxis schreibt der junge Advokat an seinen Studienfreund Th. Mommsen:

»Mir selbst geht es in vieler Hinsicht gut, ich lebe in angenehmen Verhältnissen zu meiner Familie, bekomme nach und nach Praxis, mehrere meiner öffentlichen Plädoyers sind von urteilsfähigen Praktikern sehr belobt, meine schriftlichen Arbeiten findet mein Papa nicht selten ganz vortrefflich, kurz, in dieser Beziehung fehlt mir nichts; aber mir fehlen Freunde; ich habe hier keinen, der mir einigermaßen näherstände; die jüngeren Leute sind zu verschieden von mir . . . Ich habe eine rechte Sehnsucht, Sie wiederzusehen« (6. 3. 43).

Auch hier haben wir das Nebeneinander von Sich-Einleben und Fremdheit, wie die Sehnsucht nach dem Freunde und die Hoffnung auf ein baldiges Treffen. Ob die Beziehungen zur Familie, insbesondere zu dem verschlossenen Vater, so unproblematisch sind oder bleiben, wie es Storm im Brief darstellt, erscheint zweifelhaft.

Beklagt wird jedenfalls die Lieblosigkeit der Verwandten und besonders die des Vaters. Als einsamen Poeten, der tagsüber in seiner Anwaltskanzlei sitzt und auf den Abend wartet, um im Stübchen bei Kerzenschein und glühendem Böllerofen seine Trauer zu bedichten, dürfen wir uns Storm nicht vorstellen. Sicher, er fühlt sich einsam in der kleinstädtischen Geselligkeit; aber an der nimmt er nicht nur teil, er gestaltet sie auch mit. »Daneben werde ich gesellig sehr stark in Anspruch genommen« (21.12.42), berichtet er an Th. Mommsen. Man führe auf dem Schloß eine zweiaktige Pantomime auf; er spiele den Harlekin und eine Siebzehnjährige »naiv, kapriziös, lächelnd« die Colombine. Storm läßt sich einladen, besucht gerne Gesellschaften, arrangiert selbst »einen eleganten Ball« und versammelt »eine Reihe junger, frischer, lächelnder Mädchengesichter«, wie man sie in Husum lange nicht mehr gesehen habe.

In Husum spielen die Honoratioren immer noch L'Hombre und Whist, Landsknecht und Vingt-un. Und gibt man Gesellschaften, dann trifft man sich um 18 Uhr zum Tee, spielt anschließend Karten; erst spät gegen 22 Uhr wird, begleitet von Tischreden, zu Abend gespeist. Danach tanzt man. Solche altfränkische Gesellichkeit genügt dem jungen Rechtsanwalt, der sich selbst als »höhere geistige Natur« sieht (an Constanze 8.5.46), nicht. Offensichtlich schaffte der Eintritt in die bürgerlichen Salons Lübecks und Kiels Bedürfnisse, die Husums beschränkte Honoratiorenwelt nicht erfüllen kann. So belächelt die »rüstige Geschäftswelt« Storms Vorschlag, »der Lesegesellschaft unserer ›Harmonie‹ Mörikes Romane ›Maler Nolten‹« zu empfehlen (4.472f.)! Er aber läßt sich nicht entmutigen, arrangiert Bälle und Maskeraden, Theateraufführungen und literarische Lesungen. Und er gründet bereits im Frühjahr 1843, unterstützt von seiner klavierspielenden Schwester Helene, den »Singverein«.

Verspätet belebt so auch ein Aktivposten bürgerlicher Kultur Husum. Bekanntlich setzt bereits in der zweiten Hälfte des 18. Jahrhunderts eine langsame Profanisierung der Kirchenmusik und ein Funktionswandel im Musizieren ein: Musik dient jetzt nicht mehr nur der Anbetung und Verherrlichung Gottes, sie erhält einen zunehmenden Eigenwert und wird ästhetisch wahrgenommen. So wird es bereits in den zwanziger Jahren in Hamburg üblich, nach dem Gottesdienst Oratorien, Passionen und Kantaten in einem Konzertsaal nochmals zu hören. Offensichtlich bringt jetzt die Musik die Gefühle des Bürgers in Wallung; und wenn sie in den Konzertsaal übersiedelt oder bis zur Tafel des Kaufmanns vordringt, dann drückt sich darin auch eine neuartige Koalition zwischen bürgerlicher Gefühlskultur und Musik aus. Auch hier soll als Gewährsmann der schon erwähnte Zeitgenosse Simon Woldsens erwähnt werden. Nach Hegel bringt die Musik das subjektive Innere als »subjektive Innerlichkeit in Erscheinung«, ist sie Mitteilung eines »lebendigen Subjekts, in welche dasselbe seine ganze eigene Innerlichkeit hineinlegt«.[3] Mit dem Verfall der alten kirchlichen Ordnungen, zu denen die chori musici gehören, entstehen neue Chöre aus einem säkularen, aufklärerisch-humanistischen Verständnis. So veranstaltet Johann Casimir Storms Lehrer, der Heidelberger Jurist Anton Friedrich Thibaut, eine »Übungsschule für klassische Vokalmusik in allen Stilen«, die für die Erneuerung und Pflege der Musik eintritt, propagiert Pestalozzi den Chorgesang als Mittel der Volksbildung. Mit ihm würden die Menschen »in humane Wechselwirkung gebracht«, und sie könnten so ihren »Wort- und Empfindungsausdruck« üben.

Die Gründung des »Singvereins« läßt sich so als Ausdruck bürgerlicher Kultur verstehen. Es erscheint jedoch verfehlt, sie als Zeitgeist zu personalisieren. Storm handelt nicht in dessen Auftrag. Persönliche und gesellschaftliche Motive lassen sich nicht reinlich scheiden, wohl aber beschreiben. So gibt es offensichtlich eine ganz persönliche Vorliebe für Musik. Wie wir aus dem ersten erhaltenen Brief des Fünfzehnjährigen wissen, interessiert dieser sich, obwohl kein Kirchgänger, für ein Konzert des neuen Organisten. In Lübeck begleitet sein Tenor die klavierspielende Madame Nölting. Zu Hause im Musikzimmer der Hohlen Gasse intoniert er mit seiner Schwester Helene Mendelssohn und Schubert. Ein Leben lang liebt er die Musik und seinen Gesangverein. Aber, als Tenor bleibt er ein wohlklingender und kenntnisreicher Dilettant, als Lyriker wird er ein bedeutender Dichter. Dieser Unterschied sollte nicht übersehen werden. Und doch gibt es eine lebensgeschichtliche Gemeinsamkeit. Die Liebe zur Musik und die Musikalität des Lyrikers gründen in einer Innerlichkeit, die der Dichter als Erlebnis, als gefühlvolles Zurechnen von Ereignissen und Tatsachen auch poetologisch zu reflektieren versucht und die der Musikliebhaber mit seiner Stimme ausdrücken möchte.

Dies, wie bereits erwähnt, als Tenor, und der soll auch in Husum erschallen; doch hier gibt es weder eine Konzerthalle noch einen bildungsbürgerlichen Salon. Um einen zu eröffnen, fehlt nicht nur die Gattin als gebildeter Mittelpunkt, sondern auch das Geld für Räumlichkeiten und Bewirtung. Jetzt bewährt sich das bewußte Verhalten zu seinen Lebensbedingungen. Storm klagt zwar, aber er resigniert nicht. Er gründet einen »Singverein« und versucht so, seine ästhetischen Bedürfnisse und seine Bürgerlichkeit auszubalancieren, übrigens ebenso kunst- wie pflichtbewußt. Er ist ein rühriger und autoritärer Direktor. Ein Mitglied erinnert sich:

»Er dirigierte mit Feuer und Flamme. Bei den Übungen konnte er sehr heftig werden. Hauptsächlich seine Schwester Helene, die ihn in der Leitung unterstützte, wurde oft vor den Damen und Herren gescholten. Wenn nicht zu seiner Zufriedenheit gesungen wurde, so zog er die Stirn in düstere Falten und dann zitterten wir. War der letzte Ton verhallt, so schloß Storm stumm das Klavier, fuhr eilig in seinen Mantel und stürmte hinaus. Die verblüfften Sänger, die noch Tee trinken und Konfekt essen, vielleicht auch noch tanzen wollten, verschworen sich, nicht wiederzukommen. Zur nächsten Singübung fanden sich doch alle wieder zusammen«.[4]

Der »Singverein« hat Erfolg und wird von der Husumer Oberschicht bald akzeptiert. So finden die Übungen auch im Hause der Justizrätin Stemann und die Auftritte im Rathaussaal statt.[5] Das Programm ist anspruchsvoll. Man übt Kompositionen von Haydn, Lortzing, Mendelssohn, Mozart u. a. ein. Schon bald nach der Gründung sind Auftritte möglich. So gibt man am 21. 8. 1843 ein Konzert »zum Besten der Warteschule«. Anerkennend schreibt das *Husumer Wochenblatt*: »... der erst kürzlich ins Leben getretene Singverein lieferte den Beweis, daß mit Eifer und Lust in kurzer Zeit sich erfreuliches leisten läßt« (27. 8. 1843). Weitere Wohltätigkeitskonzerte folgen. Als der Direktor seinen Chor in der Marienkirche auftreten lassen will, kommt es zum Streit mit den Geistlichen, die das Konzert verbieten. Storm reagiert empört mit einem offenen Brief, den das Kirchenpatronat erwidert. Ein Konzert sei kein Gottesdienst, und ein Gottesdienst sei kein Konzert! Auch dies ist ein weiteres Erfahrungselement, das seine Abneigung gegen die Geistlichen befestigen wird. Schließlich kann der fünfzehnköpfige gemischte Chor in der Klosterkirche auftreten und Mozarts Requiem darbieten »mit einer solchen Präcision..., daß alle gerechten Ansprüche an die Aufführung dieses schwierigen Musikstücks befriedigt werden mußten« (*Husumer Wochenblatt* 31. 3. 1844). In dem Bericht der Lokalzeitung mag Lokalstolz mitschwingen. Deshalb sagt der Bericht über das Niveau der Aufführung wenig. In Husum bereichert der »Singverein« das gesellschaftliche Leben, ja er gilt als kultureller Aktivposten in der Stadt. Als im September 1845 der dänische König auf seiner Sommerreise nach Wyk auf Föhr auch Husum besucht, da tritt nicht der rührige »Dilettantenverein«, sondern Storms »Singverein« auf. Storm wird vom dänischen Konsul gebeten, ein Lied abzuliefern. Eine Auftragsarbeit also, die er später so hassen und ablehnen wird. Er sei ein »unpolitischer Mensch«, versichert Storm, er lehne die »allgemeine Ansinnung«, die »Lobhudelei auf den König« ab (1. 961 f.). Dennoch schreibt er das Lied. Die Motive liegen auf der Hand: nicht der Dichter huldigt seinem König, sondern der Husumer Bürger. Storm ist gegen die »übertriebenen Empfangsfeierlichkeiten«, ja, er hält sie für eine Blamage. Aber die Husumer Bürger, von denen sich die meisten als Schleswig-Holsteiner fühlen und zunehmend antidänisch denken, brauchen Christian VIII., denn der soll den nötigen Ausbau des Hafens genehmigen. Größere Schiffe könnten dann anlanden und die Stadt, die immer noch die gleiche Einwohnerzahl wie vor hundert Jahren hat, wirtschaftlich beleben. Ökonomische Interessen sind also im Spiel, und da mag der dichtende Advokat seiner Vaterstadt einen Dienst mit Versen und Noten erweisen. So

komponiert er ein Lied für zwölf Sängerinnen, die als Nixen
verkleidet auftreten und beziehungsreich singen:

> Heil dir, heil dir, hoher König,
> Nimm den Gruß der Meereswogen!
> Dir entgegen silbertönig
> Sind wir rauschend hergezogen.

(1.242)

Wir ersparen uns die weiteren Strophen. Erwähnt sei noch, daß
der Auftritt mißlingt. Die Nixen singen schrecklich und der sich
schämende Direktor flieht in die Turmtür des Schlosses.
Offensichtlich aber genügen stimmungsvolle Deichspazier-
gänge, Ausflüge, Maskeraden, Theateraufführungen und selbst
der Singverein dem dichten Advokaten nicht. – Storm wohnt bei
dem Agenten Schmidt in der Großstraße. Ein älteres Fräulein,
Tante Brick, besorgt ihm den Haushalt. Geordnete Verhältnisse
also; zu erwarten wäre nach erfolgreichem Ausbau der Kanzlei
eine Brautschau, natürlich gemeinsam mit den Eltern; vor der
standesgemäßen Hochzeit ein Hauskauf, dann ein halbes Dutzend Kinder und die endgültige Anpassung an den Lebensstil der
Husumer Honoratioren. Auch ihm würden dann die Tabakspfeife und der Portwein, das Kartenspiel und der Stadtklatsch
den Feierabend vergolden, ohne daß Gedichte das Gemüt beun-
ruhigten. Nicht, daß es schwierig wäre, für ihn eine günstige
Partie zu finden. Sicher, als männliche Schönheit kann er nicht
gelten, nicht einmal als imposante Erscheinung. Die ersten
erhaltenen Porträts sollten uns nicht täuschen. Storms schmäch-
tige gebeugte Gestalt, sein schleppender Gang, seine matten
dunkelblonden Haare dürften wohl kaum die Damenwelt im
Städtchen begeistern. »Mund und Nase waren nicht schön«,
schreibt selbst die wohlmeinende Tochter Gertrud[6]. Dafür werden aber, auch von anderen Zeitgenossen, die leuchtenden
blauen Augen und die wohlgeformte Stirn hervorgehoben. Der
junge Mann gilt als launisch und herrschsüchtig. Vermutlich
hätte sich aber irgendeine Jensen oder Feddersen schon finden
lassen.
Auch jetzt sind Momente des Ausbalancierens hervorzuheben:

Lebt Storm auch in dem traditionellen Bewußtsein einer Familienkontinuität, so bricht er doch mit dem Prinzip der alten Ehe, wonach Heiraten arrangiert werden; dies allerdings ohne die Stabilität der Ehe in Frage zu stellen oder gar im Namen der Liebe soziale Hürden abzuräumen.

Im Januar 1844 verlobt er sich zur Überraschung aller Verwandten mit seiner Cousine Constanze Esmarch, die schon seit einem halben Jahr bei ihrer Tante in der Hohlen Gasse wohnt. Die Neunzehnjährige gilt mit ihren »großen grauen Augen, dem feinen Munde, der hohen vollen Gestalt und dem herrlichen Klange ihres Alts« als Schönheit.[7] Sie stammt aus Segeberg in Holstein. Dort ist ihr Vater Ernst Esmarch seit 1820 Bürgermeister. Ihn verbindet mit Johann Casimir Storm seit der Heidelberger Studentenzeit eine alte Freundschaft. Die Verlobung erscheint in der Ordnung, und Soziologen könnten von einer familialen Oberschichtenreproduktion sprechen. Der alte Storm aber hat Bedenken. Er schreibt an seinen Schwager, den Justizrat Esmarch, nach Segeberg, die Verlobung habe ihn befremdet und erstaunt; zudem sei er im allgemeinen nicht für Familienheiraten, und im besonderen könne er »nicht verhehlen, daß die alleinige Bedenklichkeit in meines Sohnes Charakter liegt, der, wie ich bekennen muß, launenhaft ist«.[8] Theodor sei aber auch »gescheit und arbeitstüchtig« und in einigen Jahren könne er sich »eine gesicherte Existenz« aufbauen und er habe dann alles, »was dazu gehört, ein Familienglück zu gründen«.

Der Vater mißtraut also dem launischen Charakter seines Sohnes und legt ihm ganz patriarchalisch eine Frist auf. Die Heirat müßte anderthalb bis zwei Jahre hinausgeschoben werden. Auch daran wird sich Theodor, der Bürgersohn, halten. Wir erfahren nichts von irgendwelchen Versuchen, gegen die Familie oder den Vater zu rebellieren. Andererseits bietet er aber gegenüber seiner Verlobten Gefühlswünsche und Leidenschaften auf, die nicht aus Husum oder Segeberg stammen. – Die Überraschung der Anverwandten über die Verlobung wird verständlich, wenn man sich vor Augen hält, daß die beiden jungen Leute bisher wenig Zuneigung zueinander zeigten. Sollte sich Storm doch aus einer Laune heraus verlobt haben? Immerhin wissen wir von ihm, und er gesteht es auch später Constanze, daß er seine Braut nicht liebt. Er sieht aber in der Verlobung eine Gelegenheit, die schöne Cousine zum Gegenstand seiner Leidenschaften zu machen. Hier soll nicht die überschüssige Sinnlichkeit eines Fünfundzwanzigjährigen spiritualisiert werden, doch ist ihm die, zumeist auch abwesende, Constanze weniger Objekt der Leidenschaften und mehr Adressatin des Sichverstehens und Aussprechens von Gefühlen, die in Husum aufkommen, hier aber nicht mitgeteilt werden können. Die Verlobung ist seine Antwort auf die emotionale Einsamkeit im geselligen Husum, auf die Lieblosigkeit der Eltern und das Unverständnis der »rüstigen Geschäftswelt«. So schreibt er an seine Braut:

»Ich bin doch eigentlich hier in Husum ohne Dich ganz vereinsamt; meine Denk- und Empfindungsweise bringt das mit sich. Wenn ich nicht arbeite oder lese oder an Dich schreibe, so weiß ich in der Tat nicht, wohin ich mich mit meinen Mußestunden wenden soll; es lebt hier keiner, dessen Gesellschaft mir lieber wäre als meine Einsamkeit; ich habe zu keinem hier ein innres Bedürfnis, und keiner hat es zu mir; beides ist aber notwendig, wenn ein geselliger Verkehr ersprießlich und erfreulich sein soll.«

Im Kreis der Kieler Freunde sei alles anders gewesen, dort habe es

»ein merkwürdig schnelles übereinstimmendes Auffassen und Beurteilen aller geistigen Erscheinungen« gegeben. »Jetzt, da diese Blüten von meinem Leben abgestreift sind, ersetzt Du in andrer Weise mir die verlorenen Freunde. Du bist mir jetzt alles, und auch Du bist fern. Deshalb führe ich hier eigentlich ein Leben nur in Erinnerung und Hoffnung. Denn hier leben keine Menschen, weder die mich erquicken noch erwärmen können. – Jetzt will ich mein Butterbrot essen, und somit, liebe Constanze, gute Nacht« (5. 8. 45).

Storm verlagert so seine Überschußemotionen auf Constanze, und er versichert ihr, sie sei die einzige Seele, die ihn ganz und ohne Rückhalt liebe. Zwischen ihm und seinen Verwandten bestände kein Vertrauen und auch keine zuvorkommende Liebe. Deshalb sei er sehr betrübt. Aus dieser Enttäuschung heraus braucht er Constanze:

»So liegt aber eine neue Anregung darin, die Hoffnung aller Lebens-
freude auf Dich zu setzen; Du, Constanze, mußt mir Vater, Mutter und
Schwester sein, und ich will keine Liebe mehr verlangen als Deine«
(1. 6. 44).

Solche Zuwendungen und Erwartungen werden sich für die
junge Frau als strapaziös erweisen. Jetzt dient die abwesende
Braut als Adressatin nüchterner Mitteilungen und gesteigerter
Gefühle. Seine Briefe sind dabei mehr als ein Ersatz für mündliche Aussprache, denn sie erlauben es, die Gefühle in Wallung zu
bringen, und lassen das empfindsame Ich klagen und seufzen,
aber auch drohen und fordern. Bekanntlich wird im Briefkult
der Empfindsamkeit Fühlen bewußt erzeugt und gesteigert,
kann das Leidvolle deshalb als das Lustvollste gelten, weil es
Rührungen und Erschütterungen hervorzurufen vermag. In dieser Tradition stehen auch die Brautbriefe, und sie sollten nicht als
die »Hälfte eines Dialogs« (Aristoteles) mißverstanden werden.
Sie sind von jemandem geschrieben, der sich mit der Liebe und
vor allem mit dem Liebesbriefschreiben in Stimmungen bringen
will:

»O ich will berauscht sein von Frühling und Liebe; ich habe Dich noch
nie im Frühling geküßt, ich hab Dir noch nie von Liebe vorgeschwatzt,
während die Nachtigallen dazu gesungen haben« (8. 5. 46).

Und dabei läßt sich Storm auch von der Literatur inspirieren:

»Die Liebe ist ein Blutbund, und er kann grauenhaft dämonisch werden, wenn man ihn nicht göttlich schön zu machen weiß. Ich glaube«,
so schreibt er weiter an Constanze, »diese gespenstischen Liebesempf-
indungen ... sind mir durch eine gemischte Lektüre von Shakespeare
und Eugen Sue gekommen« (23. 6. 46).

Man sollte berücksichtigen, daß die Gattung zu Gefühlsmittei-
lungen ermuntert und daß die Gefühle bereits durch unterschiedliche Leseerfahrungen, durch die Hochzeitslyrik des Ho-
henliedes Salomos und die Liebeslyrik des jungen Goethe, durch
Richard Burns und Immermann, Tieck und Freiligrath inspiriert
sind. Solchermaßen gegen naives Wörtlichnehmen geschützt,
lassen sich die Brautbriefe als wichtige biographische Quellen
lesen. Damit wird deutlich: Die Briefe an Constanze drücken

nicht unbedingt Realsachverhalte aus, wohl aber Storms Probleme mit seinen Gefühlen und Wünschen. So muß die mitgeteilte Leidenschaft gegenüber der Braut nicht unbedingt aufrichtig sein, und sie kann doch in einem echten Bedürfnis nach Leidenschaft gründen.

Als Constanze im Frühjahr 1844 Husum verläßt und zu ihren Eltern nach Segeberg reist, schreibt ihr Storm:

»Ich fühlte nichts als die Sehnsucht, Dich bei mir zu haben, zu Dir zu reden, Dir Liebe zu erzeigen; ich selbst kam mir ohne Deine Nähe so innerlich leer, so arm vor; ... Es ist doch nicht gut, daß wir so getrennt sein müssen, ich würde in Deiner Nähe froher und gesunder sein; denn durch die Unmöglichkeit schneller Mitteilung wird jeder Mißklang zu einer langen Qual, und gänzlich schweigen ist schlimmer als alles. Du fühlst es, meine süße Constanze, wie mich nach Dir verlangt. Um Dir möglichst nahe zu sein, hab ich gestern nacht Deinen Brief auf meine Brust gelegt, so daß Dein Name mir auf der Herzgrube ruhte; ...« (Mai 44).

In dem gleichen Brief versichert er, er sei zu stolz, um überhaupt an irgendeinen Nebenbuhler zu denken, droht dann aber doch im Falle eines möglichen Konkurrenten mit seiner »bekannten Rücksichtslosigkeit«, beruhigt sich schließlich mit dem Hinweis, Constanze könne nur einen lieben und stellt dann, nicht ohne eine gewisse Selbstgefälligkeit fest: »Dein ganzes Leben flutet mir zu.« Auf den ersten Blick liest sich dies wie der Liebesbrief irgendeines gockelhaften Bräutigams. Dabei liebt aber Storm zu diesem Zeitpunkt Constanze noch nicht. Warum aber dann ein solcher Brief und viele ähnliche? Offensichtlich tut der junge Advokat so, als ob er liebe, braucht er für sein zunächst zielloses Bedürfnis nach Liebe und Gefühlsmitteilung eine mögliche Geliebte. Wie wichtig ihm das Briefeschreiben ist, zeigen die akribisch vermerkten Uhrzeiten. Er schreibt morgens und abends, fügt an Briefe weitere Mitteilungen und Empfindungen, beendet einen Brief um 21.30 und schreibt eine halbe Stunde später dennoch weiter: »Noch einmal zu Dir, ich hänge in Gedanken an Deinem Halse, ich kann gar nicht wieder von Dir lassen« (1.6.44).

Dem Leser der Briefe fallen die unterschiedlichen Schreibweisen rasch auf. Und bisweilen deutet ein Bindestrich ihren Wechsel an. Wir erinnern uns. Nach der Klage über Einsamkeit und Isolation folgt die Mitteilung »jetzt will ich mein Butterbrot essen«. So verwandelt sich das empfindsame Subjekt immer in den Husumer Advokaten, der über den Gesangverein, Gesellig-keiten und die Familie berichtet oder über Hals-, Kopf- und Magenschmerzen klagt. So lassen die Brautbriefe in ihrem cha-rakteristischen Nebeneinander von Alltäglichem und Gefühls-seligkeit den Bürger als Künstler und den Künstler als Bürger erkennen.

In einem Brief vom Sommer 1845 erscheint dies als Naturerleb-nis, lyrische Steigerung und Sehnsucht nach der fernen Gelieb-ten. Es ist 21.30 Uhr, Storm kommt von einem Spaziergang, den er gerade mit dem jungen Lorenzen, dem Bräutigam seiner Schwester Helene, unternommen hat, zurück. Im Brief an seine Braut kann er seine Eindrücke und Stimmungen in einer Art schildern, die dem alten Storm sicherlich überspannt vorgekom-men wäre:

»Der Abend war so schön, o so schön, wie ich diesen Sommer noch keinen erlebt; es rührte sich kein Grashalm. Die Marsch hat dann so etwas Feierliches, durch die große Ruhe hört man nur dann und wann das Brüllen eines Rinds oder das Geschrei der Kiebitze, die man beim Gehen aufscheucht. Am Außendeich blitzten die Wasserpfützen wie Silber in dem dunkeln Vorlande. Ich ging ziemlich sprachlos neben meinem Begleiter, ich war wohl stumm wie die Natur um mich her; aber nicht ruhig; ich mußte die Gedanken einer trüben Stunde in mir verarbeiten. Auf dem Rückwege von Simonsberg sehnte ich mich heute so sehr nach Dir, da ging's mir reimweise von den Ohren: ›Wär mir das Leben leicht und schön und säh mich an mit Liebesaugen so – –‹; ja, mein süßes liebes Kind, die Nachsätze waren so überschwenglich reich und vielfach lieblich, daß ich sie nicht in Verse fassen konnte; aber die Gegensätze drängten sich mir desto lebhafter auf, als ich so ohne Dich durch den schönen Abend ging –

> Doch bist Du fern, und meine Jugend muß
> Von Dir vereinzelt in sich selbst verlodern;
> Ich kann Dir nicht, wie meine Brust begehrt,
> Das Höchste geben und das Höchste fordern.

Kaum darf ich hoffen, daß die späte Zeit
Noch unsre welken Hände mög vereinen,
Damit wir das verlorne Jugendglück
Vereinigt, doch vergebens dann beweinen.

Weine nicht, meine süße Constanze, die Verse sind ja nur hervorge-
gangen aus der bittern Stimmung, Dich jetzt entbehren zu müssen,
nicht aus der Überzeugung, daß die Trennung so traurig lange dauern
solle. Ich habe ja außerdem gar keine Ursache zu verzagen, die Trennung von Dir macht mich nur mitunter etwas mehr als billig trostlos. –
Ich konnte auch gleich darauf hingehn und in der Hohlen Gasse kalten
Reis mit Himbeeressig essen und Mathilde Harring bewundern...«
(4. 8. 45).

Auch hier finden wir, wie schon im Berthaerlebnis, den Zusammenhang von Erlebnisfundament und lyrischem Ausdruck.
Und auch hier erhebt sich das lyrisierte Ich in Natur und
Liebeserlebnisse, während der Gedankenstrich mit dem Wechsel
in der Schreibweise anzeigt, daß Theodor Woldsen-Storm fest
im Alltag steht. Nach beklagter Einsamkeit und Liebessehn-
sucht, die Natur wie Literatur stimulieren, werden Butterbrote
gegessen und Teekannen geleert, kommt Behaglichkeit auf. Und
so heißt es auch am Ende des ausführlich zitierten Klagebriefes:
»Und jetzt ist mein Fußbad bereit, was ich mit Muße benutzen
werde...«
So mag das Nebeneinander der unterschiedlichen Schreibweisen
Storms Ausbalancieren zwischen Gefühlsansprüchen und Husumer Verhältnissen, zwischen seinem Künstlertum und seiner
Bürgerlichkeit veranschaulichen. Dennoch haben die Briefe
einen Bedeutungsmittelpunkt; ihn machen Sinnlichkeit und Ehe
als erhoffte beständige Liebe und stabile Sonderwelt aus. Damit
findet Storm ein Generalthema seines Lebens. Denn in ihm
bündeln sich gesteigerte Ansprüche und einschränkende Verhältnisse, das utopische Versprechen auf dauerhafte Eheerotik
und die Angst vor Vergänglichkeit.
In einem Brief an seinen zukünftigen Schwiegervater legt er seine
Vorstellungen von der Ehe dar. Demnach muß die Bildung
zwischen Mann und Frau gleich sein, so daß sie sich gegenseitig
geistig fördern und anregen können. Er wisse wohl, »daß die
ältere Zeit der Frau einen niedrigeren Platz anmißt und jedes

Mehrverlangen für überspannt hält. Wir von jetzt denken anders, ich bin ein Kind meiner Zeit« (zwischen November 44 und Januar 45). Offensichtlich teilt sich hier ein junger Mann mit, der auf individuelle Liebe und Gleichberechtigung der Geschlechter pocht und sich so gegenüber Husumer und Segeberger Verhältnissen für zeitgemäß hält. Wir müssen uns allerdings fragen, ob diese selbstgewiß betonte Zeitgenossenschaft überhaupt stimmt. Immerhin bleibt der junge Lyriker von jener sich als modern empfindenden Literatengeneration des Jungen Deutschland wenig beeinflußt. Während Autoren, wie L. Börne, A. Glassbrenner, H. Laube oder Th. Mundt, sich nach dem Tode Goethes von dem Druck des »großen Statthalters der Poesie auf Erden« befreit fühlen, eine Politisierung der Literatur mit Satire und Ironie betreiben und den goethezeitlichen Traum von einem Reich des »Allgemein-Menschlichen« in Frage stellen, bleibt für den dichtenden Advokaten die Welt der Poesie und Kunst ein unantastbares Reich jenseits der Forderungen des Tages. So wird er auch Goethe nie als Fürstendiener oder Stabilitätsnarren ablehnen. Ebensowenig wie wir uns Storm als Burschenschafter, Turner oder Philhellenen vorstellen können, entspricht er dem jungdeutschen Bild vom »Dichter-Prosaisten« und engagierten Literaten. Dennoch hat er mit Eichendorff und Mörike im Kopf das Junge Deutschland und den Vormärz nicht verschlafen. Worin besteht seine Modernität und was unterscheidet ihn von seinem Vater und Schwiegervater? In Kiel macht ihn Th. Mommsen immerhin mit liberalen Gedanken bekannt, auch wenn Storm nie ein engagierter Liberaler wird. Vor allem aber greift er die jungdeutsche Vorstellung von der Emanzipation des Fleisches auf, die die Fesseln der bürgerlichen Tugenden sprengen will und auch gottgegebene Familienverhältnisse attackiert. Er greift sie auf, so sollte präzisierend hinzugefügt werden, ohne sie gänzlich zu übernehmen, und er entwirft aus ihren Elementen die typische Stormsche Ehekonzeption.

Die jungdeutsche Frontstellung gegen alle Formen der Prüderie und einzwängenden Moral lebt auch aus literarischen Vorbildern. So beruft man sich auf F. Schlegels Roman *Lucinde* (1799), in dem die freie Liebe glorifiziert wird, auf die Gestalt Lord

Byrons, den seine Freimütigkeit und Skandalgeschichten zu einer antibürgerlichen Kultfigur machen, und man liebt besonders W. Heinses *Ardinghello und die glückseligen Inseln* (1787), dessen romanhafte Darstellung des sinnenfrohen Renaissancemenschen wie eines Lebens in Freiheit und Schönheit die eigenen emanzipativen Absichten ausspricht und bestätigt. Dies alles paßt zum Programm von Diesseitsreligion und Lebensgenuß. Und mit dieser Brille liest auch ein Richard Wagner, angeregt durch H. Laube, Heinse.

Auch Storm nimmt, allerdings mehr als zehn Jahre später, das Buch zur Hand, nicht ohne seine Eindrücke und Kommentare Constanze (wem auch sonst?) mitzuteilen. Er bejaht den Schönheitskult, das Ideal vom gefühlvollen Menschen und die erotische Seite der Diesseitsgläubigkeit. Dies kommt, so dürfen wir vermuten, seiner poetischen und sinnlichen Natur entgegen. Zugleich verneint er aber als Bürger den ästhetischen Immoralismus, die freie Liebe und die Attacken gegen die Familie:

»›So schwang die Liebe‹ heißt es (bei Heinse, G. B.), ›in allerhöchster Freiheit ihre Flügel; jedes beeiferte sich, schön und liebenswürdig zu sein, und konnte sich weder auf Geld und Gut noch auf Pflicht und Schuldigkeit verlassen‹ – Süße Dange, auf das erstere können, auf das letztere wollen auch wir uns nie verlassen« (27. 12. 45).

So akzeptiert, ja erwünscht sich Storm eine befreite Sinnlichkeit, ohne die Koalition zwischen Besitz und Familie in Frage zu stellen. Er wird dies in seinem Leben als Kollision zwischen Sinnlichkeit und Pflicht, Glücksanspruch und Schuldigkeit erfahren und in seinem Werk, in den Gedichten und Novellen, als Verlockung und Gefährdung verarbeiten, manchmal auch als Verzicht oder Erfüllung trivialliterarisch harmonisieren. Im Gegensatz zu den Literaten des Jungen Deutschland attackiert er nie die Familie als Zwangsanstalt, nein, er bleibt immer ein Propagandist der dauerhaften Ehe – auch wenn er bisweilen deren Prinzip »lebenslänglich« als Zwang empfindet. Aus dieser Vorstellung der neuen Sinnlichkeit und alten Familienstabilität ist eine Liebesnacht vor dem Hochzeitstag (wie zwischen ihm und Constanze!) akzeptabel, aber eine Liebeserklärung ohne

Heiratsabsicht moralisch verwerflich. Vielleicht dazu eine kleine Anekdote: Als Storm ein Verhältnis zwischen seiner Schwester Cäcilie und einem jungen Dänen entdeckt, meldet er dies unverzüglich seinem Vater. Beide sind empört. Sie gehen sofort zu dem jungen Mann, setzen ihn unter Druck und vereinbaren einen Hochzeitstermin. So bleibt der voreheliche Beischlaf in der Ordnung.

Storm achtet die bürgerlichen Lebensformen, und er stellt zugleich Glücksansprüche, die darüber hinausgehen, ja mit ihnen auch kollidieren. Davon wird seine Dichtung profitieren, und darunter leidet zunächst seine Braut.

Denn einerseits treibt er mit seiner »Dange« oder gar »Herzensdange«, so das Kosewort für Constanze, eine Art Liebeskult im empfindsamen Briefstil; überschüttet sie mit Liebesbeteuerungen, nicht nur für das ganze Leben, sondern auch »für danach«, lobt ihre Schönheit wie Herzensgüte und möchte sich mit ihr weiterbilden und vervollkommnen. Ihr gegenüber propagiert er die Ehe als gleichberechtigte Liebe und Grundlage des ganzen inneren Lebens. Weit über die Sinnlichkeit hinaus erhält die Ehe so eine höhere Weihe als Sonderwelt:

> »...so bedürfen wie einer nur des andern; ich wenigstens habe in Dir meine Welt. Von dieser will und muß ich vor allem das Gemeine fernhalten. Du solltest nur einmal hören, mit welcher eklen Behaglichkeit diese Menschen über die Geschlechtbeziehungen in der Ehe sprechen... Mein lebhafter Wunsch ist, daß wir uns wenigstens im ersten Jahr ganz abschließen...« (6.7.46).

Andererseits bevormundet der so begeistert über echte Liebe und dauerhafte Ehe räsonierende Bräutigam seine Braut, verkleinert sie zum »kleinen Mädchen« oder »Hasehäschen«, bekrittelt ihren häßlichen Unterrock, mäkelt über ihren Briefstil, obwohl selbst keineswegs ein musterhafter Grammatiker und Stilist, und bemängelt ihre Oberflächlichkeit. Offensichtlich kommen Constanzes Gefühle beim Briefschreiben nur unzureichend in Fahrt. Aber bisweilen beklagt sie sich kleinlaut über Storms Heftigkeit. – Keine Frage, da schreibt ein liebesseliger und herrschsüchtiger Bräutigam, der bevormundet und droht, der schon eifersüchtig wird, wenn sie von ihren Freundinnen berichtet, und der »treue kindliche Hingebung« verlangt. Ja, er erweist sich als launenhafter Egozentriker, der von seiner Braut unendliche Liebe und jederzeitige Zuneigung verlangt und sie mit verschiedenen Rollenerwartungen überfordert: Constanze soll ihm Mutter und Engel, Schwester und Geliebte, gleichberechtigte Partnerin, aber auch treusorgende Hausfrau sein. Und wenn ihm ihre Gefühle nicht ausreichen, dann erfindet er welche für sich und ordnet sie ihr im Gedicht zu.

»Mein süßes Herz, Du denkst so, – ich habs in Reime gebracht, sag mir, ob es richtig ist! Du liegst zwischen meinen Knien und ich lege meine Hand in Dein süßes Gesicht und drück es an mein Herz, und dann sprichst Du:

> Ich bin mir meiner Seele
> In deiner nur bewußt,
> Mein Herz kann nimmer ruhen
> Als nur an deiner Brust!
> Mein Herz kann nimmer schlagen
> Als nur für dich allein!
> Ich bin so ganz dein eigen,
> So ganz auf immer dein.

(1.963, 243)

Immerhin, er fragt noch nach der Bestätigung. – Dies veranschaulicht den Unterschied zwischen einem biographischen Erlebnis und einem literarischen Ereignis. Ein etwas launischer und egozentrischer junger Mann drückt lyrisch nicht nur seine Gefühle, sondern auch solche aus, die er eigentlich von seiner Braut erwartet. Ihm bereitet dies Selbstgenuß. Uns mag dies eher banal erscheinen. Es kann aber durch die Machart des Gedichtes Bedeutsamkeit erhalten. Insofern läßt sich ein biographischer Bezug, aber keineswegs eine biographische Ursache ausmachen. Denn Verseschmieden ist in den dreißiger und vierziger Jahren weit verbreitet. Jetzt lyrisieren zahlreiche Gelegenheitsdichter ihre Gefühlsüberschüsse und überschwemmen mit ihren Gedichten die Poesiealben, Almanache und Taschenbücher. Sie werden gerne gelesen und gehört, verklären sie doch popularromantisch und naturschwärmend den Alltag. Ihren gemeinsamen semantischen Nenner bilden Natur und Liebe. Auch in dieser

Tradition steht Storm, doch findet er im lyrischen Sprechen bald einen eigenen Ton. »Das eigentliche Soziale an der Dichtung ist die Form« – und daß sie gerade in der Dichtung den Inhalt »macht«, zeigt das zitierte kleine Rollengedicht, ein vermeintlich simples »Liedchen«, auch dem einfältigen Verstand verständlich. So scheint es jedenfalls bei der ersten Lektüre. Liest man die Strophe gründlicher durch, so fällt allerdings ihre raffinierte Einfachheit auf. Anders ausgedrückt: Der vermeintlich anspruchslose Volksliedstil erhält seinen anspruchslosen und unauffälligen Charakter durch einen hohen formalen Aufwand. Dazu zählen die anaphorischen Formelverlängerungen, die Wiederholung derselben Wortverbindungen am Anfang der Sätze, wie die Ökonomie der Reime. Zudem ordnen je zwei Verse, die eine Einheit bilden, den Aufbau, und die Anaphern zeigen, daß zwischen den vier Einheiten, den beiden äußeren und den beiden inneren, ein kunstvoller Parallelismus besteht. Besonders beim Hören fällt auf, daß den Rhythmus ein strenger Dreitakt mit regelmäßigem Wechsel von klingender und voller Kadenzfüllung bildet. Dabei verschiebt sich der assonantische Ei-Laut von Vers zu Vers – so auch im Ton die Bewegtheit der Liebe in klanglicher Einheit ausdrückend, um dann in der letzten Zeile als Endlaut zur Ruhe zu kommen und so die endgültige Zugehörigkeit der Liebenden klanglich zu symbolisieren. Hier soll keine prätentiöse Musterinterpretation dargeboten werden. Es ging nur um den Nachweis, wie mit (nicht aus!) partikularen biographischen Geschichten eine Lyrik entsteht, die sich durch die Form von ihnen ablöst.

Im September 1846 ist es dann soweit. Theodor darf, so sollten wir formulieren, jetzt heiraten. Über die Hochzeit wissen wir wenig. Sie findet bei den Schwiegereltern in Segeberg statt. Seine Eltern sind nicht anwesend. Übrigens nicht aus Mißmut über die Heirat, sondern aus einem anderen Grund; die Schwester Helene ist an »Unterleibsentzündung« erkrankt, vor der Entdekkung des Penicillins eine lebensgefährliche Bedrohung. Die Hochzeit findet übrigens, wie ein Blick in das Segeberger Kirchenbuch zeigt, als Haustrauung statt, denn schon jetzt zeigt Storm eine deutliche Abneigung gegen die offizielle Kirche.

Deren Gottessegen wird zwar noch erbeten, doch ist ihm die kirchliche Bestätigung der Heirat zuwider. Er sieht sie als eine »Förmlichkeit«, »als eine Schaustellung des Innerlichen«, die der Staat nun einmal verlange, und darüber hinaus schätzt er die eheliche Liebe so hoch ein, daß ihm die nötige Bestätigung durch die Kirche herabwürdigend erscheint. Dies auch aus einer charakteristischen Stormschen Ewigkeitsperspektive.

»Die Kirche spricht die Vereinigung aus als eine nur zeitliche, weil sie eine zweite Ehe statuiert, das ist eine orientalische Herabwürdigung oder eine sehr bornierte Ansicht der Liebe« (an Constanze 28. 8. 46).

Soviel zum Ehekult. Die standesgemäßen Lebensverhältnisse sind bereits vor der Heirat geordnet. Der alte Storm stellt nämlich seinem folgsamen Sohn ein Haus zur Verfügung; seine Lage »Neustadt 56« kann trotz des Namens der Straße als zentral gelten. Alt ist es auch. Es wurde, so weisen es die Maueranker im Giebel aus, 1675 erbaut. Rechts vom Eingang liegt die Anwaltspraxis. Die restlichen Räume und der Garten sollen dem jungen Ehepaar und den erhofften Kindern vorbehalten bleiben. Hier wohnt Storm schon nahezu ein Jahr zusammen mit seinem Freund Hartmuth Brinkmann. Der muß nach der Hochzeit ausziehen. Die junge Ehefrau soll sich jetzt als Hausfrau bewähren, muß, unterstützt von einer Dienstmagd, Schinken und Würste verwalten, Einkäufe tätigen, Vorräte anlegen, einmachen. Von einer Absonderung der jungen Eheleute, wie sie sich der Bräutigam wünschte, kann keine Rede sein. Soweit wir dies beurteilen können, leben die beiden eine behagliche Husumer Bürgerexistenz; sie nehmen Einladungen an, geben selbst erste Gesellschaften, die Constanze geschickt, wie sie stolz nach Segeberg meldet, organisiert; und sie finden sich, wie von den alten Storms erwartet, regelmäßig in der Hohlen Gasse ein. Überarbeitet und gehetzt sollten wir uns den jungen Advokaten nicht vorstellen. Theodor Woldsen-Storm kommt seiner Berufspflicht gewissenhaft, aber auch, so dürfen wir vermuten, gemächlich nach. Er lebt eine vorindustrielle Arbeitsmoral, die Pünktlichkeit kennt, aber Terminnöte nicht aufkommen läßt. Ein Studienfreund aus Kiel, Tycho Mommsen, der von 1848 bis

1850 als Kollaborator an der Gelehrtenschule arbeitet, schildert ihn als faul und überspannt.[9] Wie dem auch sei, jedenfalls bleibt in der »Neustadt« ausreichend Zeit für morgendliche Gespräche, ein ruhiges Mittagsmahl, einen Nachmittagstee im Saal oder, wenn das Wetter schön ist, im Garten, für abendliche Spaziergänge und Gesellschaften. Offensichtlich entsteht hier ein Idyll, wie es sich der Bräutigam erhofft hat. Nur noch die Kinder fehlen.

Ein ungetrübtes Glück also? Nein, denn die bejahte Sinneslust setzt offenbar bei dem jungen Ehemann Begehrlichkeiten frei, die Constanze nicht erfüllen kann oder will. Storm, der Vertreter der dauerhaften Liebe, wird zum entfesselten Biedermann. – »Ich fühle wie die ganze Welt allein in ihrem Bilde lebt«, so bedichtet er die Zuneigung zu seiner Constanze, sein »unverlierbar eigen« (1. 249). Und doch wird ihm bereits etwa ein Jahr nach der Hochzeit der Rahmen ehelicher Treue zu eng. Seine Geliebte heißt Dorothea Jensen. Sie ist neunzehn Jahre alt und stammt aus einer angesehenen Husumer Senatorenfamilie. Man kennt sich also von Kindheit an, und zudem ist Dorothea die beste Freundin von Storms jüngster Schwester Caecilie. Bereits im Sommer 1844 schreibt er an seine Braut, er habe »noch eine Eroberung gemacht, eine zarte Siebzehnjährige... und ich dachte wirklich, Du wärst meine letzte« (Juli 44). Nein, die letzte ist es nicht, und aus dem Verhältnis zu Dorothea wird ein Verhältnis mit ihr. Dabei soll Constanze schöner gewesen sein. So berichten es jedenfalls Zeitgenossen. Aber offensichtlich übt Dorothea auf den jungverheirateten Advokaten eine größere erotische Anziehung aus. Nach Constanzes Tod berichtet Storm in einem Bekenntnisbrief an Hartmuth und Laura Brinkmann:

»In mein Leben wie in meine Poesie teilen sich zwei Frauen; die Mutter meiner Kinder, Constanze, die so lange der Stern meines Lebens war, ist nicht mehr; die andre lebt, nachdem sie fern von mir allein und oft in drückender Abhängigkeit verblüht ist. Beide habe ich geliebt, ja beide liebe ich noch jetzt; welche am meisten, weiß ich nicht; die erschütterndste Leidenschaft hat mir einst die noch Lebende eingeflößt; die leidenschaftlichen Lieder, die ihr ja oft gelesen, sind der Kranz, den sie noch jetzt in ihrem Haar trägt. Beide sind sie, obwohl sonst mannigfach verschieden, die süßesten mildesten Frauenseelen, die ich im Leben gefunden, und von grenzenloser Hingebung an den geliebten Mann. Das wäre noch alles schön und gut; aber die Leidenschaft für die Lebende brach über mich herein, als die Verstorbene schon mein Weib war. – So kam es... Ich heiratete, und jenes Mädchen, damals eben aufgeblüht, kam oft in unser Haus. In meiner jungen Ehe fehlte eins, die Leidenschaft; meine und Constanzes Hände waren mehr aus stillem Gefühl der Sympathie ineinander liegen geblieben. Die leidenschaftliche Anbetung des Weibes, die ich zuletzt für sie gehabt, gehört ihrer Entstehung nach einer späteren Zeit an. Aber bei jenem Kinde, die, wie ich glaube, mit der Leidenschaft für mich geboren ist, da war jene berauschende Atmosphäre, der ich nicht widerstehen konnte. Vielleicht mag ich auf sie eine gleiche Wirkung gehabt haben. Gewiß ist, daß ein Verhältnis der erschütterndsten Leidenschaft zwischen uns entstand, das mit seiner Hingebung, seinem Kampf und seinen Rückfällen jahrelang dauerte und viel Leid um sich verbreitete, Constanze und uns« (21.4.66).

»Bei jenem Kinde, die...«, auch hier dürfte ein grammatikalischer Fehler auf geheime Wünsche verweisen, und offensichtlich »entzündet« die kindhafte und selbstlose Geliebte seine Leidenschaften. Diese Verbalmetapher gebraucht er übrigens häufiger. Vor allem in seinen Liebesgedichten. Da »zucken aus dem vollen Kelch« der Liebe »elektrisch schon die Funken« (1.21), weiß die Geliebte nicht, »es könne zünden« (1.33). Zur Nacht soll sich »der Liebe Strahl... rückhaltlos entzünden«. Und die Liebe erscheint auch als »heiße Flut« (1.774). Versteht man die Metapher nicht eng als nur rhetorische Figur, sondern fragt nach ihrem Gebrauch als Ausdruck von Auffassungen und Interessen, dann bedeutet sie auch mehr als ein Verstoß gegen die sprachlichen Normen im Namen der Wortkunst. Denn in ihrer Bildhaftigkeit lassen sich Differenzen zwischen vordergründigen Absichten und hintergründigen Einschränkungen, Vorbehalten und Ängsten ablesen.[10] Das »Sich-Entzünden« oder die »heiße Flut« machen das Individuum zum Objekt; sie lassen in der bejahten Emanzipation des Fleisches ein Moment des Fremden und Bedrohlichen erkennen. Die beiden letzten Strophen aus *Rote Rosen*, einem Gedicht, das mit dem Dorothea-Erlebnis entsteht, können dies veranschaulichen:

Verzehrend kam's in Sturm und Drange,
Ein Weh nur war es, keine Lust,
Es bleichte deine zarte Wange,
Es brach den Atem meiner Brust.

Es schlang uns ein in wilde Fluten,
Es riß uns in den jähen Schlund;
Zerschmettert fast und im Verbluten
Lag endlich trunken Mund auf Mund.

(1. 254)

Storm ahnt, daß in der Verlockung die Gefährdung liegt, und er
wird in der Versagung die Stabilität seiner Familie suchen. –
Über sein Motiv sind wir informiert, über den Verlauf des
Verhältnisses wissen wir wenig. Die mit ihm entstehenden Gedichte sind bedeutsam »für sich«. Sie lassen sich nicht für
irgendeine Chronik des Gewesenen quellentauglich machen,
und sie drücken doch seine Ängste und Wünsche aus.
Es muß eine mächtige Leidenschaft sein, die einen jungen Mann,
der ansonsten die Konventionen und Auflagen der bürgerlichen
Welt seiner Eltern akzeptiert, in ein Verhältnis, das den Ruf
seiner Geliebten ruiniert und den eigenen Leumund gefährdet,
treibt. Damit keine Mißverständnisse aufkommen: Die Husumer Oberschicht geht zwar nicht mehr in die Kirche, sie wird
aber damit nicht libertinär. Ihr verweltlichter Protestantismus
und ihre Ehrbarkeit errichten eine hohe Scham- und Peinlich-
keitsschwelle. Allerdings wäre es falsch, von der wohlanständigen Rede des Bürgertums im 19. Jahrhundert und der herrschenden Prüderie in der europäischen Kultur das wirkliche Sexual-
verhalten zu erschließen.[11] Und sicherlich gibt es soziale, religiöse und regionale Unterschiede. Kennzeichnend ist aber ein
allgemeines problematisches Verhältnis von Triebwünschen und
Triebverzicht. Es setzt Spannungen frei, die unterschiedliche
Bereiche aufladen. Gegen Ende des Jahrhunderts versucht
Freud, ihre »Opfer« psychoanalytisch zu behandeln und den
Vorgang mit der Triade »Es – Ich – Über-Ich« begrifflich zu
erfassen. Aber schon vorher äußert sich das Unbehagen an einer
Kultur, die mit erhöhten Individuierungschancen Sexualität als
Erotik ermöglicht (der junge Storm mag hier als Beispiel dienen),

aber die dies zugleich rigide unterdrückt und in kollektiven Angstthemata wie Kastration oder Syphilis zum Ausdruck bringt. In der Mode (jenseits verschiedener Wechsel) zeigt die Verhüllung und die Darbietung des Körpers jene Spannung als Verlockung und Versagung.[12] Constanze Esmarchs »freie Schultern« und Storms späterer Bart veranschaulichen, daß der Körper verhüllt, aber auch dargeboten wird. Nicht ohne Grund werden seit den sechziger Jahren die sekundären Geschlechtsmerkmale hervorgehoben; die Männer zeigen ihre Bärte, die Frauen, schicklich verhüllt und zugleich künstlich betont, ihren Busen, ihre Hüften, ihr Gesäß.

Diese Spannung dürfte Storm, der sich selbst ja als sinnliche Natur charakterisiert, besonders intensiv erfahren. Denn er propagiert als »moderner« junger Mann, ermuntert durch die Literatur, die Emanzipation des Fleisches und versucht, sie durch das Programm der Eheerotik mit den bürgerlichen Konventionen zu versöhnen. Wir sollten darüber hinaus nicht vergessen, wo er wohnt. In einer Kleinstadt kennt jeder jeden. Das macht auch die Verhältnisse in Husum so gesellig, nämlich als gemütliches Miteinander, aber auch als lauerndes Gegeneinander, als soziale Kontrolle, die die Einhaltung der Konventionen überwacht (in dieser Rolle tritt Storm ja gegenüber seiner Schwester auf, als sie sich mit dem jungen Dänen vergnügt) und die Selbstzwangapparatur der Bürger in Gang hält. Selbst seine »goldne Rücksichtslosigkeit« dürfte ihn nicht gegen eine Schamangst panzern, die den Verlust der Achtung durch die anderen befürchtet. Schließlich geht es ja um die Existenz eines angesehenen Bürgers und Advokaten. Auch hier wird deutlich, er lebt nicht nur in Husum, sondern Husum lebt auch in ihm. So bleibt er in einem strikt biographischen Sinne vornehmlich Bürger. Dies im Unterschied etwa zu Richard Wagner, der sein Künstlertum auch als Lockerung gegenüber bürgerlicher Moral nutzt, dessen »Frauengeschichten« nicht mehr von einem kleinstädtischen Publikum verurteilt werden können. Ganz zu schweigen von Franziska Gräfin zu Reventlow, der Tochter seiner späteren Husumer Freunde, die sich in der Sonderwelt Bohème von der bürgerlichen Moral lossagt.

So kann die Liebschaft zu Dorothea als Sieg der Sinnlichkeit und als Niederlage seiner hehren Ehevorstellungen gelten. Sie schafft Konflikte, und die Lust bedeutet, vor allem für Dorothea, auch Leid. Wir dürfen vermuten, daß die strenggläubige Protestantin Schuldgefühle und Gewissensbisse quälen, denn die Sinneslust läßt sich wohl kaum mit einem orthodoxen Luthertum vereinbaren. Hinzu kommt, daß sie sich mit Constanze gut versteht. Offensichtlich kann auch keine Feindschaft von Selbstvorwürfen entlasten. Die junge Frau Storm macht ihrem Mann keine Eifersuchtsszenen, setzt ihn nicht mit Tränenströmen und Jammern, Vorwürfen und Anklagen unter Druck. Do, wie die beiden Storms sie liebevoll nennen, kommt oft in das Haus »Neustadt 56«. In dieser ungewöhnlichen Dreiecksgeschichte erweist sich Constanze als überlegene Gestalt. Sie ist sogar bereit, erstaunlich genug für eine Bürgerstochter aus Segeberg, ihre »Rivalin« als Freundin mit ins Haus aufzunehmen. Also eine Art »Wohngemeinschaft« im sittenstrengen Husum? Das mag gut gemeint sein, aber als stärker erweisen sich der Klatsch der Leute und die Ehrbarkeitsnormen der Honoratioren. Die Beteiligten mögen ein solches Dreiecksverhältnis für möglich halten. Für die Husumer Gesellschaft ist es unmöglich, und vor ihr kapituliert der Bürgersohn. Auch dürften Eltern und Verwandte auf die jungen Leute einigen Druck ausüben. Fest steht, daß nach etwa anderthalb Jahren Dorothea Husum verläßt, oder, was wahrscheinlicher ist, verlassen muß. Sie wird der bürgerlichen Wohlanständigkeit geopfert, nicht der Mann. Über ihr weiteres Schicksal wissen wir wenig. Sie wird einsam und in drükkenden Verhältnissen leben und aus Liebe zu ihrem Theodor mehrere Heiratsanträge ausschlagen. Es mag uns als bescheidene Wiedergutmachung beruhigen, daß sie nach Constanzes Tod Storms zweite Ehefrau wird.

Und wie steht es mit Theodor Woldsen-Storm? Auch ihm dürfte die Liebe nicht nur Lust, sondern auch Leid und Ängste bereiten. Zerknirscht oder handlungsunfähig sollten wir ihn uns aber nicht vorstellen. Denn auch jetzt bewährt sich sein bewußtes »Verhalten zu«, indem er im bürgerlichen Alltag seine Wünsche zurücknimmt und sie zugleich ins Reich der Poesie verlagert. Er zieht einen Trennungsstrich zwischen beiden, auch indem er die Dorotheenliebe lyrisch verarbeitet und sich zugleich bemüht, seine junge Ehe zu stabilisieren. Wie schon bei Bertha v. Buchan macht er ein Liebeserlebnis zum Objekt seiner künstlerischen Gestaltung. Insofern bedeutet auch für uns das Verhältnis mit Dorothea Jensen mehr als eine Episode.

Das Erlebnisfundament erhält jetzt aber eine entscheidende Vertiefung. Wir erinnern uns: Gegenüber Bertha und auch gegenüber seiner Braut zeigte Storm Gefühle, die sicherlich seine Probleme und Wünsche ausdrücken, die sich aber nicht unbedingt als Liebe zu ihnen aussprechen. Mit dem Kind und der jungen Frau, so könnte zugespitzt formuliert werden, spielt er auch literarisch vorgeschriebene Verhaltensstandards durch. Deshalb kann er auch seine Liebe zu Bertha als zerrüttende Passion darstellen, während er behaglich im fliederumdufteten Garten sitzt; kann er seine Sympathie gegenüber Constanze in Briefen und Gedichten als flammende Liebe darstellen, während er sie noch gar nicht liebt. Erst mit Dorothea wird bei ihm die Liebe zum Realsachverhalt, oder um es weniger nüchtern auszudrücken, erst mit ihr erfaßt die Leidenschaft den ganzen Menschen. Sie treibt ihn dazu, gegen die bürgerliche Ehrbarkeit und die eigenen Ehevorstellungen zu verstoßen, und jetzt wird er, jedenfalls aus Husumer Sicht, zum unmoralischen Ehebrecher. Kommt der Liebe zu Dorothea eine neue Intensität zu, so entstehen mit ihr, Storm selbst weist ja darauf hin, »leidenschaftliche Lieder« (u. a. *Die Stunde schlug, Noch einmal, Die Zeit ist hin, Rote Rosen*), die jene versöhnlich-beruhigte Liebeslyrik des Biedermeier nicht mit einer Hymne an die emanzipierte Sinnlichkeit übertönen, sondern in denen die bejahte Leidenschaft als Gefährdung der bejahten Bürgerlichkeit erscheint. Dies äußert sich z. B. in dem Gedicht *Du willst es nicht in Worten sagen* als Widerspruch zwischen Begehrlichkeit und Selbstbewahrung, zwischen sinnlichem Lebensanspruch und gesellschaftlicher Konvention.

Du willst es nicht in Worten sagen;
Doch legst du's brennend Mund auf Mund,
Und deiner Pulse tiefes Schlagen
Tut liebliches Geheimnis kund.

Du fliehst vor mir, du scheue Taube,
Und drückst dich fest an meine Brust;
Du bist der Liebe schon zum Raube,
Und bist dir kaum des Worts bewußt.

Du biegst den schlanken Leib mir ferne,
Indes dein roter Mund mich küßt;
Behalten möchtest du dich gerne,
Da du doch ganz verloren bist.

Du fühlst, wir können nicht verzichten;
Warum zu geben scheust du noch?
Du mußt die ganze Schuld entrichten,
Du mußt, gewiß, du mußt es doch.

In Sehnen halb und halb in Bangen,
Am Ende rinnt die Schale voll;
Die holde Scham ist nur empfangen,
Daß sie in Liebe sterben soll.

(1.23 f.)

Auch hier erscheint wieder die Liebe als Bedrohung, als etwas
Fremdes und zugleich als Verlockung. Das Motiv zählt zum
Repertoire deutschsprachiger Liebeslyrik. Man denke an den
jungen Goethe, dessen Gretchen in dem Spinnerinnenlied klagt
Meine Ruh ist hin. Während aber bei diesem Gedicht das
lyrische Ich seine Gefühle aussagt, drückt es sie bei Storm durch
eine gegenständliche Schau aus. Auch das ist nicht neu. So fragt
sich in Mörikes *Erstes Liebeslied eines Mädchen* das lyrische Ich
bange »greif' ich einen süßen Aal? / greif ich eine Schlange?«,
beißt sich solch phallische Versuchung »keck durch die Haut«.
Schon das Vorbild Mörike erfüllt hier eine poetologische Forderung Storms, nach der in der Lyrik ein Gedanke »körperliche
Gestalt« zu gewinnen habe (4.393). In *Du willst es nicht in
Worten sagen* erhält das Motiv darüber hinaus einen individuellen Ausdruck, denn das männliche lyrische Ich spricht sein
weibliches Objekt der Begierde an, drückt in den ersten drei

Strophen dessen Schwanken zwischen bewahrender Distanz und sich preisgebender Nähe aus, fordert es dann drängend zum Beischlaf auf, um in der letzten Strophe, das Schwanken nochmals ansprechend, wieder bildhaft-gegenständlich das Muß zu betonen, indem die Scham zum Vorspiel der Liebe erklärt wird. Im Gegensatz zu den erwähnten Gedichten kann so in einer Zwiesprache ohne Partnerin eine neuartige Spannung zwischen Konvention und Wunsch aufkommen. Dies befördert nicht nur die Anrede des lyrischen Ich, die das Begehren des Liebenden und das Schwanken der Begehrten auszudrücken vermag, sondern auch die angedeutete und unvermeidliche Vereinigung, die aus dem Liebenden einen Liebhaber und aus der Begehrten eine Geliebte macht. Auch insofern drückt das Gedicht weniger einen inneren Zustand und eher einen Vorgang aus. Es bewegt sich zur Liebe hin. Darüber hinaus erhalten die schwankenden Gefühle auch in einem unmittelbaren Sinne körperliche Gestalt, in dem ihre Lippen, ihr Mund und ihre Umarmung Erregtheit versinnbildlichen.[13]

So findet Storm in der Liebeslyrik – und nur dies sollte hier kurz angedeutet werden – gegenüber der verbrauchten biedermeierlichen Empfindsamkeit einen eigenen Ausdruck, der extreme Stillagen vermeidet, also weder die Leidenschaft ins Pathetische überhöht oder sie gar wie beim weltmännischen Heine als Lotterleben ironisiert. – Wer Liebeserlebnisse als Seelenstimmungen in Gedichten verarbeiten und festhalten will und zudem noch für die Emanzipation des Fleisches eintritt, der kann im 19. Jahrhundert rasch an die Grenze der wohlanständigen Rede geraten. Dies empfindet auch Storm. Und deshalb ist er bei einem Gedicht, das ebenfalls mit der Dorotheenliebe entsteht und die Liebesnacht vor der Trennung ausspricht, besonders vorsichtig. Das Gedicht *Mysterium* erscheint in den *Sommergeschichten und Liedern* 1851 nur als Sonderdruck in wenigen Geschenkausgaben.

So bedichtet Storm seine Liebeserlebnisse und versucht nach Dorotheas Abreise die Geliebte zu vergessen. Er beginnt, ohne sentimentalisch zu klagen und ohne Groll gegen die bösen Verhältnisse, seine Ehe zu ordnen. Es mag paradox erscheinen, bei ihm, dem Vertreter der modernen Individualliebe, kommt die Liebe zur Ehefrau erst nach der Hochzeit und einer außerehelichen Affäre auf. Dazu Storm in dem schon erwähnten Bekenntnisbrief an die Brinkmanns:

»Die Entfernung kam mir zu Hülfe, und mit Hülfe der Notwendigkeit besiegte ich dies Gefühl, so daß es vollständig in mir erlosch... Dann folgte die lange Reihe von Jahren, wo sich zwischen mir und Constanze, die alles wußte, eine so innige Lebensgemeinschaft ausbildete, wie sie wohl wenige Ehen aufzuweisen haben« (21.4.66).

Jetzt festigt sich die junge Ehe und wird zur glücklichen Familie. Weihnachten 1848 kommt Hans, der »kleine Häwelmann« und spätere Problemsohn zur Welt. Etwa zwei Jahre später folgt ihm Ernst. Offensichtlich lebt man jetzt in der Neustadt 56 ein behagliches Familienleben ohne Berufshetze und finanzielle Sorgen, aber mit gemütlichem Beisammensein in Garten und Saal, mit abendlichem Vorlesen und gemeinsamer Freude an den Kindern. Hier ist lebendig, was uns bis heute der bescheidene Glanz gemalter Biedermeierfamilien übermittelt. Völlig heimisch fühlt sich Storm allerdings nicht in seiner Heimatstadt. Im Frühjahr 1852 berichtet er an seinen Freund H. Brinkmann: »Wir leben in alter Einsamkeit, wobei Constanze alle Tage jünger und schöner und die Jungens alle Tage größer und älter werden« (22.3.52). Nicht daß die Respektsperson Theodor Woldsen-Storm isoliert würde. Aber er sondert sich ab, denn Husum bleibt ihm vertraut und ist ihm zugleich mit seiner »rüstigen Geschäftswelt« und kleinstädtischen Einfalt fremd. Um so wichtiger wird ihm die Familie als Sonderwelt, das Werben um Freunde, das Briefschreiben, die Literatur.

Bisher wurden Lebensgeschichten und Lebensvollzüge in ein übersichtliches Nacheinander gebracht. Jemand wächst in Husum auf, lernt und studiert in größeren Städten, begeistert sich für Musik und Literatur, kehrt nach Hause zurück und versucht hier den Widerspruch zwischen den großen Ansprüchen und kleinen Verhältnissen auszubalancieren. Erscheinen die Lebensvollzüge auch privatförmig abgegrenzt, so läßt sich die Lebensgeschichte doch auch als Gesellschaftsbiographie erzählen. Eben deshalb mußte über Husum als bürgerliche Lebensform und über literarisch inspirierte Gefühle gesprochen werden. Allerdings droht dieses ordnende Nacheinander das Miteinander unterschiedlicher Lebensvollzüge zu zerreißen.

So drängt sich bereits seit den frühen vierziger Jahren Politik auf, befördert auch bei Storm Hoffnungen, bringt ihm Enttäuschungen. Auch in Husum kann man sich ihr jetzt nicht mehr entziehen. Selbst Storm, der sich für einen unpolitischen Menschen hält, es aber nie wird, interessiert sich nun für große Politik, soweit sie in Schleswig-Holstein stattfindet und insofern sie in seinen Alltag eindringt. Ihn aktivieren nicht die Hoffnungen der Achtundvierziger-Revolution. So werden ihn nach deren Scheitern die Enttäuschungen auch nicht ins Lager der Nationalliberalen treiben. Ihn interessiert das, was vor der Haustür stattfindet, der Kampf Schleswig-Holsteins gegen Dänemark, aber auch der mögliche Anschluß seiner Heimat an ein geeintes deutsches Reich. Seine Rolle während der sogenannten Volkserhebung läßt sich schwerlich auf einen Nenner bringen. Am ehesten könnte man ihn als unpolitischen Demokraten charakterisieren. Von den heimatseligen Schollenpatrioten unterscheidet ihn sein Mißtrauen gegenüber dem heimischen Adel, von den Liberalen eine Distanz gegenüber fertigen Konzepten.

Was heißt überhaupt Schleswig-Holsteinische Volkserhebung? Ist der Begriff nicht allzusehr durch eine nationalistische Legendenbildung belastet, wonach die Deutschen, unterdrückt von den bösen Dänen, sich erheben, natürlich von Anfang an durchdrungen von dem Wunsch, in einem einheitlichen deutschen Reich zu leben. Der Begriff »Volkserhebung« erscheint wenig geeignet, einen Prozeß auszudrücken, den unterschiedliche Motive, liberale und nationale, revolutionäre und legitimistische, betreiben und der verschiedene Phasen durchläuft. Er entzündet sich an regionalen Problemen und ist doch Ausdruck einer europäischen Tendenz, nämlich der Koalition zwischen Liberalismus und Nationalgedanke. Mit ihr entsteht ein neuartiger Drang zu nationaler Selbstverwirklichung, der, besonders ermutigt durch die Achtundvierziger-Revolution, die alten Grenzen im Namen des neuen Gesamtstaates einreißen will. Besonders kompliziert sind die Verhältnisse in Deutschland, das strenggenommen ja nicht mehr oder noch nicht existiert. Zwar gibt es einen Deutschen Bund (1815–1866), der bei seiner Gründung 34 Staaten und vier Freie Reichsstädte umfaßt, oder sagen wir besser, in ihrer Zersplitterung formal vereint. Denn er garantiert die Souveränität der Gliedstaaten. Die sind außen- und wirtschaftspolitisch völlig selbständig. Insofern schreibt er die nationale Zersplitterung fest und bewahrt den Königreichen, Kurfürstentümern, Großherzogtümern, Herzogtümern, Fürstentümern u. a. ihre obsolete Herrschaft. Folgerichtig entfaltet der Deutsche Bund seine größten Aktivitäten in der Innenpolitik, indem er die bürgerliche liberale Opposition und die entstehende Arbeiterbewegung unterdrückt. Er ist deshalb für die demokratisch-liberale und nationale Bewegung ein Gegner. Seine mögliche Macht schwächt zudem der Dualismus zwischen den führenden Mächten Preußen und Österreich, die sich weniger für den Deutschen Bund interessieren, sich dessen aber für ihre eigene Machtpolitik bedienen. Zudem machen in Deutschland verwirrende Rechtsverhältnisse die nationale Zerrissenheit konfliktträchtig. So zählen zum Deutschen Bund auch der König von England als König von Hannover, der König der Niederlande als Großherzog von Luxemburg und der König von Dänemark als Herzog von Holstein und Lauenburg. Andererseits gehören ihm einige Gebiete von Preußen und Österreich nicht an, obwohl sie von Deutschen bewohnt werden. Hinzu kommen all die deutschsprachigen Untertanen, die im Ausland leben und sich zunehmend als Deutsche empfinden – wie etwa die Untertanen des dänischen Königs in Schleswig.

Hier war man bis in die dreißiger Jahre hinein, gleich ob deutsch oder dänisch sprechend, königstreu wie der Husumer Advokat Johann Casimir Storm. Dies ändert sich nun, weil hier erstarkende liberale Bewegungen aus verschiedenen nationalen Zentren aneinandergeraten. Gerade weil die nationale Selbstverwirklichung als Programm ein europäisches Phänomen ist und in verschiedenen Ländern die gleichen Motive wirken, kommt es zu regionalen Zusammenstößen. So wollen auch in Schleswig die Dänen ihr Großdänemark und die Deutschen ihr großes geeintes

Reich. Die Programme des Liberalismus, in denen sich die hehren Absichten der Intelligenz, der Schriftsteller und Professoren mit den nüchternen Erwartungen der Bourgeoisie ausdrücken, finden nun auch in der Bevölkerung zunehmend Gehör; selbst im rückständigen Schleswig, weil hier alte Rechte, das heißt auch Sprachrechte gefährdet sind. Soll in den Schulen, Kirchen und Behörden mehr deutsch oder dänisch gesprochen werden? Das traditionelle Miteinander zweier Sprachen wird nun durch die nationalpolitische Perspektive zu einem zänkischen Gegeneinander. Noch für Theodor Storm ist es selbstverständlich, daß er dänisch lernt und sich in der Sprache seines Königs einer Prüfung unterzieht. Der Sprachenstreit und seine Vorgeschichte sollen hier nicht referiert werden.[14] Fest steht, daß besonders durch ihn vor dem Erbschaftsstreit und der Revolution von 1848 die nationalen Widersprüche entfacht werden. Jetzt wandeln sich in Schleswig die Einstellungen der Menschen. Besonders in der jüngeren Generation sind Treue zum Monarchen und gesamtstaatlich-dänischer Patriotismus nicht mehr selbstverständlich. Dachten die Älteren bei dem Wort Vaterland an Dänemark und Schleswig-Holstein, so denken nun die Jüngeren an ein deutsches Vaterland.

Diese Einstellungen unterscheiden den alten und jungen Storm, ohne sie allerdings zu entzweien. Soviel Bedeutung messen nämlich beide der Politik nicht zu. In der Hohlen Gasse dürfte es wohl kaum zu verbissenen Streitereien zwischen Vater und Sohn kommen. Immerhin, die Unterschiede bleiben auch den Husumern nicht verborgen. Als man im März 1844 auf einer vorbereitenden Sitzung ein Festkomitee für das »Volksfest der Nordfriesen« wählt, da wird nicht der im ganzen Lande geachtete Vater, sondern der Sohn zur Mitarbeit aufgefordert. Das Fest soll nach dem Wunsch seiner liberalen Initiatoren der Schleswig-Holsteinischen Bewegung eine breitere Basis in der Bevölkerung schaffen. Man arbeitet ein Programm aus und veröffentlicht es im *Husumer* und *Itzehoer Wochenblatt*. Das Fest soll am 10. Juni stattfinden. Und auch Storm wird dabeisein, nicht um eine Rede zu halten, sondern als Chordirigent. Schon die Inschriften auf dem Eingang zur Festwiese zeigen: Hier tagt kein Heimatverein, hier findet eine politische Veranstaltung statt mit Rednern, die aus Kopenhagener Sicht als Staatsfeinde gelten müssen. Übereinstimmend berichten die Zeitungen von dem Erfolg des Festes. »Es war«, so berichtet das *Husumer Wochenblatt*, »wie den ganzen Tag, nicht Nordfriesland die Losung, sondern Schleswig-Holstein, deutsches Streben, deutsches Wesen« (1844, Nr. 14). Storm bekennt sich zwar durch die Mitwirkung am Fest zur schleswig-holsteinischen »Landespartei«, doch bleibt er, der Bildungsbürger und Senatorenenkel, gegenüber den liberalen Rednern wie dem berauschten Volk voller Distanz. Er wird sich nicht im Festzelt biertrinkend und anbiedernd mit dem »Volk« politisch verbrüdern. Wir sollten seine Teilnahme an diesem wichtigen Agitationsfest »für deutsches Wesen« nicht als vorbehaltloses Bekenntnis zum Liberalismus verbuchen. Zurück in Husum und noch ganz unter dem Eindruck des Festes schreibt er an seine Braut voller Distanz nicht nur gegenüber den »Bauernbengeln«, sondern auch gegenüber den liberalen Festrednern, die sich an den eigenen Reden berauschen:

Fürchte keine große Beschreibung der Dinge, die da geschehen, obgleich sich manches Interessante erzählen ließe, z. B. von dem gefühlvollen Dänenfresser Johannes Todsen aus Tondern, der an diesem Tage funfzig Reden hielt, von denen keine einzige einen Sinn hatte, und der nach Beendigung der funfzigsten meinem Kollegen Lorenzen um den Hals fiel und ihm mit Freudentränen in den Augen zuflüsterte: ›Es gelingt!‹, oder von dem Advokaten Bruhn und dem Dr. Nagel, die im Glanze der Lampen und Pechpfannen hoch oben auf dem Balkon des Pavillons standen und sich in seliger Betrunkenheit umschlungen hielten und über die zu ihren Füßen tanzenden Bauernbengel hinaus deklamierten: ›Brüder, überm Sternenzelt muß ein guter Vater wohnen‹ – ... oder von dem Advokaten Beseler, der die Leute von der Tribüne herab politisch konfirmierte, so daß sie ihm ordentlich antworten und sich alles herauskatechisieren lassen und ihm ordentlich alle ihr politisches Glaubensbekenntnis hersagen mußten, was diesmal das alte Friesenwort war: ›Lieber düt als Slav‹« (11.6.44).

Er habe hingegen nur Lieder mitgesungen, dirigiert, Bücher verkauft und habe zudem ganz allein mit der »jungen reizenden Frau des Aktuars Marcon« nächtliche Spaziergänge unternommen.

Daß er hier seine Braut eifersüchtig machen will, sei erwähnt, obwohl es ja in einen anderen Abschnitt dieses Kapitels gehört. Wichtiger ist hier das charakteristische Verhältnis von Teilnahme und Distanz in der Schleswig-Holsteinischen Sache.

Der nationalpolitische Konflikt spitzt sich weiter zu, als die Erbfolgefrage aktuell wird. Die ist scheinbar einfach geregelt und wird sich doch als höchst kompliziert erweisen. Seit dem späten Mittelalter regiert der König von Dänemark über die beiden Herzogtümer, die ihrerseits nach dem Ripener Privileg aus dem Jahre 1460 »Up ewig ungedeelt« bleiben sollen. Holstein gehörte aber zum Heiligen Römischen Reich und ist ab 1815 im Deutschen Bund. Schleswig hingegen nicht. Dreiviertel der Bevölkerung spricht hier deutsch, der Rest dänisch. Den direkten Anschluß des gesamten Schleswig an ein Großdänemark fordern die dänischen Liberalen mit Nachdruck auch aus einem kuriosen Rechtsgrund heraus, denn Friedrich, der Sohn des seit 1839 regierenden Christian VIII., für den Storm ja sein »Nixenlied« produzierte, ist ohne Nachkommen, und offensichtlich traut man ihm auch keine mehr zu. Da in den Herzogtümern die männliche, in Kopenhagen aber die weibliche Erbfolge gilt, müßte nach Friedrichs Tode die Personalunion zwischen Schleswig und Dänemark aufgegeben werden, sicherlich ein herber Verlust für Dänemark. Deshalb strebt man eine einheitliche Erbfolge nach der »lex regia« an und ruft damit den Protest der deutschsprachigen Bevölkerung in Schleswig-Holstein hervor, die sich auf ihr altes Recht beruft und »die« Dänen als Fremde und »die« Deutschen als Brüder zu empfinden beginnt. So entstehen seit Anfang der vierziger Jahre Liedertafeln, die wie 1843 das *Rendsburger Wochenblatt* formuliert, versuchen, »das neue (! G. B.) politische Element durch den Gesang dem Volke näher zu bringen«.[15] Man singt Lieder wie Ernst Moritz Arndts *Was ist des Deutschen Vaterland* oder *Schleswig-Holstein, meerumschlungen*. Storms »Singverein« hat ein anderes Programm, aber seine Dirigententätigkeit auf dem Fest der Nordfriesen in Bredstedt dürfte ins Umfeld dieser politischen Liedagitation gehören. Ihn beunruhigt die mögliche Trennung der Herzogtümer, und er verarbeitet seine Befürchtungen in einem Gedicht, das die Zusammengehörigkeit der Herzogtümer artikuliert. Deren Wappen, die weiße Nessel und das blaue Löwenpaar, sind in *Aus Schleswig-Holstein* »des Hauses heilig Zeichen / Und unverletzlich immerdar« (1.239). In diesem Gedicht betont er die Zusammengehörigkeit der Herzogtümer, das alte Recht auf deren Unteilbarkeit und spricht damit die Fahne als Demonstrationsobjekt der Einheit an. Solche politische Aktualität ist ihm allerdings nicht geheuer. Über der Handschrift, die sich in der Holsteinischen Landesbibliothek in Kiel als letztes Blatt undatierter Briefe und Fragmente zur Korrespondenz mit Constanze befindet, steht sein Vermerk »Laß dies Gedicht niemand sehen!« und darunter:

»Das Gedicht ist flüchtig konzipiert und ich lege keinen Wert darauf; horche aber doch hin und berichte mir, was man davon sagt, wenn's gedruckt werden sollte; meine Vaterschaft aber verschweige streng.«

Die Situation spitzt sich zu, als Christian VIII. am 8. Juli 1846 einen »Offenen Brief, betr. die Erbfolge in den Herzogthümern Schleswig, Holstein und Lauenburg« erläßt, in dem er das dänische Erbfolgerecht proklamiert und so die Trennung der »up ewig ungedeelten« Herzogtümer in Aussicht stellt. Dies provoziert den endgültigen Bruch der Schleswig-Holsteinischen »Landespartei« mit dem königlichen Landesherrn. Sie verstärkt ihre Agitation gegen eine mögliche Oberhoheit Dänemarks, während die dänische Regierung mit Zensur und Polizeimaßnahmen den Konflikt eingrenzen will. Offensichtlich erkennt man in Kopenhagen die wachsende Brisanz der Lage. So verspricht noch im Januar 1848 Friedrich VII. kurz nach seinem Herrschaftsantritt in einem Verfassungsreskript eine liberale Gesamtstaatsverfassung, in der auch das Eigenleben der Herzogtümer garantiert werden soll. Dies allerdings zu spät. Denn das Vorbild der Februarrevolution in Paris setzt europaweit eine politische Schubkraft frei. Äußerte sich bisher der Widerstand gegen die alten Mächte häufig nur auf dem Papier oder im Kopf, so wird er nun in Versammlungen, Demonstrationen und Delegationen der kleinen Leute und Honoratioren zur materiellen Gewalt. In »Deutschland« wird ihnen zunächst von den überraschten und eingeschüchterten Herrschenden alles bewilligt. Die Märzrevolution bringt Fahnen, Fackeln, Triumphpforten, Jubel, Verbrüderung und Versöhnung – auch mit den Fürsten, die, welch eine Täuschung, ihre Fehler scheinbar einsehen und sich bessern wollen. Auch im Herrschaftsbereich des dänischen Königs fordern die Liberalen Presse- und Versammlungsfreiheit, Volkswehr und Volkssouveränität. Nur denken sie dabei an ein Großdänemark. Das führt zum bewaffneten Konflikt und zur Radikalisierung der schleswig-holsteinischen »Landespartei«. Ihr gehören der nationalliberale Advokat Wilhelm Hartwig Beseler ebenso an wie der Herzog Christian August von Augustenburg, der, obwohl ein Gegner des Liberalismus, mit Hilfe der schleswig-holsteinischen Patrioten seine Erbansprüche durchsetzen möchte. Nun überschlagen sich die Ereignisse. In Kopenhagen muß der König unter dem Druck der Bevölkerung ein zum Teil aus eiderdänisch gesinnten Politikern bestehendes Ministerium einsetzen. In Kiel kommt es am 24. März zur Bildung einer provisorischen Regierung für Schleswig-Holstein. In ihrer Proklamation heißt es, der Wille des Landesherrn sei nicht mehr frei und man werde es nicht dulden, »daß deutsches Land dem Raube der Dänen Preis gegeben werde«. Im militärischen Zentrum des Landes, in der Rendsburger Garnison, schließen sich die Mannschaften der »Provisorischen Regierung« an, während die überwiegend dänischen Offiziere das Land verlassen. Schon bald kommt es zu Gefechten mit dänischen Truppen. Die Schleswig-Holsteiner unterliegen. Aber da ist ja noch die öffentliche Meinung in Deutschland. Für sie sind die braven Schleswig-Holsteiner die Freiheitskämpfer, die Vertreter der erhofften deutschen Einheit und liberalen Freiheit schlechthin. So wird denn auch deren Hilferuf an das deutsche »Vaterland« erhört. Auch vom preußischen König Wilhelm IV., der ja, beeindruckt von den Barrikadenkämpfen in Berlin, versprochen hatte, sich an die Spitze der nationalen Bewegung zu stellen. Und dessen liberales Ministerium Preußen für eine große einigende Tat einsetzen möchte und doch bald wieder von der erstarkten Reaktion abgesetzt wird. Preußen greift also militärisch ein, besiegt die Dänen und dringt bis nach Jütland vor. Die

einzelnen politischen und militärischen Ereignisse sollen hier
nicht referiert werden. Man kann dies in der Forschungsliteratur
nachlesen.[16] Preußens Erfolge leiten jedenfalls die Niederlage
der Schleswig-Holsteiner ein, denn wer gegen Dänemark Krieg
führt und dessen gesamtstaatliche Existenz bedroht, der berührt
auch die Interessen der Ostseemacht Rußland und der Nordsee-
macht England. Nach einem Waffenstillstand im Winter 1848/49
erreichen die Auseinandersetzungen ihren Höhepunkt im Frühjahr 1849. Seit dem März regiert eine von der deutschen Reichs-
regierung eingesetzte Statthalterschaft, und die Schleswig-Holsteiner erringen mehrere Siege gegen die Dänen. Trotzdem
scheitert die Erhebung, weil die europäischen Großmächte ihren
Druck verstärken und der preußische König befreit vom Druck
der Straße die Kaiserkrone ablehnt. So schließen Preußen und
Dänemark im Juli 1849 einen Waffenstillstand. Aus ihm wird ein
Jahr später der Berliner Friede zwischen Dänemark und Preußen, das auch im Namen des Deutschen Bundes unterzeichnet.
Auf sich allein gestellt sind die schleswig-holsteinischen Streit-
kräfte zu schwach, um sich der dänischen Übermacht zu widersetzen. Sie werden im Juli 1850 in der Schlacht bei Idstedt
entscheidend geschlagen. Mit dem Scheitern der Revolution ist
die Zeit der nationalen Verbrüderung und Volkssouveränität
vorbei. Politik wird wieder in Kabinetten und auf Konferenzen
gemacht. Die europäische Reaktion sorgt für eine stabilisierende
Lösung in ihrem Sinne. Anfang 1851 wird Holstein von Österreich und Schleswig von Dänemark besetzt. Das von Österreich,
Frankreich, England, Preußen, Rußland, Schweden und Dänemark unterzeichnete Londoner Protokoll vom 8. Mai 1852 garantiert die einheitliche dänische Erbfolge und erklärt den Erhalt
der dänischen Monarchie für ein europäisches Interesse.
Und wie verhält sich Storm? Für ihn bleiben die Auseinandersetzungen um Schleswig-Holstein, nicht die Achtundvierziger-
Revolution, nicht die spätere Reichseinigung »von oben« das
politische Ereignis in seinem Leben. Auch weil der drohende
Anschluß an Dänemark seine Husumer Lebenswelt bedroht, die
Danisierungspolitik den deutschsprachigen Dichter beunruhigt
und weil er nach der Niederlage Husum verlassen wird. Die sich

zuspitzenden Ereignisse machen aus dem schleswig-holsteinischen Patrioten einen Anhänger einer möglichen deutschen Einigung ohne die Vorherrschaft der alten Adelsmächte. Für ihn bekommt das Wort Vaterland jetzt eine andere Bedeutung. Allerdings paßt der politisierte Storm nicht in die Lehrbücher des Liberalismus. Wenn die Großmutter in der kleinen Erzählung *Im Saal* ihren Enkel fragt »Wollt ihr alle mit regieren?«, und was dann aus dem Adel und den hohen Herrschaften werde, und der Enkel antwortet »Streichen, Großmutter; oder wir werden alle Freiherrn, ganz Deutschland mit Mann und Maus« (1. 293), dann drückt sich darin ein dauerhafter Adelshaß aus, der politisch motiviert ist, persönliche Freundschaften mit Adligen aber durchaus zuläßt. Im Unterschied zum deutschen Bürgertum, das schon während der Revolution die phrygische Mütze ablegt und einen verhängnisvollen historischen Kompromiß mit dem Adel eingeht, erstarrt Storm nie beim Blick nach oben. Wird der deutsche Liberalismus nationalliberal, so bleibt Storm freisinnig: und nie stellt er das Prinzip der nationalen Einheit höher als das der Freiheit. Strenggenommen kann man bei ihm aber überhaupt nicht von Prinzipien reden. Die interessieren ihn nicht, es sei denn es geht um das Prinzip der Ehe oder um die Frage, »wie feine Lyrik eigentlich sein müße«. Er hat keine festen Vorstellungen in solch zentralen Fragen wie der Volkssouveränität oder der Konstitution. Er ist aber nicht nur für die Märzforderungen, er bejaht auch die militärische Gewalt der schleswig-holsteinischen Freikorps und geht damit weit über die Perspektive einer bürgerlich-friedlichen Philisteragitation hinaus. Man sollte berücksichtigen, daß der militärische Kampf der »Provisorischen Regierung« aus Sicht der radikalen Linken »der erste Revolutionskrieg« ist, »den Deutschland führt«. So jedenfalls Friedrich Engels, der jetzt keine Gedichte mehr schreibt, sondern politische Artikel in der von Karl Marx herausgegebenen *Neuen Rheinischen Zeitung* (10. 9. 1848) veröffentlicht. Als radikaler Demokrat oder Sozialrepublikaner kann Storm deshalb aber nicht gelten. Vom sozialen Dünkel des Senatorenenkels gegenüber den kleinen Leuten war schon die Rede. Der äußert sich in seinem Alltag und lebt aus einer anerzogenen ständischen Abgrenzung nach unten. In seinen politischen Vorstellungen ist er aber demokratischer. Er plädiert für mehr Öffentlichkeit und agitiert bei den Wahlen zur Nationalversammlung in Husum für ein allgemeines Wahlrecht, auch wenn in ihm, ähnlich wie bei seinem späteren Brieffreund G. Keller, ein tiefes soziales und politisches Mißtrauen gegen den »Pöbel«, die radikalen kleinen Leute, lebt.

1843 schreibt ihm sein liberaler Mentor Th. Mommsen, sein Studienfreund Storm sei bestimmt ein guter Schleswig-Holsteiner, und er werde wohl »jetzt Zeit gefunden haben, eine Partei zu ergreifen« (5. 2.). Dies klingt wie eine Mahnung. Ja, Storm ergreift Partei. Als Bürger, Journalist und Dichter nimmt er an der schleswig-holsteinischen Sache teil, und er bleibt doch häufig in der Position des teilnehmenden Beobachters. Nein, er tritt keinem Freikorps bei, engagiert sich nicht als Redakteur oder liberaler Politiker wie so viele Advokaten und Bildungsbürger. Die Familie und die Literatur bleiben für ihn auch jetzt die lebensweltlichen Orientierungspunkte. Wir kennen ja bereits seine Wünsche: Die heile Welt der ehelichen Liebe und Familie soll vor dem Gemeinen »von draußen« geschützt werden. Politik spielt aber auch in seinen persönlichen Lebensplänen eine überraschende Rolle. So plant er bereits zwei Jahre vor der Revolution nach der erhofften Einführung der Kreisgerichte eine »Beamtenkarriere als Gerichtsassessor«.

Storm beteiligt sich nicht nur am »Volksfest der Nordfriesen«, er unterschreibt verschiedene Petitionen, die immer wieder den Erhalt der Herzogtümer fordern; er übernimmt im Frühjahr 1848 die Leitung der »Liedertafel«, die gegenüber dem kunstbeflissenen »Singverein« als eine Art politisierter Liederzirkel in Sachen Schleswig-Holstein gelten kann.[17] Schließlich sammelt er als Sekretär des »Patriotischen Hilfsvereins« Geld für Kriegsgefangene und Verwundete, aber auch für den Bau deutscher Kriegsschiffe. Er engagiert sich sogar als Journalist und liefert, auf Bitten des Redakteurs Th. Mommsen, vom Frühjahr bis in den Herbst 1848 Berichte aus Husum für das Presseorgan der »Provisorischen Regierung«, die *Schleswig-Holsteinische Zeitung.*[18] Der Husumer Korrespondent unterrichtet die Leser davon, daß dänische Truppen die Stadt besetzt hätten, ohne dies scheint ihm besonders wichtig, das Privateigentum zu verletzen; daß nach deren Abzug die deutsche Bundesfahne gehißt worden sei und daß man für die Nationalversammlung gewählt habe. Erwähnenswert erscheinen ihm aber auch der Stand der Hafenarbeiten und die Größe des für die Stadt besonders wichtigen Viehmarkts. Berichtet wird in einem eher nüchternen Zeitungsstil, den offensichtlich der Jurist zu verantworten hat, ohne daß der Korrespondent auf persönliche Kommentare verzichtet. Einem Vorfall widmet er einen besonders ausführlichen Artikel; da einige Soldaten des seit dem August in Husum stationierten 2. schleswig-holsteinischen Jägerkorps sich rote Kokarden an die Kopfbedeckung heften, steht Husum im Verdacht des Republikanismus und der Wühlerei. So berichtet es auch der *Altonaer Merkur*. Daraufhin werden Truppen nach Husum gesandt, Verhöre durchgeführt und schließlich zwei Hauptleute aus schleswig-holsteinischem Dienst entlassen. Diese Furcht vor dem Gespenst der Republik kommentiert der Korrespondent des Regierungsblattes spöttisch und nicht ohne seine Enttäuschung über Preußen, das ja mit Dänemark im Namen des Deutschen Bundes einen Waffenstillstand abgeschlossen hat, anzudeuten und auch nicht ohne seine enttäuschten Hoffnungen über eine radikalere Lösung auszudrücken:

»Schade in der Tat, daß wir Husumer Bürger nicht gegen das Königtum opponieren, sondern nur mit ganz Deutschland uns über die königlich-preußische Diplomatie höchlichst, doch submissest zu verwundern uns erlauben, sonst hätten wir uns einen Namen machen können, wir wären die deutschen Pariser« (10. 9. 48).

Hier klingt schon eine politische Renitenz an, die mit der antidemokratischen Politik Preußens und Dänemarks keinen Frieden schließen wird. Im Agrarstaat Schleswig-Holstein, der im Gegensatz zu West- und Südwestdeutschland noch kaum radikale Handwerker und Arbeiter aufweist, markiert eine solche Position den linken Flügel der »Landespartei«. Storm als politischer Journalist mit radikalen Ansichten – das paßt so gar nicht ins hergebrachte Bild vom weltabgewandten Deichpoeten.

Ein politischer Dichter wird er aber nicht, auch wenn er seine politischen Erfahrungen literarisch verarbeitet. Das mag spitzfindig klingen. Und doch verhindert diese Unterscheidung eine Lesart, die einzelne Gedichte wie das *Oktoberlied* oder *Ostern* als Kronzeugen für die These vom vermeintlich unpolitischen Storm mißbrauchen.[19] Sicherlich fehlt diesen Gedichten die Eindeutigkeit der Vormärzlyrik, weil in ihnen die Naturmetaphern nicht als Kulisse und Argumentationsmodelle ihren politischen Dienst antreten müssen, weil Natur hier ihren erlebnishaften Eigenwert bewahrt.

»Heute vormittag«, so schreibt er im Frühling 1846 an seine Braut, »bin ich die ganze Zeit genießend und dichtend im Garten umhergegangen; ein politisches Gedicht wollte ich machen, das mit dem Frühling beginnen sollte, aber ich konnte über diesen nicht hinaus« (13. 4. 46).

Er überarbeitet das Gedicht und schickt es zwei Jahre später an den Redakteur Th. Mommsen, der aber die erhoffte Veröffentlichung ablehnt: das Gedicht sei zwar gut, aber es tauge nicht für ein politisches Blatt.

An der Westküste.
Den Friesen.

Hoch oben stand ich auf dem Meeresdeich
Und ließ den Blick am Horizonte gleiten;
Zu mir herüber scholl verheißungsreich
Mit vollem Klang der Morgenglockenläuten.

Wie brennend Silber funkelte das Meer,
Die Inseln schwammen auf dem hohen Spiegel,
Die Möwen schossen blendend hin und her
Eintauchend in die Fluth die weißen Flügel.

Im tiefen Kooge bis zum Deichesrand
War sammetgrün die Wiese aufgegangen;
Der Frühling zog prophetisch übers Land,
Die Lerchen jauchzten und die Knospen sprangen. –

Entfesselt ist die urgewaltge Kraft,
Die Erde quillt, die jungen Säfte tropfen,
Und Alles treibt, und Alles webt uns schafft‹!›:
Des Lebens volle Pulse hör ich klopfen.

Der Himmel stürzt aus seiner blauen Kluft
Auf uns herab die goldne Sonnenfülle;
Der Frühlingswind geht klingend durch die Luft
Und sprengt im Flug des Schlummers letzte Hülle.

O wehe fort, bis jede Knospe bricht!
Durchström die Welt, du wonnigliches Werde!
Entfalte dich du gottgebornes Licht,
Und wanke nicht, du feste Heimaterde! – –

Hier stand ich oft, wenn in Novembernacht
Aufgohr das Meer zu gischtbestäubten Hügeln,
Wenn Sturm und Finsternis in lauter Schlacht
Die Kappe peitschten mit den Eulenflügeln.

Und jauchzend sah an der festen Wehr
Den Wellenschlag die grimmen Zähne reiben;
Denn machtlos, zischend schoß zurück das Meer –
Das Land ist unser! Unser soll es bleiben!

Husum im Frühling 1848   Theodor Storm.[20]

Offensichtlich hat Mommsen recht. Das Gedicht, obwohl der Zeitbezug unverkennbar ist, eignet sich nicht als Leitartikel in Versen. Zwar rast auch hier wie in der gesamten Vormärzlyrik der Frühling »prophetisch« übers Land und drückt so das politische Erwachen, das erhoffte Neue aus. Zwar deutet das Gedicht eine Freund-Feind-Vorstellung an und endet in der letzten Zeile mit einer politisch-rhetorischen Aussage, doch erscheinen die Naturbilder aus Sicht des lyrischen Subjekts als konkret-perspektivischer Raum. Das Bekenntnis zur Heimat entsteht so aus einem erlebten und nacherlebbar gemachten Naturbild. Es ist nicht unpolitisch und doch unterscheidet es sich markant von der rasselnden Frühlingsmetaphorik der Vormärzlyrik;[21] dies trifft auch dann zu, wenn seine Lyrik direkter wird, wie in dem Gedicht *Nach Reisegesprächen*: »Vorwärts lieber laß uns schreiten / Durch die deutschen Nebelschichten,« – schon die ersten Zeilen lassen zeigen, hier setzt einer auf Tat und nationale Zukunft. Und an dem Wort »deutsch«, das hier zum ersten Mal bei Storm vorkommt, läßt sich die nationale Horizonterweiterung seines regionalen Patriotismus erkennen. Noch eindeutiger und bekenntnishafter wird die Lyrik nach dem

Scheitern der schleswig-holsteinischen Sache. In dem Widerstandsgedicht *Im Herbste 1850* propagiert das lyrische Ich ungeachtet der politischen Verhältnisse in beinahe trotzigem Ton die Idee eines geeinten deutschen Staates unter Einschluß von Schleswig-Holstein und klagt im zweiten Teil die Kollaborateure an, die mit den feindlichen Dänen gemeinsame Sache machen. Gemeint ist damit besonders der Adel, die Feudalpartei als innerer Feind. Storm leidet unter der politischen Niederlage bis hin zur körperlichen Erschöpfung. Er fühlt sich einsam und niedergeschlagen. Doch er verfällt nicht in lähmenden Trübsinn. Selbst als ein Angriff der Schleswig-Holsteiner auf das nahe Friederichsstadt mißlingt und dessen Scheitern die endgültige militärische Niederlage bedeutet, gestaltet er in dem Gedicht *Gräber an der Küste* das Erlebte und Angeschaute, indem er das Gräbermotiv mit dem der heimatlichen Landschaft verbindet. So entsteht ein politisches Totenlied, das dem Widerstand Sinn zuweist, ohne über den Tod zu reflektieren oder ihn gar zu heroisieren. Zwar fühlt sich Storm nach dieser endgültigen militärischen Niederlage verloren und physisch elend. Seine politischen Hoffnungen und sein Widerstandswille sind damit aber nicht gebrochen; jedenfalls weiß er sich lyrisch zu trösten. So heißt es in dem Gedicht *1. Januar 1851* trotzig und hoffnungsfroh:

> Sie halten Siegesfest, sie ziehn die Stadt entlang;
> Sie meinen, Schleswig-Holstein zu begraben.
> Brich nicht, mein Herz! Noch sollst du Freude haben;
> Wir haben Kinder noch, wir haben Knaben,
> Und auch wir selber leben, Gott sei Dank!
>
> (1.61)

Storm verarbeitet in seiner Lyrik politische Erfahrungen, und wir sollten sie zunächst als persönliche Reaktion auf die schleswig-holsteinischen Ereignisse, auf das Eindringen der Politik in seine Nahwelt lesen. Ob er mit ihnen bewußt in die Politik eingreifen will, bleibt zweifelhaft. Er befürwortet zwar die militärischen Feldzüge der Schleswig-Holsteiner; er nimmt aber an den ästhetischen Feldzügen der Vormärzliteratur nicht teil.

Die Behauptung, seine Gedichte seien als Abschriften und Flug-
blätter von Hand zu Hand gegangen, mag dem Wunsch entsprechen, ihn als nationalen Lyriker der deutschen Bewegung zu
heroisieren.[22] Dafür gibt es aber keine Belege. Man sollte vor
allem nicht übersehen, daß Storm zwar literarisch auf die Politik
reagiert, aber nicht politisch mit Literatur agiert. Sicherlich
kommt er nach 1848 »über den Frühling hinaus«. Ihn nehmen
sozusagen die politischen Ereignisse in die Hand, und er lyrisiert
dieses Erlebnis. Zugleich bleibt aber der »Frühling«, oder sagen
wir besser, das empfindsame Natur- und Liebeserlebnis seine
Domäne. Vor allem widerspricht seine politische Aussageab-
sicht seiner Kunstvorstellung, die im Gegensatz zu der Her-
weghs oder Weerths keinen kalkulierten politischen Funktions-
bezug gelten lassen will. Deshalb sind denn auch die meisten
politischen Gedichte für die Schublade geschrieben, und sie
werden erst veröffentlicht, als ihr unmittelbarer politischer Bezugspunkt Vergangenheit ist. Dazu eine kleine Begebenheit. Als
ein *Schleswig-Holsteinischer Musenalmanach für 1851* – sein
Erlös ist für die Flüchtlinge aus Schleswig bestimmt – das
Gedicht *Im Herbste 1850* veröffentlicht, läßt der verärgerte
Autor im *Altonaer Merkur* (13. April 1851) folgende Anzeige
erscheinen:

»Falls der Schleswigholsteinische Musenalmanach, wie angezeigt, Beiträge von mir enthalten sollte, so muß ich erklären, daß die Gesellschaft,
in der ich mich dort befände, für mich eine unfreiwillige ist. Theodor
Storm.«

Da setzt sich einer, so könnte man vermuten, von den Besiegten
ab, um sich mit den Siegern zu arrangieren. So erscheint es
jedenfalls einigen Zeitgenossen, die Storm als Apostaten, als
Abgefallenen verurteilen. Bei der schlechten Gesellschaft denkt
er aber gar nicht an Politik, sondern möchte eine »mißliebige
und aufgedrungene poetische Genossenschaft« vermeiden (an
H. Brinkmann 7. 5. 51). Sorgen bereitet ihm also sein Ruf als
Lyriker, der im unfreiwilligen Ensemble regionaler Dutzend-
poeten leiden könnte. Zu dieser Zeit räsoniert er schon über
seine Bedeutung als Lyriker und reflektiert über die »Kunst

namentlich des lyrischen Dichters«. Da schreibt kein Rechtsanwalt aus der Provinz Gelegenheitsgedichte in der Absicht, jede Publikationsgelegenheit zu nutzen. Nein, Storm will von den herrschenden literarischen Geschmacksträgern anerkannt werden. Er mißt sich an Geibel, dem Erfolgreichen und Hochgeachteten. Ihm fühlt er sich schon überlegen; und er knüpft jetzt erste Kontakte mit bedeutenden Kritikern wie Karl Goedeke und Dichtern wie Mörike. Deshalb hat er auch nichts dagegen, wenn seine politischen Gedichte veröffentlicht werden. Es müssen nur reputierliche Publikationsorte sein. Während er so gegenüber seinem Freund H. Brinkmann über die mißliebige poetische Genossenschaft des *Musenalmanachs* klagt, kann er im gleichen Brief berichten, er habe seine *Gräber an der Küste* an das unter R. Prutz' Redaktion stehende *Deutsche Museum* geschickt und deshalb werde sein Name »dann nicht unbemerkt gelesen werden« (7. 5. 51). Diese neugegründete Zeitschrift ist eine feinere Adresse. Sie wendet sich an das gebildete Publikum und grenzt sich gegenüber volkstümlichen Unternehmungen und wissenschaftlichen Zeitschriften ab. In ihr wird Literatur nach traditionellen ästhetischen Kriterien beurteilt und Politik aus einer gemäßigt liberalen Perspektive kommentiert. Also ein idealer Publikationsort für einen kunstbewußten Lyriker aus Schleswig-Holstein, dem ja immer noch die Sympathien der nationalgesinnten Liberalen sicher sein können.

Auf den ersten Blick mag solch Medienkalkül überraschen. Und doch drückt sich in ihm ein bewußtes Verhalten zu den zeitgenössischen Literaturverhältnissen aus. In den vierziger Jahren wird aus dem studentischen Gelegenheitsdichter ein Autor, der von der Literaturkritik und von bekannteren Kollegen beachtet wird. So schreibt sich Storm in die Literaturverhältnisse hinein. 1851 erscheint die erste selbständige Buchausgabe, die *Sommergeschichten und Lieder*, eine Sammlung von fünf kleinen Prosawerken, einer Märchenszene und sechsunddreißig Gedichten. Ein Jahr später folgt die erste Separatausgabe der Gedichte. Bekannter macht ihn eine Novelle, die zu Lebzeiten das populärste Werk werden soll, *Immensee*, eine melancholische Liebesgeschichte. Reinhardt verliert durch Unentschlossenheit Elisabeth, die sich dem Willen der Mutter fügt und eine bessere Partie heiratet. Der Konflikt kommt erst gar nicht zum Tragen, weil Unterordnung und Verzicht nicht in Frage gestellt werden; und doch intensiviert eine wehmütige und sentimentale Stimmung die Klage über ein unwiederbringlich verlorenes Glück. Die Novelle besteht aus einzelnen szenischen Situationen, in denen das vergangene sich andeutende Glück und die jetzigen verfestigten Verhältnisse von den Personen zwar anerkannt, aber von ihren Gefühlen nicht akzeptiert werden. Elisabeth ist unglücklich verheiratet, und Reinhardt ist unglücklich, weil er Elisabeth nicht heiraten konnte. Vom Programm der freien Gattenwahl und von der Emanzipation des Fleisches bleibt hier nur die lähmende Qual einer verpaßten Liebe. Bestimmend wirkt immer noch die traditionelle Rolle der Eltern, in diesem Fall der Mutter als Heiratsmaklerin. Solch melancholische Handlungshemmung in dem Bewußtsein einer vertanen Chance paßt zur Katerstimmung des nachrevolutionären Bürgertums. So erklärt Wilhelm Jensen, ein mit Storm bekannter jüngerer Schriftsteller, den Erfolg der Novelle (schon zu Lebzeiten erscheinen dreißig Auflagen!) aus »den dumpflastenden politischen Zuständen der fünfziger Jahre«.[23]

Anschluß an die Literaturverhältnisse, das heißt auch Vertrautheit mit der zeitgenössischen Literatur. Jetzt liest Storm Auerbach und Gutzkow, Dickens und Goedeke, Gervinus und Hebbel, Redwitz und M. Hartmann, Büchner und Stifter. Und er sendet nun dem bewunderten Mörike seine *Sommergeschichten und Lieder*, in der Hoffnung, »in diesen mir so lieben Kreis auch einmal selbst hineinzutreten« (20. 11. 50).

Bisher wurden Begriffe wie Talent, Kreativität oder gar Genie vermieden. Mit gutem Grund. Denn sie würden uns, sofern sie den Anspruch erheben, die schöpferischen Eigenschaften eines Individuums zu erklären, enttäuschen; ist ihnen doch Voraussetzung, was sie zu erklären vorgeben: als kreativ erweist sich der Kreative, als genial das Genie. Mit ihnen lassen sich schöpferische Prozesse schwerlich erfassen, und ohne sie kann man schöpferische Resultate, etwa in ihrer Differenz gegenüber anderen, besser beschreiben. Es gehört aber zu den Aufgaben eines

Biographen, besondere Fähigkeiten seines Objekts herauszuarbeiten. Gemeint ist hier die Fähigkeit, sein Leben zu einem Leben »für sich« zu machen mit dem Horizont eines bewußten Verhaltens zur Gattung. Dies befördert über die borniere Erfüllung oder die subjektive Rebellion hinaus eine Konstituierung von Lebenshierarchien[24], die auch das Alltagsleben des Individuums bestimmen.

Bei Storm sind dies, wie bereits gesagt, die eheliche Liebe und die Literatur. »Mit Liebe, Musik und Literatur gegen Husums Enge« meint so ein bewußtes Verhalten zu den vorgefundenen Verhältnissen. Und die Überschrift soll der Vorstellung vom Dichter als passivem Melancholiker oder gar Milieupflänzchen, gleich ob nüchtern-positivistisch oder dumpf-erdhaft, entgegenwirken. Dabei mag die Metapher vom Ausbalancieren den charakteristischen Prozeß als Anpassung und Eigensinn veranschaulichen. Storm krempelt Husum nicht um. Ja, er wird nicht einmal einen moralischen Sonderstatus als Künstler für sich beanspruchen. Aber in den vierziger Jahren entwickelt er sich vom Advokaten, der dichtet, zum Dichter, der auch Advokat ist. Dies ist beschreibbar. Wie wir gesehen haben, beginnt er mit einem entlastenden literarischen Verarbeiten von (auch literarisch geprägten) Erlebnissen. Dabei kommt es zunehmend zu einer Motiv-Zweck-Verschiebung, das heißt, für ihn wird Dichten zum Eigenwert, es erhält einen »Selbstwert im Dasein«. Und schließlich erlangt das Dichten durch den Anschluß an die Institution Literatur eine dauerhafte Stütze.[25]

Was ist damit gemeint? »Ich komme soeben aus der Landvogtei und muß jetzt gleich wieder ein wenig reimen« (24. 5. 43), schreibt er an Th. Mommsen. Storm dichtet nicht zwischen Tür und Angel, wohl aber in den Arbeitspausen oder nach der Teestunde, darin Tausenden von dilettierenden »Erlebnisdichtern« ähnlich. Schwere Stunden bereitet das nicht. Die Literatur erhält aber in den vierziger Jahren eine gewichtige sinngebende Rolle neben der ehelichen Liebe. Daran ändern auch nichts mehr die beunruhigenden und aktivierenden Auseinandersetzungen in Schleswig-Holstein. In diesem Zusammenhang erscheint es interessant, wie ihn die liberalen Freunde aus der Kieler Studentenzeit sehen. Für sie ist er ein eitler, versponnener und privatisierender Kleinstädter, der mehr an sich, an seine Familie und die Literatur als an die schleswig-holsteinische Sache denkt. Das ist sicherlich richtig beobachtet und doch falsch bewertet. Spöttisch fragt im Frühjahr 1849 Th. Mommsen seinen Bruder: »Was macht der Poet und wieviel Möwen braucht er täglich?«[26] Noch kritischer berichtet Tycho seinem Bruder:

»Th. Storm und Kind gedeihen bestens. Es ist schade, daß die Natur ihm soviel Talent oder daß die Fürsehung ihm einen so spottschlechten Charakter gegeben hat. Er fürchtet nun nicht, daß wir in Not kommen werden, sondern daß wenn wir abziehen, er nicht mehr mit mir Dante lesen kann und nicht mehr das Vergnügen haben wird, für seine poetischen Sauereien von mir ausgebürstet, oder für einen oder anderen glücklichen Harfenton über Gebühr gepriesen zu werden.«[27]

Storms Briefe an den Jugendfreund Hartmuth Brinkmann bestätigen diesen Eindruck. In ihnen ist auch von Politik die Rede. Im Mittelpunkt stehen aber Berichte über die Familie und Reflexionen über Literatur. In ihnen erweist sich Storm als kluger Kritiker der zeitgenössischen Literatur, an deren Erfolgsautoren er seine poetologischen Maßstäbe anlegt. So kritisiert er an Oskar von Redwitz' *Amaranth*, einer frömmelnden im Mittelalter handelnden Liebesgeschichte, die »schlaffe Fabel« und die »allerelendeste Reimerei« (3.7.51), ohne allerdings, darin ganz modern, den Kommunikationsaspekt zu übersehen: »... da das Buch acht Auflagen hat, so, muß man wohl sagen, liegt die Bedeutung nicht darin, so liegt sie daneben.« Seine Maßstäbe, das meint in der Prosa die mit Blick auf Gervinus gewonnene Vorstellung von der Novelle als Gattung, die in Situationen dem modernen sozialen Leben eine poetische Seite abgewinne, während der Roman dieses Leben darbiete. Dies meint in der Lyrik die Verpflichtung, im Individuellen das Allgemeine auszusprechen, dabei die Phrase zu vermeiden, Gelegenheitsgedichte in höherem Sinne zu schreiben und damit Wirkungen zu erzielen, die die Vorstellungen und Gefühle des Lesers erweitern. Dies ist nicht sonderlich originell. Es zählt zur Wirkungsgeschichte der Hegelschen Ästhetik und wird ins Standardrepertoire der idealrealistischen Poetik übernommen. Und doch erhält es mit

Storms literarischem Schaffen eine besondere Bedeutung, weil diese Allgemeinplätze der künstlerischen Selbstverständigung dienen.

Daß er jetzt Anschluß an die nationalen Literaturverhältnisse findet, zeigt auch sein Medienbewußtsein. Er weiß, daß Biernatzkis *Schleswig-Holsteinisches Volksbuch* – in ihm erscheinen die ersten Prosatexte und Gedichte – »wegen seines provinziell-historischen Charakters wenig oder gar nicht« in seiner Wirkung über die Grenzen hinauskommt. Um so wichtiger ist es für ihn, daß die *Sommergeschichten und Lieder* 1851 im Verlag von Alexander Duncker in Berlin erscheinen.[28] Der hat Geibels Gedichte erfolgreich unter die Leute gebracht. Dieser Verlag wird auch den Poeten aus der Provinz in die Berliner literarische Intelligenz einführen. Mit seiner Hilfe macht sich Storm, noch bevor er Husum verläßt, einen Namen. Nicht ohne Stolz meldet er aus Berlin an H. Brinkmann:

»Übrigens, was Dich interessieren wird, hat mein Name als Poet in den literarischen Kreisen hier einen guten Klang. Franz Kugler, Paul Heyse (Verfasser des *Jungbrunnen*), Roquette (*Waldmeister*), Fontane etc. und Dr. Friedr. Eggers, Redakteur des *Kunstblatts*, haben, wie letzterer mir sagte, erst an mich schreiben wollen, was denn doch, wie so manches, gleichwohl unterblieben ist. Meine Gedichte würden Jubel erregen, ich soll durchaus bei Kugler und in den ›Tunnel‹ (ein Poetenklub) eingeführt werden« (30. 12. 52).

So lähmt ihn die »Dänenherrschaft« nicht, auch wenn er unter ihr leidet. Nach der Niederlage der Schleswig-Holsteiner und dem Ende der »Landesverwaltung« nutzt der dem dänischen König direkt unterstellte außerordentliche Regierungskommissar Tillich seine unumschränkte Vollmacht. Er ersetzt schleswig-holsteinisch gesinnte Beamte durch Anhänger Dänemarks, entläßt Prediger und erläßt Sprachreskripte, die den Gebrauch der dänischen Sprache in Kirche und Schule festlegen. Gemessen an den gemütlichen rechtsstaatlichen Verhältnisses des aufgeklärten Regimes vor 1848 erscheint Storm das Polizeiregiment als Willkürherrschaft, als »Vernichtungsfeldzug«. Ihn empören die Denunziationsberichte und die Übergriffe der dänischen Polizei, die Bauern und einfache Bürger, natürlich nicht die Respektsperson Th. Woldsen-Storm, schikanieren. Damit will er sich nicht abfinden, und er leistet auf seine Weise Widerstand, indem er im Herbst 1850 seine Praxis schließt, um so den beruflichen Verkehr mit den von Tillich eingesetzten Beamten zu boykottieren. Er berichtet H. Brinkmann, daß die Oberjustizkommission von ihm eine Erklärung gefordert habe,

»weshalb ich nicht praktiziere, ich sollte auch gesagt haben, daß ich die Verhältnisse nur faktisch, nicht rechtlich anerkennte etc. Ich erklärte mich dahin, daß, obgleich ich mich bei den politischen Bewegungen nicht betätigt, dennoch mein Gefühl und meine Überzeugung auf seiten meiner Heimat sei, daß ich dies am wenigsten jetzt verleugnen wolle, wo diese Sache beendet und verloren sei« (6. 4. 51).

Als er die Praxis im Februar 1851 wieder eröffnet, bedeutet dies nicht sein Einlenken, sondern den Versuch, als Rechtsanwalt seinen Landsleuten gegen die Dänen beizustehen. Storm, der sich immer noch für einen »wenig politischen Menschen« hält, soll nach Meinung der Dänen vor Patriotismus »rasen«.
Nein, ihn treiben keine nationalliberalen Gefühle in die Opposition. Ihn bewegt die Bedrohung seiner Nahwelt durch die Dänen. Nach deren Sieg schreibt er eine Novelle, in der sich dies als bedrohtes heimatliches Idyll und Wille zum Kampf äußert. In *Ein grünes Blatt* versetzt die Rahmenerzählung den Leser in ein Feldlager: Der Freischärler Gabriel und sein Freund sind von einem Vorposten zurückgekehrt. Während Gabriel seine Büchse säubert, liest der Freund in dessen Tagebuch: Gabriel begegnet auf dem Weg zum Kampf in heimatlicher Waldeinsamkeit einem schönen Mädchen. Als es ihn fragt, warum er denn in den Krieg ziehen müsse, antwortet er:

»Es ist für diese Erde... für Dich, für diesen Wald ——— damit hier nichts Fremdes wandle, kein Laut dir hier begegne, den Du nicht verstehst, damit es hier so bleibe, wie es ist, wie es sein muß, wenn wir leben sollen, – unverfälschte, süße, wunderbare Luft der Heimat!« (1. 347).

Wir sollten also den »rasenden Patriotismus« nicht überbewerten. Als im Juni 1852 die dänische Regierung von den Amtmännern als den mittleren Verwaltungsbeamten Berichte über Notare und Advokaten anfordert, da heißt es darin über Johann Casimir Storm, dieser habe sich »von aller politischen Thätigkeit fern gehalten«; hingegen habe der Untergerichtsadvokat Hans Theodor Woldsen Storm während des Aufruhrs »seine schleswig-holsteinische Gesinnung durch Unterschrift illojaler Adressen und Renitenz wider die von der vormaligen Landesverwaltung für das Herzogtum Schleswig in der Person der jetzigen Amtmanns« gezeigt. Indes wird auch vermerkt, er habe sich »bei einem höchst zurückgezogenen Leben aufrührerische Agitation nicht zu Schulden kommen lassen«, ja, er betrage sich stets »ruhig und gesetzlich«.[29] Einige Wochen später heißt es in einem weiteren Schreiben, Storm habe im Mai 1849 eine Petition unterschrieben, wonach die Personalunion mit Dänemark aufgehoben werden solle; deshalb habe man der Oberjustizkommission vorgeschlagen, »daß die Zulassung des Advocaten W. Storm zur Praxis davon abhängig gemacht werde«, ob er die vom dänischen König eingesetzten Regierungsbehörden, deren Aufzählung wir uns ersparen, anerkenne. Also wird auch jetzt wieder von ihm eine Loyalitätserklärung verlangt.[30] Als ihm Ende November 1852 die Nichtbestätigung seiner Bestallung mitgeteilt wird, dürfte als besonders belastend jene bereits erwähnte Petition wirken.

Von einer »Vertreibung«, wie Storm selbst gerne behauptet, kann also keine Rede sein. Wohl aber von einem politisch motivierten Berufsverbot. Die nationale Legendenbildung macht aus ihm, der während der revolutionären Ereignisse völlig unpolitisch gewesen sein soll, einen deutschen Freiheitskämpfer, den die Dänen ins Exil zwingen. Hingegen kann er weiterhin in der Advokatur seines Vaters arbeiten. Vor allem aber sollten uns Storms Briefe nicht täuschen. Die Dänen praktizieren in Schleswig-Holstein keine Willkürherrschaft. Sie erlassen bereits im Frühjahr 1851 eine Amnestie, die den Geflohenen (sogar den Soldaten der schleswig-holsteinischen Armee!) die Rückkehr erlaubt, vorausgesetzt, sie erkennen den dänischen König als Landesherrn an. Die Lage entspannt sich also, ja, man beginnt in Husum auch wieder gesamtstaatlich-dänisch zu denken. Wir erinnern uns: Bei der Ständewahl 1847 hatte der alte Storm als

Vertreter der königstreuen älteren Generation nur wenige Stimmen erhalten. 1853 kann er die zweithöchste Stimmenzahl verbuchen! Und sein Sohn? Es erscheint paradox: Während sich die »rüstige Geschäftswelt« mit den Dänen zu arrangieren beginnt – 1860 wird sogar eine Deputation Husumer Bürger bei Friedrich VII. vorstellig »zum Zweck der Erbittung allerhöchster Verzeihung« –, bleibt Storm starr antidänisch. Ihm wird die Heimat fremd, als sich seine Landsleute mit den neuen Verhältnissen abzufinden beginnen. Selbst radikalere Kollegen bleiben im Land und erhalten wie Christian Ulrich Beccau schon nach wenigen Jahren wieder eine Zulassung als Advokat.

Warum aber beschließt Storm, nach der Nichtbestätigung seiner Bestallung, Husum zu verlassen? Wir wissen wenig über die Differenzen mit und der Distanz gegenüber seinem Vater. Vermutlich dürfte aber die Vorstellung, unter dessen Anleitung unselbständig zu arbeiten, kaum dem eigenen Selbstwertgefühl entsprechen. Immerhin ist er fünfunddreißig Jahre alt, also aus Sicht des 19. Jahrhunderts eher schon ein reiferer Herr. Und sicherlich widert ihn, der ja immer schon eine gewisse Distanz gegenüber seiner Heimatstadt besitzt, die »Blüthezeit der Schufte«, das Denunzieren gegenüber und das Paktieren mit den Dänen an. Das Wichtigste aber: Storm bleibt innengeleitet und gesinnungsfest seinen Überzeugungen treu. Auch hier und nicht nur in der Liebe wirkt die Literatur bestätigend und befestigend. So preist er begeistert eine Neuerscheinung der Jahre 1850/51, Karl Gutzkows *Die Ritter vom Geiste*, einen Gesellschaftsroman, der sich gegen die Resignationsstimmung nach der gescheiterten Revolution und die literarische Verherrlichung der bürgerlichen Kleinwelt wendet; ein Roman, der die gesellschaftliche Funktion der Kunst bejaht und in dem Geheimbund der »Ritter vom Geiste« den Garanten einer anderen Gesellschaft sieht. Storm, dem ja die liberale Kritik gerade die auch von Gutzkow kritisierte literarische Kleinmalerei vorwirft, fühlt sich durch die Lektüre des Romans dennoch in seinen Überzeugungen bestätigt:

»Welche moralische Stütze übrigens darin liegt, wenn man bei überzeugungstreuem Handeln, wodurch man sein bürgerliches Fortkommen etc. aufs Spiel setzt, sich als Glied einer großen unsichtbaren Kirche fühlen kann, das fühle ich so tief und lebendig, daß ich es ausschreien möchte« (an H. Brinkmann 11.9.52).

Storm sieht sich in dieser Zeit der »faulen Verhältnisse« als Vertreter der »siegenden Kraft der Wahrheit« und des »sittlichen Ernstes« (11.9.52). Ihn bestärkt ein, wenn auch vages, geschichtsphilosophisches Fortschrittsdenken. Vor allem aber verletzt das Verhalten der Dänen die Ehre der Standesperson Th. Woldsen-Storm. Sein Standesdünkel, oder sagen wir neutraler, sein gesellschaftliches Selbstbewußtsein, gründet nicht allein in nackter Geldmacht, im Wohlstand seiner Familie, sondern vor allem in der sozialen Reputation, in symbolischen Unterscheidungszeichen wie Kleidung, Wohnlage, Wohnort, Sprache und Geschmack. Darin zeigen sich die ständischen Züge seiner bürgerlichen Herkunft.[31] Hier soll keineswegs für Husum die Macht der ökonomischen Unterschiede zwischen Handwerkern und Tagelöhnern, Kaufleuten und Krämern geleugnet werden. Aber mit einer eher vorindustriellen ökonomischen Statik und noch nicht dynamisierten Klassenpolaritäten ist soziales Ansehen weniger durch ein »Haben« als durch ein »Sein« gekennzeichnet, das vom »Haben« nicht direkt ableitbar ist. In Husum gibt es noch keine Hagenströms oder Treibels, und die Macht des Besitzes begründet allein noch kein Sozialprestige. Als symbolisches Unterscheidungszeichen erhält für Storm gerade die Ehre erhöhte Bedeutung, weil ihm der Besitz fehlt. Deshalb wird er mit ihrem »symbolischen Kapital« ein Leben lang wuchern, sich in ihrem Namen als Bürger und Künstler gegen das gemeine Volk wie gegen den Adel abgrenzen. Sein »Standesdünkel« läßt sich so nicht als individuelle Schrulle oder gar Eitelkeit abtun. Er wirkt als ein dauerhaftes Stück Husum in ihm. Storm stilisiert seine Ehre, auch weil ihm die feste Sicherheit des Besitzes fehlt. »Ich habe hier allenfalls ›Butter auf Brot‹«, schreibt er an H. Brinkmann (16.7.51). Wir sollten das nicht wörtlich nehmen. Den Schinken dazu dürfte er aus der Hohlen Gasse erhalten. Dennoch, für die fehlende ökonomische Macht

wird er von nun an sein soziales Prestige als Husumer Senatoren-
sohn, aber auch sein Ansehen als Dichter, herausstellen. Zumal
ja zum Vorzeigen vergegenständlichter Prestigevorzüge, wie
exklusives Wohnen, exquisite Speisen oder sonstiges Stilisieren
einer Erlesenheit das Geld fehlt.

Vielleicht wird so ein Brief verständlicher, den Storm kurz nach
der Nichtbestätigung als Advokat an seinen Schwiegervater
E. Esmarch, den die Dänen als Bürgermeister abgesetzt haben,
schreibt:

»Lieber Papa, da ich die Ehre ganz behalten, so habe ich auch den Mut
nicht ganz verloren, das will heißen, gar nicht. In der ersten Stunde
hatten wir den Schreck überwunden, am Abend war es schon heiter bei
uns wie gewöhnlich, und die folgenden Abende war es noch heiterer als
sonst, weil wir ja nie im Leben so unendlich viele Chancen gehabt hatten
als jetzt; ich werde ganz wieder jung bei der Geschichte; denn noch
einmal steht mir die ganze Welt offen. Vater dagegen war, seiner
Gemütsart nach, sehr herunter; doch wird er durch meine vollkommene Ruhe und Sicherheit allmählich wieder aufgerichtet, wie denn so
etwas durchaus ansteckend ist. Wie Du mich kennst, denke ich natürlich nicht daran, in Kopenhagen auch nur den kleinsten Schritt zu thun;
es würde auch zu nichts als zu einer noch dazu unnützen persönlichen
Erniedrigung führen« (4.12.52).

Er ist zunächst voller Optimismus und hofft auf die Hilfe der
deutschen Staaten. Die werden ihn aber enttäuschen. In kleineren Staaten wenden sich sogar die Beamten an ihre Regierungen
mit der Bitte, keine Ausländer, das heißt Schleswig-Holsteiner,
mehr einzustellen! Storm will sich in Hannover um die Bürger-
meisterstelle bewerben und sich auch in Berlin »anbieten«.
Nachdem erste Bewerbungen in Buxtehude und Gotha (für den
dortigen Herzog legt er seine »patriotischen Lieder«, die gerade
erschienene Separatausgabe seiner Gedichte und »*Immensee* in
eleganter Ausgabe« bei!) scheitern, reist er noch vor dem Weihnachtsfest, welch ein Opfer, nach Berlin. Monate vergehen, bis
sich das preußische Justizministerium zu der Anfrage herabläßt,
ob er bereit sei, bei einem Kreisgericht wenigstens sechs Monate
ohne Gehalt zu arbeiten. Storm sagt zu, ohne daß er sich
Illusionen macht über »den Eintritt in das dortige militärische
Beamtenverhältnis« (an H. Brinkmann, 18.6.53). – Am 23. No-

vember leistet er als Assessor den Eid auf die preußische Verfassung.

Lyrisch hat er seinen Abschied im gleichnamigen Gedicht bereits verarbeitet. Das militärische Beamtenverhältnis aber wird ihm zum Schock.

IV.
Storm im Ausland: seine gefestigte Identität und Preußens peinliche Wirklichkeit

Den Sommer 1853 verbringt Storm in dem unbehaglichen Gefühl bevorstehender Heimatlosigkeit und der Trennung von Frau und Kindern. Er beschäftigt sich noch mit auslaufenden Prozessen, sät und pflanzt in seinem Garten mit dem unguten Bewußtsein, im Herbst werde ein anderer ernten. Aber da irrt er sich, denn die preußische Bürokratie läßt ihn warten. Auch lyrisch nimmt er *Abschied*:

Kein Wort, auch nicht das kleinste, kann ich sagen,
Wozu das Herz den vollen Schlag verwehrt;
Die Stunde drängt, gerüstet steht der Wagen,
Es ist die Fahrt der Heimat abgekehrt.

Geht immerhin – denn eure Tat ist euer –
Und widerruft, was einst das Herz gebot;
Und kauft, wenn dieser Preis euch nicht zu teuer,
Dafür euch in der Heimat euer Brot!

Ich aber kann des Landes nicht, des eignen,
In Schmerz verstummte Klagen mißverstehn;
Ich kann die stillen Gräber nicht verleugnen,
Wie tief sie jetzt in Unkraut auch vergehn. –

Du, deren zarte Augen mich befragen, –
Der dich mir gab, gesegnet sei der Tag!
Laß nur dein Herz an meinem Herzen schlagen,
Und zage nicht! Es ist derselbe Schlag.

Es strömt die Luft – die Knaben stehn und lauschen,
Vom Strand herüber dringt ein Möwenschrei;
Das ist die Flut! das ist des Meeres Rauschen;
Ihr kennt es wohl; wir waren oft dabei.

Von meinem Arm in dieser letzten Stunde
Blickt einmal noch in's weite Land hinaus,
Und merkt es wohl, es steht auf diesem Grunde,
Wo wir auch weilen, unser Vaterhaus.

Wir scheiden jetzt, bis dieser Zeit Beschwerde
Ein andrer Tag, ein besserer, gesühnt;
Denn Raum ist auf der heimatlichen Erde
Für Fremde nur und, was den Fremden dient.

Doch ist's das flehendste von den Gebeten,
Ihr mögt dereinst, wenn mir es nicht vergönnt,
Mit festem Fuß auf diese Scholle treten,
Von der sich jetzt mein heißes Auge trennt! –

Und du mein Kind, mein jüngstes, dessen Wiege
Auch noch auf diesem teuern Boden stand,
Hör mich! – denn alles Andere ist Lüge –
Kein Mann gedeihet ohne Vaterland!

Kannst du den Sinn, den diese Worte führen,
Mit deiner Kinderseele nicht verstehn,
So soll es wie ein Schauer dich berühren,
Und wie ein Pulsschlag in dein Leben gehn!

(1. 65 f.)

In diesem Erlebnisgedicht wird das Erlebnis der Abreise vor-
weggenommen. Die Situation ist klar bestimmt: Das lyrische Ich
steht unmittelbar vor dem Verlassen der Heimat. Es blickt noch
einmal auf das Meer und das heimatliche Land. In fingierten
Dialogen wendet es sich an die Landsleute, die in der Heimat
bleiben, an die Frau und an die Kinder. In dieser zeitlich und
räumlich bestimmten Situation werden die Daheimgebliebenen
kritisiert. Das lyrische Ich hingegen begründet seine Abreise mit
dem schon bekannten Gräbermotiv: es will die Toten der Frei-
heitskriege nicht verleugnen. Die Anrede an die geliebte Frau,
die Erwähnung der Söhne sollen zeigen: wenn es auch das
Vaterland verlassen muß, so bedeutet doch auch die Familie
Heimat. Deren Kontinuität vom Vaterhaus bis zu den Kindern
erscheint als Garant der Rückkehr. So gipfelt das Gedicht in dem
pathetischen Appell an die Kinder: »Kein Mann gedeihet ohne
Vaterland!«. Storms Selbststilisierung als Vertriebener, sein Leiden für Schleswig-Holstein und die Fehleinschätzung der dänischen Normalisierungsbemühungen drücken sich hier aus.
In der öffentlichen Meinung Deutschlands sind die Schleswig-
Holsteiner nach wie vor die Helden der nationalen Einigungsbe-

wegung. Aus Sicht der preußischen Reaktion bleiben sie aber auch verdächtige Liberale. Storms Bemühungen um die Übernahme in den preußischen Justizdienst verlaufen vielleicht auch deshalb zunächst erfolglos. Er legt die Hände nicht in den Schoß, wird zweimal in Berlin vorstellig, und vermutlich ist es nur der Fürsprache alter Bekannter zu verdanken, z. B. M. C. N. Niebuhrs, des Kabinettsrats Friedrich Wilhelms IV., daß er schließlich doch am 14. Oktober 1853 seine Ernennung als Assessor ohne Gehalt und ohne Stimme erhält. Am 23. November 1853 wird er am Kammergericht in Berlin auf die preußische Verfassung vereidigt. Es ist für ihn

»ein recht sauerer Gang; wärst Du nicht und die Kinder«, so schreibt er an Constanze, »ich wäre ihn nicht gegangen; alle die Menschen, Assessoren, Räte, Referendare, oder was sie sonst sein mochten, die sich in den großen Bureauzimmern umhertrieben, hatten ihre Bekannte und Freunde, nur ich stand eine ganze ewig lange halbe Stunde ganz einsam an die Wand gelehnt und wartete der Vorladung; dabei das drückende Gefühl, in einem fremden Lande, wo einem doch der Boden unter den Füßen fehlt, in ein Verhältnis der Unterordnung zu treten, *dienen*, was ich nie gekonnt habe, das Vorgefühl all des kleinen einschneidenden Wehes kam über mich, was ich in nächster Zeit würde zu erleiden und zu überwinden haben« (an Constanze, 24. 11. 53).

Das Warten auf die Ernennung, schließlich die lächerliche Stelle ohne Gehalt und feste Anstellung, all dies muß dem gestandenen Rechtsanwalt wie eine unheilvolle Demütigung erscheinen. Dabei macht er sich keineswegs Illusionen über die »militärische Beamtenkarriere« oder die Verhältnisse in Preußen. Monate vor der Übersiedlung schreibt er an Fontane:

»Gleichwohl ist in der Berliner Luft etwas, was meinem Wesen widersteht, und was ich auch bis zu einem gewissen Grade zu erkennen glaube. Es ist, meine ich, das, daß auch in den gebildeten Kreisen man den Schwerpunkt nicht in die Persönlichkeit, sondern in Rang, Titel, Orden und dergleichen Nipps legt, für deren auch nur verhältnismäßige Würdigung mir, wie wohl den meisten meiner Landsleute, jedes Organ abgeht. Es scheint mir *im ganzen* ›die goldne Rücksichtslosigkeit‹ zu fehlen, die allein den Menschen innerlich frei macht und die nach meiner Ansicht das letzte und höchste Resultat jeder Bildung sein muß« (27. 3. 1853).

Als Fontane daraufhin antwortet, es gebe nirgends in der Welt, auch nicht in Frankreich, »so wenig eine ›exklusive Gesellschaft‹ wie bei uns« (2. 5. 53), da antwortet Storm etwas patzig und voller Bürgerstolz:

»Fragen sie ihren Grafen Arnim doch einmal, ob er dem Prof. Dove oder dem Maschinenbauer Borsig auch seine Tochter zur Ehe geben wolle! – Ich verlange das keineswegs unbedingt von dem Grafen Arnim; aber es ist jedenfalls ein Probirstein für das Nivellement... ein junger Mann sollte zu stolz sein, in einem Haus zu verkehren, wovon er bestimmt weiß, daß man ihm die Tochter nicht zur Frau geben würde« (5. 6. 53).

So entsteht seine Kritik an Preußen nicht aus einer Analyse der großen Politik, sondern aus alltäglichen Beobachtungen, aus der erlebten Verschiedenheit zwischen der Husumer Honoratiorenwelt und dem preußischen Adelsdünkel. Gegenüber Fontane versichert er, er könne in der Politik nur dem Gefühl nach mitsprechen. Also auch hier wieder der Hinweis auf den unpolitischen Menschen, der aber immerhin ein Demokrat war und es bleiben wird. Ihm geht es mehr um den Staatsinhalt als um die Staatsform.[1]

Dies im Gegensatz zu den meisten Vertretern des organisierten Liberalismus, die sich nach der gescheiterten Revolution ihre allmähliche gesellschaftliche und ökonomische Emanzipation mit dem sofortigen Verzicht auf eigene politische Machtansprüche erkaufen. Damit verändern sich in Deutschland die sozialen Fronten und die sozialen Funktionen der Monarchie. Sie stellt nun nicht mehr das »Gleichgewicht« zwischen Adel und Bürgertum her, sondern das zwischen dem adlig-bürgerlichen »Oben« und dem »Unten« der kleinen Leute. So erhält die deutsche Obrigkeitsfrömmigkeit eine verhängnisvolle Akzentverlagerung, denn mit dem Verzicht auf politische Machtansprüche und mit der Koalition zwischen Bürgertum und Adel schwindet die Furcht vor der Regierung aus Furcht vor dem erstarkenden Proletariat. Der Untertan beginnt sich mit seinem Herrscher zu identifizieren. Aus Beobachtung der französischen Zustände kommentiert Heine jenen entscheidenden Bruch in der politischen Mentalität des Bürgertums:

»Die schönen Ideale von politischer Sittlichkeit, Gesetzlichkeit, Bürgertugend, Freiheit und Gleichheit, die rosigen Morgenträume des achtzehnten Jahrhunderts, für die unsere Väter so heldenmütig in den Tod gegangen und die wir ihnen nicht minder matyrtumsüchtig nachträumten – da liegen sie nun zu unseren Füßen, zertrümmert, zerschlagen, wie die Scherben von Porzellankannen...«[2]

In den fünfziger Jahren führt dies in Deutschland nicht nur zu einer allgemeinen politischen Katerstimmung und zu einem veränderten Funktionsbewußtsein der Literatur, sondern auch zu einer Umorientierung in den philosophischen Weltanschauungsangeboten. Schopenhauers Pessimismus und seine politische Abstinenz erfahren nun, nachdem Hegel und Feuerbach überholt erscheinen, eine verspätete Wirkung in der bürgerlichen Intelligenz. Jetzt findet sein Evangelium der Trostlosigkeit Gehör. Demnach müssen die Menschen nach unabänderlichen Naturgesetzen in der denkbar elendesten der Welten leben. Sein Kampf gegen jede Konzeption von Fortschritt und Geschichte scheint durch die gescheiterte Revolution bestätigt, und sein Eintreten für politische Abstinenz erlaubt es, die erzwungene Abkehr vom öffentlichen Leben philosophisch zu überhöhen. Hervorzuheben bleibt aber, daß damit Fortschritt und Entwicklung als zentrale Leitbegriffe des 19. Jahrhunderts zwar nicht entwertet, wohl aber umgewertet werden. Mit den Vertretern des alten Vulgärmaterialismus (Büchner, Moleschott u. a.), mit der neuen Darwinschen Evolutionstheorie und schließlich mit dem Monismus (Haeckel) gerät Geschichte zur subjektlosen organischen Abfolge von selbstmächtigen Entwicklungen. Alles fügt sich so quasi naturhaft-organisch zusammen, selbst die sozialen Kämpfe. Aber: Fortschritt und Entwicklung haben als Relationsbeziehungen, die zeitlich zwischen heute und früher, räumlich zwischen hier und dort unterscheiden, im Aufschwung von Naturwissenschaft, Technik und Industrie ihren vorwaltenden Erfahrungsbereich. Politische Erfahrungen oder gar Erwartungen lassen sich mit diesen Begriffen nach dem Scheitern der Revolution kaum noch bündeln. Es sei denn, man akzeptiert eine neue Theorie, die als wissenschaftlicher Sozialismus die alte Geschichtsphilosophie verabschiedet und eine neue Geschichtstheorie etabliert; und die in der deutschen Sozialdemokratie die Vorstellung vom Zukunftsstaat mit beeinflußt. So kommt es, jedenfalls beim politisch gehemmten und ökonomisch enthemmten Bürgertum, zu einem komplizierten Nebeneinander von pessimistischer Philosophie und allgemeiner Fortschrittsgläubigkeit.

Was hat das mit Storm zu tun? Der gerät nun, darin Raabe ähnlich, in eine Distanz zur herrschenden Mentalität; in die Position des kritischen Abstands gegenüber der politischen Katerstimmung wie auch gegenüber dem folgenden »nationalen Aufschwung«, der Reichseinigung von oben, der Verpreußung Deutschlands, der Hohenzollernbegeisterung. Die Erfahrungen in Preußen machen aus ihm einen Preußenhasser. Und die Koalition von Adel und Bürgertum wird er nie akzeptieren. Für ihn bleiben »der Adel (wie die Kirche)... das Gift in den Adern der Nation« (an L. Pietsch 18. 1. 64). Und als bei der Feier zu seinem siebzigsten Geburtstag Graf Reventlow einen Kaisertoast ausspricht, da erregt er den Unwillen des Freundes. Auch bei Storm lassen sich Elemente einer evolutionären Geschichtsauffassung ausmachen. Sucht man bei ihm nach einem alltags-transzendenten Zeitmodell, so vertritt auch er die »Weltanschauung der freien Berufe«.[3] Aber ihn trennt vom Bürgertum ein stabiles Mißtrauen gegen den Adel und jede Form von schneidiger Obrigkeitsfrömmigkeit. Der unpolitische Demokrat mag mit der Revolution bescheidenere Hoffnungen verbunden haben als die Vertreter des Liberalismus. Dies erscheint ja den beiden Mommsens als Nachteil. Und sicherlich sind seine politischen Auffassungen weniger von liberaler Programmatik und mehr von einer gelebten Bürgerlichkeit bestimmt, von einem Selbstbewußtsein nach oben und unten als Husumer Senatorenenkel und Honoratiorensohn, von der Erfahrung politischer Teilhabe, von dem Bewußtsein, daß weder Titel noch Rang eine Persönlichkeit ausmachen. Deshalb bleibt ihm jene preußisch-deutsche Obrigkeitsfrömmigkeit, jene Bereitschaft zu Unterwerfung und Herrschaft, ebenso fremd wie das vermeintlich kulturlose Proletariat.

Vor allem aber, da kommt einer nach Preußen, der in sich gefestigt ist, einer mit stabilen lebensordnenden Sinnelementen und einem hohen Selbstwertgefühl. Wie läßt sich dies benennen? Vielleicht sollten wir von einer ausgebildeten Identität sprechen, die es ihm nun erlaubt, schwere Konflikte zu überstehen. Sie entsteht während der Husumer Advokatenzeit und wurde als Ausbalancieren zwischen Bürgerlichkeit und Künstlertum, als Herausbildung der lebensordnenden Sinnhierarchien Liebesehe und Literatur, als bewußtes Verhalten zu seinen Verhältnissen beschrieben. Storm ist jetzt eine Persönlichkeit mit festen Charaktereigenschaften und Fähigkeiten. Er ist sich, wie Fontane richtig beobachtet, selber Norm; und er bleibt auch, was Fontane verkennt, als Künstler ein Bürger.[4] Nein, Storm ist nicht der lyrische Poet, der das Leben nach der Dichtung ausrichtet oder sie gar als Norm für das Leben nimmt. Wohl aber spielt die Literatur in seinem Leben eine dominante Rolle. Aber sein Realitätssinn vermag zwischen den Notwendigkeiten des bürgerlichen Alltags und den gesteigerten Gefühlswelten der Literatur zu unterscheiden. Von daher das charakteristische Nebeneinander von pedantischer Ordnungsliebe, Nüchternheit und Geschäftssinn auf der einen Seite und sensibler Reizbarkeit, Gefühlskult und Kunstsinn auf der anderen Seite. Seine optimistische Lebenssicherheit und sein düsterer Stimmungspessimismus, seine Lebensinnigkeit und seine Vergänglichkeitsschwermut verweisen nicht auf ein entzweites Leben, wohl aber auf eine spannungsreiche und gefährdete Ausgeglichenheit. Storms Identität nimmt diesen Gegensätzlichkeiten ihren zwiespältigen Charakter. Dies sichert ihm eine stabile »Gerichtetheit« gegenüber seinen Mitmenschen und Verhältnissen, die sich als bewußtes »Verhalten zu« beschreiben läßt. Storm ist sich übrigens seiner Identität bewußt. An seinen Briefen läßt sich ablesen, wie er sein Ich zunehmend als festes Selbst bestimmt.

Nachdem er das uns schon bekannte Verhältnis zwischen dem jungen Dänen und seiner Schwester Cäcilie entdeckt hat, erwähnt er dies in einem Brief an seinen Freund H. Brinkmann und stellt fest: »Zerstreuung statt Konzentrierung, der gewöhnliche moralische Mißgriff der Gesellschaft« (30. 5. 52). Sicherlich ein sonderbarer Kommentar, der aber aus Storms persönlicher Geschichte verständlich werden könnte. Konzentrierung meint hier die Achtung der bürgerlichen Konvention, die durch die Sinnlichkeit gefährdet bleibt. Schließlich weiß Storm, wovon er schreibt, liegt doch die »Zerstreuung« mit Do Jensen erst wenige Jahre zurück. Nicht ohne Grund entwickelt er sich, gerade aus dem tiefen Bewußtsein ihrer Gefährdung, zu einem bisweilen auch eifernden Propagandisten der lebenslangen Liebesehe. »Konzentrierung« meint auch, die Grenze zwischen Wunsch und Konvention zu achten, sich der Arbeit und den familiären Pflichten zu stellen. Er empfiehlt deshalb, den jungen Dänen, das »Muttersöhnchen«, »tüchtig an die Arbeit gehen zu lassen«. Wer solche Ratschläge erteilt, der kann kaum als überspannter Lyriker gelten. Weitere Briefstellen lassen sich als Beleg für eine zunehmende Selbstgewißheit anführen; zudem liebt Storm jetzt die Selbsteinschätzungen. Hier schreibt offenbar ein »innengeleiteter Mensch«,[5] der für sich »überzeugungstreues Handeln« (an H. Brinkmann 11. 9. 52) und jene »goldene Rücksichtslosigkeit« beansprucht, die den Menschen innerlich frei mache. Wer so von sich denkt, der kann durchaus reizbar für Stimmungen bleiben, ja eine erhöhte Erlebnis- und Eindrucksfähigkeit kultivieren und doch anstehende Probleme lebensfest und selbstgewiß lösen. Dessen ist sich Storm, der jetzt doch so oft über Krankheiten und berufliche Belastungen klagt, bewußt. So schreibt er, nachdem die dänischen Behörden seine Bestallung als Rechtsanwalt abgelehnt haben, an seinen Schwiegervater, er habe seinen deprimierten Vater »durch meine vollkommene Ruhe und Sicherheit allmählich wieder aufgerichtet« (4. 12. 1852). Und aus Potsdam klagt er seinen Eltern über sein Heimweh und die trostlose Zukunft, über seine Arbeitsüberlastung und Einsamkeit, über den preußischen »Menschenverkauf, Menschenverbrauch im Staatsmechanismus«. Zugleich aber versichert er selbstgewiß:

»Fürchtet nur nicht, daß ich mich durch solche Stimmungen unterkriegen lasse; ich bin wohl weich, aber dafür auch zähe und fühle recht gut, daß wir, die wir hier draußen sind, nicht nur für uns, sondern auch für unsre Heimat einzustehen haben und für uns selbst keine besondern Ansprüche mehr ans Leben machen dürfen. Ich werde gewiß immer tun, was in meinen Kräften steht« (7. 5. 54).

Wer sich so seiner selbst gewiß ist, der kann auch seinen Kindern Ratschläge geben. So drückt sich in dem Gedicht *Für meine Söhne* auch Storms abgeschlossene Identität aus:

> Hehle nimmer mit der Wahrheit!
> Bringt sie Leid, nicht bringt sie Reue;
> Doch, weil Wahrheit eine Perle,
> Wirf sie auch nicht vor die Säue.
>
> Blüte edelsten Gemütes
> Ist die Rücksicht; doch zu Zeiten
> Sind erfrischend wie Gewitter
> Goldne Rücksichtlosigkeiten.
>
> Wackrer heimatlicher Grobheit
> Setze deine Stirn entgegen;
> Artigen Leutseligkeiten
> Gehe schweigend aus den Wegen.
>
> Wo zum Weib du nicht die Tochter
> Wagen würdest zu begehren,
> Halt dich zu wert, um gastlich
> In dem Hause zu verkehren.
>
> Was du immer kannst, zu werden,
> Arbeit scheue nicht und Wachen;
> Aber hüte deine Seele
> Vor dem Karriere-Machen.
>
> Wenn der Pöbel aller Sorte
> Tanzet um die goldnen Kälber,
> Halte fest: du hast vom Leben
> Doch am Ende nur dich selber.

(1.66f.)

Dieses Gedicht schreibt einer, der über einen seelischen Kreiselkompaß verfügt, über ein hohes Maß an Anpassungsfähigkeit ohne Selbstaufgabe. Deshalb erscheint Storm seinem jüngeren Freund F. Tönnies auch als eine »elastische Natur«, die ihren Kummer rasch abschüttelt und sich dem Leben stellt.[6, 7]
So verfügt der Husumer Rechtsanwalt und preußische Justizbeamte über eine relativ abgeschlossene Identität, die sich im Ausland, in Preußen, bewährt und festigt. Und gerade sie ermöglicht, über die sich wiederholenden alltäglichen Lebens-

vollzüge hinaus, individuelle Lebensgeschichte als Vorgängigkeit von Persönlichkeitsentwicklung.[7] In Potsdam verbringt er die unglücklichste Zeit seines Lebens. Heiligenstadt hingegen wird ihm zur zweiten Heimat. Zwar baut er sich auch hier eine überschaubare Nahwelt auf, aber ihre »Behaglichkeit« (ein Schlüsselwort für Storms Tagträume!) bleibt immer von Sorgen und Enttäuschungen überschattet. Und vor allem: Jetzt im Ausland erhöht sich sein Lebensanteil an Welterfahrbarkeit. Jetzt schärft sich sein soziales Bewußtsein, und seine Weltanschauung erhält radikale Elemente. All dies übrigens mit bedeutsamen Folgen für sein literarisches Werk.

Doch zunächst bleibt zu fragen, was ist das für ein Land, in dem er sich unbehaust als Ausgewiesener fühlt, und dessen Eigenarten, gerade weil sie ihm so fremd bleiben, eine starke Heimatverbundenheit ins Bewußtsein rufen? Über dieses Land schreibt am 23. März 1852 der Publizist, Historiker und Biograph K. A. Varnhagen von Ense in sein Tagebuch: »...die Freiheit ist unterdrückt, das Volk gequält, die Reaktion steht in voller Blüte«.[8] Es ist das Preußen der Reaktion, ein moderner Staat mit einer Verfassung ohne Leben und einem ebenso reaktionären wie unterwürfigen Parlament. Die schönsten »Märzerrungenschaften« sind verwässert oder werden verweigert: Presse-, Vereins- oder Versammlungsfreiheit, Bürgerwehr und Ministerverantwortlichkeit. Gegenüber den Verhältnissen in Schleswig-Holstein ist dies aber auch ein modernes Land mit industriellen Regionen, einer rasch wachsenden Hauptstadt als kulturellem Zentrum von Weltrang, einer hochentwickelten Bürokratie. Aber hier sichert sich eine alte, seit Generationen machtbewußte Kaste, die ostelbischen Junker, weit über ihre wirtschaftliche Macht hinaus, mit ihren Besitz- und Rechtstiteln auf dem Lande, ihrer Stellung in Heer und Verwaltung, ihrer Präsenz am Hofe einen Einfluß, der die politische Kultur des Landes stärker als in Schleswig-Holstein oder Süddeutschland mit politischer Repression und staatlich geförderter Untertanengesinnung vereisen läßt. Und nochmals sei der zeitgenössische Beobachter von Revolution und Konterrevolution zitiert: »wo früher beauftragt wurde, wird befohlen, wo noch vor kurzem

Gründe angegeben wurden, fallen sie jetzt weg; das Wort Untertan wird mit Fleiß hervorgehoben etc.«[9]

Wie bereits gesagt, Storm kümmert sich nicht um die große Politik, und doch registriert er ihre Folgen in seinem Alltag sensibel. Dabei nimmt ihn das literarische Berlin mit einer Herzlichkeit auf, die dem schleswig-holsteinischen Patrioten und dem Dichter gilt. Schon Weihnachten 1852 macht ihn sein Verleger Alexander Duncker mit dem einflußreichen Kunsthistoriker und Schriftsteller Friedrich Eggers bekannt, der ihn vermutlich auch in den »Tunnel über der Spree« einführt. Im Juni 1853 würdigt ihn Fontane mit einem längeren Artikel in der *Preußischen Zeitung*. Und mit dem Gedicht *Oktoberlied* wird er seine Anthologie *Deutsches Dichteralbum* eröffnen. Als Storm im September 1853 zum zweiten Mal nach Berlin fährt, um seine Anstellung zu betreiben, arrangieren Fontane und Franz Kugler für ihn eine Geburtstagsfeier. Nicht ohne Stolz zählt er in einem Brief an Constanze die Geschenke der Dichterfreunde, der »Argonauten«, so nennen sie sich als Mitarbeiter des geplanten literarischen Jahrbuchs *Argo*, auf:

»ich habe noch meinen Geburtstag nachzuholen. – Zu Mittag kam denn richtig Fontane. Als ich eben vor Tisch in meine Stube ging, schlossen er und K(ugler G. B.) die Tür hinter mir zu. Als sie mich nach einer Weile wieder herausließen, stand auf einem Tisch ein Kuchen mit brennenden Wachslichtern und ein frisches Bouquet; darum herum lagen: Kuglers *Jakobäa* (Trauerspiel), Fontanes Romanzen *Von der schönen Rosamunde*, Lepels *Lieder aus Rom*, Paul Heyses kleines chinesisches Epos *Die Brüder*, ein verrücktes radiertes Blatt von Adolf Menzel, mehrere Blätter von Kuglers Radierungen und ein Heft sehr schöner Tenorlieder von Wöhler, alles Geschenke von K(ugler G. B.) und F(ontane G. B.)... Neben dem Tisch stand Kugler und blies Waldhorn, sein Lieblingsinstrument. Dann aßen wir vortrefflich... tranken in Rheinwein und Champagner auf Deine und der Jungens Gesundheit und Fontane zog natürlich wieder ein langes Gedicht aus der Tasche« (16. 9. 53).

Argo ist das literarische Jahrbuch eines gesellig-literarischen Zirkels, der bereits seit 1827 besteht und sich »Tunnel über der Spree« nennt. Trotz gelegentlich liberaler Neigungen herrscht in ihm eine preußisch-konservative Gesinnung. Der Zirkel lehnt die Auseinandersetzung mit zeitgenössischen Problemen ab, Politik wird tabuisiert, und der Dichter soll als Hüter der Tradition über den Parteien stehen und sich der Welt des Schönen und Erhabenen hingeben. Um die soziale Wirklichkeit vollends zu entnennen, gibt man sich Decknamen aus Geschichte und Literatur. M. von Strachwitz heißt »Götz von Berlichingen«, Geibel, der Star, »Bertrand de Born«, Fontane »Lafontaine« und der genialische Heyse – viele halten ihn für einen wiedergekehrten jungen Goethe – »Hölty«. Storm, der nie offizielles Mitglied wird, tritt als »Tannhäuser« auf; allerdings ohne Erfolg. Er paßt mit seiner leisen Stimme und seinen zarten Erlebnisgedichten nicht in ein Milieu, das an einen Kaffeesalon erinnert und in dem selbst während des Vortrags – wie unerträglich für »Tannhäuser« – die Kellner auf- und abgehen. Die Tunnelmitglieder lieben zudem Schreckensballaden und formal gewandte Kunstlyrik.

Wohler fühlt er sich in einem kleineren und feineren Kreis, dem »Rütli«, einer, wie sich Fontane ausdrückt, Art »Nebentunnel« oder »Tunnelsahne«. Dessen Mitglieder treffen sich abwechselnd in ihren Wohnungen, im Kuglerschen Salon ebenso wie in den bescheideneren Räumen des Assessors aus Schleswig-Holstein. Hier kommen Storms Dichtungen und sein Vortragstalent besser zur Geltung als im unruhigen Kaffeehausmilieu des »Tunnels«. Fontane erinnert sich:

»So entsinne ich mich eines Abends, wo er das Gedicht ›In Bulemanns Haus‹ vorlas … Aber statt anzufangen erhob er sich erst, machte eine entschuldigende Verbeugung gegen Frau Kugler und ging dann auf die Tür zu, um diese zuzuriegeln. Der Gedanke, daß der Diener mit der Teetasse kommen könne, war ihm unerträglich. Dann schraubte er die Lampe, die schon einen für Halbdunkel sorgenden grünen Schirm hatte, ganz erheblich herunter, und nun erst fing er an. ›Es klippt auf den Gassen im Mondenschein, das ist die zierliche Kleine …‹ Er war ganz bei der Sache, sang es mehr als er las, und während seine Augen wie die eines kleinen Hexenmeisters leuchteten, verfolgten sie uns doch zugleich, um in jedem Augenblick das Maß und auch die Art der Wirkung bemessen zu können. Wir sollten von dem Halbgespenstischen gebannt, von dem Humoristischen erheitert, von dem Melodischen lächelnd eingewiegt werden – das alles wollte er auf unseren Gesichtern lesen, und ich glaube fast, daß ihm diese Genugtuung auch zuteil wurde.«[10]

Nichts als Freundlichkeiten also? Nein. Sicherlich schätzen die Berliner Dichterfreunde Storms Dichtungen und sehen den Unterschied zwischen ihm und jenen neuen Poeten wie die Redwitz, Putlitz, Roquette oder Müller von Königswinter; Namen, die heute zu Recht vergessen sind, aber auch Autoren, die mit ihren romantisierenden und pseudohistorischen Verserzählungen (sie sollen hier nicht aufgezählt werden) dem politisch entmündigten und ruhebedürftigen Bürger den Affekthaushalt besorgen. Ja, auch Storms Erlebnislyrik und seine stimmungsvolle und weltentrückt Prosa dürfte den Verklärungsbedürfnissen entgegenkommen. In den *Sommergeschichten und Lieder*n steckt noch genug an Biedermeier-Idyllik. Und sicherlich paßt *Immensee* in die Verzichtatmosphäre der fünfziger Jahre. Vielleicht läßt sich so »Tannhäusers« guter Klang in den literarischen Kreisen Berlins erklären. Andererseits sollten wir nicht übersehen, daß der unpolitische Demokrat und Propagandist der Erlebnislyrik nur mit Einschränkungen in das apolitische bildungsbürgerliche Milieu der preußischen Hauptstadt paßt. Dies führt nicht zu Zerwürfnissen mit den »Rütlianern«, wohl aber zu Verstimmungen und Meinungsverschiedenheiten über ästhetische und politische Fragen.

Einen Anlaß bietet Storms harsche Geibelkritik. Dessen gefällige Reime, so läßt er gegenüber den Rütlianern verlauten, seien keine eigentliche Lyrik und erst recht keine Liebeslyrik. In der Liebeslyrik müsse alles latente Leidenschaft sein, nur angedeutet aber doch machtvoll. Und als er dann auch noch als gelungenes Beispiel ein eigenes Gedicht vortragen möchte, da unterbricht ihn der verstimmte F. Kugler; man dürfe Geibel nicht tadeln, nur weil der anders schreibe als man selber. Offensichtlich befremdet Storms indirekter Hinweis, daß seine Gedichte besser als die Geibelschen seien, die Berliner Dichterkollegen; ja, sie dürften seine goldene Rücksichtslosigkeit als Taktlosigkeit empfinden, vielleicht auch als kleinliche Poetenneiderei dem erfolgreicheren gegenüber. Wir sollten dies Storm nicht unterstellen, denn seine Geibelkritik gründet vor allem in unterschiedlichen Lyrikkonzepten, in der Verurteilung der äußerlichen Form im Namen seiner Erlebnislyrik, seines Stilideals der individuellen

Form. Die Rütlianer hingegen schätzen die formale Gewandtheit ihres Stars. Denn sie entspricht ihrer Vorstellung von wahrer Kunst und kommt ihrem Bedürfnis nach literarischer Beschönigung entgegen. Sicher, der etwas skurrile Assessor aus der fernen Provinz mag zunächst wenig parkettsicher auftreten; der unverbindliche und höfliche Konversationston wird nie seine Stärke werden. Wichtiger sind aber die unterschiedlichen Lyrikauffassungen, Storms Beharren auf dem besonderen Inhalt, auf der intensiven Stimmung, auf dem echten Erlebnis. Schon bei seinem ersten Besuch im »Tunnel« kritisiert er F. Kugler; dessen Gedicht *Stanislaw Oswiecim* – es behandelt die inzestuöse Liebe zwischen Bruder und Schwester – fehle die »schwüle Stimmung«. »Tannhäuser«, so die Mitglieder, solle doch ein besseres schreiben. Der tut dies auch und schickt wenige Wochen später sein Gedicht *Geschwisterblut* aus Husum nach Berlin. Im »Tunnel« vorgelesen, erzielt es eine große Wirkung; es wird bewundert und verurteilt. Es sei besser als das Kuglersche, es sei aber auch moralisch bedenklicher, weil in ihm die Kraft der Leidenschaft über die Sittlichkeit siege. Das stimmt. Und das ist von Storm, der für »das natürliche Recht der Triebe« eintritt, auch beabsichtigt. Das Gedicht und die kommentierenden Briefe zwischen Husum und Berlin sollen hier nicht zitiert werden. Hervorzuheben bleibt, auch in *Geschwisterblut* erscheint die sexuelle Leidenschaft als Verlockung und Gefährdung, und die bejahte Emanzipation des Fleisches enthält ein Moment des Fremden und Bedrohlichen. Im Erstdruck erscheint es mit der bezeichnenden Überschrift *Schlimmes Lieben*! In einem Brief an Mörike (2. 12. 55) schreibt Storm, der Schluß des Gedichtes sei »sehr heidnisch und ganz innerhalb der Leidenschaft«. Gerade dies kritisieren im Namen der Sittlichkeit die Tunnelmitglieder. Der Verfasser läßt solche Bedenken nicht gelten. Für ihn besitzt die Darstellung der Leidenschaft einen Eigenwert. So versichert er gegenüber Eggers, sie dürfe »nicht dadurch geschwächt werden, daß der Dichter sie zuletzt noch in irgendeiner Weise einem sittlichen Motive unterordnet« (1. 786).

Warum überhaupt darüber berichten? Wen interessiert das Li-

teratengezänk? Es mag paradox erscheinen, Storm, noch beeinflußt von der vormärzlichen Emanzipation des Fleisches, verteidigt sein Gedicht im Namen einer Darstellungsautonomie gegenüber einem gesellig-literarischen Zirkel, der im Namen der
reinen Kunst die soziale Wirklichkeit ausgrenzt und sich damit
gerade den politischen Auflagen und der herrschenden »Sittlichkeit« unterwirft. Man könnte von einer Politisierung ex negativo
sprechen: Zur Verneinung des gesellschaftlichen Status von
Kunst gehört die Bejahung der gesellschaftlichen Zustände, des
Klimas der politischen Friedhofsruhe und kulturellen Unterdrückung. Von daher etwa bei Geibel das Miteinander von
vermeintlichem »Über-den-Dingen-Stehen« und dem »Mit-
den-Meinungen-Gehen«. Wer angesichts der Achtundvierziger-
Revolution den Dichtern zuruft: »Zur Tempelwacht seid ihr
berufen, / und auf den Höhn ist euer Stand ... / Rein solltet ihr
sein an Herz und Händen, / ihr seid ein priesterlich Ge-
schlecht«[11], der kann 1870/71 mit seinen lyrischen Beiträgen in
den »Hurra-Germania-Chor« einstimmen. Storm macht da
nicht mit. Denn sein Autonomiebegriff steht in der Tradition des
aufklärerisch-emanzipatorischen Humanisierungsdenkens (davon später mehr). Autonomie bedeutet für ihn nicht Flucht in
den schönen Schein, sondern Eigenwert der Literatur im Bewußtsein ihrer sozialen Bezogenheit und Beziehbarkeit. Das
macht ihn mindestens ebenso kunstbewußt, aber politisch weniger verfügbar als die Tempelwächter, die heute zu Recht niemand mehr liest. Storm ändert häufiger seine Arbeiten, ja, er ist
ein ebenso selbstbewußter wie selbstkritischer Autor. Wir sollten ihn uns auch nicht als Monade vorstellen; er ist nicht
unempfindlich für Zeitströmungen, etwa für biedermeierliche
Idyllik und später für gründerzeitliche Kraftnaturen und Ge-
schichtskulisse. Aber er läßt sich seine wirkungsbewußte Darstellungsautonomie nicht ausreden und schielt weniger als die
Tempelwächter nach dem Publikumsgeschmack. Als ihn zu
Beginn der sechziger Jahre die Zeitschrift *Bazar* um eine Novelle
bittet und auch die finanziellen Forderungen des Autors akzeptiert, da lehnt Storm, obwohl er das Geld dringend braucht, ab,
weil ihm die Redaktion zur Auflage macht, weder von Religion

noch von Politik zu schreiben. Das kann er im Namen der Kunstautonomie nicht akzeptieren.

Den Alltags-Storm dagegen, nicht den Liebesbriefschreiber, Lyriker und Novellisten, sollten wir uns als eher prüden Bürger denken, der sexuelle Anspielungen nicht mag, und für den Gefühle gegenüber Frauen etwas »Unantastbares« sind. Was in der Kunst erlaubt ist, kann so im Leben verboten bleiben. Deshalb wird von ihm Fontane, weil er diese Maxime umkehrt, scharf getadelt. Der habe neulich auf dem Heimweg gegenüber Constanze ohne jede Rücksicht »die unbarmherzigsten Zweideutigkeiten und Nuditäten« vor ihr ausgeschüttet, »während sie am Nachmittag darauf bei Kuglers so bedacht waren, beim Vorlesen aus den schleswig-holsteinischen Sagen das nicht eben unlesbare Wort ›geschändet‹ in ›verführt‹ zu übersetzen« (24.7.54).

»Tannhäusers« Kunstverständnis unterscheidet sich so von jener verbreiteten Flucht in den schönen Schein und machtgeschützte Innerlichkeit. Er bewahrt sich auch ein unabhängiges Kunsturteil, schätzt zeitkritische Romane wie Immermanns *Münchhausen*, Gutzkows *Die Ritter vom Geiste* und Spielhagens *Problematische Naturen*. – Auch politische Unterschiede lassen sich ausmachen, die anzeigen, wie sehr es dem politischen System der Reaktion gelungen ist, ein Klima der Vorsicht und Selbstzensur zu schaffen. Es geht um den Epilog der schon erwähnten Novelle *Ein grünes Blatt*, die in *Argo* erscheinen soll und vom Herausgeberkomitee beraten wird. Er erregt Anstoß, obwohl sich Storm auf die Berliner Verhältnisse schon einstellt, indem er eine politisch entscheidende Wendung abschwächt. Bevor er die Novelle an Fontane nach Berlin schickt, streicht er die Klage über die »Blütezeit der Schufte« und setzt statt dessen »schweren Not der Zeiten« ein (1.826). Denn »Schufte« kann hier nicht nur als Hinweis auf Politiker und Beamte der Herzogtümer verstanden werden, sondern auch als Anspielung auf die Preußen. Die hatten ja die schleswig-holsteinische Sache verraten. Trotz dieser Änderung aus politischer Rücksicht, bleibt der Epilog für die Argonauten unannehmbar. Denn in ihm drückt der Dichter sein Vertrauen auf einen natürlichen Erneuerungsprozeß aus:

Ich zage nicht, es muß sich wenden,
Und heiter wird die Welt erstehn,
Es kann der echte Keim des Lebens
Nicht ohne Frucht verloren gehn.

(1.61)

Und er äußert seine Zuversicht in Naturmetaphern wie »Frühlingsgewittern« und »Donnerschlag«. So erinnert die Gegenüberstellung von dem schlechten Heute und dem guten Morgen, dem die Naturmetaphern Gewißheit geben sollen, im Nachmärz an die politische Lyrik des Vormärz. Das können die Argonauten, auch im Namen ihrer beruflichen Existenz, nicht akzeptieren. Deshalb weist Fontane in seiner Antwort darauf hin:

»Eh ich noch zu den Einzelheiten der uns vorliegenden Schwierigkeit schreite, sei's mir zuvor noch gestattet ein paar Wort über den Epilog zu sagen, der zwar völlig klar, aber für Geh. Reg. Räthe, Schulräthe und ähnliche Leute eben nur *allzu* klar geschrieben ist. Wir waren über den Wert des Gedichts verschiedener Meinung (während *ich* den Schwung und das Ueberzeugungsvolle der Verse lobte, fanden Kugler und Bormann die ganze Sache zu allgemein gehalten und deshalb an die Phrase – – versteht sich im besten Sinne – – streifend) stimmten aber darin alle überein, daß wir es in unseren resp. Stellungen nicht riskieren könnten, die Aeußerungen solches Grimms und solcher Hoffnungen mit auf unsere Kappe zu nehmen. Ich soll Ihnen deshalb – da ein Epilog an und für sich sehr wünschenswert sein würde – proponieren, ob sie nicht vielleicht geneigt wären, diesen Strophen eine bestimmte schleswig-holsteinische Färbung zu geben. Das Deutsch-Patriotische kann sich natürlich in den stärksten Ausdrücken äußern, aber was nach der einigen unteilbaren deutschen Republik schmeckt, könnte uns ›Beamteten‹ doch sehr verübelt werden« (11.4.53).

Man will also deutsch-patriotisch sein, zugleich aber auf jeglichen Freiheitsanspruch verzichten, denn schließlich sei man ja »au fond cœur die besten Preußen und Royalisten«. Das ist Storm nicht, und auch deshalb weigert er sich, den Epilog zu überarbeiten. Lieber verzichtet er auf dessen Abdruck.
Wie gesagt, zum Bruch kommt es wegen dieser Differenzen nicht. Aber es verfestigt sich doch eine gewisse Distanz auf der Grundlage gegenseitiger Wertschätzung. Dies gilt besonders für das Verhältnis zwischen Storm und Fontane. Die Frage, ob die

ästhetischen oder politischen Differenzen schwerer wiegen, läßt sich kaum beantworten, zumal es ja auch bei den politischen Fragen um unterschiedliche Vorstellungen der Kunstautonomie geht. Schließlich sollten auch die poetologischen Gemeinsamkeiten nicht übersehen werden: das heißt, die Neigung, die Prosa der Verhältnisse zu poetisieren. Das verbindet »Tannhäuser« und die Rütlianer. Und wir sollten nicht übersehen: Jemand aus der Provinz findet die Beachtung bekannter Autoren. Insofern stärken die Kritik und die Anerkennung der Berliner Dichterkollegen sein Selbstbewußtsein. Die Entwicklung vom Advokaten, der dichtet, zum Dichter, der auch Advokat ist, findet jetzt ihren Abschluß. Wohlgemerkt, was das Selbstverständnis des Autors und dessen Vorstellung von der Kunstautonomie betrifft. Hingegen wird sich die Art seiner literarischen Wirklichkeitsaneignung noch entscheidend verändern.

Im Rütli werden nicht nur eigene Dichtungen vorgetragen, sondern auch eigene und fremde Werke kritisiert. Zudem fügt F. Eggers dem von ihm herausgegebenen *Deutschen Kunstblatt* ab 1854 ein Literaturblatt bei. Hier veröffentlicht Storm sechs Rezensionen zu verschiedenen Gedichtsammlungen, in denen er auch seine Lieblingsfrage abhandelt, wie eigentlich feine Lyrik sein müsse. Und die muß natürlich so sein wie die eigene:

»Die eigentliche Aufgabe des lyrischen Dichters besteht aber unsrer Ansicht nach darin, eine Seelenstimmung derart im Gedichte festzuhalten, daß sie durch dasselbe bei dem empfänglichen Leser reproduziert wird, wobei freilich der Wert und die Wirkung des Gedichtes davon abhängen wird, daß sich die individuellste Darstellung mit dem allgemeingültigsten Inhalt zusammenfinde. Die besten lyrischen Gedichte sind daher auch immer unmittelbar aus der vom Leben gegebenen Situation heraus geschrieben worden« (4.331).

Die Trennung von der Heimat, die Stilisierung als Emigrant, das gesteigerte Heimweh sollten uns nicht dazu verführen, die ersten Jahre in Preußen als Jammertal darzustellen. Sicher, der Weg in die Fremde ist bitter, und der »Abschied« bereitet nicht nur im Gedicht Schmerz. Dieser Weg führt aber auch aus einem kunstfeindlichen Provinznest in eine, trotz der Reaktion, kunstfreundliche Kulturmetropole, aus Husums »rüstiger Geschäftswelt« in die Salons eines hochgebildeten Bürgertums. Von Potsdam aus ist Berlin in einer halben Stunde mit der Eisenbahn zu erreichen. Jetzt hört nicht alleine Constanze seinem Vortrag zu. Jetzt lernt er sogar im Kuglerschen Salon den Dichter kennen, der nach Heine, seit seiner Jugend den größten Einfluß auf ihn ausübt, und der ihm als die Personifikation der Romantik erscheint: Eichendorff.

»Er ist ein Mann«, so berichtet er seinen Eltern, »von mildem, liebenswürdigem Wesen, viel zu innerlich, um, was man gewöhnlich vornehm nennt, an sich zu haben; in seinen *stillen blauen* Augen liegt noch die ganze Romantik seiner wunderbaren poetischen Welt« (24. 2. 54).

Und die »militärische Beamtenkarriere«? Storm leidet unter dem preußischen »Staatsmechanismus« und seinem »Menschenverbrauch«. Obwohl ihn die Kollegen und unmittelbaren Vorgesetzten freundlich behandeln, fühlt er sich in dem neuen und fremden Dienstverhältnis elend. Noch vor seinem eigentlichen Amtsantritt schickt man dem unerfahrenen Fremden Stapel von Akten zur Bearbeitung ins Haus, eine Arbeitslast, der er sich kaum gewachsen fühlt. Denn bisher lebte er eine vorindustrielle Langsamkeit, eine alltägliche Zeitordnung, die Tempo und Eile, Zeitmangel und Zeitüberfluß, Langeweile und leerlaufende Betriebsamkeit kaum kannte. Und jetzt der fremde Arbeitsdruck, dieses Dienenmüssen! Jene für das 19. Jahrhundert charakteristische Tendenz zur Aktivierung des Zeitnutzens ist ihm fremd. In Husum verfügte Storm über seinen Zeitplan. In Potsdam wird er von einer modernen Bürokratie bestimmt. Der Assessor ohne Gehalt muß das preußische Landrecht lernen, muß sich in Kochs Handbuch über den preußischen Zivilprozeß einarbeiten, muß Termine abhalten, Akten durcharbeiten. Manchmal bleibt kaum noch Zeit für die Kinder und den Tee mit Constanze. Er schreibt seinen Schwiegereltern:

»Heimisch werde ich mich hier niemals fühlen; namentlich da bei der Arbeits-Hetzjagd, unter der ein preußischer Richter lebt, mir für alles, was mich wirklich interessiert im Leben, weder Zeit noch körperliche Fähigkeit übrig bleibt. Denn wenn ich zehn bis zwölf Stunden terminiert, dekretiert, berichtet, referiert etc. habe, bin ich in den paar abfallenden Stunden nicht einmal kapabel, mich mit meinen Kindern zu unterhalten; und ich gestehe gern, daß ich mein Leben nicht gering genug anschlage, um mich mit völliger Resignation als ein bloßes Rad in der Staatsmaschine anzusehen« (an Ernst und Elsabe Esmarch, 22. 12. 54).

Sechs Monate Vorbereitungszeit hatte der Minister versprochen, doch man läßt ihn drei Jahre warten. Immer wieder wird der Assessor aus Schleswig-Holstein bei Einstellungen übergangen, werden gegebene Zusagen nicht eingehalten. So kommen zur Arbeitshetze und beruflichen Unsicherheit noch finanzielle Sorgen. Erst ab August 1854 erhält er bescheidene Diäten, zwischen 25 und 30 Taler monatlich, und die noch nicht einmal regelmäßig. Davon kann keine Familie leben. Selbst die magere Pension, die der preußische König Geibel oder Freiligrath bezahlt, beträgt 300 Taler jährlich. So klingen denn die Briefe aus Potsdam in die Heimat wie eine Klagelitanei über die Arbeitshetze, über körperliche Beschwerden, über die hohen Lebensmittelpreise, über Geldsorgen. Und aus der Heimat kommen nicht nur tröstende Worte, sondern Lebensmittel und Geldzuteilungen: »Ganze Tonnen Butter, Schinken und Backobst von Äpfeln und Birnen aus dem elterlichen Garten fanden den Weg nach Potsdam.«[12] Aber häufig reichen die Mittel nicht für eine Mehlspeise, die zu Storms Lieblingsgerichten zählt, und den Kindern wird die Butter so dünn aufs Brot gestrichen, daß sich darüber die alten Storms, in Potsdam zu Besuch, erregen. Die Eltern ermöglichen ihm auch einen Besuch bei Mörike, dessen Gedichte er bereits als Student schätzte und mit dem er 1850 brieflichen Kontakt gesucht hatte. Im Sommer 1855 begleitet er sie nach Heidelberg, dem Studienort seines Vaters. Von hier aus fährt er nach Stuttgart. Glaubt man Storms Aufzeichnungen und Erinnerungen, dann ist dies ein glücklicher Besuch, ein Zusammentreffen zweier geistesverwandter Poeten. Auf Mörike scheint er aber eine distanzierende Wirkung zu haben und ihm dürfte, so können wir vermuten, Storms vertrauensseliges Geplauder über Familienverhältnisse als Mangel an Takt erscheinen. Nach dem Besuch jedenfalls schreibt Mörike, abgesehen von dem Kondolenzbrief nach Constanzes Tode, nicht mehr an Storm.

Keine Frage, Theodor und Constanze fühlen sich in Potsdam nicht wohl. Sie wechseln innerhalb von knapp drei Jahren dreimal die Wohnung; für ein Haus mit Garten fehlt das Geld. Storm möchte in irgendeine Kleinstadt versetzt werden. Dort könnte er sich ein Haus mit Garten eher leisten. Er ist sogar bereit, bis an die polnische Grenze zu ziehen.

Wir sollten aber die Klagebriefe nicht überinterpretieren. Sie sind für ihn ein Medium der Aussprache über Berufsängste und Geldnöte gegenüber Eltern und Schwiegereltern, von denen Hilfe erwartet wird. Der Wechsel vom Honoratiorensohn zum preußischen Beamten, vom selbständigen Advokaten zum Dienenden scheint ihn zu überfordern. Von daher die Klagen. Aber da ist auch eine selbstgewisse Lebenstüchtigkeit, die ihn sagen läßt: »Wie ich dieser Confusion Herr werde, weiß ich in der Tat noch nicht, ich weiß nur – daß ich es werde« (an J. C. Storm 5. 12. 53). Wir sollten ihn uns nicht als reizbare und schwache Hamletnatur vorstellen.[13] Warum kehrt er denn nicht zurück nach Husum? Das Preußen der Regierung Manteuffel ist ja auch kein Hort der Freiheit. Er könnte ja in der Kanzlei seines Vaters arbeiten; und ob der wohlhabende Johann Casimir Storm das Geld nach Potsdam schickt oder es seinem Sohn in Husum, wo es sich zudem billiger leben läßt, übergibt, das ist einerlei. Doch daran hindert ihn auch eine Zähigkeit, oder sollten wir Dickköpfigkeit sagen, ein Festhalten an dem einmal Beschlossenen wie an politischen Überzeugungen.

Also richtet sich Storm in Potsdam ein. Er verfügt zwar über keinen Garten, aber da gibt es ja den Schloßpark von Sanssouci, der mit seinen weiten blühenden Wiesen einsame Mittagsspaziergänge erlaubt. Und da sind die Sonntagsausflüge mit Freunden, mit den Kreisgerichtsräten Knauff und Schnee, mondbeglänzte Bootsfahrten auf der Havel und sommerromantische Waldspaziergänge. Gelegentlich nehmen auch Rütlianer an den Ausflügen teil. – Da unternehmen höhere Beamte einen Sonntagsausflug, die sich in Kleidung und Habitus von den kleinen Leuten unterscheiden, Respektspersonen, die zu Hause ein Dienstmädchen haben und die etwas »darstellen«. Wenn es auch am Geld fehlt, so muß man doch standesgemäß auftreten. Auch deshalb wird im Potsdamer Haushalt für die notwendige Repräsentation gespart; für die Einladungen, für ordentliche Kleidung. Die Storms leiden zwar unter Geldnot, sind aber doch wohlhabend im Vergleich zu den meisten Potsdamern. Immerhin leistet man sich auch hier einen Weihnachtsbaum (damals ein Kennzeichen der Bürgerlichkeit).[14] Zwar hängen an ihm nur vergoldete Kartoffeln, weil das Geld für die Eier nicht reicht; aber der Gabentisch ist reich gedeckt.

Gegen die problematische Umwelt, »die peinliche Wirklichkeit« (an seine Eltern, 17.12.54), errichtet er jetzt mit der Familie »einen Schutzwall«.[15] Hinter dem soll sich Behaglichkeit entfalten. Nicht nur zur festlichen Weihnachtszeit, sondern auch im Alltag, beim Plaudern oder Vorlesen am Teetisch, beim Spiel mit den Kindern und vor allem in der Liebe zu Constanze. Sie ist ihm Mutter und Geliebte. Sie spendet ihm, wie es in dem gleichnamigen kunstvoll-einfachen Gedicht heißt *Trost*:

> So komme, was da kommen mag!
> So lang du lebest, ist es Tag.
>
> Und geht es in die Welt hinaus,
> Wo du mir bist, bin ich zu Haus.
>
> Ich seh' dein liebes Angesicht,
> Ich sehe die Schatten der Zukunft nicht.
>
> (1.69)

Auf die Fremde reagiert er mit Heimweh, und aus der Ferne erhalten die Heimatstadt und ihr Umland, seine Herkunft und die Familienbeziehungen einen erhöhten Glanz. Im Alltag führt dies zu jener schon von Fontane kritisierten »Husumerei«, zum Inszenieren heimatlicher Verhältnisse mit dem Teekessel als Kultgegenstand, mit Husumer Pfeffernüssen und Kuchen. Storm wünscht sich oft nach Husum zurück, und in seinen Tagträumen dürfte seine Heimatstadt als Ort einer verlorenen Behaglichkeit erscheinen.

Solches Phantasieren drückt sich auch literarisch aus, ja man könnte von einer Affektumsetzung sprechen. Während der Potsdamer Zeit schreibt Storm drei kleine Prosastücke *Im Son-*

nenschein, *Angelika*, *Wenn die Äpfel reif sind*, zudem einige Gedichte wie *Sommermittag*, *Am Aktentisch* oder *Meeresstrand*. In fast allen Texten ist das Heimweh verarbeitet. So schildert er in seiner ersten Arbeit nach dem Eintritt in den preußischen Justizdienst ein Stück Familiengeschichte, oder besser gesagt, er stellt sie in zwei Situationsbildern dar – die eigentliche Geschichte ist in typischer Stormtechnik ausgespart. *Im Sonnenschein* entwirft das Liebesidyll zwischen einer Kaufmannstochter und einem adligen Offizier und, sechzig Jahre später, eine Familienszene am Teetisch. Darüber schreibt er seiner Mutter: »Es wird Dir zeigen, wohin ich mit meinen Gedanken aus dieser peinlichen Wirklichkeit zu flüchten liebe« (1. 1054). Die poetische Vergoldung der Woldsenschen Familientradition, die idyllische Rokokogeschichte von Tante Fränzchen enthält untergründig aber auch einen Zeitbezug, denn Franziskas Vater schlägt die Werbung des adligen Offiziers aus. Bürgerstolz schaut so in der Fiktion auf Adel und Militär herab. Welch ein Unterschied zur Gegenwart in Preußen! – Auch in *Angelika* verarbeitet er Husumer Vergangenheit. Diese psychologische Studie handelt nicht nur in seiner Heimat, sie hat auch einen unmittelbaren autobiographischen Bezug, Storms Liebe zu Dorothea Jensen. Wie in *Immensee* lieben sich zwei junge Menschen, und dann entscheidet sich das Mädchen doch für einen anderen. Allerdings ist in *Angelika* die psychologische und ökonomische Motivation stärker hervorgehoben: Erhards Laufbahn, so erfahren wir schon zu Beginn, gestattet es nicht, eine Familie zu begründen. Er ist zum Abwarten verurteilt, bis sich, möglicherweise, seine Lage bessert. Angelika sieht sich nach anderen um und verlobt sich schließlich mit einem Bessergestellten. So erstirbt in Erhard die Liebe. Und als für ihn die Heirat doch noch möglich wird, da der Bräutigam gestorben ist, da ist sie für ihn schon unmöglich geworden. Also wieder Verzicht und jene stimmungsstarke wehmütige Erinnerung. Und auch hier wird keine Geschichte erzählt, sondern Szene an Szene gereiht. Dieser für die frühe Prosa charakteristische Verzicht auf ein episches Nacheinander gründet in der Dialektik zwischen Ausdrucksstreben und Ausdrucksmitteln: Die Stimmungen und Erlebnisse drücken sich in Zustandsbildern aus. Es ist eine lyrisierte Prosa, die von Szene zu Szene springt, Handlung weitgehend ausspart, deshalb wenig zu berichten weiß, aber stimmungsstark schildern kann. Offensichtlich vermag Storm der Wirklichkeit kein erzählerisch-sinnhaftes Nacheinander abzugewinnen, bleiben die Erlebnisse und Stimmungen, »eingefangen« in Situationen, Grundlage seiner frühen Prosa. Hingegen erlaubt in *Wenn die Äpfel reif sind* die humoristische Darstellung ein Erzählen im epischen Nacheinander des Berichts: Es ist die Geschichte eines jungen Apfeldiebes und eines jugendlichen Liebhabers. Mitten in der Nacht faßt der Liebhaber den Apfeldieb, und er befindet sich doch selbst in einer Situation, die der bürgerlichen Ordnung inadäquat ist, denn er wartet auf seine Angebetete, die denn auch in typisch Stormscher erotischer Rede als »vollständiges Mädchen« erscheint. Mit der Inadäquatheit, daß der Ordnungshüter selbst ja gegen die Ordnung verstößt, entfaltet sich die Geschichte; denn der junge Apfeldieb durchschaut die Situation und nutzt sie für sich, indem er dem jungen Liebhaber die Peinlichkeit der Situation vor Augen führt.

Es ist nicht ohne Bedeutung, daß sich die Handlung in einer humoristischen Erzählung entfaltet. Jetzt ist Storms Wirklichkeitsverhältnis, soweit er es literarisch verarbeitet, wohlgemerkt, dominant lyrisch. Das wird sich in der Heiligenstädter Zeit ändern.

V.
Heiligenstadt, die zweite Heimat oder Behaglichkeit und prosaische Weltaneignung

Warum? Was in Potsdam begann, setzt sich hier fort: der Beruf, der Umgang mit anderen Menschen, die andauernden Geldsorgen, die preußische »Staatsmaschine« sensibilisieren und erweitern sein soziales Bewußtsein. Zugleich aber bietet ihm Heiligenstadt Möglichkeiten individueller Entfaltung: die kleinstädtische Gemütlichkeit mit ihrer überschaubaren Honoratiorenwelt, die bildungsbürgerlichen Gesellschaften, das mäßige Arbeitstempo, all dies erinnert ihn an Husum, läßt im fremden Wohnort Heimatgefühle aufkommen. – Der Biograph hat das Alte und das Neue als Kontinuität und Bruch zu erzählen. So bleibt bei Storm auch jetzt die Distanz zu nationalliberaler Kompromißpolitik oder gar reaktionärer Borussophilie bestehen. Ja, jetzt verfestigen einzelne populärmaterialistische Weltanschauungselemente seine antifeudale Einstellung. Man könnte von einer ernüchterten Wirklichkeitsaneignung sprechen, die seinen Anteil an Welterfahrbarkeit erhöht. Nicht, daß Storm jetzt panoramatisch wahrnimmt und begrifflich denkt. Die »große« Welt interessiert ihn auch weiterhin kaum; und so finden wir in seinen Briefen das schon vertraute Nebeneinander von familiärem Bericht und literarischem Kommentar. Aber er sieht nun seine »kleine« Welt schärfer. Zumal die Weltanschauungselemente – über sie wird noch zu sprechen sein – seine alltäglichen Erfahrungen ausrichten und ordnen. Jetzt, so soll hier vorgreifend behauptet werden, wird seine Weltaneignung in einem doppelten Sinne, einem lebensgeschichtlichen und einem literarischen, prosaischer.

Vor allem aber: fühlte er sich in Potsdam »gesanglos und beklommen«, so gerät er in Heiligenstadt bisweilen in ein »Produktionsfieber«. Wir sollten dafür nicht die küssenden Musen verantwortlich machen, wohl aber die kleinstädtischen Verhältnisse. Aus Potsdam schrieb er an seinen Schwiegervater, hier könne er sich keinen sorglosen Tag »herstellig machen« (17. 5. 56) –

eine sonderbare Formulierung, aber auch eine charakterisierende. Verweist sie doch auf jenes schon öfter erwähnte bewußte »Verhalten zu«, auf Storms Fähigkeit, sich eine Nahwelt aufzubauen. Heiligenstadt eben erlaubt es, sie wieder »herstellig« zu machen. Davon profitiert auch seine Literatur. Zumal er hier etwas wieder erhält, was ihm die Potsdamer Arbeitshetze, die »Hetzpeitsche«, nahm; nämlich in der Lebenszeit Zeit zum Leben, nicht nur für die Familie, sondern auch zum Schreiben. Seine Novellistik verändert sich jetzt. In den bedeutenden Novellen der Heiligenstädter Zeit (*Auf dem Staatshof*, *Drüben am Markt*, *Auf der Universität*, *Im Schloß*) ist die prosaische Wirklichkeitsaneignung als intensivierte Welthaftigkeit literarisch vergegenständlicht. Er schreibt immer noch lyrisierende Familien- und Ehestandsnovellen (*Späte Rosen*, *Unter dem Tannenbaum*) mit einzelnen Stimmungsbildern. Dennoch verliert aber in der Novellistik die Perspektive des subjektiv-stimmungshaften an Bedeutung. Erst jetzt wird für ihn die Welt erzählbar. Davon später mehr.

Dabei ist Heiligenstadt keineswegs sein Wunschziel. Wir wissen es ja schon, er möchte nur weg aus dem wenig geliebten Potsdam. So bewirbt er sich immer wieder um freie Kreisrichterstellen. Bisher blieb er unberücksichtigt. Die preußische Ministerialbürokratie scheint dem Schleswig-Holsteiner und möglichen Demokraten zu mißtrauen. Schließlich wendet sich Storm im Juni 1856 mit einem energischen Gesuch an den Minister persönlich. Es hat, welche Überraschung, Erfolg. Bereits im Juli erhält er vom Justizministerium die Nachricht, daß er zum Kreisrichter in Heiligenstadt ernannt worden sei. Den Sommer verbringt Storm »wegen körperlicher Reducirtheit« (an Mörike 20.9. 56) in Segeberg und Husum. Am 18. August fährt er mit seinem Vater nach Heiligenstadt, um den Umzug vorzubereiten. Bis Göttingen kann man schon mit der Bahn fahren. Dann muß man die Kutsche nehmen, denn Heiligenstadt hat noch keinen Bahnanschluß; zur Freude Storms, der Fabriken und Bahnhöfe nicht mag. So reisen denn Vater und Sohn die letzte Strecke mit der Kutsche. Gleich nach der Ankunft berichtet er Constanze:

»Da sind wir denn! Die erste Wegstrecke hierher war überaus schön, Wälder, Berge und Täler, dazwischen reiche Getreidefelder; dann wurden die Höhenzüge kahler, bis endlich dunkle, bewaldete Berge sich vor uns lagerten; im Grunde lag eine Stadt mit alten Kirchtürmen. ›Heiligenstadt‹! sagte der Kutscher. Mir schossen die Tränen etwas in die Augen... Hilf Himmel, welch eine Stadt! Lehmhütten und Barakken, Häuser, wie sie bei uns nicht für Geld aufzuweisen wären. Man begreift nicht, daß darin die lustigen Heiligenstädter, wie sie überall heißen, existieren können... Von der Lustigkeit der Leute kriegten wir gestern abend noch einen Beweis. Eine große Schützengilde zog mit Musik und Lärm im Dunkeln durch die Straßen; sie feierten schon den dritten Tag, und heute geht's Tanzen wieder los. Wir befinden uns offenbar in Seldwyla; ich denke, die Heiligenstädter florieren auch bis in die Dreißig, und dann sind sie fertig... Das Ganze hier macht mir trotz der Ärmlichkeit keinen üblen Eindruck; die Berge gucken überall in die Stadt; es muß sich im Sommer hier angenehm im Freien und winters recht heimlich in den Stuben leben lassen. Sehr schönes Wasser ist hier« (20. 8. 56).

Immerhin, die Stadt gefällt ihm. So verspricht er schon am Tag nach der Ankunft der musikbegeisterten Tochter seines Wirtes, er werde bald einen Gesangverein gründen. – Übrigens sollten wir den Hinweis auf Seldwyla nicht überlesen. Vielmehr belegt der Vergleich Storms wachen Wirklichkeitssinn. Bekanntlich ist in G. Kellers Novellensammlung Seldwyla eine ländliche Kleinstadt, die bisher vom einfachen Tausch gelebt hat und deren verbummelte Bevölkerung sich der Rationalität kapitalistischer Weltwirtschaft zu entziehen versucht. Der typische Seldwyler sperrt sich gegen die Zumutungen einer neuen wirtschaftlichen Tüchtigkeit. Er angelt, bummelt, spielt und trinkt; gerät er in wirtschaftliche Nöte, so spekuliert er oder spielt in der Lotterie. – Sicher, Heiligenstadt liegt nicht in der Schweiz, sondern in Preußen. Aber, so sollte präzisierend hinzugefügt werden, die Stadt ist nicht preußisch. Sie gehörte ehedem zum Kurfürstentum Mainz, und ihre »lustige« katholische Bevölkerung erinnert aus Husumer Sicht an Seldwyler Sorglosigkeiten. Zudem liegt die Kreisstadt (sie ist mit ihren 6500 Einwohnern kaum größer als Husum) nicht nur geographisch, sondern auch ökonomisch im Abseits. Daran ändert auch nichts die Nähe der berühmten Universitätsstadt Göttingen. Einer ihrer Studenten, Heinrich

Heine, ließ sich übrigens in Heiligenstadt taufen. Hier werden noch um 22.00 Uhr die Stadttore geschlossen! Abends treiben noch die Hirten das Viehzeug der Bürger, ihre Gänse, Schweine und Schafe nach Hause. Die Umgebung, das Obere Eichsfeld, ist traditionelles Auswandererland, eine typische ärmliche Mittelgebirgsgegend mit mageren Böden, rauhem Klima und kleinbäuerlichen Betrieben. Storm lernt hier eine ihm bisher unbekannte Armut kennen. Er schreibt an seinen Potsdamer Freund Rudolf Hermann Schnee:

»Von dem knappen Leben dieser armen Leute aus den Gebirgsdörfern hat Unsereins bisher keine Vorstellung gehabt, dafür daß sie ihren Kartoffelbedarf auf dem Lande eines Bauern aussäen, arbeitet die ganze Familie den Sommer über, dieß Jahr für 13 Sack; wenn sie trocken Brot haben sind sie vergnügt, als Luxusartikel zu ihren Speisen haben sie den Winter über 1 Pf. Schmalz gebraucht; der Tagelohn, wenn sie ja einen verdienen können, is 2½ Silbergroschen.«[1]

Die Bevölkerung trennt und verbindet noch jene stabile vorindustrielle Schichtung, die wir bereits aus Husum kennen. Nur daß hier in Preußen die höheren Beamten, der Gerichtsdirektor und der Landrat, mehr Geltung beanspruchen.

Die Unterschiede zu Seldwyla oder gar zur Heimatstadt sollen hier nicht vermerkt werden. Es geht uns ja nicht um Sozialgeschichte, sondern um eine Lebensgeschichte, um die Bedeutung Heiligenstadts für Storm. Der Biograph hat deshalb hervorzuheben, daß der Ort, obwohl von Bergen umgeben und einer fremden, katholischen Bevölkerung bewohnt, aus einer solch lebensgeschichtlichen Perspektive beinahe zu einem zweiten Husum wird. Daß hinter dem Berg auch Leute wohnen, erfährt Storm erst hier. Trotz der Freunde und Bekannten blieb ihm Potsdam fremd; deshalb inszenierte er dort jene uns schon bekannte Husumerei. In Heiligenstadt kann er sich vertrautere Verhältnisse »herstellig« machen. Damit wird Husum nicht vergessen, wohl aber der dauernde Gedanke an Abreise. Mit der Heimatlosigkeit verschwindet auch die Heimatseligkeit. Erst jetzt läßt er seine Möbel aus Husum nachkommen! Schon wenige Wochen nach der Ankunft berichtet er an Mörike, er habe den festen Willen, sich »hier möglichst zu beheimathen«;

die Gegend sei schön, der Menschenschlag treuherzig, für die Knaben gebe es ein Gymnasium und die Universität Göttingen sei nicht weit. Und:

»– wenn nicht wider alles Erwarten noch während meiner Lebenszeit ein günstiger Wind nach Hause zu wehen sollte, so gedenke ich hier zu leben und zu sterben« (20. 9. 56).

Wie bereits erwähnt, befreit ihn die Kreisrichterstelle von der Potsdamer Arbeitslast, von den bedrohlich anschwellenden Dekreten, Verhandlungsterminen und Prozeßakten. In Heiligenstadt arbeitet er als Bagatellrichter; außerdem ist er Mitglied der Kriminaldeputation und des Schwurgerichts. Dekrete und Erkenntnisse braucht er nur gegenzuzeichnen. Der Bagatelltag findet gewöhnlich zweimal und die Kriminalsitzung einmal in der Woche statt. Plenarsitzungen werden nur einmal im Monat abgehalten. Lokaltermine, meist handelt es sich um bäuerliche Besitzstreitigkeiten, werden »in Wald und Feld abgehalten; diese Gerichtspflege ist nun das Übermaß von Gemütlichkeit angesichts des schönen Thales« (an R. H. Schnee 6. 10. 56). Storm macht daraus eine Art Picknick, nimmt Frau und Kinder mit, genießt die schöne herbstliche Landschaft mit der entfernten Gebirgskette des Harzes, »so wundervoll blau und duftig«, im Hintergrund. – Sein Arbeitstag umfaßt etwa sechs Stunden; was nicht bedeuten muß, daß er auch sechs Stunden arbeitet. Die Kollegen sind freundlich. Von Intrigen und Konkurrenz erwähnt er in seinen Briefen nichts. Angenehme Verhältnisse also, zumal Storm an der Rechtmäßigkeit des Rechts nicht zweifelt. So urteilt er dann über Brandstifter und Holzdiebe, Raub- und Giftmörder. Offensichtlich funktioniert er nicht als juristischer Automat, der nur nach dem Tatvergeltungsstrafrecht urteilt und sich für den Verurteilten nicht interessiert. Er bewahrt sich über die geforderte juristische Amtspflicht hinaus eine menschliche Teilnahme an seinem jeweiligen Fall. So berichtet er dem Freunde Ludwig Pietsch über den Raubmord eines jungen Burschen, der ein Mädchen erschlagen und beraubt hatte, voller Einfühlung:

»Das Schwurgericht ist aus; der Mörder hat sein Recht; eine wahre Knabengestalt; sein Vater ein niederträchtiger Kerl, hatte ihn in Lumpen gehen lassen, und er wollte doch auch wie die anderen Burschen, die ihn deshalb verhöhnten, den Mädchen beim Tanz gefallen. Da kam die Versuchung (20. 2. 62).

Das klingt verständnisvoll. Schärfer geht er aber mit der schaulustigen Menge ins Gericht:

»Sie hätten die Aufregung im Städtchen sehen sollen, wie der zum Tode Verurteilte die Gasse hinabgebracht wurde, es wimmelte von Menschen; das Volk, die Bestie, war auf den Beinen; es war ordentlich Blutgeruch in der Luft; ich bekam plötzlich ein Gefühl wie allein in einer Menagerie.«[2]

Seine Person zerfällt allerdings nicht in verschiedene Rollen, in die des strengen preußischen Richters und die des gefühlvollen Dichters. Vor allem aber, dem Novellisten wird der soziale Mikrokosmos des Gerichtssaals zur Fundgrube für Stoffe und Motive; nicht in dem Sinne, daß er sich bewußt auf Stoffsuche macht, sondern im Sinne individueller Erfahrungsverarbeitung. So kann man in Storms Werk autobiographische Bezüge, familiäre und berufliche, leicht herausarbeiten. Rechtsgeschichtliche Einzelheiten, die den Juristen erkennen lassen, finden sich in den Chronikovellen, in *Die Söhne des Senators*, *Hans und Heinz Kirch* und *Der Schimmelreiter*.[3] So gründen die Novellen *Draußen im Heidedorf*, *Waldwinkel* und *Ein Doppelgänger* im Erfahrungsbereich des Richters.[4]

Wir sollten nicht vergessen, daß in der lebensordnenden Hierarchie seiner Sinnelemente neben der Familie die Literatur an der Spitze steht – nicht das Recht oder der Richterberuf. Das Richteramt bedeutet für ihn notwendigen und bejahten Broterwerb, das Schreiben bleibt ihm Beruf. Und dennoch bestimmt die bürgerliche Tätigkeit seinen Lebensstil, seine Zeitplanung, sein Auftreten, das Wohnen und den Umgang, sein Bewußtsein von Herrschaft und Ordnung, Arbeit und Nützlichkeit.[5]

Der Sprachartist als Jurist – dies ist kein spannungsloses Verhältnis; und doch stellt es sich dem Biographen als produktive lebensgeschichtliche Einheit dar. Sicherlich, bisweilen sind Klagen über die »fremdartige Beschäftigung«, die ihm sein Leben verderbe, zu hören. Vor ihr empfindet er »Abscheu« und »ein förmliches körperliches Grauen« (an Lucie Storm 24. 1. 58 und an Constanze Storm 28. 7. 59). Wir sollten diese gelegentlichen Klagen aber nicht überschätzen. In ihm entsteht nicht das Wunschbild vom freien Schriftsteller. Ähnlich wie der Zürcher Staatsschreiber und Brieffreund G. Keller mißtraut er dem vermeintlich ungebundenen Literatenleben. Beiden dient als abschreckendes Beispiel der gemeinsame Freund P. Heyse. Dessen »Nervenleiden« führen sie auf den Mangel an Abwechslung, auf sein Literatenleben ohne profane Tätigkeit zurück. Für Storm schadet »eine Lebensarbeit, die fortdauernd Phantasie und Empfindung in Anspruch« nimmt, der Gesundheit (an Keller 27./ 30. 12. 79). Damit ist nicht alleine das organische Wohlbefinden, sondern auch der schlechte Gemütszustand (die »Nerven« – so das vieldeutige Behelfswort) gemeint, den eine Literatenexistenz ohne die Korrektur alltäglicher Pflichten und die Ordnung eines bürgerlichen Lebensstils hervorrufen soll. Sie geben Storm jenen Lebensgrund, den spätere Autorengenerationen nicht mehr kennen oder sich haltungsethisch – wie später Th. Mann, der nicht ohne Grund seine Verwandtschaft zu Storm hervorhebt – und im Bewußtsein der Gefährdung herstellen.

Der Sprachartist als Jurist – dies bedeutet nicht nur ein Mittendrin im bürgerlichen Alltag mit gesellschaftlicher Anerkennung und sozialen Erfahrungen, sondern auch ein künstlerisches Arbeitsethos, dem das Talent nur Voraussetzung ist und das künstlerische Genie suspekt bleibt. Für Keller ist Storm der »stille Goldschmied und silberne Filigranarbeiter«, und er meint damit eine Arbeitsweise voll kunsthandwerklicher Präzision. Es ist bekannt, daß Storm seine Gedichte und Prosatexte mehrfach überarbeitet, daß er den literarischen Markt gerne beliefert (er braucht das Geld für seine Kinder!), aber überhaupt nicht bedient. Den Markt stellt er nur in Frage, wenn die Vermarktung die Kunstautonomie bedroht. Verkauft er seine Arbeiten, so geschieht dies in dem Bewußtsein, eine ordentliche Arbeit abzugeben. Ganz nüchtern berechnet er den Ertrag seines Schreibens mit dem Zeitaufwand. »Ihr seht«, so heißt es an die Eltern, »ich bin fleißig gewesen«; die ziemlich lange Arbeit an den Gespenstergeschichten »Am Kamin« werde ihm aber nicht mehr als »10 Sgr. Tagelohn einbringen« (an L. Storm 9. 12. 61). Folgerichtig werden Honorarforderungen nicht mit dem Hinweis auf das individuelle Talent, sondern mit der langen Arbeitszeit und der Arbeitsweise begründet. So heißt es in einem Brief an den Verlag Gebr. Paetel: »Meine Art zu schreiben verlangt, was immer dabei herauskommen mag, stets eine lang andauernde Arbeit«; (18. 12. 81). Storm arbeitet sorgfältig und langsam. Nur wenige Texte, wie *Die Regentrude* oder *Pole Poppenspäler* werden rasch niedergeschrieben. Häufig beginnt er damit, Einfälle und Skizzen auf Zettel, Amtsakten oder Briefumschläge zu schreiben. Aus ihnen entsteht dann, meist auf einem Foliobogen, eine erste Niederschrift.[6] Ihr folgen weitere, durch Einschübe und Kürzungen veränderte Fassungen, bis dann als letztes Ergebnis eine peinlich saubere Niederschrift an den Verlag abgesandt wird. Über Storms Arbeitsweise berichtet Karl Emil Franzos, der die Novelle *Ein Doppelgänger* in seiner Zeitschrift *Deutsche Dichtung* veröffentlicht:

»Er schrieb mit schwerer, langsamer, gleichmäßiger Schrift und die Sätze, die stehen blieben, wiesen kaum stilistische Korrekturen auf, aber es blieben nicht viele stehen. Er kürzte und kondensierte hinterdrein unablässig, vielleicht öfter und mehr als nötig, und sein Eifer, das bezeichnendste Wort zu finden, scheute auch da, wo es sich um Kleines und Unwichtiges handelte, keine Mühe. Hier ein Beispiel. ›Sie kann es nicht lassen‹, sagt der Oberförster von seiner Frau, ›den allzeit Hungrigen Brosamen auszustreuen, sei es nun der Bub oder seien es nun unseres Herrgotts Krippenfresser!‹. Statt der letzten drei Worte stand im Manuskript ursprünglich ›die Sperlinge‹, dann ›die Spatzen‹, dann ›Spatz und Taube‹, endlich die obige Wendung. Eine seitenlange, mühsam ausgefeilte, in ihrer Art wunderschöne Beschreibung des Gartens am Forsthause war im letzten Augenblick ganz durchgestrichen, weil dem Dichter sein feines Gefühl sagen mochte, daß sie die Entwicklung aufhalte, ebenso fand sich das ohnehin spärlich eingeflochtene Raisonnement später fast überall unerbittlich getilgt, und das Wenige was stehen geblieben reute ihn obendrein.«[7]

Wir werden später noch auf Storms literarische Verfahren zurückkommen. Hier geht es nur um jene produktive Spannung zwischen dem Richteramt und dem Dichterberuf, zwischen dem

Lebensstil des Bürgers und dem Selbstverständnis des Künstlers. So bezieht Storms Selbstbewußtsein, das den selbstkritischen Zweifel an einzelnen Werken durchaus erlaubt, seine krisenfeste Stabilität aus verschiedenen Bereichen, aus der Herkunft als Senatorenenkel, der sozialen Stellung als Jurist und Richter, aus der Selbsteinschätzung als Lyriker und aus der wachsenden Anerkennung als Novellist. Auch damit erweist sich der Bürger als Künstler und der Künstler als Bürger. Andere haben es da schwerer. Schon bei Flaubert oder C. F. Meyer, dem reichen Erben, kann der bürgerliche Habitus nicht darüber hinwegtäuschen, daß ohne eine profane Tätigkeit der Künstler sich selbst problematisch wird. Ganz zu schweigen von jenen Vertretern der Moderne, die, wie Baudelaire oder Rimbaud, den Geltungsverlust der Kunst mit neuen Sprachmitteln, der Stilisierung des Künstlers und einer bewußten bohèmehaften Absonderung von der Gesellschaft beantworten. Eine solche künstlerische Selbstaufwertung im gesellschaftlichen Abseits findet bei Storm nicht statt. Deshalb erscheint er später den literarischen Vertretern der deutschen Moderne altfränkisch-überholt. Sie lassen ihn rechts liegen und sehen in Grabbe oder Büchner, den vermeintlich rebellischen und genialischen, ihre Vorläufer im 19. Jahrhundert. Und deshalb kann er den Kulturkonservativen und Völkischen als nichtentwurzelter deutscher Dichter erscheinen.

Dabei ist sein Leben keineswegs so »unproblematisch« und »gesund«, wie es nach der Jahrhundertwende ein isolierter Intellektueller, Georg Lukács, nicht ohne neidvolle Bewunderung vorstellt.[8] Storms Liebes- und Ehekult speist sich auch aus der Angst vor Einsamkeit und Vergänglichkeit. Er erwartet von seinen kleinen Städten, Husum und Heiligenstadt, mehr, als sie ihm geben können. Wir erinnern uns: der junge Advokat findet für seine gesteigerten Gefühle in Husum keinen Adressaten; der Kreisrichter fühlt sich in Heiligenstadt wohler als in Potsdam, und er lebt dort in dem Bewußtsein, in seiner Heimatstadt könnte es ihm bessergehen. Dahin zurückgekehrt, erscheint ihm die Heimatstadt aber weniger heimatlich als aus der Ferne. Als alter Mann schließlich verkauft er sein Vaterhaus (welch ein Opfer bei seinem Familienbewußtsein!), um in Hademarschen ein dort nach eigenen Entwürfen erbautes Haus zu beziehen. Aber auch nun wird erwogen, nach Kiel, Lübeck oder Hamburg überzusiedeln. Dazu treibt ihn keine Reisepassion, denn Storm reist ungerne. Darin äußert sich aber, so dürfen wir vermuten, ein diffuses Unbehagen an seiner kleinen Umwelt, die er durch häufige Einladungen an Freunde und Bekannte immer wieder zu erweitern sich bemüht. Hinzu kommen seine wachsende Distanz zur herrschenden Mentalität, zum »nationalen« Aufschwung, zur Hohenzollernbegeisterung, seine antibourgeoisen (nicht antibürgerlichen!) Affekte, seine Ablehnung der Literaturindustrie. Und ob sein Familienleben immer so harmonisch war, wie es in seinen Briefen, von denen ja nicht alle erhalten sind, milde aufleuchtet, dürfen wir bezweifeln.

Storms Leben läßt sich jedenfalls nicht als Ludwig-Richter-Welt verniedlichen. Es ist aber auch nicht in verschiedene Lebensbereiche zerrissen, und auch der Künstler weiß sich noch seiner Gesellschaft zugehörig! Auch deshalb sucht man in seinen »Künstlernovellen« (*Eine Malerarbeit, Ein stiller Musikant, Psyche, Aquis submersus*) vergebens genialische Künstlerfiguren mit antibürgerlichen Affekten. Strenggenommen handelt es sich auch nicht um »Künstlernovellen«, sondern um solche, in denen Bürger einen künstlerischen Beruf haben. So bleiben auch hier die »Generalthemen« seiner Novellistik, Liebe und Familie, Einsamkeit und Vergänglichkeit, präsent. – Detlev Spinell, jener etwas komisch überzeichnete Dichter aus Thomas Manns Erzählung *Tristan*, kommt uns als möglicher Familienvater überhaupt nicht in den Sinn. Edde Brunken aber, der verwachsene Maler aus Storms Novelle *Eine Malerarbeit*, scheitert in seiner Liebe und gründet doch eine Ersatzfamilie. Bezeichnend auch die unterschiedlichen Milieus: während Spinell in einem Sanatorium – selbst dort lebt er eine Sonderexistenz – versorgt wird, schafft sich Brunken einen bürgerlichen Hausstand. So läßt sich auch in den »Künstlernovellen« die gelebte Bürgerlichkeit, das Bewußtsein des Dazugehörens, ablesen.

Storm ist sich übrigens jener produktiven Spannung zwischen juristischer Tätigkeit und literarischem Werk durchaus bewußt.

So äußert er gegenüber dem Literaturkritiker und Schriftsteller Emil Kuh:

»Mein richterlicher und poetischer Beruf sind meistens in gutem Einvernehmen gewesen, ja ich habe sogar oft als eine Erfrischung empfunden, aus der Welt der Phantasie in die praktische des reinen Verstandes einzukehren und umgekehrt« (21. 8. 73).

Und er warnt einen jüngeren Autor, er solle seine bürgerliche Arbeit nicht mit einem »Literatenleben« vertauschen, denn er wisse gut, »wie sehr poetische Produktion durch ganz davon ge- und verschiedene Arbeit getragen und gefördert wird« (an Heinrich Seidel 22. 8. 83).

Das neue Richteramt sollten wir also nicht als Belastung oder gar Hemmnis für den Schriftsteller ansehen. Es erhöht nicht nur mit seinen mäßigen Arbeitsanforderungen das Zeitbudget des Autors und erweitert seinen sozialen Erfahrungsraum. Es verleiht ihm auch Ansehen und bringt Geld ein. Der Kreisrichter erhält zunächst 600 Taler im Jahr. Er bräuchte aber weitaus mehr, denn seine Familie wächst. Zu den Söhnen Hans, Ernst und Karl kommen nun Lucie, Lisbeth und Elsabe. Außerdem ist da eine kaum zu überwindende Disproportion zwischen der hohen gesellschaftlichen Stellung des Richters und seinem kleinen Gehalt. Denn all die feinen Unterschiede zu den gewöhnlichen Ackerbürgern müssen natürlich hergestellt werden, vorausgesetzt, man will zu den ersten Familien der Stadt zählen. Und das möchte Storm. So braucht man ein Kindermädchen und eine Köchin, hat sich standesgemäß zu kleiden, muß Einladungen aussprechen und bisweilen verfeinerte Speisen auftischen. Das symbolische Kapital der Ehre bedarf auch einiger Geldmittel. Die sind aber kleiner als das Ansehen, und deshalb muß im Haus gespart werden, damit man, wenn nötig, nach außen repräsentieren kann. Storms wiederkehrende Klagen über eine drohende Proletarisierung werden so aus seiner Sicht verständlich und erscheinen uns doch unbegründet. Durch das regelmäßige Einkommen geht es seiner Familie weitaus besser als den meisten Heiligenstädtern. Die Leute nennen sie die reichen Kreisrichters. Aber gemessen an Herkunft, Ansprüchen und Stellung reicht das Gehalt nicht aus. So lebt man nicht in Armut, sondern muß sich einschränken und hat doch immer Geldsorgen.

Zahlreiche Klagebriefe gehen deshalb nach Husum und Segeberg. Aus ihnen soll hier nicht ausführlich zitiert werden. Nur soviel: die Wohnverhältnisse bleiben auch in Heiligenstadt bescheiden. Auch jetzt langt es nicht für ein Haus mit Garten. Nicht immer können im Winter alle Räume beheizt werden. Dann lebt die ganze Familie zusammengepfercht in der beheizten Wohnstube, und Storm versucht inmitten des Kinderlärms und der verbrauchten Luft sein literarisches Pensum zu erfüllen. Kein Wunder, daß ihm der Frühling als Erlösung erscheint. Gespart wird auch am Essen, obwohl Constanze eine musterhafte Hausfrau zu sein scheint, die mit den Kindern rechnet, Klavier übt, Französisch paukt, kocht, stopft, große Wäsche hält, einmacht und sich immer nach günstigen Lebensmitteln umschaut. »Die Fressalien«, so schreibt sie ihren Eltern, seien »über die Maaßen theuer« (20. 12. 63), und »so könnt ihr wohl denken, daß einem das Leben nicht gerade leicht wird«. Zur zeremoniellen Teestunde, die beiden Ältesten dürfen daran schon teilnehmen, gibt es nur trockenes Brot und Tee ohne Zucker! Als die Kinder im Wald Bucheckern sammeln – aus ihnen soll als Butterersatz Öl gepreßt werden – und damit die Sparzwänge der Kreisrichters öffentlich werden, ist allerdings die Grenze der Schicklichkeit überschritten. Deshalb läßt ein befreundeter Rechtsanwalt Storm wissen, dies »schicke sich nicht recht für unsereinen« (an Lucie Storm und Elsabe Esmarch 15. 10. 57)!

Die Disproportion zwischen bürgerlichem Habitus und knappen Geldmitteln mag eine Begebenheit veranschaulichen, die Constanze bei einer ihrer Reisen in die Heimat widerfährt,[9] und die Storm zu der kleinen Geschichte *Auf der Reise* verarbeitet. »Die Einkünfte waren klein, die Kopfzahl groß« heißt es in ihr über die Familie einer »edlen Frau«, die auf einem Bahnhof, von einer Magd und ihren Kindern begleitet, ihr Abteil nicht mehr finden kann. Darauf bietet ihr ein junger Offizier seine Hilfe an. Als der jedoch erfährt, daß die Dame statt zweiter dritte Klasse

fährt, läßt er sie stehen. Es charakterisiert Storms Weltsicht, wie der Erzähler die Begebenheit kommentiert. Nein, er lamentiert nicht über die knappen Geldmittel, er lobt die Dame wegen des gesparten Talers, »den sie durch den Sieg ihrer Demut im Knipptäschchen behalten« habe (4. 187), und er tadelt milde den Offizier als außengeleitete Person, als jemanden, »der zufällig seine Persönlichkeit nicht in sich selber, sondern in der Regimentsrangliste stecken hat! – –« (4. 187). –
Die Familie kann allerdings mehr als 600 Taler jährlich ausgeben, auch weil die Literatur etwas einbringt. Das Schreiben wird für ihn nun ein fester Posten in der Einkommenskalkulation. Für die Veröffentlichung der Novelle *Im Schloß* erhält er 100 Taler von der *Gartenlaube*. Den gleichen Betrag zahlt die *Illustrirte Zeitung* für *Abseits*, *Unter dem Tannenbaum* und *Die Regentrude*. Er braucht das Geld für seine Kinder und sich – etwa für ein eigenes Elternschlafzimmer, das er, der Eheerotiker, sich so sehr wünscht. So plant er einen kleinen Umbau und berichtet an Constanze:

»Aber wie bekomme ich die Mittel dazu? ... Wie gern will ich arbeiten! Wenn es mit dem Verlag der letzten Novelle nicht mißlingt, so würde mir die Vollendung der neuen diesen Lebensgewinn verschaffen können. Nun – fürchte ich noch, daß Du sagst: ›Ich will das Kind nicht von mir geben!‹ – Aber bedenke, daß auch ich bei aller Sorge und Arbeit, und wie ich nun einmal bin, der Liebe und Pflege, daß ich es geradezu sage, des Ruhens an Deinem Herzen nach der Unrast und Plage des Tages bedarf; daß Du mich dadurch, weil ich mich glücklich fühle, Dir und unseren Kindern länger erhalten wirst.« (28. 6. 62)

Storm, der häufig kränkelt, über Magen- und Kopfschmerzen klagt, bisweilen Erholungsurlaub beantragt, setzt hier seine labile Gesundheit ein, um seine Frau alleine im Schlafzimmer für sich zu haben! Er braucht ihre Zustimmung und das Geld für den erhofften Lebensgewinn. So folgt denn der Schilderung seiner Bedürfnisse die Auflistung des erwarteten Jahresgehalts: er hoffe, so heißt es in dem Brief »eine ganz schuldenfreie Einnahme von 1450 Talern« zu schaffen. Die Einnahmen aus seinen literarischen Arbeiten sind da mit einbezogen, die verschiedenen Zuwendungen aus der Heimat wahrscheinlich nicht. Denn auch weiterhin kommen Geld, Lebensmittel und andere Unterstützungen aus Husum. So bietet der wohlhabende Vater sogar an, ihm ein Haus in Heiligenstadt zu kaufen. Das wird abgelehnt. Dafür nimmt Storm aber ein Klavier (neu, von der Firma Ibach aus Barmen!) als Weihnachtsgeschenk an. Zudem sind da noch die Esmarchs in Segeberg, die ihm Geld leihen.

So kann doch mehr ausgegeben werden als das kümmerliche Kreisrichtergehalt. Und das ist auch nötig, für Constanzes regelmäßige Reisen in die Heimat, für die aufwendigen Weihnachtsgeschenke, für Storms Bücherwünsche (er sammelt illustrierte Bücher, Originalausgaben mit Illustrationen von Daniel Chodowiecki und Gustave Doré). Aber trotz der strengen Einschränkungen haushaltet man nicht kleinlich: Storm ist ein leidenschaftlicher Einlader und großzügiger Gastgeber. Er fordert immer wieder Verwandte und Bekannte, Freunde und Künstlerkollegen zu Besuchen auf. Die sollen dann nicht nur einige Tage, sondern am liebsten ganze Wochen bleiben. So ergehen denn Einladungen an Th. Fontane und Klaus Groth, an Fr. Eggers und E. Mörike, an die Maler L. Pietsch und Otto Speckter, an die alten Freunde Hartmuth und Laura Brinkmann, an Hermann Schnee und andere. Unternehmen die Storms etwas mit den ersten Familien des Ortes, dann darf nicht mehr gespart, sondern dann muß repräsentiert werden, dann nimmt man, in der Gewißheit, daß die anderen Champagner und Gänseleberpastete im Gepäck haben, zu einem Picknick Bordeaux-Wein, Tee, Kaffee und verschiedene Kuchen mit – auch die berühmten braunen Husumer. – »Ich hätte gern mit dem Landrat angeknüpft«, schreibt Storm seinem Vater (12. 4. 58), aber dazu sei es notwendig, daß man den zu einer »anständigen Abendschüssel« einlade; diese würde aber »das ganze Haushaltungsbudget derangieren«. Daraufhin schickt Johann Casimir zehn Taler (das ist der Monatslohn eines Landarbeiters!); und so vermag man denn dem umworbenen Gast ein ordentliches Abendessen, eine Hasenpastete, Kalbsbraten und selbstgebackene Marzipantorte, zu servieren.

Die Storms können also ihren Repräsentationspflichten nachkommen, und vor allem bringen die Geldsorgen nie das Familienleben durcheinander. In den Briefen aus dieser Zeit ist von häuslicher »Behaglichkeit« die Rede. Zu fragen bleibt, was denn dieser Stormsche Lieblingsausdruck meint, welche Erwartungen und Erfahrungen er bündelt. Keine Frage, er drückt erfüllte Wünsche aus, und das bezieht sich insbesondere auf den Kernraum seiner Nahwelt, auf die Familie, die Liebe zu den Kindern, die Liebe zu und mit Constanze, auf die häusliche Gemütlichkeit, die gemeinsamen Teestunden und Gespräche, das Vorlesen und Musizieren.

Dabei läßt sich seine Rolle als Ehemann und Familienvater schwerlich auf einen Nenner bringen, denn jenes bereits erwähnte Nebeneinander von auch literarisch inspirierter individueller Liebe und bejahter Sinnlichkeit wie traditionsorientierter Familienkontinuität und dem propagierten »Prinzip lebenslänglich« auf der anderen Seite erzeugt unterschiedliche Verhaltensweisen. So beherrscht er denn weder als autoritärer Patriarch die Seinen, noch gibt er sich leutselig als libertinärer Lebenskamerad. Ja, aus heutiger Sicht könnte er als »Chauvi« gelten, der seine Frau bevormundet, sich zu Hause bedienen läßt und mit begehrlichen Blicken den »vollständigen Mädchen« nachschaut. Und in ihm lebt die traditionelle Vorstellung einer Familienkontinuität, nach der man keine Familie gründet, sondern in eine hineingeboren wird. So erhalten denn auch die Kinder keine neumodischen Namen, sondern die in den Familien Storm und Esmarch geläufigen. Dies dürfte konservative Ideologen erfreuen, denn die sehen, übrigens nicht zu Unrecht, in der neumodischen Willkür bei der Auswahl der Vornamen einen Zerfall des alten Familienzusammenhangs.

Andererseits dürfte für sie Storm die Zersetzung der alten Familienbande betreiben. Liest man nach, was der Kulturhistoriker und einflußreiche Volkskundler Wilhelm Heinrich Riehl 1854 in seiner »Naturgeschichte des Volkes« über die Familie schreibt, dann kann der preußische Jurist mit seinen Vorstellungen von individueller Liebe und dauerhafter Erotik eher als welscher Sittenstrolch gelten. Denn nach Riehl muß sich der einzelne ins »Volksganze« einordnen und deshalb sogar seine Ansprüche auf individuelles Glück zurücknehmen. Demnach sind auch unglückliche Ehe »um ein großer Idee willen«[10] durchzustehen, hat sich der Vater als Patriarch des ganzen Hauses machtvoll zu behaupten, sind individuelle Gefühle als Sentimentalitäten abzulehnen; Frauen und Kinder haben sich selbstverständlich unterzuordnen. Als Leitbilder erscheinen Selbstzucht und institutionelle Stabilität; hingegen wird der Wunsch nach individuellem Glück und verwirklichter Sinnlichkeit auf unheilvolle französische Einflüsse zurückgeführt, auf die Emanzipation des Individuums. Was bei Hegel als subjektive Desillusionierung und Anpassung an die objektiven Verhältnisse prozeßhaft beschrieben wird, erstarrt bei Riehl zum kulturkonservativen Forderungskatalog mit Zukunftswirkung. Denn der autoritäre Familienvater des wilhelminischen Deutschland wird – häufig allerdings ohne ganzes Haus, nur mit einer Mietswohnung und in der Kleinfamilie – in Mimik und Gestik den Riehlschen Vorstellungen eher gerecht.[11] Man vergleiche irgendein Familienbild von 1890 mit der um 1866 entstandenen Fotografie, die Storm und seine Kinder darstellt. Da sitzt er gebeugt, am Rande die Tochter Lucie umfassend, während die Söhne, langhaarig und lässig, stehen. Einige Jahrzehnte später fällt das typische Arrangement der Familienbilder anders aus: die Haltung aller wirkt streng und verkrampft, der Vater steht mit gewölbter Brust und herrschendem Blick, ein Minikaiser und Erziehungsgewaltiger, während sich Frau und Kind um ihn scharen. Der Vergleich zeigt, mit dem wachsenden politischen Autoritäts- und Abhängigkeitsdenken formt sich das Patriarchat verschärft aus.

In der Heiligenstädter Kreisrichterfamilie geht es anders zu. Zwar herrscht auch hier eine Rollenverteilung zwischen »weiblichem« Haushalt und »männlichem« Beruf, doch entsteht damit kein Klima von Herrschaft und Abhängigkeit. Behaglichkeit meint eine noch biedermeierlich anmutende Familienharmonie, die Achtung gegenüber der gebildeten Gattin, mit der man über Literatur (besonders über die eigene) sprechen kann, die Schubert- und Schumannlieder zu singen versteht, und die in Gesellschaften nicht nur über den Haushalt und die Kinder zu plaudern vermag. So lebt in dem ehrenvollen Platz, den die gebildete und geistreiche Frau einnimmt, noch ein Rest von dem umfassenden Emanzipationsprogramm, das politisch die Französische Revolution und literarisch die Romantik formulierte. Man lese Storms Briefe an Constanze (er schreibt ihr, wenn sie ihren regelmäßigen Besuch in Segeberg macht).[12] Hier finden wir das, was Riehl abschätzig »Sentimentalität« nennt, einen Dialogstil, ein gegenseitiges Vertrauen und Verstehen, eine Zartheit der Empfindung, die den Brautbriefen fehlt. Storm ist, so dürfen wir vermuten, ein sinnlicher und sanfter Ehemann, ein liebevoller und nachsichtiger Vater.

»... heil dem, in dem der Teufel, d. h. das sinnliche Begehren, noch recht frisch und lebendig«, schreibt Storm an seine Mutter und fährt fort, »wie er mit ihm fertig wird, ist seine Sache; ich möchte nicht, daß der Teufel so bald schon in mir stürbe« (6. 12. 61). Der Teufel wird in ihm, der doch mit seiner schwächlichen Gesundheit haushalten muß, lange lebendig bleiben. Und mit Constanzes Hilfe dürfte er ihn häufig kunstvoll besiegen – in der Hoffnung, daß er bald wieder auferstehe. Sie war, so gesteht er später, »meine Geliebte in des Worts verwegenster Bedeutung« (an Tycho Mommsen 28. 8. 65). Wir sollten hier nicht über die Verwegenheiten spekulieren, gewiß ist jedoch, daß im Verhältnis zu und mit Constanze die Dauer nicht den Tod der Gefühle mit sich bringt.

Storm bezeichnet seine Ehe als »innige Lebensgemeinschaft« (an H. und L. Brinkmann 21. 4. 66), und so stellt diese sich auch Freunden und Bekannten dar.[13] Die Resignations- und Verzichtsstimmung der frühen Novellistik kann jedenfalls nicht aus enttäuschter Liebe oder blockierter Sinnlichkeit erklärt werden, eher schon aus der Kollision von literarisch gesteigerten Ansprüchen und einschränkenden Verhältnissen, von politischen Erwartungen und Enttäuschungen. Hingegen findet die Lyrik in der innigen Lebensgemeinschaft und erfüllten Eheerotik ihre fruchtbare Erlebnisquelle.

Das Gefühl der Behaglichkeit kommt aber nicht nur bei Frau und Kindern auf, sondern auch im geselligen Kreis. In ihn greift die Familie hinüber. Storm flieht nicht aus der Familie in irgendeine Männergemeinschaft; für den Stammtisch, auch einen literarischen, bleibt er ungeeignet. Seine Vorstellung von individueller Liebe und gegenseitigem Vertrauen verbietet es, die Frau als Heimchen aufs Heim zu beschränken. Constanze nimmt teil am gesellschaftlichen Umgang mit den Schlüters, den Wussows, den Baders oder den Byerns. Mag auch in Preußen die Grenze zwischen Privatheit und unterdrückter politischer Öffentlichkeit scharf gezogen sein und in Heiligenstadt auch respektiert werden, so bleibt bei den Storms, und das ist lebengeschichtlich bedeutsamer, die Grenze zwischen Familie und außerfamiliärer Geselligkeit durchlässig. Auch deshalb erscheinen ihnen Besucher nicht als Störenfriede und Einladungen nicht als lästige Pflicht. Schon wenige Monate nach seinem Umzug schreibt er aus Heiligenstadt an die Brinkmanns »das Rechtsanwalt Schlütersche (kinderlos, d.h. ein Kind war da) Ehepaar« sei nun ihr Umgang und er brauche nur »auf den Boden zu stampfen (! G. B.), und Liebhabertheater, Gesangverein und alles Pläsier einer Provinzialstadt wird nach Wunsch aus der Erde schießen« (24. 3. 57). Also auch hier wieder eine aktivistische Formulierung, aus der hervorgeht, wie bewußt er sich seine Verhältnisse schafft. Dabei ist Storm zunächst skeptisch, denn er hält sich für einen hochgebildeten Menschen und bezweifelt, »ob aber auch Leute von derart luxuriöser Bildung, zu denen ich nun leider gehöre«, im Provinzort zu finden seien (an R. H. Schnee 6. 10. 56). Anschluß finden sie in Heiligenstadt jedenfalls schnell; deshalb bleibt man nicht auf den Bruder Otto, der am Ort eine Gärtnerei betreibt, angewiesen. Am engsten schließen sich die Storms den von Wussows an, preußischen Adligen wie der Name sagt, also Mitgliedern der verhaßten Feudalpartei. Mit ihnen trifft man sich häufig. Ihr Haus, so wird nach Husum berichtet, sei eine zweite Hohle Gasse. Man kommt mindestens zweimal in der Woche zusammen, wahlweise bei Storms oder von Wussows, trinkt Tee, plaudert, liest vor. Welch sonderbare Freundschaft! Denn Frau Anna von Wussow hat das, was Storm, der übrigens selbst von bürgerlichem Standesdünkel nicht frei ist, heftig verurteilt, nämlich Adelsdünkel; und ihr Gatte, Alexander von Wussow, Sohn eines preußischen Generals, ist als Landrat der offizielle Vertreter des wenig geliebten preußischen Staates. Doch darüber sieht Storm, so scharf er auch über den Adel und Preußen politisch urteil, hinweg. Warum? Natürlich zählen auch die von Wussows zu den ersten Familien in der Stadt. Das ist für Storm nicht unwichtig, und doch bleibt ihm jegliches Karrierekalkül in der Auswahl seiner Freunde und Bekannten fremd. Entscheidend dürfte sein, daß der Herr Landrat (er zeichnet selbst) die schönen Künste und die Literatur liebt. Herr von Wussow hat insofern nichts mit jenem preußischen Regierungspräsidenten Herrn von Wulckow zu tun, der uns, ebenso ungebildet wie gewaltbereit, in Heinrich Manns Untertanenwelt entgegentritt. »Noch klopft mein Herz, noch thränen die Augen« schreibt der Generalssohn enthusiasmiert nach der Lektüre von Mörikes *Mozart auf der Reise nach Prag* an den Dichter (Beilage zu Storms Brief vom 3. 2. 59). Unverkennbar lebt in ihm noch ein aus der Kunstperiode überkommener Schönheitskult, eine Empfindsamkeit und eine Hochschätzung des Dichters und seiner Dichtung! Dies lobt auch Storm an ihm und dies verbindet beide. Zudem dürfte von Wussow nicht ohne Bewunderung den Umgang mit einem »echten« Dichter, dessen Lyrik und Novellistik in angesehenen Zeitschriften und Verlagen erscheint, suchen.

Darüber hinaus sind andere Bekannte zu erwähnen, der Bürgermeister, der Staatsanwalt, der Kreisgerichtsrat und andere Honoratioren mit ihren Gattinnen; »ungefähr zwanzig der ersten Familien« (an Lucie Storm 9. 12. 61) treffen sich jeden Donnerstagabend zu einem »Römischen Abend«, an dem wird musiziert, geplaudert und vorgelesen, ohne daß man dabei, wie Storm erleichtert feststellt, mit der Bewirtung Aufwand treiben muß. Und da ist auch noch der von ihm gegründete Gesangverein mit über fünfzig Sängerinnen und Sängern, der Konzerte gibt, die *Zauberflöte*, den *Freischütz* oder Ferdinand Hillers Oratorium *Die Zerstörung Jerusalems*. Alte Kontakte bleiben zudem bestehen. Nach Heiligenstadt reisen, meist freundlich eingeladen, Freunde und Verwandte. Aus der Heimat kommen der Schwager Stolle, die Brüder Johannes und Aemil, Constanzes Schwestern. Einen Abstecher nach Heiligenstadt auf dem Weg zurück in seine Heimat macht auch ein Kapitänssohn aus der Wasserreihe, der Maler Nikolai Sunde (er gibt die Anregung zu der Gestalt des verwachsenen Malers in der Novelle

Eine Malerarbeit). Als Abschiedsgeschenk übergibt er zwei lebensgroß in Öl gemalte Porträtköpfe von Constanze und Theodor. Aus Berlin kommt der befreundete Maler L. Pietsch, den Duncker beauftragt hatte, *Immensee* zu illustrieren. Mehrwöchige Besuche verbringt H. Schnee in Heiligenstadt, der Sohn des befreundeten Kreisgerichtsrats aus Potsdam, der »Pflegesohn«, wie Storm ihn gelegentlich scherzhaft nennt. Andere Beziehungen wie zu den Brinkmanns, zum Maler O. Speckter, zu F. Eggers oder, wenn auch mit Unterbrechungen, zu Fontane, der natürlich auch eingeladen wird, aber nicht kommt, werden brieflich aufrechterhalten.

»So ist denn das Leben in der kleinen Stadt möglichst behaglich eingerichtet« (an Fontane 29. 6. 60) – und dennoch wird daraus keine spannungslose Zufriedenheit, die sich literarisch als Idyll umformen ließe. Nein, gerade in der Heiligenstädter Zeit entsteht ein literarisch fruchtbarer Widerspruch zwischen der gelebten Nahwelt und ihrer erlebten Gefährdung, zwischen dem alltäglichen Lebensglück und dem Bewußtsein seiner Vergänglichkeit.

Nein, Storm durchleidet keine Lebenskrise und seine Weltsicht verändert auch nicht (wie etwa Feuerbach bei dem Heidelberger Studenten G. Keller) irgendein Philosoph. Begriffliches Denken und theoretische Verallgemeinerungen passen nicht zu ihm, denn er liebt das Einzelne, Sichtbare und Nahe. So interessiert ihn, wie er gelegentlich selber eingesteht, weniger die Menschheit und mehr der Mensch; und es sei hinzugefügt, daß Geschichte für ihn nur bedeutsam wird, wenn sie auch Geschichten ergibt. Für irgendeine umfassende Theorie oder gar ein philosophisches System kommt kein Bedürfnis auf, auch weil seine Nahwelt ohne ordnende Abstraktion überschaubar bleibt. Wer regelmäßig sein Kreisrichtergehalt erhält, sich um das Geschehen draußen in der Welt, es sei denn die ferne Heimat ist betroffen, kaum kümmert, wer aber dem nächsten Auftritt des Gesangvereins entgegenfiebert, der nimmt die erste Weltwirtschaftskrise nicht wahr und der ärgert sich doch über die hohen Butterpreise, ohne gleich deshalb Nationalökonomie zu betreiben.

Es besteht also kein Bedarf an großen Welterklärungsmodellen, und doch läßt sich beobachten, daß Storm in der Heiligenstädter Zeit Weltanschauungselemente aufnimmt, die außerhalb seines Alltags liegen. Erst in Potsdam und Heiligenstadt wird ihm die Welt erklärungsbedürftiger. Deshalb bilden sich nun Weltanschauungselemente aus, die die lebensgeschichtlichen Problemkonstanten, Religion und Sterblichkeit, Zeit und Vergänglichkeit, Liebe und Einsamkeit radikalisieren – und dies mit fruchtbaren Folgen für die Novellistik.

Dabei vermag die Religion keine Hilfestellung zu leisten. Wir erinnern uns, in Husum ging die Oberschicht, beeinflußt durch den Rationalismus, schon lange nicht mehr in die Kirche, Religion und Christentum waren in der Hohlen Gasse kein Thema mehr. Man war nicht radikal-atheistisch, sondern eher indifferent-gelassen, ließ die Kinder taufen, bediente sich des Pfarrers bei Hochzeiten oder Beerdigungen und schätzte den Stimmungswert der Christmette. Auch der junge Storm war ja kein Kirchgänger, und doch glaubte er (dies lassen die Brautbriefe erkennen) an einen persönlichen Gott und an die Unsterblichkeit der Seele. Folgenreich scheint dies aber nicht zu sein, denn auch in der Not wird von ihm nie die Hilfe Gottvaters angerufen. Das Christentum spielt offensichtlich keine Rolle, weder als Trostmittel noch als Objekt der Religionskritik, ja es wird zusehends bedeutungsloser.

Jetzt in Heiligenstadt schlägt diese wachsende Gleichgültigkeit in weltanschauliche Ablehnung um. Dies wird sicherlich auch befördert durch den Katholizismus der Bevölkerung. Der widerspricht mit seinen befremdenden Äußerlichkeiten seinem verweltlichten Protestantismus. Dies läßt sich unter autobiographischen Vorzeichen an einer schwächeren Novelle ablesen, die in dem Konflikt zwischen den kultischen Vorschriften der katholischen Kirche und Storms Vorstellung von Vertrauen und Intimität zwischen den Ehepartnern gipfelt. *Veronika* möchte in der gleichnamigen Novelle die Zuneigung zu Rudolf, dem jungen Vetter ihres Mannes, beichten. Doch im Beichtstuhl (»Das gerötete Antlitz, der kräftige Stiernacken des Mannes im Priesterornate, war dicht vor ihren Augen« 1. 476) überkommt sie ein »unüberwindliches Sträuben... eine Scheu wie vor unkeuschem Beginnen«. Sie verläßt den Beichtstuhl ohne Absolution, bricht mit ihrer Kirche, offenbart sich ihrem Mann. Der gehört (wie Storm) »zu der immer größer werdenden Gemeinde, welche in dem Auftreten des Christentums kein Wunder«, sondern »vielmehr nur ein natürliches Ergebnis aus der geistigen Entwickelung der Menschheit zu erblicken vermag« (1. 474). Und der ist natürlich verständnisvoll; und so siegt das Projekt der Liebesehe über den religiösen Kult. – In dem bereits erwähnten wichtigen Briefbericht an seinen Potsdamer Freund und Kollegen Rudolf Hermann Schnee beschreibt er einen Zusammenhang von Armut und Religiosität, der an Feuerbachs Annahme erinnert, Not und Elend seien die Grundlagen der religiösen Phantasien:

»Dabei ist das Mädchen (gemeint ist die Köchin; G.B.) von einer kindlichen gläubigen Naivität, und über all dem Elend schwebt der katholische Himmel mit seinen Weihrauchwolken, seinen Blumen- und Flitterkränzen und seinem Glockläuten. Wenn das Mädchen von den Processionen und Kirchfeierlichkeiten spricht, denen sie beigewohnt, so leuchten ihre Augen und sie sagt ›es sei schön gewesen; es könnte im Himmel fast nicht schöner sein‹. Wallfahrten werden wir sie schon einmal lassen müssen.« (8. 10. 56)

Im Sommer 1858 bezeichnet er sich und Constanze zum erstenmal als »gegenüber dem christlichen Standpunkt... Andersdenkende« (an Constanze Storm 6.8. 58). »Sie wissen ja«, schreibt er später an Mörike, »daß ich ihren glücklichen Glauben nicht zu teilen vermag« (3. 6. 65). – Biographisch bedeutsam ist hier ein ästhetisch schwächeres, weil rhetorisch aufgeschwelltes und genrehaftes Gedicht, das die Absage an den christlichen Glauben, an die Zeremonien der Kirche, an ihre Glückseligkeitsverheißungen, ausdrückt. In *Ein Sterbender* blickt ein einsamer Greis im Bewußtsein des nahenden Todes auf sein Leben zurück. Dabei wird die Erinnerung, wie häufig bei Storm, durch den Blick auf ein Jugendbild aufgefrischt, auf den jugendlichen Mädchenkopf seiner verstorbenen Frau. Mit ihren Reizen, den Augen, den Lippen, der verheißenen Erdenseligkeit, entsteht in der Todesangst das Wunschbild der Unsterblichkeit, dem er doch widersteht, denn sein Wissen verpflichtet ihn zum Unglauben. So heißt es über die Gläubigen:

> ›Sie träumen‹, spricht er – leise spricht er es –
> ›Und diese bunten Bilder sind ihr Glück.
> Ich aber weiß es, daß die Todesangst
> Sie im Gehirn der Menschen ausgebrütet.‹
> Abwehrend streckt er seine Hände aus:
> ›Was ich gefehlt, des Einen bin ich frei;
> Gefangen gab ich niemals die Vernunft,
> Auch um die lockendste Verheißung nicht;
>
> (1. 81)

Darüber hinaus zeigt dieses Gedicht anschaulich, daß sich die angesprochenen Problemkonstanten lebensgeschichtlich miteinander verknäueln. Nicht die Zeit oder die Religion, die Vergänglichkeit oder die Liebe beunruhigen Storm als Objekte theoretischer Reflexion, sondern das Bewußtsein einer durch die rinnende Zeit gefährdeten Behaglichkeit. Gerade seine Glücksfähigkeit und Lebensinnigkeit können so Schwermut und Angst verstärken.

Schon für den Gymnasiasten ist die Zeit, zumindest literarisch, ein Problem. Im ersten erhaltenen Gedichtheft aus dem Jahre 1833 heißt es: »Bald ist unsers Lebens Traum zu Ende. / Schnell verfließt er in die Ewigkeit« (1. 132). Hier mag sich noch kein individuelles Zeiterleben, sondern literarische Konvention äußern. Später, in den Briefen an Bertha von Buchan und die Braut, erscheint, wenn auch literarisch stilisiert, schon der charakteristische Zusammenhang von quasi religiös verabsolutierter individueller Liebe, Dauer und Unsterblichkeit:

»Ich fühle in unsrer Liebe mein ganzes Glück, nicht für hier bloß, sondern für alle Zeit, wo ich noch sein werde, es ist mein Heiligstes, mein alles, womit ich vor Gott treten will... Was hernach kommen wird, überlasse ich der Weisheit Gottes – ich fühle, daß Gott mir das Bewußtsein und die Kraft gegeben, schon hier auf Erden die Ewigkeit unserer Liebe zu gründen« (an Constanze 12. 5. 46).

Hier geht es vor allem um die Frage, wie Storm Zeit erlebt und was sie ihm bedeutet, nicht um seine gelebte Zeit oder um sein historisches Zeitmodell. Dies mag zunächst spitzfindig klingen und bedarf der Erläuterung. Untersucht man nämlich, wie Storm seine Zeit lebt, dann zeigt die alltägliche Zeitordnung und Zeitplanung des Juristen und Familienvaters eine vorindustrielle Langsamkeit, die Tempo und Eile, Zeitmangel und Zeitüberfluß, Langeweile und leerlaufende Betriebsamkeit kaum kennt. Undenkbar, daß er, der doch schon früh zu altern vermeint und an sein Ende zu denken beginnt, versuchen könnte, sein Leben dadurch zu verlängern, daß er dessen Tempo beschleunigt. Noch weniger treibt ihn jene das 19. Jahrhundert charakterisierende Tendenz zur Aktivierung des Zeitnutzens an.[14] Er dürfte seine Arbeiten gewissenhaft und bedächtig ausführen. Nicht ohne Grund halten die fleißigen Studienfreunde Theodor Mommsen und Tycho Mommsen den Husumer Advokaten für faul! Hingegen können Storms alltagswelt-transzendierende Zeitvorstellungen als eher zeitgemäß konventionell charakterisiert werden. Sie sind Teil eines Zeitmodells, das nach Helmuth Plessner[15] zum Bestand der Weltanschauung freier Berufe zählt und für das Fortschritt wie Entwicklung Leitbegriffe sind. – *Größer werden die Menschen nicht* ist eines der wenigen Weltanschauungsgedichte betitelt, doch so heißt es weiter »Größer und größer wächst / Die Welt des Gedankens« (1. 265); aus dem »seligen Glauben des Kreuzes« breche ein anderer hervor und dessen Gebot werde sein, »Edel lebe und schön, / Ohne Hoffnung künftigen Seins«. Ähnlich wie bei G. Keller, wenn auch weniger bewußt, schafft auch hier der Bruch mit dem christlichen Glauben eine Lebensinnigkeit, die in diesem Gedicht auf die Entwicklung der Gattung Mensch bezogen wird. Dies ist ungewöhnlich für Storm, der ja weder seine Welt panoramatisch wahrnimmt oder gar menschheitsperspektivisch erweitert. Auch deshalb findet man bei ihm wenig Reflexionspoesie, aber dafür um so energischer das Programm einer Erlebnislyrik, die vom individuellen Hier und Jetzt ausgeht.

Werkbiographisch bedeutsamer erscheint somit auch die Frage, wie Storm Zeit erlebt, was sie ihm von seinen lebensordnenden Sinnhierarchien her bedeutet. Aus dieser Sicht wird rasch deutlich, daß für den Juristen und Schriftsteller Zeit als erlebte, erfahrene und erinnerte lebenslang ein Problem bleibt, weil er das utopische Versprechen auf dauerhafte Liebe und Eheerotik ernst nimmt und weil er so Zeit, ohne den Trost des christlichen Unsterblichkeitsglaubens, als Bedrohung seines Glücks, seiner Behaglichkeit empfindet. Wir wissen ja, daß er schon als Bräutigam über die Dauerhaftigkeit der Ehe nachdenkt und sich in deren Namen gegen eine kirchliche Trauung ausspricht, weil die nur eine zeitliche Vereinigung festlege. Storm hat weder ein ausgeprägtes Geschichts- noch ein ausgeprägtes Zukunftsbewußtsein, und die Gegenwart erscheint ihm selten als Entscheidungszentrum für politisches Handeln. Doch gibt es in seinem Leben wie in seiner Literatur eine situative Lebensfreundlichkeit, der die beschleunigte Zeit des 19. Jahrhunderts gefährlich wirkt. Gerade mit dem verwirklichten Glück erhalten die Vergänglichkeit und der Tod ihren bedrohlichen Charakter. »Oh, wie ich Dich liebe! Zu rasend für diese paar lumpigen Jahre, die wir noch existieren können« (29.6.62) schreibt er an Constanze. Bisweilen wird dann doch noch einmal das Unendlichkeitsthema wieder aufgegriffen und an die Ewigkeit gedacht:

»Du weißt es ja, ich glaube, daß der Tod das völlige Ende des einzelnen Menschen ist. Trotzdem drängt mich etwas, mich zu einem weitern Fluge noch über diese Grenze hinaus zu rüsten; drängt es mich, für diesen Flug ins Ungewisse, Grenzenlose mir eine Seele zu vermählen, die, bereit, alles mit mir zu teilen, bis an die letzte Grenze der Existenz nur unzertrennlich mir gehören wolle. Du bist diese Seele, die ich suche? Wolltest Du nicht meine Seele sein, wenn es so wäre und wenn es möglich – bis an das Ende aller Dinge?« (29.10.63)

Mit diesem Zeitgefühl wird der Tod, oder besser gesagt, der Gedanke, gestorben zu sein, zum Schlußpunkt der unendlich gedachten Liebe. Dennoch ist Storms Dichtung deshalb keine Todesproblemdichtung. Erst mit der bejahten innigen Lebensfreundlichkeit, mit der Naturbegeisterung, der Sinnlichkeit und der behaglichen Geselligkeit, werden Zeit und Tod zum Problem, lassen sich auch vermeintlich individuelle Schrullen verstehen, wie etwa seine Vorliebe für Fotografien. Storm ist bilderhungrig, immer wieder verlangt er von seinen Briefpartnerinnen und Briefpartnern Fotografien; und auch in seinen Gedichten und Novellen (etwas in *Immensee* oder eindrucksvoll in *Im*

Nachbarhause links) werden immer wieder Jugendbilder einge-
setzt, um die Vergänglichkeit zu veranschaulichen. – Bezieht
man seine Vorliebe für Fotografien auf die Krise des Todes, auf
einen Tod außerhalb von Ritual und Religion, dann erscheinen
Fotografien als Begegnungen mit dem Tod, die das Leben aufbe-
wahren.[16] Nach Constanzes Tod schreibt er an Mörike, ihn
beschäftige die »Einsamkeit und das quälende Rätsel des Todes… die beiden furchtbaren Dinge«, und er bittet ihn um die
Rückgabe eines Bildes »unserer geliebten Toten, das am genaue-
sten ihre äußere Erscheinung wiedergibt« (3. 6. 65).
So spitzt sich in der Heiligenstädter Zeit sein Verhältnis zur
erlebten, erfahrenen und erinnerten Zeit zu – nicht nur wegen
der Spannung zwischen dem bejahten Lebensglück und dem
fehlenden Trost des christlichen Unsterblichkeitsgedankens,
sondern weil er jetzt die Vergänglichkeit bei sich und Constanze
beobachten kann. Sie erfahren die Zeit an ihren Körpern, sie
altern sichtbar, und das schmerzt Storm, den Augenmenschen
und Eheerotiker. Constanze, die sowieso befürchtet, er lege
zuviel Gewicht auf ihren »vergänglichen Leib« (an Constanze
1. 11. 63), ist durch die zahlreichen Geburten geschwächt, die
Leute halten sie für viel älter als sie ist. Und Theodor geht
frühzeitig gebeugt, seine Haare werden, wie er mit Erschrecken
feststellt, grau. Er berichtet den Brinkmanns (sich aus dem
Gedicht *Die Kleine* selbst zitierend), sie seien jetzt in dem Alter
»»wo uns verläßt die Jugend eben«« (24. 3. 57).
Natürlich lassen sich die individuellen Motive für Storms Zeitbe-
wußtsein nicht aufreihen und gewichten. Folgenreich ist, daß
sich bei ihm die erlebte Zeit als entfremdete und rinnende in der
Angst vor dem »sausenden Rad der Zeit« oder vor einer Zeit, die
uns »leise zu verschlingen« beginnt, äußert,[17] daß ihm der Tod
als »quälendes Rätsel«, als »dunkles Loch« erscheint. Die Meta-
phorik läßt erkennen, wie er in seiner Nahwelt eine Asymmetrie
von Lebenszeit und Weltzeit, von individuellen Erfahrungen
und gesellschaftlichen Entwicklungen, von Behaglichkeit und
Gefährdung empfindet. Versteht man Geschichte als Schauplatz
großer Persönlichkeiten und Machtkämpfe, dann lebt er im
Abseits und schreibt, wie ihm ja auch liberale Kritiker vorwer-

fen, Abseitiges. Versteht man aber unter Geschichte auch kollektive Denk- und Verhaltensweisen, die quasi unterhalb der »schnelleren« Ereignisgeschichte sich »langsamer« vollziehen, dann ist Storm mit seinem scheinbar nur persönlichen Zeitproblem ein historischer Autor, einer der die Beschleunigung der Zeit (ein zentrales Thema des 19. Jahrhunderts!) spannungsreich empfindet und literarisch gestaltet.

Im Mittelpunkt steht freilich weiterhin die kleinstädtische Geselligkeit und nicht die Gesellschaft. Undenkbar, daß er sich als deren Historiker verstehen könnte. Die Politik, so versichert er ja selber, sei nicht seine Domäne, und soziale Probleme interessieren ihn in Husum kaum. Da ist alles noch ständisch fest geordnet, denn mit der Geburt werden Lebenschancen und Lebensmöglichkeiten verteilt. Mit den Ereignissen in Schleswig-Holstein und den Erfahrungen mit der preußischen »Staatsmaschine« drängt sich aber Politik auf, und mit den Geldnöten im Ausland und dem Richterberuf entsteht, wie wir bereits wissen, eine neue soziale Sensibilität.

In Heiligenstadt verstärkt sich der politische Haß gegen Preußen und gegen den Adel. Als im Frühjahr 1862 der preußische Innenminster von Jagow massiv in die Wahl zum Abgeordnetenhaus eingreift, indem er durch einen Erlaß die Beamten zur Stimmabgabe für die konservative Partei bewegen will, da bringt dies Storm »en rage«, denn »Das Ding mit einem gehorsamen Diener in die Tasche zu stecken will mir nicht gut und recht scheinen« (an Th. Mommsen 15. 4. 62). Deshalb beantragt er, übrigens ohne Erfolg, eine Plenarsitzung des Richterkollegiums und plant ein »Inserat«, also eine Art Protestnote, in der liberalen *Vossischen Zeitung*. Er fürchte, wenn er allein gegen den Justizminister »turniere« ... »den Schein des Don Quixote« und zu dem gehe es ihm immer noch nach, daß er hier »noch immer nicht recht dazugehöre«. Damit kann nicht der »Römische Abend« oder der »Gesangverein« gemeint sein, wohl aber das politische Klima unter den preußischen Beamten in Heiligenstadt, die zwar den Gesellschaftler und Künstler schätzen, denen aber der bürgerstolze Schleswig-Holsteinische Demokrat suspekt erscheinen dürfte. Nein, den Weg vom Weltbürgertum zum Nationalstaat unter preußischer Leitung geht Storm nicht mit. Noch deutlicher wird er in einem Brief an seinen Vater, in dem der Erlaß des Ministers als »grobe Unsittlichkeit, ein öffentlicher Demoralisationsversuch des Beamtenstandes« dargestellt wird und den Kollegen, die wohl derselben Meinung seien, aber nichts unternähmen, »Gleichgültigkeit, Bequemlichkeit, Feigheit oder Habsucht« vorgeworfen wird. Wegen der Zensur tauft er hier Preußen in »Vereinigte Staaten von Amerika« um. Dessen Niederlage ist ihm mit geschichtsphilosophischem Vertrauen in den Gang der Vernunft sicher:

»Das hat mit Demokratie oder Monarchie (der Gegensatz ist hier aber das verottetste Junkertum) nichts zu tun. Jedenfalls aber darf man keinen Vergleich aufstellen zwischen dem zusammengewürfelten Konglomerat, was sich die Vereinigten Staaten von Nordamerika nennt, und dem ganz ohnegleichen auf solidester geistiger Entwicklung ruhenden Norden Deutschlands. Intelligenz und Sittlichkeit sind Kräfte, die zur Geltung kommen müssen und die nicht dulden können, daß Beschränktheit und Unsittlichkeit regiere; in welcher Form dies schließlich geschieht, darauf kann nichts ankommen. – –« (10. 5. 62)

Das Preußenbild Fontanes, der ja zur gleichen Zeit Storm als versponnenen Poeten vorstellt, ist da weitaus illusionärer! – Mag Storm sich mit seinen adligen Freunden darüber verständigen, wie eigentlich feine Lyrik zu klingen habe, mag er auch im Gesangverein »dazugehören« – in den Chor des Preußenliedes (»ich bin ein Preuße, will ein Preuße sein«), dessen »feindseliger Partikularismus gegen das übrige Deutschland« (an die Eltern 23. 3. 59) ihn abstößt, will er nicht einstimmen.

Zu erwähnen bleiben noch Freunde, die seine politischen Ansichten teilen und die ihn auch über neue Ereignisse in der großen Welt informieren. Eine besondere Rolle kommt hier dem Zeichner, Schriftsteller und Journalisten Ludwig Pietsch zu, der ihn dreimal in Heiligenstadt besucht und mit dem er in einem intensiven Briefwechsel steht.[18] Auch darin geht es vor allem um Literatur, um die Familie, um Geld, das Storm diesmal verleiht. Um so überraschender wirkt in einem Brief der Hinweis: »Auf Lassalle bin ich neugierig« (5. 6. 62). Offensichtlich hat ihm Pietsch von Lassalle, den er in Berlin persönlich kennenlernt, und der entstehenden Arbeiterbewegung erzählt. Deren Ziele wird Storm nie verstehen und er wird sie auch nicht, wie etwa der späte Fontane, als Erbe der bürgerlichen Gesellschaft sehen. Aber immerhin, er, der die Proletarisierung fürchtet, interessiert sich für die Proletarier. Bei ihm kommt auch nie ein blinder Haß gegen die vaterlandslosen Gesellen auf, vielmehr scheint er später den sozialen Absichten der Sozialdemokraten Sympathien entgegenzubringen.[19] Schließlich zeigte man ja auch in Husum gegenüber den Bediensteten und Armen soziales Mitgefühl. Deren politisches Ziel, der Sozialismus, interessiert ihn nicht, zumal für ihn ja die bürgerliche Gesellschaft zukunftsfähig ist. Das schließt Kritik nicht aus: am dünkelhaften Adel, an einer Bourgeoisie, die ihm raffgierig erscheint, an organisierten Proletariern, die das gesellschaftliche »unten« und »oben« nicht anerkennen wollen.

Wir sollten aber nicht vergessen, daß Storm seine Umwelt nicht mit der Brille irgendeiner Programmatik (auch nicht der liberalen) wahrnimmt! Politik wird ihm immer nur dann wichtig, wenn sie sich seiner Nahwelt aufdrängt oder sich in nahestehenden Personen verkörpert. So wird denn auch die Zuneigung zu einem jungen Mann verständlich, dessen Freundschaft er sich »zum wahren Lebensgewinn« rechnet (an L. Pietsch 9. 9. 63). Er heißt Ludwig Löwe, ist der Sohn eines jüdischen Lehrers aus Heiligenstadt. Der junge Mann hat nicht nur musische Interessen – daß er Storms Arbeiten kennt und schätzt, ist eine Voraussetzung der Zuneigung –, sondern er bewährt sich auch im Erwerbsleben, ist einer, der sich hocharbeitet, ein politischer Kopf, ein Linksliberaler. Schon der Neunzehnjährige leitet eine große Blechfabrik. In Berlin verkehrt er mit Lassalle und organisiert die Turner, in Heiligenstadt kümmert er sich um Hans, den er zur Freude des Vaters zum Polytechniker ausbilden will. Der Kaufmann und Maschinenbauunternehmer L. Löwe, der Linksliberale und spätere Anhänger der Fortschrittspartei, der Propagandist des sozialen Ausgleichs zwischen Kapital und Arbeit verkörpert für Storm die Entwicklungsmöglichkeiten der bejahten bürgerlichen Gesellschaft. In sozialen und politischen Fragen dürfte der Herr Kreisrichter mit

L. Pietsch und L. Löwe jedenfalls eher übereinstimmen als mit seinen Kollegen oder mit den Honoratioren des »Römischen Abends«.

So entsteht in der Heiligenstädter Zeit eine prosaischere Weltaneignung, ein ernüchterter Blick auf die eigene Umwelt und die ferne Gesellschaft. Man könnte noch die Wirkung einzelner Philosophen hervorheben: hinter dem Bruch mit dem Christentum und dem Liebeskult stünde dann Feuerbach, hinter dem gelegentlichen Lebenspessimismus Schopenhauer (Storm nennt ihn »Schoppenhauer«) und hinter der Lyrikkonzeption, nach der ja im Besonderen das Allgemeine zu erscheinen habe, Hegel.[20] Philosophen und ihre Lehrgebäude interessieren Storm jedoch nicht, weder vor der Revolution noch nach ihrem Scheitern. Man braucht aber keine Philosophen gelesen zu haben, um weltanschaulich von ihnen beeinflußt zu werden. Schließlich gibt es ja Zeitungen und Zeitschriften, literarische Texte und Salongespräche, in denen philosophische Grundgedanken popularisiert werden. So läßt sich Storms Liebeskult oder seine Religionskritik nicht mit der unmittelbaren Wirkung Feuerbachs erklären, sondern aus unterschiedlichen kollektiven Mentalitäten, die in der Lebensgeschichte zu einer Einheit werden. Darin hat auch die breite Feuerbachwirkung ihren Platz, aber ebenso die Religionskritik seit dem Jenaer Atheismusstreit, die religiöse Gleichgültigkeit der Husumer Oberschicht, die Jungdeutsche Emanzipation des Fleisches, der naturwissenschaftliche Materialismus und später auch die Wirkung von Darwin und Haeckel. Nicht einzelne Einflüsse können ausgemacht werden, doch lassen sich Storms Weltanschauungselemente zu zwei unterschiedlichen und sich ergänzenden Schwerpunkten bündeln.

Da ist zum einen der populäre naturwissenschaftliche Materialismus eines Karl Vogt, Jakob Moleschott oder, um den einflußreichsten zu nennen, Ludwig Büchner. Von der Philosophiegeschichte des 19. Jahrhunderts werden diese »Naturforscher« als Vertreter einer verflachten Weltanschauung eher herablassend behandelt.[21] Jedoch präsentiert sich in den fünfziger und sechziger Jahren ihre Wirkungsgeschichte als Erfolgsgeschichte; so erreicht Ludwig Büchners Hauptwerk *Kraft und Stoff* (1855) innerhalb von siebzehn Jahren zwölf Auflagen! Dieser Vulgärmaterialismus stützt sich auf Feuerbach und die neuesten Erkenntnisse der Naturwissenschaften; er sieht die Welt als sich entwickelnde materielle Einheit von Kraft und Stoff, wendet sich gegen die philosophische Spekulation, verspricht von den »Thatsachen« auszugehen und liefert plausible Erklärungen des Naturzusammenhangs, vermischt mit dem Lob auf »unsre Zeit mit ihrer großartigen rastlosen Thätigkeit in allen menschlichen Wissenschaften, Künsten, Gewerben, mit ihren herrlichen Erfindungen«[22] und angereichert mit zukunftsgewissen aber vagen Aussichten auf den Fortschritt und die Humanität der Gesellschaft, auf den Sieg des Wahren und Schönen. Diese Naturwissenschaftler und Publizisten sind eng mit der linksliberalen Demokratie Südwestdeutschlands verbunden. Im sogenannten Materialismusstreit der fünfziger Jahre treten sie für die Freiheit des Denkens ein, wenden sich gegen die orthodoxen Dunkelmänner in Kirche, Hochschule und Staat. Ehrenwerte Männer also, keine Karrieristen und Streber, sondern Wissenschaftler, die für ihre Überzeugungen auch Berufsverbote in Kauf nehmen. Und doch, welche Ironie, paßt gerade ihr Entwicklungsoptimismus, der naturwissenschaftlich und nicht gesellschaftstheoretisch begründet wird, zur zwiespältigen Situation einer sich ökonomisch entfaltenden und politisch eingeschränkten Bourgeoisie. Denn die hält einerseits am Fortschritt fest, sie erfährt ihn ja auch als gewerblichen Aufschwung und sie muß andererseits, politisch erniedrigt, ihre großen theoretischen Entwürfe und Menschheitshoffnungen aufgeben. Da tröstet und bestärkt ein Denken, das vom politischen Subjekt nichts mehr verlangt und dennoch Fortschritt naturhaft-mechanisch verspricht. Man könnte von einer naturwüchsigen ideologischen Arbeitsteilung sprechen. Schopenhauers Pessimismus entspricht eher der nachrevolutionären Katerstimmung, wohingegen der Entwicklungsoptimismus der »Vulgärmaterialisten« im wissenschaftlichen und ökonomischen Fortschritt seinen Erfahrungsbereich hat. So fördern denn Moleschott, Vogt oder Büchner, obwohl weiterhin aufrechte Demokraten, die Befreiung vom ideologischen Ballast, oder anders ausgedrückt: »Mit der Revolution von 1848 erteilte das ›gebildete‹ Deutschland der Theorie den Absagebrief und ging über auf den Boden der Praxis.«[23] Was das mit Storm zu tun hat, wird besonders deutlich an einer Novelle, der ein autobiographischer Bekenntnischarakter zukommt und über die Storm seiner Mutter schreibt »aber diese Arbeit bin ich selbst, mehr als irgend etwas, das ich sonst in Prosa schon geschrieben hätte« (März 62). *Im Schloß* heißt die Novelle, mit der Storm, so fürchtet er, seine »bisherigen Leser aus der Junkerpartei« verlieren wird, die sein »reaktionärer Freund Alexander Duncker (an L. Storm März 62) »mit Abscheu« zurückweist und an der selbst Ernst Keil, der liberale Herausgeber der *Gartenlaube*, Veränderungen vornimmt. In dieser Novelle geht es auch um den religiösen und gesellschaftlichen Konflikt zwischen der alten Adelswelt und bürgerlichem Fortschritt. Im Mittelpunkt steht Anna, eine junge Adlige, die bisher konservativ erzogen, einen bürgerlichen Hauslehrer erhält, der ihr, unterstützt von ihrem freidenkerischen Onkel, ein anderes Weltbild eröffnet und dessen Tüchtigkeit die Wertvorstellungen einer aufsteigenden Klasse verkörpert. Natürlich verlieben sich die beiden; doch heiratet Anna zunächst einen Adligen (der wird wie häufiger bei Storm nicht gerade vorteilhaft charakterisiert), doch findet sie aus der Konventionsehe einen Ausweg in die Liebesehe: nach dem Tode ihres Mannes heiratet sie, von Hochmut und Konvention emanzipiert, den ehemaligen Hauslehrer Hinrich Arnold, der inzwischen dank seiner Tüchtigkeit zum angesehenen Universitätslehrer aufgestiegen ist. In dieser Novelle, und nur darum geht es hier, findet sich eine Stelle, die nicht nur das Novellenpersonal, sondern auch ihren Autor charakterisiert. Arnold klärt seine Schülerin Anna auf:

»Und nun begann er mit schonender Hand die Trümmer des Kinderwunders hinweg zu räumen, das über mir zusammengebrochen war; und indem er bald ein Geheimnis in einen geläufigen Begriff des Altertums auflöste, bald das höchste Sittengesetz mir in den Schriften desselben vorgezeichnet wies, lenkte er allmählich meinen Blick in die Tiefe. Ich sah den Baum des Menschengeschlechtes heraufsteigen, Trieb um Trieb, in naturwüchsiger ruhiger Entfaltung, ohne ein anderes

Wunder als das der ungeheuren Weltschöpfung, in welchem seine Wurzeln lagen... Dann trat er an den Tisch und, indem er mit einer gewissen Feierlichkeit seine Hand über die daraufliegenden Werke der neueren Naturforscher hingleiten ließ, sagte er halblaut, wie zu sich selber: ›Das sind die Männer, die ihn suchen, von denen er sich wird finden lassen; aber der Weg ist lang und führt oftmals in die Irre‹. –––«
(1. 510f.)

Storm kennt also die »Naturforscher«, auch wenn er sie nicht gründlich studiert haben mag. Auch für ihn ist fortan das in der organischen Welt wirkende Gesetz der Entwicklung als Fortschritt in der menschlichen Gesellschaft gültig, wird nun das aus dem 18. Jahrhundert überkommene Bild einer harmonischen Natur, die Vorstellung eines zweckmäßig aufeinander Abgestimmtseins aller Lebewesen, durch die Konkurrenzsituation des Kampfes ums Dasein ersetzt.[24] Die Naturidylle kann sich damit zum Schlachtfeld verwandeln. Deshalb verliert die Natur weder im Alltag noch in der Literatur an Stimmungswert; auch weiter wird er durch Landschaftsschilderungen und einzelne Naturmotive, durch Tiere und Pflanzen, durch Tages- und Nachtzeiten, durch Sonne und Mond, Regen, Nebel, Wolken, Sturm und Stille seine Gefühle und die des fiktiven Personals ausdrücken; und doch kann jetzt Natur auch bedrohlich erscheinen. So stumpft der »Kampf ums Dasein« nicht den Sinn für das Naturschöne ab, er läßt es aber widersprüchlicher erscheinen. So kann die See bei Sonnenschein freundlich aufleuchten und bei Sturm bedrohlich rumoren. Wir sollten zudem nicht übersehen: Die Vorstellung vom notwendigen Lebenskampf läßt sich im letzten Drittel des 19. Jahrhunderts keineswegs einem reaktionären Sozialdarwinismus zuschlagen. Heute machen wissenschaftsgeschichtliche Analysen diese gängige Interpretation korrekturbedürftig.[25] Denn der Zusammenhang von Lebenskampf und Fortschritt macht den Darwinismus für Demokraten (wie Storm) und Sozialdemokraten attraktiv. Sie vor allem lesen Ernst Haeckel, Darwins Promotor und Popularisator in Deutschland, und nicht Hegel, der ja inzwischen als überholter Spekulationsphilosoph gilt.
Aber mag auch bei Hegel die Dialektik spekulativ als Selbstbe-

wegung des Begriffs gedacht sein, so versteht er doch, idealistisch in der Form und »realistisch« im Inhalt, Gesellschaft prozeßhaft. Es ist kein Zufall, daß der gescholtene Spekulationsphilosoph etwas von Nationalökonomie versteht, mehr als die vermeintlich auf dem Boden der Tatsachen stehenden Materialisten Büchner, Moleschott oder Vogt. Sie denken Entwicklung von der Natur her, die Gesellschaft, die praktisch handelnden Menschen und ihre Geschichte bleiben ihnen fremd. Insofern ist ihr Materialismus nur der Form nach »realistisch«, aber inhaltlich, sobald er auf die Praxis der Menschen zu sprechen kommt, idealistisch-abstrakt. Deshalb spricht Feuerbach dem Menschen einen ahistorischen Glückseligkeitstrieb zu, führt der philosophisch weniger anspruchsvolle L. Büchner mit Geist und Kraft wieder übersinnliche Größen ein. Auch bei Storm, der sich ja selbst gelegentlich als »Idealisten« bezeichnet, finden sich solche »idealistischen« Ergänzungen zu den populärmaterialistischen Weltanschauungselementen. Wir erinnern uns, bei ihm siegen »Intelligenz und Sittlichkeit« als »Kräfte«, die »zur Geltung kommen müssen«.

So bleibt bei ihm die humanistische Vorstellung, der vage Ausdruck sei entschuldigt, von der Bildungs- und Entwicklungsfähigkeit der Menschen, die ja nicht größer werden, aber dazulernen, lebendig. Dies gründet auch in einem geschichtsphilosophischen Denken, das den Menschen Entwicklungsfähigkeit zuspricht, aber den Gang der Entwicklung nicht zu analysieren vermag. In Storms Vertrauen auf das »zur Geltung kommen« äußert sich somit ein Kernproblem neuzeitlichen Geschichtsbewußtseins. Nach ihm machen die Menschen zwar ihre Geschichte selbst, und doch fallen deren Resultate anders aus als beabsichtigt. Diese Differenz kann geschichtsphilosophisch, sei es nun als anonyme »Naturabsicht« bei Kant, als Verhältnis der Freiheit zur unbewußten Notwendigkeit bei Schelling oder als »List der Vernunft« bei Hegel, zum Ausdruck kommen; um diesen objektiven historischen Prozessen ihre Anonymität zu nehmen, enthalten diese Kategorien auch einen teleologischen Verweis auf das kommende Bessere.[26] Erst Marx führt mit dem »gesellschaftlichen Sein« ein Größe ein, die keine

Vernunft in der Geschichte behauptet und die sich nicht als Garanten für ein vernünftiges Ziel der Geschichte anbietet. Natürlich bleibt auch hier zu betonen, daß Storms Idealismus nicht aus dem Studium der Philosophie erwächst, wohl aber aus dem aufklärerisch-rationalistischen Klima in Husum, aus der Vertrautheit mit der klassisch-romantischen Literatur wie ihrem Menschenbild und aus den Ideen des deutschen Idealismus, so wie er als popularisiertes Humanitätsprojekt ins Bürgertum hineinwirkt.

Die Weltanschauungselemente und ihre beiden Schwerpunkte geraten so in Storms Leben in einen spannungsreichen Widerspruch. Denn auch nach der gescheiterten Revolution hält er politisch und weltanschaulich am alten Humanitätsprojekt fest, während es von den Naturforschern und der Bourgeoisie durch einen naturwissenschaftlich begründeten Entwicklungsoptimismus verwässert und zurückgenommen wird. Auch deshalb bleibt Storm in Distanz zum ökonomischen und nationalen Aufschwung. Auch deshalb wird aus ihm kein Nützlichkeitsapostel und Apologet bürgerlicher Tüchtigkeit wie Gustav Freytag oder Julian Schmidt. Aus deren Perspektive erscheint Storm als Vertreter einer veralteten Stimmungskunst, während man sich selbst als zeitgemäß, nüchtern und realitätsgerecht versteht. »Der narkotische Duft dieser Blumenpoesie wird uns nachgerade noch viel unterträglicher, als der wüste Lärm der Trommel und der Querpfeiffe«, schreibt Julian Schmidt, der Herausgeber der einflußreichen liberalen Zeitschrift *Die Grenzboten*.[27] Und für einen anderen liberalen Kritiker, Rudolf Gottschall (Storm nennt ihn Wortschwall), schreibt Storm »Stimmungsbildchen« und »Lyrik für den Nipptisch«.[28] Der paßt offensichtlich nicht in ein liberales Literaturkonzept, das den Bürger »bei der Arbeit« verherrlichen will. Ihren Vertretern mag er als ein verträumter Neffe Eichendorffs erscheinen. Der Jurist und Schriftsteller versteht sich keineswegs als Sozialkritiker, aber er eignet sich auch nicht zum literarischen Lobredner eines politisch entmündigten Bürgertums. Dem widerspricht auch sein Programm einer Kunstautonomie.

Storms bürgerliche Identität bestimmt nicht nur seine gelebte

Nahwelt, seine Lebensweise, Moralvorstellungen, Pflichterfüllung, Sparsamkeit und Repräsentationsbereitschaft, Bildungsideale und Umgangsformen, sondern auch seine politischen Vorstellungen, die dauerhafte Gegnerschaft gegenüber dem Adel, die Fremdheit gegenüber der organisierten Arbeiterklasse. Seine Zielvorstellung bleibt eine Gesellschaft rechtlich gleicher, politisch handlungsfähiger, das vernünftige Gemeinwohl vermittelnder Staatsbürger. Sicher, er wird nie zum politischen Aktivisten, und ein schlecht gemachtes Gedicht kann ihn mehr aufregen als ein historisches Ereignis wie etwa die Pariser Kommune. Und dennoch ist in ihm ein spezifisch bürgerliches emanzipatorisches Pathos lebendig, das ihn in Distanz zu einem liberalen Entwicklungsoptimismus hält, der mit dem Adel seinen Frieden macht und den Bürger zum Bourgeois, zum Wirtschaftsbürgertum verkleinert.[29] So mag er mit seinen Bildungsidealen, seiner Kunstautonomie, seiner Weltverklärung unzeitgemäß wirken, aber gerade dieses Festhalten an scheinbar veralteten Werten und politischen Vorstellungen schafft eine fruchtbare Spannung zu den popularmaterialistischen Weltanschauungselementen wie gegenüber jeglicher Nützlichkeitsapologetik. Salopp formuliert, Storm kann nicht aus seiner idealistischen Haut heraus. Deshalb mag er aus Sicht der *Grenzboten* altmodisch scheinen. Zugleich aber erlaubt ihm das emanzipatorische Pathos eine komplexere Wirklichkeitsaneignung, die sich nicht in Soll und Haben bilanzieren läßt.

Während das Gros der deutschen Autoren, auch die Tempelwächter der reinen Kunst, im Deutsch-Französischen Krieg die nationale Stimmung mit Schutz- und Trutzliedern anheizt, weigert sich Storm in den »Hurra-Germania-Chor« einzustimmen. Das hat zunächst politische Gründe. Obwohl auch er von der Kriegsschuld Frankreichs ausgeht, mißtraut er dem »preußischen Wesen«, das er »für den Feind aller Humanität« hält (an Ada Christen, Sommer 70). Den notorischen Zivilisten interessieren weniger die Siege nach außen als der mögliche Sieg über die innere Gewalt des Obrigkeitsstaates. Literarische Auftragsarbeiten zu verfassen widerspricht zudem seinem Kunstverständnis. Darüber hinaus gründet seine Weigerung auch in den sich widersprechenden Schwerpunkten seiner Weltanschauungselemente: er akzeptiert die popularmaterialistische Vorstellung vom Kampf ums Dasein als Voraussetzung des gesellschaftlichen Fortschritts, und sie läßt sich doch nicht mit seinem Ideal einer friedlichen Menschheit vereinbaren! Dieser Widerspruch bleibt für ihn unaufhebbar, weil Kriege ja letztlich als unabwendbar naturgegeben und notwendig erscheinen. Deshalb empfindet er Widerwillen und Ekel. Er schreibt seinem Sohn Ernst:

»Was mich hauptsächlich beherrscht – und das verschlingt alles andere –, das ist der Ekel, einer Gesellschaft von Kreaturen anzugehören, die außer den übrigen ihnen von der Natur auferlegten Funktionen des Futtersuchens, der Fortpflanzung etc., auch die mit elementarischer Stumpfheit befolgt, sich von Zeit zu Zeit gegenseitig zu vertilgen. Das Bestehen der Welt beruht darauf, daß alles sich gegenseitig frißt, oder vielmehr das Mächtigere immer das Schwächere; den Menschen als den Mächtigsten vermag keines zu fressen; also frißt er sich selbst, und zwar im Urzustande buchstäblich. Dies ist die eigentliche *Ursache* der Kriege, die andern sog. Ursachen sind nur Veranlassungen. Keine Zivilisation wird, ja *darf* das je überwinden. Aber niederdrückend ist der Gedanke; es ist so einer, über den man verrückt werden könnte.« (3. 8. 70)

Und wie paßt zu diesem Bild Storms Vorliebe für Spuk, Ahnungen und Gesichte? Ist er nicht abergläubisch? Eine Spinne auf der Gardine kann seine Stimmung niederdrücken, und das Ticken der Holzwürmer, er nennt sie »Totenuhren«, verdüstert ihm das Gemüt. Unheimliche Erscheinungen gehören zu seinem Alltag: so befindet sich auf dem Packhausboden in der Hohlen Gasse eine dreibeinige Totenlade, die man deutlich hören kann, wenn sie die Treppe herabkommt. Leidet Storm gelegentlich unter Gehörstörungen, dann deutet er dies als Zuflüsterungsversuche Verstorbener. Die, so glaubt er, leben nicht im Himmel oder in der Hölle, sondern in einer hadesähnlichen tristen Zwischenwelt. Für solches »Gaukelspiel« macht er weder den Teufel noch Gott verantwortlich – an die glaubt er ja nicht mehr –, sondern den Tod, »das düstere Ereignis selbst, das ungeduldig seine Ankunft melde« (4. 239). Der Geisterglaube läßt sich also nicht mit einem religiösen Rest erklären, wohl aber aus der Kenntnis des Volksglaubens, dem Husumer Milieu, Storms Sensualismus und seinem Denken in Bildern. Schließlich wächst er ja nicht nur im rationalistischen Klima der Husumer Oberschicht auf, sondern auch in der Überlieferung des Volksglaubens, des »Grenznachbarn der Poesie«; zu erwähnen sind Eindrücke aus der Jugend, die Atmosphäre des altertümlichen Städtchens mit seinen »Originalen« und Sonderlingen, die Erzählungen der »Märchentante« Lena Wies von Spuk und Aberglaube, Storms Sinn für Geräusche, Gerüche und sonderbare Örtlichkeiten, seine leichte sinnliche Erregbarkeit. So nimmt er gespenstische Wesen und Poltergeister wahr, hört sie fegen, schürfen, knarren und klopfen, deutet den Spuk als Ausdruck vergangener Ereignisse und die Ahnungen oder gar die deutlicheren Gesichte als kommende Begebenheiten, als Sturmflut, Feuersbrunst oder Todesfall. Er liebt das Stimmungsgemisch von Heimeligem und Gruseligem; ja er sucht die Begegnung mit möglichen »Geistern« und läßt sich gern von ihnen erzählen. Sie vermögen ihm keine Lebensangst einzujagen. Besonders beeindruckt ihn eine autobiographische Erzählung Eichendorffs, die er 1854 im Hause des Berliner Kunsthistorikers und Schriftstellers Franz Kugler hörte; es handelt sich nämlich um eine Geistererscheinung mit tödlichen Folgen. In seiner Bibliothek finden sich zahlreiche »Gespensterautoren«, E. T. A. Hoffmann, Ludwig Tieck, Johann Peter Lyser und Edgar Allan Poe. Am liebsten aber erzählt er selbst »Gespenstergeschichten«. Dann stimmt er sein Publikum ein, läßt die Fenster verhängen und den Lampendocht herunterdrehen. *Am Kamin* ist ein Zyklus von Spukgeschichten betitelt, in denen sich eine ältliche Tante in einen Wolf verwandelt oder ein »ungestalt molkig Ding« bei Vollmond die Kammer mit Scharren erfüllt. Seine Novellen sind voller unheimlicher Begebenheiten und Dinge. Wir brauchen nicht nur den Schimmelreiter über den Deich jagen zu lassen. Da lauert im See der Sargfisch, der heraufsteigt, wenn er ein Opfer haben will (*Auf der Universität*), erhebt sich aus der Heide ein Faden, die Leute nennen ihn den »weißen Alp«, der sich an den offenen Mund der Schlafenden lehnt, zu einer schwerfälligen Ungestalt anschwillt und sein Opfer blödsinnig werden läßt (*Draußen im Heidedorf*);

und da soll eine verstorbene adlige Frau, in hellen Mondnächten natürlich, aus dem Rahmen ihres Bildes steigen, um ihr Kind zu suchen (*Eekenhof*).

Der erste Eindruck scheint sich also zu bestätigen, und doch ist Storm nicht abergläubisch im Sinne eines irrationalen Okkultismus. Den lehnt er als fortschritthemmendes Wahngebilde ab, als unvereinbar mit seinem Vertrauen in eine klüger werdende Menschheit. Er hält zwar die Geistererscheinungen für real, er lehnt sie nicht als überholten Volksglauben ab; nein, sie bleiben für ihn ein lebensgeschichtlich konstantes Erlebnisphänomen. Und trotzdem glaubt er nicht an Un- und Übernatürliches. Denn aus seiner weltanschaulichen Perspektive sind Spuk, Ahnungen und Gesichte »das Natürliche, was nicht unter die alltäglichen Wahrnehmungen fällt, bei weitem noch nicht erkannt ist«.[30] So vermag auch während der Geisterstunde das Unheimliche nicht das Vertrauen in Vernunft und Wissenschaft zu erschüttern, kann das Gespenstische als Relikt einer überwundenen voraufklärerischen Welt schroff abgelehnt werden, sei es als lutherisch-orthodoxer Hexen- und Teufelsglaube (*Renate*) oder als abergläubisches Gerücht (*Im Brauerhause*).

VI.
Die Novellistik entwächst der Lyrik –
Neuer Erzählstil und intensivierte Welthaltigkeit

Mit dem erweiterten sozialen Erfahrungsraum, den Weltanschauungselementen und den »gespenstischen Mächten« entsteht beim Heiligenstädter Kreisrichter kein beruhigtes und beruhigendes Weltbild, keine systematische Gesamtauffassung von Natur, Gesellschaft und Mensch – wohl aber eine nüchternere Weltaneignung, die dem menschlichen Dasein Sinn zu geben vermag, ohne sich dessen immer sicher zu sein. Deshalb kann der Jurist und Künstler seine gelebte Nahwelt, sein Erkennen und Handeln in das, was er unter Menschheitsentwicklung versteht, einordnen; und doch bleibt ihm zugleich das Leben rätselhaft. Er gesteht seinem Freund H. Brinkmann, beim Schreiben befalle ihn »ein schmerzliches Sinnen über die Unlösbarkeit des Lebensrätsels« (25. 2. 73).
So erscheint Storm die vorgegebene Wirklichkeit fremd und vertraut zugleich: Einerseits ist ihm Wirklichkeit als Resultat menschlicher Handlungen überschaubar und sinnvoll, andererseits erfährt er sie als unüberschaubar und eigengesetzlich, seinen Wünschen nicht gefügig. Damit steigt die eigene Erfahrung im Kurs, wird die Welt erzählbar. Für die Novellistik begründet dies ein folgenreiches verändertes Verhältnis zwischen der »Poesie der Gefühle« und der »Prosa der Verhältnisse«. Mit ihm wird der Übergang von statischen Stimmungsbildern wie *Im Saal* oder *Immensee* zu einer Novellistik möglich, die alltägliche Wirklichkeit verarbeitet und zusammenhängende Handlungsabläufe zu erzählen vermag. Storm entgeht so einer von Kollegen und Freunden befürchteten Gefahr, nämlich wie es P. Heyse formuliert, die Kunst »Situationen zu entfalten«, zu einer »einseitigen Virtuosität erstarren zu lassen« (*Literaturblatt des deutschen Kunstblattes* 28. 12. 1854). Und nach der Lektüre der Novelle *Angelika* mahnt F. Kugler, Storm laufe Gefahr »sich in das Subjektive zu verlieren«, und er verlangt, dem Subjektivismus »eine recht herzhafte Objektivität entgegenzustellen«.[1]

Mit der Weltaneignung ändert sich auch seine erzählerische Wirklichkeitsgestaltung, überwindet Storm den stimmungshaften Subjektivismus und wendet sich gesellschaftlichen Themen zu. Im Alter wird er an den befreundeten Germanisten Erich Schmidt schreiben:

»Meine Novellistik ist aus meiner Lyrik erwachsen; daher zuerst, was man meinetwegen etwas Sprunghaftes oder auch Guckkastenbilder nennen mochte, obgleich auch hier meist die Verbindungsglieder unmerklich mitgegeben waren; nachher aber ist das überwunden, und ich darf mich wohl zu denen rechnen, denen die moderne Novelle ihre Ausbildung verdankt« (1. 3. 82).

Dieser Übergang vom biedermeierlich anmutenden Miniaturstil der *Sommergeschichten* zum objektivierenden Tatsachenstil seiner späten Novellistik setzt in der Heiligenstädter Zeit ein. Allerdings sollte man sich den Übergang nicht als linearen Aufstieg vom »Stimmungsbildchen« zum »Gesellschaftspanorama« vorstellen. Storm schreibt auch weiter biedermeierlich anmutende Familien- und Ehestandsnovellen wie *Späte Rosen*, *Unter dem Tannenbaum* oder *Die Söhne des Senators*. Das melancholische Nacherleben gescheiterter Lebenshoffnungen finden wir auch in Novellen wie *Drüben am Markt*, *Abseits* oder *In St. Jürgen*. Auch Rückwendungen sind möglich. So schreibt er nach Constanzes Tod wieder Erinnerungsskizzen wie *Lena Wies*, *Der Amtschirurgus*, *Heimkehr* oder *Zwei Kuchenesser der alten Zeit*, entsteht in *Eine Halligfahrt* eine lockere Reihung einzelner Bildfragmente. Seine Nahwelt wird er auch literarisch nie verlassen.

Doch entsteht jetzt ein besonderer Modus literarischer Wirklichkeitsverarbeitung. Die in der Stormforschung verbreitete Gegenüberstellung von den frühen lyrisierten Situationen und der späten objektivierenden, realistischen, tragischen, existentiellen oder wie auch immer bezeichneten Novellistik unterschätzt diese wichtige Periode, in der Storm sich einen Erzählstil erarbeitet, der für seine Prosa prägend bleiben wird.

Denn in Novellen wie *Auf dem Staatshof*, *Im Schloß* oder *Auf der Universität* werden die »Verbindungsglieder« in einem neuartigen zeitlichen Nacheinander kontinuierlicher Vorgänge deutlich. Die Personen und Ereignisse sind jetzt zeitlich, räumlich und sozial benannt.

Die Konflikte (welche Neuheit!) der erwähnten Novellen sind eindeutig sozial fundiert, ohne sich auf die Veranschaulichung sozialer Fälle zu verkleinern. So scheitert der junge Doktor Christoph mit seiner Werbung um Sophie, die schöne Bürgermeisterstochter, nicht nur an seinem Aussehen, sondern an dem Habitus seiner kleinbürgerlichen Herkunft und dem Standesbewußtsein von Sophies Familie, der feinen Leute *Drüben am Markt*; zerbricht in *Auf der Universität* Lore Beauregards Wunsch, aus ihrem ärmlichen Milieu in die bessere Gesellschaft zu gelangen und ein schöneres Leben zu führen, an den Konventionen eben dieser Gesellschaft; gefährdet *Im Schloß* adliger Dünkel die Liebe zwischen Anna und ihrem bürgerlichen Hauslehrer Arnold. – Während Storm in der zweiten Fassung von *Immensee* eine Sequenz, die von der beruflichen Laufbahn und der Vernunftehe Reinhardts berichtet, kürzt und damit die einzelnen Situationen zusätzlich isoliert, schafft er jetzt ein neues episches Nacheinander, ohne die Perspektive eines verengten und subjektivierten Erfahrungsraumes aufzugeben.

Dazu ein Beispiel aus der Novelle, in der sich die neue Welthaftigkeit zum ersten Mal entfaltet. In *Auf dem Staatshof* scheitert die Verlobung der Patriziertochter Anne Lene mit einem Adligen an dem wirtschaftlichen Niedergang ihrer ehedem reichen Familie. Nachdem der Kammerjunker (er ist natürlich wenig vorteilhaft geschildert) dies erfährt, löst er die Verlobung auf. Dafür gibt der sich erinnernde Erzähler – er heißt Marx und ist ein Jugendfreund Anne Lenes – eine genaue ökonomische Begründung. Man habe ihm geschrieben, »daß das fortdauernde Sinken der Landpreise den Verkauf des Staatshofes nötig machen werde«, daß damit Anne Lene »wahrscheinlich ein armes Mädchen geworden sei« (I.411). Auch die Landschaft ist nicht in einem romantischen Irgendwo angesiedelt, sondern beschreibend lokalisiert. Bewußt möchte Storm mit ihrer Schilderung den »Lokalton« (an F. Eggers 11.1.58) treffen. Deshalb verläßt er sich nicht allein auf seine Erinnerung, sondern liest, um Genauigkeit bemüht, ein geographisches Spezialwerk, Friederich Feddersens »Beschreibung der Landschaft Eiderstedt«. Von nun an gehört solches Erarbeiten präziser Wirklichkeitsdetails zu den Voraussetzungen seiner präziseren Wirklichkeitsdarstellung.

Diese neue Welthaftigkeit der Novellen gründet nicht in einer veränderten Weltaneignung, und sie entsteht durch einen veränderten Modus der literarischen Wirklichkeitsgestaltung, durch veränderte Darstellungstechniken. In der Kunst ist die Ausdrucksebene Träger des Inhalts, der ja nur durch seine Form Wirkungsmacht zu entfalten vermag. Deshalb bleibt eine Literatur, die neue Stoffe und Motive entdeckt (wie etwa die frühe sozialistische), deren gesellschaftlicher Horizont weiter ist als der Stormsche, die aber von alten Darstellungstechniken und Gattungen nicht loskommt, über ihr zeitlich und sozial eingegrenztes Publikum hinaus wirkungslos. Kunst, jedenfalls die vormoderne, verwandelt eine heterogene Wirklichkeit mit ihrem chaotischen Material an Eindrücken und Erfahrungen in das homogene Medium der einzelnen Gattungen und Werke; sie überträgt diskontinuierliche, disparate Erscheinungen in ein eigenständiges überschaubares Formgefüge. Das Kunstwerk ist kein Fenster, durch das man die Welt als Quasi-Leben betrachten kann, ohne Rahmung, Form und Farben der Fensterscheiben zu berücksichtigen. Vielleicht läßt sich so metaphorisch veranschaulichen, daß sein Inhalt nur durch die Form Wirkung erlangen kann und daß es nicht Wirklichkeit ist, wohl aber darstellt. Übrigens läßt sich dieser Vorrang der Form nicht als Formalismus abtun, denn sie ist ja als ein übermittelnder Teil des Inhalts gedacht. Ohne Inhalt wirkt Literatur gemacht und leer, was Storm ja ein Leben lang an Geibel kritisiert. Das, was dem Künstler wahr, richtig oder bedeutsam erscheint, kann als intersubjektiv nacherfahrbare Wirklichkeit nur durch die Form ein dauerhaftes Wiedererkennen bei den Rezipienten hervorrufen. Deshalb sind heute gutgemeinte und schlechtgeschriebene Texte von Autoren, deren gesellschaftliches Bewußtsein höher war als das Storms, längst vergessen.

Storm ist sich dieser Form-Inhalt-Beziehung bewußt; er schreibt keineswegs als der naive Dichter – bisweilen stellt er sich ja selber so dar –, den die Musen küssen und dem die Verse zufliegen. Er verlangt von seiner Lyrik, begrifflich hegelnd, daß sie im Besonderen das Allgemeine beinhalte, daß ein individuelles Erlebnis ihr Fundament auszumachen habe. Er spricht selbst vom »organischen Zusammenhang(s) zwischen Form und Inhalt« (4.330) und meint damit die »Art und Weise«, »in welcher der eigentümliche Gehalt eines Stoffes zum poetischen Ausdruck gebracht wird« (4.336). Dies bezieht sich unmittelbar auf die Lyrik, und es drückt doch auch sein allgemeines Literaturverständnis aus. Zudem weiß Storm, der ja an seinen Gedichten und Prosatexten sorgsam-formbewußt herumfeilt, daß seine literarische Nahwelt, seine Erlebnislyrik und Familiennovellistik für die Elle einer möglichen Klassizität zu klein ausfällt! So äußert sich der selbstbewußte Autor in dem bereits zitierten Brief an den österreichischen Literaturhistoriker Emil Kuh:

»Zur Klassizität gehört doch wohl, daß in den Werken eines Dichters der wesentliche geistige Gehalt seiner Zeit in künstlerisch vollendeter Form abgespiegelt ist, und werde ich mich jedenfalls mit einer Seitenloge begnügen müssen« (1.9.72).

Solch kritische Selbsterkenntnis schärft aber auch sein Urteilsvermögen gegenüber anderen, die den geforderten »organischen« Form-Inhalt-Zusammenhang nicht herstellen, die große Stoffe bearbeiten und damit kläglich scheitern. Für Storm jedenfalls wirkt eine intensiv geschilderte kleine häusliche Szene bedeutsamer als ein schlechter historischer Roman oder gar ein mißlungenes Epos. Es ist aufschlußreich, wie er über Wilhelm Jordan urteilt, heute zu Recht ein unbekannter Autor, damals eine Berühmtheit. Als Verfasser der rasselnden Stabreimdichtung *Die Nibelunge* (1867/74) kommt er dem Bedürfnis nach monumentaler Formgesinnung und Germanenkraftmeierei in historischem Kostüm entgegen. Er gilt als Erneuerer des deutschen Nationalepos und paßt in die gründerzeitliche Aufbruchstimmung. Dieser W. Jordan reist, seine Stabreime von Siegfried und Chriemhilde vor einem begeisterten Publikum rezitierend, herum, in Deutschland und Österreich, später auch in der Schweiz, in Rußland, Nordamerika, Australien und Südafrika.

Er besucht sogar Husum, rezitiert anderthalb Stunden in der Aula. Im Publikum sitzt auch Storm, um den berühmteren Kollegen zu hören. Er ist entsetzt: »... aber das, was wir da zu hören bekamen, ist gradezu unglaubliches Zeug; breit, kleinlich, sentimental und roh dabei, ohne Gestaltungskraft, ja gradezu albern« (an E. Schmidt 12. 1. 79). Befriedigt berichtet er weiter, Jordan sei gründlich durchgefallen, darin sei eben Husum größer als Hamburg.

Soviel zu Storms Vorstellungen über den Zusammenhang von Form und Inhalt. Zu fragen bleibt aber, was verändert sich in den bedeutenden Heiligenstädter Novellen auf der Ausdrucksebene? Die Spannung zwischen Subjektivität und Objektivität, zwischen Weltbejahung und Weltverklärung setzt jetzt eine artistische Erzählpraxis frei, die man als perspektivisches Erzählen bezeichnen könnte.[2] Bei ihm berichtet kein auktorialer Erzähler, der in das Geschehen kommentierend eingreift, allwissend über die Vorgänge, es entwickelt sich auch keine ruhige personale Erzählsituation, die den Leser dazu animiert, die dargestellte Welt mit den Augen einer Novellenfigur zu sehen. Storms Erzählen erhält jetzt eine Kohärenz ohne lückenlose Entwicklung, weil er perspektivisch erzählt, weil er das Berichtete oder Geschilderte aus der (häufig erinnerten) Sicht eines oder mehrerer Erzähler darstellt.

So sind in *Auf der Universität* verschiedene Erzählperspektiven kunstvoll miteinander verflochten. Der »authentische Bericht« des Ich-Erzählers Philipp über die Hauptfigur Lore und deren Scheitern, die Erzählungen der lahmen Marie, die Kommentare des alten Kellners und der Studenten. Die Funktion der verschiedenen Erzählperspektiven ist mit Lores Schicksal verknüpft. Je mehr sie sich von zu Hause, in einem örtlichen und sozialen Sinne, entfernt, je mehr sie, auf der Suche nach einem schöneren und glücklicheren Leben, ihrem adligen Verführer, dem »Raugrafen«, verfällt, um so weniger weiß Philipp von ihr zu berichten, bedarf er der Auskünfte anderer, um etwas über seine Jugendfreundin zu erfahren. Über die glückliche Jugend in der Heimatstadt, über die Tanzstunde, über gemeinsame Schlittschuhfahrten und Treffen im Schloßgarten kann er aus eigener

Erfahrung erzählen. Später, als sich die Wege des Patriziersohnes und der Schneidertochter trennen, ist er auf die Auskünfte anderer angewiesen. Am Ende erfährt er Lores Selbstmord von einem Fischer. Mit diesem Erzählen entstehen Abstufungen und Brechungen in der vorgestellten Wirklichkeit, kann durch den Verzicht auf erzählerische Lückenlosigkeit und Totalität sich die Kunst des Andeutens entfalten. Die Verknüpfung verschiedener Zeitschichten, ihre Raffung und perspektivische Brechung in verschiedenen szenischen Ausschnitten, schafft so einen »Erzählstil der gebrochenen Linie«.[3]

Zum einen erlaubt dies gegenüber den stimmungshaften Situationen der frühen Prosa eine darstellerische Objektivität, ein Überwinden des Subjektivismus, weil durch die Perspektive des Erzählers, oder auch der Erzähler, auf die präexistente Unabhängigkeit des Erzählbaren als Geschehenem hingewiesen wird. Perspektive meint ja, in der Fiktion wohlgemerkt, die Sichtweise auf etwas, das geschehen ist. Zum anderen erhält das Dargestellte gegenüber dem geforderten engen Wirklichkeitsbezug realistischer Literaturprogrammatik durch die individuelle Perspektive eine subjektive Brechung der dargestellten Wirklichkeit. Die Novellen *Auf dem Staatshof* oder *Auf der Universität* setzen sich noch deutlich aus verschiedenen Situationen zusammen, zugleich aber erlaubt die Einführung eines fiktiven, sich erinnernden Erzählers ein episches Nacheinander darzustellen, ohne die Begebenheiten und Zusammenhänge eindeutig und erschöpfend ausbreiten zu müssen. Storm entsagt bewußt dem Anspruch auf lückenlose Entwicklung, dem offenen Motivieren. Er lehnt alle Formen von »direktem Losgehen« (an P. Heyse 24. 10. 83) ab, möchte Möglichkeiten andeuten, etwas aus der Ferne erscheinen lassen, als ungewiß darstellen. Während seiner Arbeit an der Novelle *Schweigen* schreibt er an P. Heyse, er »hasse das, dieß Motiviren vor den Augen des Lesers«, ihm gehe es darum, »nur das daraus resultirende in die Aeußerlichkeit Tretende darzustellen«; die Sachen würden dabei länger und das, was »vom Goldschimmer der Romantik« in ihm sei, gehe »dabei viel leichter in die Brüche, als bei der ›symptomatischen‹ Behandlung«, die er »für den einzigen wahren poetischen Jacob halte« (15. 11. 82). Damit ist ein andeutendes Erzählen gemeint, das die Motive, seien sie nun sozial oder psychologisch eingefärbt, nicht ausbreiten möchte, sondern in ihrer äußerlichen Erscheinung veranschaulicht. Dazu wieder ein Beispiel aus der Novelle *Auf dem Staatshof*.[4] Eines Tages vermißt man Anne Lene im Hause des Rechtsanwalts. Sie fehlt am Mittagstisch, was sonst nie vorkommt. Marx, der Erzähler, sucht nach ihr im Garten, trifft zunächst auf den unsympathischen Kammerjunker und findet schließlich Anne Lene, »mit dem Rücken an einen jungen Apfelbaum gelehnt«:

»Sie schien ganz einem innern Erlebnis zugewendet; denn ihre Augen starrten unbeweglich vor sich hin, und ihre kleinen Hände lagen fest geschlossen auf der Brust. Ich fragte sie: ›Was ist denn Dir begegnet, Anne Lene?‹ Aber sie sah nicht auf; sie ließ die Arme sinken und sagte: ›Nichts, Marx; was sollte mir begegnet sein?‹ Zufällig aber hatte ich bemerkt, daß die Krone des kleinen Baumes wie von einem Pulsschlage in gleichmäßigen Pausen erschüttert wurde, und es überkam mich eine Ahnung dessen, was hier geschehen sein könne; zugleich ein Reiz, Anne Lene fühlen zu lassen, daß sie mich nicht zu täuschen vermöge. Ich zeigte mit dem Finger in den Baum und sagte: ›Sieh nur, wie Dir das Herz klopft!‹« (1. 410).

Der Erzähler und damit auch der Leser sind hier auf Vermutungen angewiesen. Anne Lenes Verhalten wird nicht offen motiviert. Die Merkmale oder Eigenschaften ihrer Gefühle bleiben unbenannt. Aber trotz dieser adjektivischen Abstinenz gelingt es Storm, Anne Lenes Gefühle, ihre Erregung anzudeuten, indem er sie körperlich und gegenständlich belebt: die starrenden Augen, die geschlossenen Hände, die sinkenden Arme und vor allem die Krone des kleinen Baumes, die durch den Herzschlag nicht bewegt, sondern »erschüttert« wird. Die Gefühle treten damit ins Bild, nach außen. So kann die seelische Verfassung des Mädchens hochgesteigert werden, ohne daß die Charakterisierungselemente durch Eigenschaftsworte Eindeutigkeit erhalten. Man kann ihre Erregung optisch und akustisch wahrnehmen, und doch bleiben die Motive verborgen, weil sich körperlich und gegenständlich nur die Symptome oder, wie Storm es ausdrückt, die »Reflexe« äußern. Ohne Reflexion und

Ironie entsteht so eine gebrochene Wirklichkeitsdarstellung, die dem Geschehen verschiedene Möglichkeitsformen zuweist. Man kann nur ahnen, was geschehen sein könnte, und weiß doch, daß irgendeine Auseinandersetzung mit dem unsympathischen Kammerjunker – die so in ihrer Häßlichkeit nicht dargestellt zu werden braucht – Anne Lene erregt. – So kommt dem Beginn der Novelle *Auf dem Staatshof* eine programmatische Bedeutung zu. Da läßt Storm einleitend seinen Erzähler Marx sagen:

>»Ich kann nur Einzelnes sagen; nur was geschehen; nicht wie es geschehen ist; ich weiß nicht, wie es zu Ende ging und ob es eine Tat war oder nur ein Ereignis, wodurch das Ende herbeigeführt wurde. Aber wie es die Erinnerung mir tropfenweise hergibt, so will ich es erzählen« (1. 392).

Illusionszerstörende Eingriffe und Kommentare des Erzählers, der ja nicht allwissend zu sein braucht, werden so vermieden. Zugleich schaffen die Perspektive und die symptomatische Darstellungsweise einen hohen Unbestimmtheitsgrad, einen symbolisch offenen Bedeutungsgehalt, der die Geschichten von Liebe und Leid, von Wunsch und Entsagung, von Illusion und Scheitern vor möglicher Trivialität bewahrt, und der die Poetisierung der Wirklichkeit – Storm spricht ja vom »Goldschimmer der Romantik« – erlaubt, ohne auf ein episches Nacheinander zu verzichten. Solches Erzählen schützt vor der trivialliterarischen Häufung von poetischen Effekten, vor dem übermäßigen Gebrauch von Adjektiven und schablonenhafter Figurencharakterisierung.

>»Die Dezembersonne huschte noch einmal scheu durch die große Schloßmühlenstube, dann nahm sie das letzte laue Strahlenfünkchen von den seltsamen Gegenständen, die auf dem tiefen Steinsimse des Eckfensters ausgebreitet lagen, und verschwand in dem Schneewolkenbette, das sich träge aber beharrlich am Himmel emporhob. Die seltsam gleißenden Gegenstände aus dem Fenstersimse waren das Rüstzeug des Arztes, jene Sammlung von Instrumenten, die schon mit ihrem schneidig kalten Funkeln das Auge erschrecken und einen Schauer durch das Nervenleben der Menschen jagen.«

Das ist nicht von Storm, sondern der Anfang aus Eugenie Marlitts Roman *Im Hause des Kommerzienrats* (1877). Hier haben wir jene extreme gefühlsintensivierende Erzählweise, die ihre Leser in Stimmung bringt und doch nicht mit der Storm-schen Stimmungskunst, die ihre Mittel sparsamer einsetzt, zu vergleichen ist. Die entsprechende Schilderung in der ersten Sequenz von *Immensee* nimmt sich dagegen geradezu nüchtern aus:

»Wie er so saß, wurde es allmählich dunkler; endlich fiel ein Mondstrahl durch die Fensterscheiben auf die Gemälde an der Wand, und wie der helle Streif langsam weiter rückte, folgten die Augen des Mannes unwillkürlich. Nun trat er über ein kleines Bild in schlichtem schwarzen Rahmen. ›Elisabeth!‹ sagte der Alte leise; und wie er das Wort gesprochen, war die Zeit verwandelt – *er war in seiner Jugend*« (1. 296).

Mit diesen Darstellungstechniken entwächst die Prosa dem lyrisierten Subjektivismus. Und der neue Erzählstil erweitert sich zum Gattungsstil. Er erzeugt nicht einfach Erzählung im Sinne eines allgemeinen epischen Nacheinander, weil er in einer bestimmten Darstellungshaltung gründet, in einem besonderen wechselwirkenden Verhältnis des Autors zum Erzählbaren. Storm entscheidet sich nicht bewußt für eine Gattung. Er sagt nicht »ich will eine Novelle schreiben«, und einen Roman zu verfassen, kommt ihm nicht in den Sinn. Die Novelle ist zudem auch keine besonders angesehene Gattung. Epos und Drama werden vom Bildungsbürgertum höher eingeschätzt. Daß er Novellen schreibt, läßt sich auch nicht mit dem Traditionszwang der Gattung erklären, wohl aber aus seiner Lebensweise einer individuellen Weltaneignung, seinem Literaturverständnis. Aber auch hier sehen wir unseren Gegenstand deutlicher, indem wir uns von ihm entfernen. Novellistisches Schreiben entsteht mit der gelebten Nahwelt, und es läßt sich doch ebensowenig wie seine Lebensgeschichte privatförmig abgrenzen.

Literarische Gattungen sind mehr als ein orientierendes Ordnungsgefüge für die Fülle einzelner Texte. Sie dienen auch als soziale Kommunikationsformen, die für die Autoren und Leser den sinnhaften Umgang mit Wirklichkeit regeln. So äußert sich in dem Tatbestand, daß in der deutschsprachigen Prosa des

»bürgerlichen Realismus« die Novelle, und nicht wie in Westeuropa der Roman, zur dominanten Form des Erzählens wird, eine spezifisch nationale Mentalität und weniger die Traditionsmacht irgendeiner Gattung mit ihren vermeintlichen Urformen. Von dieser kollektiven mentalen Grundsituation weiß Storm nichts. Aber sie wirkt in ihm. Von ihr aus schreibt er, ohne mit ihr völlig übereinzustimmen.

In dieser Gattungsdominanz äußern sich nach der gescheiterten Revolution deutsche Gegebenheiten, die zunächst weiterbestehende ökonomische Rückständigkeit gegenüber Westeuropa, das politische Versöhnungsprojekt der liberalen Bourgeoisie und ihr literarisches Programm eines »Poetischen Realismus«, der sich der Wirklichkeit zuwenden möchte, ohne allerdings auf deren Verklärung zu verzichten. Nicht nur Fontane, der Bewunderer Londons, unkt über die beengten Verhältnisse in Kleinstädten wie Husum oder Heiligenstadt. Noch schärfer kritisiert sein englischer Kollege William Makepeace Thackeray in seinem Roman *Vanity Fair* (1848) das zersplitterte Deutschland, indem er das ärmliche und operettenhafte »Pumpernickel« schildert, einen deutschen Kleinstaat, mit einer Armee, die aus einem Musikkorps besteht, das gleichzeitig auch auf der Bühne Dienst tun muß.

Für die nationalliterarische Prosaentwicklung bilden zwei Momente entscheidende Voraussetzungen. Zum einen fehlt in Deutschland die objektive wirtschaftliche Einheit einer modernen kapitalistischen Gesellschaft. Zugespitzt formuliert: Die verschiedenen »Pumpernickels« erlauben kein modernes Gesellschaftspanorama, wie es der Gesellschaftsroman Westeuropas entwirft. Zum anderen schafft das politische Klima nach der gescheiterten Revolution bei den meisten gemäßigt liberalen Autoren eine Abkehr von zeitgeschichtlichen Themen und zugleich eine Hinwendung zur nüchternen Beobachtung der vorgegebenen Wirklichkeit. So kommt es, auch durch den Einfluß der nachwirkenden klassisch-idealistischen Kunsttheorie, zu einem Nebeneinander von Verklärungspostulaten und objektiver Wirklichkeitsanschauung. Darin äußert sich poetologisch ein Liberalismus, der ordnungsbewahrend auf eine evolutionäre nationalstaatliche Entwicklung setzt. Otto Ludwig, neben Friedrich Theodor Vischer einer der einflußreichsten Literaturtheoretiker, spricht folgerichtig von einem »Poetischen Realismus«. Er fordert einen

> »Kompromiß zwischen der Wirklichkeit der Dinge und dem Wunsche der Menschen wie sie sein möchten. Wahre Schönheit der Darstellung, Ordnung der Schicksale nach dem moralischen Gefühl.«[5]

Die Prosa realisiert die geforderte Doppelfunktion von Wirklichkeitsaneignung und Wirklichkeitsversöhnung häufig mit einer humoristischen oder ironischen Erzählweise, besonders aber mit dem Ausklammern aktueller, politischer oder sozialer Stoffe. Der verklärende Humor eines Dickens dient als Beispiel für diesen »Poetischen Realismus«, auch für den Herrn Kreisrichter aus Heiligenstadt. »Das ist ein Stimmungsbild!« schreibt Storm begeistert über dessen Roman *Klein Dorrit* (an L. Pietsch 30. 9. 56).[6] Die späten Romane des Engländers befremden allerdings mit ihrer bedrohlich geschilderten Gesellschaft, ja, die schärfere Wirklichkeitsgestaltung westeuropäischer Literatur gilt als roh und unkünstlerisch. Dieser »rohe Realismus«, so klagen die *Grenzboten* (I. 1854, 158) ziehe »möglicherweise den völligen Ruin der Kunst nach sich«.

Mit diesen besonderen deutschen Verhältnissen entwickelt sich die Novelle zur dominierenden Form der Prosaentwicklung. Denn sie ist als gedrängte und pointierte Erzählform weniger auf den entfalteten Bedingungszusammenhang zwischen Individuum und Gesellschaft ausgerichtet, kann eine besondere Begebenheit als bedeutsame Problemsituation aufhellen, ohne die Fülle der gesellschaftlichen Bedingungen darstellen zu müssen. Dieses Konzentrieren und Zuspitzen unterscheidet sie vom Roman und erlaubt es in Deutschland, Probleme des bürgerlichen Individuums literarisch zu verarbeiten, auch wenn die vorgegebene Wirklichkeit noch keine entfaltete Vergesellschaftung und Versachlichung aufweist. Auch deshalb scheitert Gutzkows Projekt eines »Romans des Nebeneinander«, der im Gegensatz zur idyllisierenden Kleinmalerei des apolitischen Alltags ein Gesellschaftspanorama von Thron und Hütte, Markt und

Wald entwerfen soll. Die Novelle, so schreibt der mit Mörike befreundete Ästhetiker, Literaturkritiker und Schriftsteller F. Th. Vischer, »verhält sich zum Romane wie ein Strahl zu einer Lichtmasse. Sie gibt nicht das umfassende Bild der Weltzustände, aber einen Ausschnitt daraus«.[7] Sie verweise intensiv auf das größere Ganze, biete nicht die vollständige Persönlichkeit, aber eine »Krise«, »eine Gemüths- und Schicksalswendung« in einem Menschenleben.

Dem könnte auch Storm zustimmen, der sich als Lyriker immer noch höher einschätzt wie als Novellist, der aber auch schon früh über die Novelle reflektiert und in ihr die Prosagattung für sein besonderes Weltverhältnis erkennt. Schon als Husumer Rechtsanwalt schreibt er an H. Brinkmann, er habe bei dem Ausdruck »Situationen« an eine Stelle in Gervinus' Literaturgeschichte gedacht

»wo er sagt, die Novelle sei wesentlich Situation und als solche geeignet, der großen Gattung subordinierter Konversationspoesie, dem Roman, der sich im Geleise des modernen sozialen Lebens bewege, eine poetische Seite abzugewinnen durch Beschränkung und Isolierung auf einzelne Momente von poetischem Interesse, die sich auch im dürftigsten Alltagsleben finden. In dem Sinn glaube ich, daß meine prosaischen Stücke recht eigentlich reine Novellen sind; denn eben dem Bedürfnis, nur das wirkliche Poetische darzustellen, haben sie ihre knappe Form zu verdanken« (22. 11. 50).

Hier geht es um die frühen *Sommergeschichten*, denen die »Verbindungsglieder« noch fehlen und die mehr in subjektiven Erlebnissen als in eigenen Erfahrungen gründen. Das ändert sich, wie wir bereits wissen, in der Heiligenstädter Zeit. Strenggenommen wird erst jetzt mit dem Nacheinander besonderer Begebenheiten das Erzählen novellistisch. Storm behält aber den Wunsch bei, mit seiner Prosa »das Poetische« darzustellen. Das ist nicht sonderlich originell. Ja man könnte entsprechend dem sozialen Habitus auch von einem literarischen Habitus sprechen, von den Literaturkonzepten, die er individuell vertritt und doch mit anderen Autoren seiner Gesellschaft teilt. Auch hier finden wir in der vermeintlich nur individuellen Vorstellung das allgemeine Projekt eines »Poetischen Realismus« wieder, der für die Prosa jene Doppelfunktion von Wirklichkeitsaneignung und Wirklichkeitsversöhnung vorsieht. Die häßlichen Tatbestände einer neuen Wirklichkeit wie Massenarmut, Verstädterung oder Industrialisierung mag er in seinem Leben bisweilen wahrnehmen, aber sie erscheinen ihm literarisch nicht darstellungswürdig. Und eine Literatur, die sich auf sie einläßt, kann für ihn keine Kunstgeltung beanspruchen. Sie wird abgeurteilt. »... das halte der Teufel aus«, klagt er nach der Lektüre Zolas (an E. Schmidt 1. 3. 82); und als »photographische Eiterbeule« verurteilt er Ada Christens sozialkritischen Roman *Ella* (an A. Christen 5. 1. 70).

Hingegen enthalten seine Novellen eine Musterkollektion an Aussparungen und Verklärungen, wenn kritische Bereiche, die der Poetisierungsfunktion widersprechen könnten, vorkommen.[8] Besonders dann, wenn es um Personen aus sozial »niederen« oder ausgegrenzten Schichten geht (das Zithermädchen in *Immensee*, die Bettlerin in *Auf dem Staatshof*), um eine unerfüllte Ehe (*Späte Rosen*), um den ökonomischen Verfall einer Familie (*Auf dem Staatshof*), um Krankheit, Altern oder Tod. Storm bevorzugt dann sanfte und schonende Wendungen. Er spart die »trüben« Dinge aus oder mildert sie ab. Sein Verklärungswille schafft, wie bei anderen Autoren auch, eine stoffliche Begrenzung, er schränkt aber nicht die Intensität der Gefühle ein, ja er vermag sie durch die symptomatische Darstellungsweise noch zu steigern. Dazu ein Beispiel. So benennt er in *Auf der Universität* Lore Beauregards Verlangen nach dem »Raugrafen« nicht offen, er motiviert es indirekt, intensiviert es durch eine phallische Vergegenständlichung ihrer Wünsche:

»Das Pferd (es handelt sich um den Goldfuchs des Raugrafen, G. B.) scharrte mit den Hufen und sah seinen Herrn mit den klugen Augen an; Lore stand daneben, und recht als trüge sie Verlangen nach dem Tier, ließ sie ihre flache Hand an dem spiegelblanken Hals herabgleiten« (1. 572).

Mit einer solchen Darstellungstechnik bleibt die Wohlanständigkeit gewahrt, und der begehrliche Blick findet doch seinen Gegenstand.

Während der russische Roman oder (später) der französische Naturalismus sich auf die neue Wirklichkeit einlassen, bleibt sie in Deutschland ausgeblendet. Auch bei Storm, der deshalb für die Heimatkunst so anheimelnd gemütlich wirkt; dem man aber auch Sentimentalität und Rührseligkeit, Verharmlosung und Verdrängung vorhalten wird. Dies trifft einige Arbeiten wie *Im Saal*, *Späte Rosen* oder *Die Söhne des Senators*. In ihnen wirkt der Versuch, vorgegebener Wirklichkeit eine »poetische Seite« abzugewinnen, als beschönigender Mattfilter. Damit sind sie aber für den Biographen nicht erledigt. In solcher Versöhnungs-literatur äußern sich nämlich (etwa im resignativen Rückblick oder im Happy-End) Storms partikulares Sinnverlangen, seine Tagträume und Wunschbilder. Sie ist in einem unmittelbar biographischen Sinne (wie *Unter dem Tannenbaum*) beachtens-wert, weil sie lebensgeschichtliche Momente festhält. Und sie wirkt doch innerhalb des Werkensembles bedeutungslos, gerade weil sie sich nicht davon zu lösen vermag, weil sie im Partikula-ren ansässig bleibt.

Storm liegt also mit seiner Novellistik im Trend, ohne seine Gattungswahl danach auszurichten. Zugleich sind Eigenheiten auszumachen. Sein individuelles Literaturkonzept läßt sich nicht einem nationalliterarischen Literaturprogramm zuordnen, das die Arbeit des Bürgers verherrlichen will und mit dem Adel einen Kompromiß eingeht. Vor allem aber entspricht der stoffli-chen Beschränkung keine thematische Begrenzung. Er blendet zwar prosaische Tatbestände der neuen Wirklichkeit aus, doch er verarbeitet zugleich zentrale Konflikte der sozialen Beschleu-nigung. Seine Lebensgeschichte und Lebensperspektive, seine Weltaneignung und Weltanschauung schaffen einen individuel-len Ermöglichungszusammenhang für novellistisches Schreiben. Er glaubt weiterhin an die Autonomie der Kunst, an ihre soziale Wirkungsmacht auf der Grundlage ihrer Unabhängigkeit. Das hat fruchtbare Folgen für die Novellistik.

Soweit läßt sich der Ermöglichungszusammenhang für die No-vellen nachzeichnen. Darüber hinaus sollten sie in einem zweifa-chen Sinne als Ereignisse verstanden werden. Zum einen heben sie sich durch ein Minimum unterscheidender Merkmale von einer Textreihe ab, von den Novellen anderer Autoren oder von den eigenen frühen Stimmungsbildern. Ereignis meint aber noch etwas anderes, nämlich die Loslösung von der Partikularität des Autors. Ebensowenig wie Literatur in den gesellschaftlichen Verhältnissen verschwindet, läßt sich das individuelle Werk als Folge biographischer Ursachen bestimmen, so als könnte Storm zu einer bestimmten Zeit keine andere Novelle schreiben. Solche Ursachenmechanik ist ein Mißverständnis des älteren Positivismus. Den unaufklärbaren Riß in der Ursachenkette müßten dann zwei nebulöse Größen, Genie oder Talent, ausfüllen. Sinnvoller erscheint deshalb die Vorstellung von einem Ermöglichungszusammenhang, einem biographischen Vorher, das Lebensgeschichte und Literatur beschreibt und das auch die Differenz zu ihm als werkliterarisches Ereignis denken kann. Sicher, »Was bleibet aber, stiften die Dichter« (Hölderlin) und nicht irgendeine literarische Maschinerie oder ein Milieu. Es mag banal klingen, aber ihre Texte haben einen weiteren Horizont als ihre Lebensperspektive; und man kann sie lesen, ohne den Autor zu kennen. Auch Storms Literatur gründet in einem Ermöglichungszusammenhang. Aber sie gewinnt gerade mit ihm ihre Eigenart gegenüber ihm.

Das läßt sich ästhetiktheoretisch verallgemeinern und biographisch veranschaulichen. Wer schreibt, benutzt bekanntlich ein ausgebildetes und sozial beglaubigtes Kommunikationsmedium für Erfahrungs- und Erlebnisverarbeitung. Was er schreibt, kann ein individuelles Problem ausdrücken, es muß aber keinen Realsachverhalt wiedergeben. Wir kennen das ja bereits aus den Brautbriefen. Dem jeweiligen Medium, sei es nun die Visualität in der Kunst, die Tonalität in der Musik oder die Sprache in der Literatur, kommt dabei eine besondere Funktion zu. Es befördert mit seinen historisch herausgebildeten Eigengesetzlichkeiten (Kunstsprachen) die Intensivierung von Erlebnissen und Erfahrungen, von Gedanken und Sachverhalten. Wohlgemerkt, es befördert sie, es ist sie aber nicht. Vielmehr dient es als Träger in einem künstlerischen Prozeß, der mit dem Kunstwerk als Resultat endet und damit dessen Rezeptionsgeschichte beginnen läßt. In diesem Prozeß kann der »ganze Mensch« des Alltags zum »Menschen ganz« werden, der sich »mit der ganzen Oberfläche seiner Existenz der Wirklichkeit (das heißt auch seinen Emotionen und Gefühlen, G. B.) zuwendet«.[9] Dies auch, weil ihn das jeweilige Medium auf seine Welt und deren künstlerische Verarbeitung ausrichtet. Das mag nun abstrakt klingen. Doch wird vielleicht so verständlich, was Storms dichtender Zeitgenosse Friedrich Engels als den »Triumph des Realismus« bezeichnet, jener überraschende Tatbestand, daß in der Prosa des bürgerlichen Realismus, unbelastet von den persönlichen Ansichten über Gesellschaft, eine Welthaftigkeit entsteht, die sich mit der Weltsicht der Autoren nicht verrechnen läßt.

Dies gilt nicht nur für Balzac. Dies gilt auch für Storm. Auch bei ihm wirkt das Medium Literatur als Konzentration seiner Erlebnisse und Erfahrungen. In der Lyrik, wie bereits gesehen, anders als in der Prosa. Mit ihm verarbeitet er seine Welt. Nicht therapeutisch als Selbsterfahrung, sondern mit der Absicht, Werke zu schaffen und zu veröffentlichen. Mit seinen Novellen möchte er die Wirklichkeit »ausprägen« und zugleich poetisch verklären. Das heißt, er wählt aus, oder neudeutsch, er selektiert Elemente seiner Wirklichkeit und intensiviert sie literarisch. Nicht, indem er Stoffe sucht. Er findet sie vielmehr, sofern sie ihm darstellungswürdig erscheinen und sich für Verklärung eignen. Dann drängen sie sich ihm auf, als wahrnehmungsnahe Vorstellungen, als Ereignisse aus seinem Alltag, als Lesefrüchte. Man kann die einzelnen stofflichen Vorlagen für seine Novellen im Anhang der Stormausgaben nachlesen. Sie brauchen deshalb nicht aufgeführt zu werden. Hervorzuheben bleibt, durch die einheitlich modellierenden Eigenschaften des literarischen Mediums, das heißt hier der Gattung Novelle, löst sich Storm von seiner Partikularität, und er schreibt Werke, die zu Ereignissen werden. Die überschreiten seinen Horizont. In ihnen wirkt das dargestellte Leben reicher als das gelebte Leben ihres Autors. Das Erzählte erscheint widersprüchlicher und beschleunigter als der Kleinstadtalltag in Heiligenstadt oder Husum. Es präsentiert Modernitätserfahrungen (darüber später mehr), die Storm ahnen mag, die ihm aber nicht bewußt werden.

Damit wird er nicht zum Sozialkritiker umgeschminkt. Solch wohlmeinende Aufwertungsversuche[10] sind nur die einfache Negation zur vorhergehenden existentialistischen Lesart, nach der Storm für »das Zwiespältige, Verborgene und Vieldeutige im Rätsel der Existenz« zuständig sein soll.[11] So schlägt die falsche Enthistorisierung in eine fragwürdige Aktualisierung um. Dabei stellt er die bürgerliche Gesellschaft keineswegs in Frage. Und doch enthalten seine Novellen soziale Konfliktmomente, die in den widersprüchlichen Grundkonstellationen der sich herausbildenden modernen Klassengesellschaft gründen.

Bei den wichtigsten Novellen der Heiligenstädter Zeit handelt es sich nicht um private Liebesgeschichten, auch wenn sie von der Liebe handeln. So drückt sich in Anne Lenes Schicksal *Auf dem Staatshof*, in ihren Verhältnissen und ihrem Verhalten der Untergang einer alten und der Aufstieg einer neuen Schicht aus. Der ökonomische Bankrott ihrer Patrizierfamilie, die ehedem 90 Höfe besaß und die jetzt ihren letzten verliert, wird dabei nicht chronologisch beschrieben. Dennoch erhält er einen wirtschaftsgeschichtlichen Hintergrund mit dem Hinweis auf das Sinken der Landpreise, die durch die Agrarkrise nach den Napoleonischen Kriegen fallen. Charakterisiert aber wird der ökonomische Niedergang durch Anne Lene, die hilflos und weich, müßiggängerisch und passiv, dem »Werkeltag« nicht gewachsen ist. Ihr Gegenbild ist der künftige Besitzer des Staatshofes, Klaus Peters, der Sohn eines reichen Brauers; robust und geschäftstüchtig wird er die Konjunkturlage nutzen und Mastochsen nach England exportieren. Obwohl die Sympathie des Erzählers und des Autors dem »erwachsenen Mädchen« Anne Lene gehört, ist die Novelle nicht durch die schematische Gegenüberstellung des guten Alten und bösen Neuen vereinfacht. Marx erzählt vom Niedergang der Familie van der Roden als hilfloser Zeuge, so als vollzöge sich Geschichte in naturgesetzlicher Unabänderlichkeit. Mit der beschleunigten Zeit wird dieses Patriziat unzeitgemäß. Das veranschaulichen verschiedene Sinnbilder: Anne Lenes Handschuhe, die sie fast immer trägt, die schnell zerreißen und häufig ersetzt werden müssen, verweisen auf ein gebrochenes Wirklichkeitsverhältnis, auf die Vorliebe für untadelige Umgangsformen und die Unfähigkeit, ihr Leben zu formen. Sie tanzt mit Marx einen völlig überholten Tanz, ein Menuett, keinen modernen Walzer wie ehedem Werther und Lotte. Der Staatshof verfällt, die Natur überwuchert ihn, im oberen Stockwerk veröden die Räume. Schließlich versinnbildlichen die morschen Bretter des Pavillons die Auflösung des Patriziats. Sie können Anne Lene nicht mehr tragen. So geht sie unter, ertrinkt in der Graft. Hingegen läßt der neue Besitzer den Hauberg abreißen; er erbaut ein »moderneres Wohnhaus«, in dessen Zimmer die »kostbarsten Möbel« stehen (1.426).

Man hat sich darüber den Kopf zerbrochen, ob die van Rodens adlig seien oder nicht, ob der Autor mit der Novelle den Adel oder das Bürgertum warnen wolle. Solche Mutmaßung verkennt, daß Storm mit seiner Prosa kein vereinzeltes ideologisches Projekt verfolgt (das unterscheidet ihn von G. Freytag), auch wenn seine Weltanschauungselemente die literarische Wirklichkeitsverarbeitung mitbestimmen. Er läßt sich erzählend auf Wirklichkeit ein, und das Erzählte gewinnt so eigendynamisch eine Bedeutungskomplexität, die über Storms Wissen von seiner Gesellschaft hinausgeht. So kann er den Übergang von der ständischen Gesellschaft zum Kapitalismus, von einem eher gemütlichen vorindustriellen Wirtschaften zu einer neuen ökonomischen Zweckrationalität begrifflich nicht denken, wohl aber erzählen.

Eindeutiger fallen die Bewertungen in einer anderen Novelle aus. Auch *Im Schloß* sind in einer besonderen Geschichte gesellschaftliche Grundkonstellationen lebendig. Auf den Selbstbekenntnischarakter der Novellen wurde ja bereits hingewiesen. Storm ergreift hier, wo es um den Gegensatz zwischen Adel und Bürgertum geht, eindeutiger Partei, weil der Adel, im Gegensatz zum schleswigschen Patriziat, politisch machtvoll bleibt, auch wenn das Bürgertum ökonomisch die Oberhand gewinnt. Auch hier steht eine junge Frau im Mittelpunkt. Die adlige Anna geht aber nicht mit ihrer Schicht unter, sondern sie macht eine Entwicklung durch, entscheidet sich für die Liebesehe, nachdem sie zuvor noch eine Konventionsehe mit einem Adligen eingegangen war, und heiratet die bürgerliche Glanzgestalt der Novelle, den ehemaligen Hauslehrer ihres Bruders, den gebildeten, tüchtigen, vorurteilsfreien, fleißigen Hinrich Arnold, der es zum Professor bringt. Die junge Frau löst sich von ihrer Klasse, sie befreit sich von jeglichem Adelsdünkel, bekennt sich zu ihren Wünschen und Gefühlen – so heftig, daß selbst die liberale *Gartenlaube* ihr bedauerndes »leider«, mit dem Anna die Frage, ob sie außereheliche Beziehungen zum Hauslehrer gehabt habe, keß beantwortet, streicht, ohne den Autor zu fragen. Sinnlichkeit und Gefühl, Fleiß und Zukunft kann das Bürgertum für sich beanspruchen und nicht der Adel. So liegt im Happy-End nichts Versöhnliches, sondern eine Kampfansage an den Kompromiß zwischen Adel und Bürgertum. Denn Anna steigt ja aus dem Adel ins Bürgertum auf. Welch ein Unterschied zu Friedrich Spielhagens Roman *Problematische Naturen* (1861/62), dessen Hauptgestalt, der bürgerliche Hauslehrer Oswald Stein, sich seiner Herkunft schämt und der sich später, wie beruhigend, als der natürliche Sohn seiner »Herrschaft«, des Barons H. v. Grenwitz, entpuppt.[12]

In *Auf der Universität* geht es nicht um Widersprüche zwischen Adel und Bürgertum. Auch nicht um eine Liebesgeschichte. »Die Liebe«, so gesteht Storm, »habe ich . . . absichtlich vermieden und mir dadurch allerdings meine Aufgabe sehr erschwert. Ich wollte eben etwas anderes« (an H. Brinkmann 5. 4. 63). Im Mittelpunkt steht nicht das Irrtumsmotiv einer Liebe, sondern die Geschichte eines erregbaren Mädchens aus kleinen Verhältnissen, das sein Leben schöner gestalten will und am Ende Selbstmord begeht. Die Darstellung, so beruhigt sich Storm selbst, sei nirgends »roh«. Und so setzt er denn seine Aussparungs- und Verklärungstechniken ein, um den sozialen Konflikt poesiefähig darzustellen. Diese Novelle, so darf etwas pathetischer formuliert werden, ist ein »Triumph des Realismus«, in ihr wird sogar vom Standesdünkel des Bürgertums erzählt: die Vorbehalte der Honoratiorentöchter in der Tanzstunde gegenüber Lenore und ihrer »heruntergekommenen Familie«, der Widerspruch zwischen der Welt der feinen Damen und der Lenores. Und vor allem, ihre Ansprüche auf ein glücklicheres Leben, ihre Wünsche nach schönen Kleidern, Sinnlichkeit und

Erfüllung werden nicht als bedrohliche Ansprüche von unten denunziert. Das »glückshungrige junge Menschenkind« kommt als »Ersatzfräulein« in die Tanzstunde der Honoratiorenkinder, denn die »achte standesmäßige Dame war nicht zu beschaffen gewesen« (1.529). So gelangt sie vorübergehend in eine schönere Welt. Und damit entsteht eine Geschichte, die vom Wunsch nach kultureller Teilhabe in Bewegung gehalten wird; und die uns durch leitmotivische Hinweise auf die Standesunterschiede nie vergessen läßt, daß es sich um soziale Widersprüche, um ungleich verteilte Lebenschancen handelt. Auch hier kann Storm etwas erzählen, das ihm nicht bewußt wird. Bei ihm aber machen Kleider keine Leute. Auch in Kellers Novelle gerät einer zufällig in die Welt des Wohllebens und der Behaglichkeit. Nur daß Keller, der gerne ißt und gut trinkt (seinem Handwerksgesellen Bordeaux und Bocksbeutel, Rebhuhnpastete und Forelle vorsetzend), dies greifbarer schildert als der magenleidende Storm, den Natur und Liebe begeistern. Während aber Keller die unerhörte Begebenheit, daß man einen Schneidergesellen für einen Grafen hält, durch das Wunder weiblicher Liebe, durch Nettchens »Komm fremder Mensch« märchenhaft-freundlich ausgehen läßt, endet bei Storm, dem vermeintlich weichen, die glücksuchende Schneiderstochter glücklos im Wasser.

In den unerhörten Begebenheiten dieser Novellen, im Untergang der Patriziertochter, im Aufstieg einer Adligen ins Bürgertum, in den Lebensansprüchen einer Schneidertochter über ihren sozialen Ort hinaus, wirken so bedeutende gesellschaftliche Grundkonstellationen. Deshalb lassen sich die Konflikte auch nicht wie Komplikationen lösen. Die poetischen Verklärungen, der Versuch, durch Andeutung und Auslassung einen rohen Realismus zu vermeiden, mag die Widersprüche dämpfen; sie werden aber nicht ausgesöhnt. Storm, der ja angeblich das Leben nach der Poesie ausrichtet, schreibt mit einer überraschenden Konsequenz: Anne Lene geht auch zugrunde, weil ihre Schicht obsolet geworden ist. Lore scheitert an einer Gesellschaft, die auch als bürgerliche Lebenschancen unterschiedlich verteilt. Und das Happy-End zwischen Anna und Arnold drückt keineswegs einen politischen Kompromiß aus, ist doch der Bruch mit dem Adel dessen Voraussetzung.

Vielleicht läßt sich jetzt verdeutlichen, was intensivierte Welthaftigkeit meint. In diesen Novellen bündelt und verdichtet der Autor seine Weltaneignung zu einer fiktionalen Welt, die sich mit seiner Weltsicht nicht mehr verrechnen läßt. Dies auch, weil ihre Inhalte im Medium der Literatur eine Eigendynamik entfalten. Damit sind wir nochmals bei dem Zusammenhang zwischen Ausdrucks- und Inhaltsebene, nur auf einem anderen Niveau. Storm liefert uns selbst die Stichworte »Lokalton« und »Verbindungsglieder«. Schon die Titel der Novellen zeigen an, daß sich Erzählung vom Räumlichen her aufbaut.[13] Aber im Unterschied zu *Im Saal* oder *Immensee* wird jetzt Raum verzeitlicht und Zeit verräumlicht. Anders ausgedrückt, die Figuren agieren jetzt in Raum und Zeit, und die Objekte sind in ihrer raum-zeitlichen Dimension dargestellt, stehen in Wechselwirkung zueinander. Raum meint hier nicht nur eine topographisch faßbare Lokalität, sondern die Gesamtheit der Objekte, der Erscheinungen, Zustände, Einstellungen und Figuren.[14] So entstehen, gebrochen durch die perspektivische Erzählweise, Raumkonstellationen, in denen die Figuren verbleiben oder die sie überschreiten. Mit diesem Fortschreiten der Zeit werden die Situationsbilder beweglich, und der novellistische Nahblick erstarrt nicht im genrehaft Idyllischen.

So lebt Anne Lene zwar auch im bürgerlichen Milieu, in Marxens Elternhaus, doch bleibt sie passiv und lebensabgewandt, ein Zubehör des Staatshofs. Sie entwächst zwar den Kinderschuhen, aber macht keine Entwicklung durch. In den anderen Novellen sind die Raumkonstellationen deutlicher und die Figuren beweglicher. Anna tritt in das Gegenfeld »bürgerliche Welt« ein, die semantisch-weltanschaulich Arnold verkörpert und topographisch durch die blitzsaubere Wohnung seiner Großeltern gekennzeichnet ist. Man vergleiche die Schilderung dieser Wohnung mit der des Schlosses. Und Lore versucht ja, aus ihrer Welt in die der feinen Leute überzutreten.

Der »Lokalton«, das heißt die genaue Schilderung des Raumes, und die »Verbindungsglieder«, das heißt, das Übertreten der

Figuren in die einzelnen Räume durch Handlung, zeigen, daß Storm die statischen Stimmungsbilder hinter sich gelassen hat. – Jetzt hat sich seine Erzählweise ausgebildet. Sein Erzählen wird sich aber noch verändern.

VII.
Wieder daheim und doch nicht ganz heimisch –
Krisenhafte Jahre und ein resignierter Autor

Am Samstag, dem 13. Februar 1864 fährt Storm gegen 19 Uhr im offenen Wagen von Osterohrstedt kommend nach Husum ein.[1] Es weht ein schneidender Nordwind. Doch Storm, ansonsten immer eine Erkältung befürchtend, dürfte an anderes denken, an die Familie, an die Heimkehr. Es wird einen unüblichen Empfang geben. Der Vater, meist zurückhaltend in seinen Gefühlsäußerungen, freut sich über die Ankunft seines Sohnes. Das mag uns nicht wundern. Aber beide tanzen vor Begeisterung in der Stube herum! Offensichtlich handelt es sich nicht um ein gewöhnliches Wiedersehen, um einen vorübergehenden Urlaub in Husum. Der Freudenausbruch der würdigen Herren, des Advokaten und des Kreisrichters, hat andere Gründe. Für Theodor bestehen nämlich Aussichten auf eine gutdotierte Stelle; nein, nicht im Dienste Dänemarks, sondern Schleswig-Holsteins! Jetzt scheint es möglich, nach mehr als zehnjähriger Abwesenheit im »Ausland« wieder in der Heimatstadt zu leben. Und dazu noch in einer einkömmlichen und ehrenvollen Stellung! Was war geschehen? Am Anfang der sechziger Jahre beginnt es in Schleswig-Holstein wieder politisch zu rumoren. Offensichtlich kommt das alte Mit- und Nebeneinander zwischen der dänisch- und deutschsprechenden Bevölkerung nicht mehr auf. Man steht sich zunehmend als Däne und Deutscher gegenüber, denn die Eigendynamik der nationalliberalen Bewegungen schafft Konflikte in der Sprachpolitik und in Verfassungsfragen, in der Schule und bei Stellenbesetzungen. Und sie setzt bei den Menschen kollidierende Wünsche frei, nach einem Großdänemark oder einem selbständigen Schleswig-Holstein in einem vereinten Deutschland; aber auch Ängste, je nach Standpunkt, vor der Einverleibung Schleswig-Holsteins durch die Dänen oder durch die Deutschen. Da stoßen zwei wachsende Nationalbewegungen aufeinander. Die »Neue Ära« in Preußen, die Ablösung der reaktionären Politik durch ein gemäßigt liberales

Ministerium, schafft zudem Erwartungen, die nationale Einigung könne unter Führung eines militärisch und politisch reorganisierten Preußen erreicht werden. Darauf hoffen auch Storm und sein Schwiegervater Ernst Esmarch, der von den Dänen abgesetzte Bürgermeister aus Segeberg. Dies ist auch die Position des 1859 gegründeten »Deutschen Nationalvereins«, der auf die Herstellung eines kleindeutschen Bundesstaates drängt und zu einem Kompromiß mit der preußischen Krone bereit ist. Trotz Verbot agitiert der Verein auch in Schleswig-Holstein.

Die Lage erscheint also aus deutscher Sicht einfach: hier die bösen Dänen und dort die unterdrückten Schleswig-Holsteiner, denen ganz Deutschland zu helfen hat. Bei näherem Hinsehen lassen sich aber widersprüchliche Interessen ausmachen, dynastische und demokratische, sonderstaatliche und nationale. Wir wollen hier nicht ausführlich die Absichten des Prinzen Christian von Schleswig-Holstein-Sonderburg-Glücksburg und die des Prinzen Friedrich von Schleswig-Holstein-Sonderburg-Augustenburg behandeln.[2] Nur soviel, Prinz Christian setzt, nachdem er als Nachfolger des kinderlosen Friedrich VII. den dänischen Thron bestiegen, seine Unterschrift unter ein neues Verfassungsgesetz, das bis zur Eider gelten soll. In den Herzogtümern und auch in Staaten des Deutschen Bundes ruft dies einen Sturm der Entrüstung hervor, sieht man doch darin eine Einverleibung Schleswigs. Auch die Husumer sind empört. Aus Protest entsenden sie keine Deputation zum Begräbnis des toten Königs. Zudem verweigert die große Mehrzahl der Advokaten und Beamten den von ihnen abverlangten »Homagialeid«. Der Advokat Johann Casimir Storm hingegen, sich wenig um den neumodischen Nationalismus kümmernd, leistet ihn.

Inzwischen meldet aber auch Prinz Friedrich seine Interessen an und verkündet, sich auf alte Erbfolgeordnungen berufend, er sei Herzog von Schleswig-Holstein und habe die Regierung der beiden Herzogtümer angetreten. Der Prinz operiert geschickt, denn er beruft sich nicht nur auf rein dynastisch-legitimistische Ansprüche, sondern will die nationalliberalen Kreise durch die Anerkennung der demokratischen schleswig-holsteinischen Verfassung vom 15. September 1848 einbinden. Das gefällt fast allen. Die Fürsten vieler Mittel- und Kleinstaaten begrüßen, auch in der Angst vor möglichen Volksbewegungen, einen neuen herzoglich-konstitutionellen Staat. Und die Liberalen erwärmen sich für die durch den »guten« Herzog gewährten Verfassungsrechte. Und so stellt sich auch der Deutsche Bund auf die Seite des Herzogs, fordert die Räumung des Bundeslandes Holstein von den Dänen, und läßt, als diese nicht erfolgt, seine Truppen nach Holstein einmarschieren. Sie werden mit Begeisterung empfangen. Auch in Segeberg, wo die Esmarchs einen sächsischen Artillerieoffizier beherbergen.

Den beiden deutschen Großmächten paßt aber die Entstehung eines neuen unabhängigen deutschen Staates nicht ins Konzept. Vor allem nicht in das Preußens, denn hier regiert inzwischen ein antidemokratisches Kampfkabinett unter der Leitung eines belesenen und energischen Junkers aus der Altmark. Dieser Otto von Bismarck denkt nicht national, sondern preußisch. Ihn kümmern nicht die flammenden Petitionen, Adressen und Proteste der Liberalen, die ohnehin alles vermeiden, was nach Unrecht, Druck oder Drohung klingen könnte. Die Einigungsbegeisterung liegt ihm nicht, er verspottet sie als »Bier-Enthusiasmus«; und dennoch rechnet er mit ihr, aber dabei immer an die Vergrößerung und Stärkung Preußens denkend. So erscheinen ihm die Klein- und Mittelstaaten als potentielle Beute und die Deutschen als Alliierte Preußens. Für ein selbständiges Schleswig-Holstein ist da kein Platz, und wenn schon gegen Dänemark Krieg geführt wird, dann sollten ihn Preußen und die andere Großmacht, mit der noch zu rechnen ist, führen. – »Bismarck ist der größte Feind unserer Sache«, schreibt Ernst Esmarch an seinen Schwiegersohn (4. 1. 64). Und da hat er nicht unrecht. Denn unter dessen Anleitung stellen sich die beiden Großmächte auf den Boden des Londoner Protokolls, veranlassen den Deutschen Bund, seine Aktionen einzustellen, und fordern am 16. 1. 1864 Dänemark ultimativ auf, die neue Verfassung aufzuheben. Nach Ablehnung des Ultimatums rücken preußische und österreichische Truppen über die Eider nach Schleswig ein und dringen schließlich bis nach Jütland vor. Im Vertrag von Gastein (14. 8. 1865) regeln Österreich und Preußen die weitere Verwaltung der Herzogtümer. Holstein geht an Österreich und Schleswig an Preußen. Die liberale Öffentlichkeit ist über dieses Abkommen entrüstet, verschachern doch hier nach alter dynastischer Manier zwei Großmächte, ohne die Bevölkerung zu befragen, ganze Gebiete; sie beginnt sich aber bald mit Bismarcks politischen Erfolgen anzufreunden.

Und Storm? Der verfolgt von Heiligenstadt aus voller Aufmerksamkeit und Anteilnahme die Ereignisse in seiner Heimat. Constanze träumt schon von der Rückkehr und kann vor Aufregung nicht einschlafen. Auch er ist erregt, und er verarbeitet seine Erregung in Gedichten, Novellen und Märchen. Und doch kühlen ihn Vorbehalte ab, denn die Begeisterung für Schleswig-Holstein mag national ausgerichtet sein, sie ist aber im Gegensatz zu den Ereignissen der späten vierziger Jahre keineswegs demokratisch. Auch jetzt gibt es in vielen Orten Deutschlands spontane Volksversammlungen und Protestdemonstrationen, und doch wird es im Gegensatz zu 1848 nicht zu einer demokratischen Volksbewegung kommen, auch wenn sich Ludwig Löwes Berliner Turner bereit erklären, als Freiwillige nach Schleswig-Holstein zu ziehen. »... alles Wiederholung der Erscheinungen des Jahres 1848, nur dadurch unterschieden, daß die Bewegung damals demokratisch war, jetzt aber national ist«, schreibt ihm der Schwiegervater (20. 12. 1863). Und er hat recht. Jetzt fallen die Entscheidungen in den Kabinetten, von hier aus werden die offiziellen Truppen in Bewegung gesetzt. Der Liberalismus, ganz auf Legalität und Ordnung festgelegt, darf noch für die nationale Stimmung sorgen.

Storm ist besser informiert, als man ihm zutrauen könnte; über die Berliner Vorgänge durch L. Pietsch und L. Löwe, über die Ereignisse in der Heimat durch seinen Vater und vor allem aber durch seinen Schwiegervater, der lange und detaillierte Briefe nach Heiligenstadt schickt. Zudem liest er auch Zeitungen, die feudal-reaktionäre *Kreuzzeitung*, bei der ja Fontane arbeitet, und die *Nationalzeitung*, das Organ der gemäßigten Fortschrittler. Über die Rolle Preußens macht er sich keine Illusionen, auch nicht über »seinen« Herzog oder den Adel. Ihm geht es auch weniger um die nationale Frage, sondern um ein selbständiges

Schleswig-Holstein, innerhalb eines deutschen Vaterlandes. Und ihn begeistert mehr der soziale Kampf gegen den Adel als der nationale für das deutsche Wesen.

So entsteht schon hier eine Inkongruenz zwischen dem objektiven historischen Prozeß einer Reichseinigung von oben und Storms, wenn auch vager, subjektiver Vorstellung einer demokratisch-nationalen Einigung von unten ohne den Adel. Dies wird ihm Enttäuschungen und Schmerzen bereiten, ihn in Wut versetzen und schließlich politisch resignieren lassen.

Jetzt aber befindet er sich in »politischer Aufregung«. Die Ereignisse dringen in seine Novellistik ein; er versucht, vor der Politik ins Reich der Märchenphantasie zu flüchten, und er arbeitet doch auch in den Märchen seine politische Aufregung ab. Abermals drängt sich ihm Politik auf, so sehr, daß er wieder politische Lyrik zu schreiben beginnt und dabei selbst gegen sein poetologisches Programm verstößt.

So finden wir in *Unter dem Tannenbaum* die Gegenüberstellung der vergangenen Idylle in der Heimat und der jetzigen Not in der Fremde. Storm erzählt hier eine persönliche Geschichte indirekt andeutend, ohne sich auf den nüchternen autobiographischen Bericht einzulassen. Im Mittelpunkt steht ein Weihnachtsabend der Familie des Amtsrichters Paul. Auf der Familie lastet eine Sorge, denn es fehlt ein Tannenbaum. So blickt man zurück, erinnert sich an vergangene, glückliche Weihnachtsfeste in der Heimat. Wo die liegt, das wird nur angedeutet, und sie ist doch für die zeitgenössischen Leser eindeutig lokalisierbar. In der Sprache des Amtsrichters liege »etwas von der Härte jenes nördlichsten deutschen Volksstammes, der vor wenigen Jahren, und diesmal vergeblich, in einem seiner alten Kämpfe mit dem fremden Nachbarvolke geblutet hatte« (1. 594). Schleswig-Holstein also. Was wir heute als verstaubte Familiengeschichte lesen (ja die Amtsrichters erhalten schließlich auch ihren Tannenbaum), erzielt bei den Zeitgenossen eine andere Wirkung. Die Leser dürften Ende 1862 wissen, daß hier von aktueller Politik die Rede ist, und zwar in einer Art und Weise, die ihren patriotischen Gefühlen entgegenkommt, und das, indem sie die Geschichte der Region umformuliert und eine siegreiche nationale Zukunftsperspektive eröffnet. Denn so alt sind die Kämpfe zweier sich »fremder« Völker ja gar nicht. Die Generation des alten Storm bringt ihnen wenig Verständnis entgegen, und für die Mitglieder der »Freundschaftlichen Gesellschaft« saß ihr König in Kopenhagen, war keineswegs der Herrscher eines unterdrückenden Nachbarvolkes. Solch erhitzter Nationalismus setzt dann auch auf die Zukunft, denn nur »diesmal« war ja der Kampf vergeblich gewesen. Er bezieht seine Kraft auch durch die Aufwertung der Heimat. So malt dann Storm am Ende der Geschichte nicht ohne peinliche Stilisierung seine Herkunft aus, erwähnt das alte Haus der Großeltern, die Kaufherren und Senatoren, Bürgermeister und Syndizi, ihre Schiffe und Fabriken (die bestanden aus drei Arbeitern! G. B.), lobt die Verhältnisse des gegenseitigen Vertrauens, beschwört die Familientradition »über Geburt und Tod hinaus« und überhöht, mitgerissen durch solch schönfärbende Erinnerung, schließlich Heimat religiös-weihevoll: »ich neigte unwillkürlich das Haupt; denn mir war, als fühlte ich den Segen der Heimat sich leibhaftig auf mich niedersenken« (1.617f.).

Als der Verleger der *Leipziger Illustrierten Zeitung* für das Jahr 1863 wiederum eine Weihnachtsgeschichte erbittet, nutzt Storm die Gelegenheit und verknüpft die Geschichte der Mamsell Meta Hansen, ihren Verzicht auf ihre Heirat zugunsten ihres Bruders Christian, mit den Ereignissen in seiner Heimat. Der zog nämlich als Freischärler mit Schlapphut und Pistole in den Kampf gegen die Dänen, kann sich also nicht um seine Geschäfte kümmern und macht währenddessen bankrott. Um ihn zu retten, opfert Meta ihr ererbtes Kapital und ihr individuelles Lebensglück. So werden in ihrer Erinnerung die Kämpfe von 1848 wachgerufen. Jetzt in der fiktionalen Gegenwart herrscht die »Gewalt des fremden Nachbarvolkes« (1.619), das sich im Lande festgesetzt hat; die »guten Leute wurden in die Fremde getrieben« (1.630) und in der Stadt wohnen die »neuen Beamten« und die »verhaßte« Sprache (1.644). Meta lebt im *Abseits* in einer Art innerer Emigration, fern von der Stadt in einem einsamen Heidegehöft. Doch der Autor weiß seine Leser zu trösten; er läßt nämlich an einem Weihnachtsabend den Bruder

Christian, wohlhabend und mit Sohn, auftreten. Es kommt zu einem rührenden Wiedersehen zwischen den Geschwistern; Christian kauft den alten Heidehof für sich und Meta. Sein Sohn Friedrich soll ihn bewirtschaften. Wohlstand wie Familienkontinuität sind also wiederhergestellt und die Zeit der Feinde scheint auch bald abgelaufen. Des alten Freischärlers markige Worte dürften den national eingestimmten Leser erbauen: »... ich lasse es mir nicht nehmen, die Herrlichkeit der deutschen Nation ist im Beginnen« (1. 646). Und mag auch noch niemand der Heimat zu Hilfe eilen, so ist doch, zumindest 1863 in der Weihnachtsgeschichte für die Leser der *Leipziger Illustrierten Zeitung*, die nationale Einigung naturhaft sicher. Denn der alte Freischärler erhebt seine »breite germanische Männergestalt« und versichert, »das Wachstum der Eiche zählt nur nach Jahrhunderten« (1. 647).

Solch nationale Töne mögen heute befremden, und sicherlich zählen die beiden Geschichten zu Storms schwächeren Arbeiten. Für den Biographen sind sie aber deshalb wichtig, weil sie seine politische »Aufregung« ausdrücken, in einer Gattung, deren Sprache sich schwerlich zur Verarbeitung von Politik eignet. Hingegen erlaubt das Märchen, ohne aktuelle politische Andeutungen oder gar Benennungen, erlebte Realität »freier« als in der auf Wahrscheinlichkeit festgelegten Novelle im Medium der Phantasie zu verarbeiten. Sein gelockerter Realitätsbezug ermöglicht eine Wirklichkeitsflucht aus der aufgeregten Zeit und zugleich die Verarbeitung von vorbewußten Enttäuschungen und Wünschen, die andere Gattungen wegfiltern.[3] Wie bereits dreizehn Jahre vorher verarbeitet Storm auch jetzt politische Ereignisse nicht nur novellistisch und lyrisch, sondern er nutzt auch die Phantasiewelt des Märchens, um das Wahrgenommene, Beobachtete und Erlebte ohne die Auflage eines direkten Bezugs zur gesellschaftlichen Wirklichkeit zu gestalten. Gerade jetzt, so schreibt er seinen Eltern, »wo ich wie niemals durch unsere schleswig-holsteinischen Verhältnisse politisch aufgeregt bin«, würde er »durch unabweisbaren Drang zur Märchendichtung getrieben« (29. 12. 63). Märchenschreiben erscheint ihm als eine Art »Gegengewicht« zur »politischen Aufregung« (an

H. Brinkmann 18. 1. 1864). Und so verfaßt er denn in wenigen Tagen ganz entgegen seiner sonstigen Arbeitsweise *Die Regentrude* und *Bulemanns Haus*. Das dritte Märchen, *Der Spiegel des Cyprianus*, wird erst nach der Heimkehr vollendet.

Storm weiß, daß er sich hier einer Gattung bedient, die trivialliterarisch verhunzt wird und ihren Kredit verspielt hat. Deshalb benennt er die Erstausgabe mit dem Titel *Drei Märchen* (1866) anläßlich der Zweitausgabe in *Geschichten aus der Tonne* (1873) um. Warum aber dann überhaupt Märchen? In den Vorreden zu den ersten beiden Ausgaben gibt er selbst zwei interessante Erklärungen. Mit ihnen wollte er, so heißt es in der ersten Vorrede, einen »Ritt ins alte romantische Land« wagen, und zwar »hübsch über die Alltagswelt« hinweg. – *Geschichten aus der Tonne*, der Titel verweist auf anheimelnde Jugenderinnerungen, auf die Vorliebe des Theodor Woldsen-Storm für versteckte Erzählplätze, für verschiedene Schlupfwinkel, an denen er und seine Spielkameraden sich Märchen erzählten. So ordnet er das Märchenschreiben in seine Lebensgeschichte ein, und zweifellos ist für den Prosaautor die mündliche Tradition prägender als die schriftliche der Hochliteratur, bleibt für ihn die Erzählerin Lena Wies wichtiger als Homer, Dante oder Goethe. In diesem Sinne setzt er in den Märchen seine literarische Jugendgeschichte fort und reagiert zugleich auf die politische Situation der Jahre 1863/64. Mit ihnen flüchtet er ins Reich der Phantasie vor politischen Ereignissen, die Wünsche und Hoffnungen freisetzen, deren Verlauf und Richtung aber unüberschaubar bleiben.

Wir sollten uns damit aber nicht zufriedengeben. Sicher, die Gattung ermuntert zur Phantasietätigkeit »über die Alltagswelt hinweg«; sie ermöglicht einen gelockerten Realitätsbezug mit ihren übernatürlichen Erscheinungen und wunderbaren Ereignissen. Aber gerade deswegen kann er mit ihr in künstlerischen Bildern und phantastischen Lösungen individuelle und gesellschaftliche Erfahrungen verarbeiten und darstellen. Dies ist keine gattungsspezifische Notwendigkeit, wie ein Blick auf die zeitgenössischen seichten Märchenbearbeitungen »für die Jugend« oder auf die Ausläufer der romantischen Märchendichtungen zeigt, in denen »Waldmeister« auf Brautfahrt geht, Maiköniginnen, Jugend, Liebe und Wein besungen werden. Dies ermöglicht aber bei Storm gegenüber der Novellistik eine veränderte Realitätsrepräsentation, die unbestimmter und zugleich bedeutungsweiter ausfällt. Ähnlich wie bei Mörike oder Keller kann auch bei ihm in der »freieren« Phantasiewelt der Märchendichtung seinen Ausdruck finden, was dem Autor vorbewußt bleibt. Auch deshalb dienen ja die Märchen der psychoanalytischen Biographik als willkommene Exempel, erlaubt doch aus dieser Sicht die erotisch-libidinöse Bilderwelt Rückschlüsse auf Storms vermeintlichen Narzißmus oder seine Frustrationen.[4] Demnach verkörpert in *Die Regentrude* das »knorpsige(s) Männlein im feuerroten Rock und roter Zipfelmütze« (4. 85) das phallisch-aggressive väterliche Prinzip und die »feuchte« Regentrude das der mütterlichen Fruchtbarkeit. Die elementar-erotische Aufladung der Stormschen Figuren soll hier nicht bestritten und über die Reichweite psychoanalytischer Symbolinterpretation nicht gestritten werden. Wichtiger erscheint jetzt, daß Storm über lebensgeschichtliche Nachhaltigkeiten hinaus mit den Märchen und in ihnen aktuelle Konflikte verarbeitet.

Denn die werden nicht verflüchtigt, sondern in eine Phantasiewelt verlagert. So verknüpft *Die Regentrude* die Märchenwelt und ihre mythologischen Verkörperungen von Naturmächten mit alltäglicher Dorfwirklichkeit, mit dem Konflikt zwischen dem reichen Wiesenbauer und der armen Witwe, der Liebe zwischen deren Andreas und dessen Tochter Maren. Wie im Volksmärchen kämpft hier das Gute gegen das Böse, zielt die Erzählung auf die Vereinigung der Liebenden, blüht schließlich das ganze Land auf, nachdem der böse Kobold, der phallische Feuermann, besiegt ist. Das Märchen läßt sich so sozial als die Liebesgeschichte zwischen einer reichen Bauerntochter und einem Habenichts, aber auch politisch als Niederlage des fremden Bösen und der Befreiung der Heimat lesen.

Noch eindrucksvoller zeigt sich in *Bulemanns Haus* der Zusammenhang von Wirklichkeitsflucht und verschärfter Wirklichkeitsverarbeitung. In ihm entsteht mit dem Geizhals, Makler und Seelenverkäufer Bulemann ein monströser Mensch, eine modern anmutende Verkörperung der kalten Ware-Geld-Beziehung, der Koalition von abstraktem Reichtum und konkreter Verarmung, von vollem Geldbeutel und leerem Herzen. Dieser zerstörte und isolierte Mensch leidet unter Wahnvorstellungen, stirbt nicht einmal richtig wie die anderen Menschen, die nicht seine Mitmenschen sind, sondern vertrocknet, schrumpft zusammen. Von der zart herausgetuschten Welt der frühen Novellistik und ihrer Melancholie ist hier nichts mehr zu spüren. Im Märchen kann sich Storm vom Verklärungszwang am ehesten befreien. Kein Wunder, daß dies »grauliche Phantasma« (an seine Eltern 8. 2. 1864) zunächst niemand haben will, weder die *Gartenlaube*, noch Westermann oder das *Düsseldorfer Album*. Mit dem grotesken Verzerren verarbeitet und gestaltet Storm seine erweiterten sozialen Erfahrungen, die Bedrohung der menschlichen Beziehungen durch Geld- und Besitzgier. Auch hier wirkt jenes schon erwähnte »er weiß es nicht, aber er tut es«, die Darstellung des Vorbewußten im Werk als Voraussetzung eines Bewußtmachens beim Leser.

So präsentiert denn auch *Der Spiegel des Cyprianus* eine Familiengeschichte mit Mord und Totschlag aus Habgier, die so gar nicht zur bisherigen Familienidylle passen will. Die Handlung soll hier nicht nacherzählt werden; hervorzuheben bleibt, daß im Miteinander von Märchenmotiven und realistischem Detail, von sozialer Erfahrung und ermunterter Phantasie, eine dunklere Welt als in den bisherigen Novellen entsteht. Den von Storm hochgeschätzten und bisher unterschätzten Märchen kommt deshalb nicht nur eine lebensgeschichtliche Bedeutung zu, sondern vor allem eine werkgeschichtliche, denn in ihnen sind Themen angeschlagen, die im novellistischen Hauptwerk, in den Desillusions- und Chroniknovellen, aufgegriffen und variiert werden. Und sie können darüber hinaus als Kunstmärchen einen Eigenwert beanspruchen.

Politisch eindeutiger, aber werkgeschichtlich folgenloser gerät Storms lyrische Reaktion auf die Ereignisse in seiner Heimat. Für den Biographen sind die Gedichte aber ergiebige Quellen, läßt sich doch durch sie aufzeigen, wie stark sich ihm Politik aufdrängt – so sehr, daß er sogar gegen seine Grundsätze der »feinen Lyrik«, gegen seine Poetik verstößt, keine Erlebnisgedichte schreibt, sondern »Bilder macht«, in pathetische Rhetorik verfällt und sogar gegen seine geheiligte Kunstautonomie verstößt. An die öffentliche Wirkung seiner Arbeiten dachte er immer, jetzt aber richtet er seine Lyrik nach der möglichen politischen Wirkung aus. »In diesem Kampf der Tyrtäus der Demokratie zu sein, ist mein heißester Lebenswunsch«, schreibt er an H. Brinkmann (18. 1. 1864). Storm wird aber keine Kriegslieder für seine Spartaner, die Schleswig-Holsteiner, verfassen können, weil nicht sie, sondern die Großmächte Preußen und Österreich den Krieg führen. Er hat aber zuvor schon ein Gedicht geschrieben, mit dem er unmittelbar in die politischen Auseinandersetzungen eingreift. Nicht ohne Pathos schreibt er am 5. 12. 1863 seinem Vater:

»Und wie jetzt Alles in Deutschland, was noch begeisterungsfähig, mit Herz und Hand für uns einstehen will, so bin auch ich, meiner Heimat treuester Sohn, mit einem Lied in diesen heiligen Krieg gezogen, was hoffentlich in den ersten Tagen schon viele tausend Herzen schlagen wird.«

Das wird es, denn das Gedicht läßt er noch im gleichen Monat, betitelt *Schleswig-Holsteinische Gräber*, in der *Gartenlaube* (1863, Nr. 51), jener populären liberalen Zeitschrift, die eine Auflage von 130 000 Exemplaren aufzuweisen hat, erscheinen. Mit diesem Wirkungsbewußtsein rückt er von seinem Vorbild Mörike ab und stellt sich in die Tradition der radikalen Lyrik des Vormärz, die aktuelle Ereignisse aufgriff, um belehrend und aktivierend einzugreifen. Man mag heute deren rasselnde Rhetorik belächeln, mag sie mit Heine als »gereimte Zeitungsartikel« verspotten; und doch sollte man ihre Verbreitung durch Plakat, Taschenbuch und Mündlichkeit nicht übersehen. Einen markanten politischen Unterschied zu den vierziger Jahren wird Storm, bald ein Tyrtäus ohne Demokratie, leidvoll erfahren. Sein Gedicht erreicht zwar Hunderttausende von Lesern, und es kann doch nur eine nationale Massenstimmung heben, nicht aber eine demokratische Massenbewegung unterstützen.[5] Das neunstrophige Gedicht erinnert an die Gräber der Toten bei Idstedt, an die dreizehnjährige Unterdrückung durch den Feind, läßt wieder die Osterglocken läuten, aber als Totenglocken, als Allegorie auf den Tod des dänischen Königs, beschreibt die Lage in der Heimat, wo man auf deutsche Hilfe hofft, aber auch zweifelt; und es appelliert in den letzten drei Strophen an die Kampfbereitschaft der Deutschen. So lautet die siebte Strophe:

> Wacht auf, ihr Reiter! Schüttelt ab den Sand,
> Besteigt noch einmal die gestürzten Renner!
> Blast, blast, ihr Jäger! Für das Vaterland
> Noch einen Strauß! Wir brauchen Männer, Männer!

(1.83)

Mit der Konkretisierung und der eingesetzten politischen Rhetorik verstößt Storm auch gegen die eigene Lyrikkonzeption.[6] Denn er erwähnt die Schlacht bei Idstedt und den Londoner Vertrag, setzt als rhetorisches Mittel immer wieder aktivierende Aufrufe ein, präsentiert eine eingängige Dreiteilung (Erinnerung an die Schmach, Hoffnung und Zweifel in der Heimat, Appell an die deutsche Nation) und überhöht die politische Aussage durch biblische Redewendungen religiös. Mit diesem, heute eher peinlich zu lesenden Gedicht kommt er dem Erwartungshorizont des liberalen Deutschland entgegen. Es bezieht Position gegen den Feind, die Dänen, und richtet die Anklage auch gegen diejenigen, die wie Bismarck am Londoner Vertrag festhalten wollen. Ansonsten drückt es eher vage nationale Einigungsstimmung aus, vermeidet jegliche Kritik am Adel, an den Junkern und den Augustenburgern. Privat wird er deutlicher. Er schreibt seinem Vater:

»Der Herzog ist, wie alle Gekrönten, meinem demokratischen Herzen eine sehr gleichgültige Person. Überdies weiß ich sehr wohl:

> Und haben wir unser Herzoglein
> Nur erst im Lande drinnen,
> Dann wird, mir kribbelt schon die Faust,
> Ein ander Stück beginnen.

Der Junker muß lernen den schweren Satz,
Daß der Adel in unsern Zeiten
Zwar allenfalls ein Privatpläsier,
Doch sonst nichts hat zu bedeuten.

Vor allem muß lernen Hinz und Kunz
– Und das ist ein Stück, ein hartes –,
Daß diese hochhinschauenden Herrn
Sind keineswegs was Apartes.

Denn nur so lang, als man sie glaubt,
So nur lang gibt's Gespenster.
Drum schaffet Licht und aber Licht,
Und öffnet Tür und Fenster!

Es ist mir sehr wohl bewußt, daß der überall unausbleibliche Kampf zwischen der alten und neuen Zeit bei uns ein sehr hartnäckiger werden muß. Diesen sozialen Kampf (! G.B.) in meiner Heimat noch zu erleben und rüstig durch das begeisterte Wort mit kämpfen zu können ist in bezug auf das äußere Leben mein allerheißester Wunsch. –––« (21.12.63).[7]

Das klingt schon demokratischer als die lyrische Stimmungsmache in der *Gartenlaube*. Wichtiger als irgendeine Reichseinigung von oben ist ihm jedoch die mögliche Heimkehr, ein vereinigtes Schleswig-Holstein und die noch ausstehende Auseinandersetzung mit dem gehaßten Adel: »Zweierlei, Hoffnung der Heimkehr und Haß gegen die deutsche Feudalpartei, hält jetzt mein Herz in beständiger Schwingung.«

Als Storm dies am 8. Februar seinen Eltern schreibt, da ahnt er noch nicht, daß er bald in Husum sein wird. Denn von dort erreicht ihn ein oder zwei Tage später ein Telegramm – laut Gertrud Storm sitzt die Familie gerade beim Teetrinken (wie sollte es auch anders sein) –, in dem ihm die Landvogtstelle angeboten wird. Dazu berichtet Ferdinand Tönnies, das Amt sei vor versammeltem Volk in Caspersens Saal ausgerufen worden, nachdem die gleiche Volksversammlung den dänischen Landvogt abgesetzt habe: »Das vollzog sich in plattdeutscher Sprache. ›Wul schall unse Landvagt sin?‹ ›Storm schall unse Landvagt sin.‹[8] Danach wurde sein Name an die Wandtafel geschrieben. Warum wählt man aber einen preußischen Kreisrichter, der seit mehr als zehn Jahren im Ausland lebt? Storm stammt nicht nur aus einer angesehen Familie,[9] konnte sich als Husumer Advokat mit den lokalen Rechtsverhältnissen vertraut machen, sondern er kennt als preußischer Amtsrichter auch das Recht der fremden Militärmacht und gilt zugleich wegen seines Engagements in den Jahren 1848/52 und der »Flucht« vor den Dänen als aufrechter Schleswig-Holsteiner. Schließlich wird die *Gartenlaube* auch in Husum gelesen. Von seinem *Und haben wir unser Herzoglein* weiß man hier nichts. Und auch das dürfte die Wahl erleichtern, denn die Stimmung ist in Husum augustenburgisch. Außerdem hatte Storm, sicherlich nicht ohne taktisches Kalkül, dem »Herzoglein« die vierte Ausgabe seiner Gedichte gewidmet. Darin betont er, es sei sein heißester Wunsch, »an einem glücklichen Tage unter der Regierung unseres angestammten Herzogs heimzukehren«. Hier scheint sich ein Feind des Adels bei der allgemeinen Stellenjagd peinlich anzubiedern. Wir sollten aber nicht überlesen, daß selbst in der Widmung Bürgerstolz durchklingt, denn, so heißt es da, »sollten in diesen Gedichten selbständigere und unumwundenere Worte enthalten sein, als sonst in Büchern, welche den Fürsten dargeboten werden«, so sei er stolz genug anzunehmen, daß »einem schleswig-holsteinischen Herzoge das Wort eines selbständigen Mannes nichts Ungewohntes ist«.[10] Storm erinnert also den Landesherrn an alte ständische Rechte und betont, daß hier kein feudaler Untertan, sondern eine unabhängige Person im Interesse der geliebten Heimat der Hoheit seine Gedichte widmet. Vor allem aber, als Landvogt wird man nicht von oben bestimmt, sondern demokratisch gewählt. Es ist eine angesehene und selbständige Stellung innerhalb der alten schleswig-holsteinischen Selbstverwaltung, denn der Landvogt verkörpert die Polizei und Gerichtsfunktionen für das gesamte Amt Husum, das – unter Ausschluß der Stadt – den Landkreis und die Inseln umfaßt. Die Stelle soll jährlich 3000 Taler einbringen. Erfreuliche Aussichten also, und dennoch sollten wir von der liebgewordenen Vorstellung Abschied nehmen, der treue Sohn seiner Heimat folge begeistert deren Ruf. Die Landvogtei ist zwar ein bedeutendes Amt, es bleibt aber, bei den verwirrenden politischen Verhältnissen keineswegs verwunderlich, zunächst ohne amtliche Autorisation.

Nach kurzer Bedenkzeit und, so dürfen wir wohl vermuten, intensiven Beratungen mit Constanze, läßt er sich beurlauben und fährt in aller Eile nach Hause. Über die Ankunft und den Freudentanz von Vater und Sohn sind wir schon informiert. Storm dürfte von der hohen Ehre beeindruckt sein, und er bleibt doch, zur Freude seines vorsichtigen Vaters, nüchtern-abwägend. Schließlich hat er ja in Heiligenstadt eine behagliche Stelle, und zu Hause sind die politischen Verhältnisse ungeklärt: Die österreichischen und preußischen Truppen stehen einem noch unbesiegten Feind gegenüber, und die provisorische schleswig-holsteinische Regierung muß die Ernennung zum Landvogt noch bestätigen. Die Dänen können noch siegen, und den Preußen ist nicht zu trauen. Wegen dieser Unwägbarkeiten beschließt er, zunächst einmal abzuwarten und sich über die politische Entwicklung Klarheit zu verschaffen.[11] Schließlich hat er sechs Kinder zu versorgen, fühlt er sich in Heiligenstadt wohl. Sicher, er möchte nach Hause und am Aufbau seines Schleswig-Holstein, das er sich vereint, selbständig und demokratisch wünscht, teilnehmen, aber als nüchterner Bürger denkt er auch an seine Familie, an die Ausbildung der Kinder, an die Alterssicherung für Constanze und sich. Deshalb versucht er, selbst als die Preußen die neuen Beamten bestätigt haben, das existentielle Risiko weiter zu mindern. Er quittiert deshalb seinen Dienst nicht, sondern erhofft sich eine »vorläufige Beurlaubung«, die es ihm ja ermöglichen würde, sollte die provisorische schleswig-holsteinische Regierung scheitern, wieder in den preußischen Justizdienst zurückzukehren. Auch jetzt entwickelt Storm, der vermeintlich verträumte und lyrische Stimmungsmensch, einen (uns nicht mehr überraschenden) Unternehmungsgeist. Er beschließt, selbst nach Berlin zu fahren, um die Beurlaubung rasch zu erwirken. In Berlin warnt ihn der Jugendfreund Theodor Mommsen, er solle nicht zum Minister gehen, »Sie erreichen doch nichts, als daß er ihnen Niederträchtigkeiten ins Gesicht sagt« (an Constanze 24. 2. 64). Und so fällt dann auch die Audienz enttäuschend aus, sie hinterläßt bei Storm einen »höchst widerwärtigen Eindruck«; der zeitweilige Urlaub wird verweigert, wenn er sich auf die schwankende Brücke stellen

wolle, so könne er das ja tun. Wieder nach Heiligenstadt zurückgekehrt, braucht Storm eine längere Bedenkzeit. Erst am 4.3.
1864 reicht er sein Gesuch um Entlassung ein. Der Entschluß
fällt ihm nicht leicht. Es gibt kein Zurück in den preußischen
Justizdienst, und was aus Schleswig-Holstein und der Landvogtei wird, ist nicht abzusehen. Er, der in Briefen und Gedichten
gegen die Feigen und Bequemen wettert, entscheidet sich innengeleitet für sein Gewissen. Ihn habe, so versichert er rechtferti-
gend dem Schwiegervater, »lediglich das Ding unterm linken
Knopfloch, der kategorische Imperativ« regiert (19.3. 1864).
Jetzt müsse er sein »Leben noch einmal von Neuem wieder
aufbauen«, und er hoffe »nach Jahr und Tag den Poeten zu
retten«. Und in die »Hohle Gasse« schreibt er der ängstlichen
Mutter, sie solle »ruhig sein; denn ich habe *recht* gehandelt; ein
andres hätte mir nicht geziemt« (11.3. 1864).
Zunächst aber heißt es Abschied von Heiligenstadt nehmen,
noch einmal dirigiert er seinen Gesangverein, genießt eine für
ihn veranstaltete Feierlichkeit der Honoratioren. Der Abschied
fällt ihm schwer; mir ist, so schreibt er den Eltern, »als schiede
ich von einer zweiten Heimat«, sie könnten sich wohl nicht
vorstellen, »mit welchem Enthusiasmus..., welcher Verehrung
die Menschen aus den verschiedensten Schichten der Gesellschaft an mir hängen und wie hoch und lieb Constanze« gehalten
werde (11.3.64).
Storm reist zunächst mit Hans in die Heimatstadt. Constanze
und die anderen Kinder werden im Mai folgen. Am 17.3. 1864
tritt er seinen Dienst als Landvogt an. Er blickt voller Lebensver-
trauen und Zuversicht in die Zukunft:

»Im übrigen ist es schon eine Freude, sich in der alten teuern Heimat
wieder das Nest zu bauen; mein Amt gibt mir eine sehr selbständige und
angesehene Stellung und ist mir in der ganzen Tätigkeit, die ich zu
entwickeln habe, sehr lieb. Ich komme als Obervormund, Polizeimei-
ster, Kriminal- und Zivilrichter viel mehr in rein menschliche Berührung, als dies in meiner frühern Stellung der Fall war, und dabei liegt fast
alles ganz in meiner Hand. Auch wird mir, wenn alles nach Wunsch sich
entwickelt, Zeit und Behagen zu poetischen Produktionen nicht fehlen«
(an L. Pietsch, 30.4.64).

Daraus wird aber nichts. Im Husum der sechziger Jahre kann er sich keine Heiligenstädter Verhältnisse herstellig machen. Wenn man überhaupt bei ihm von einer Lebenskrise sprechen kann, dann jetzt, wo sich wirtschaftliche, politische und vor allem familiäre Sorgen so stark bündeln, daß er befürchtet, »seine Muse« werde von nun an für immer schweigen.

Zunächst aber sieht das Leben freundlich aus. Endlich kann man wieder in ein Haus mit Garten einziehen. Es liegt in der Süderstraße, ist ein altes Predigerwitwenhaus mit einer prächtigen Türe, schmal und hochgiebelig, nicht allzu geräumig, so daß die Amtszimmer der Landvogtei im Stallgebäude untergebracht werden müssen; vor allem besitzt es einen langen, schmalen Garten mit einem schönen Rasen, umgeben von blühenden Büschen. Vom Krieg zwischen den deutschen Großmächten und den Dänen spürt man nichts in Husum, man erfährt von ihm nur durch die Zeitung. Zudem wird es Frühling, im Schloßpark beginnen die Krokusse zu blühen, Butterblumen überziehen die grünliche Marsch. Und dann erst die vielgelobte Nordseeluft. Storm ist ja nicht unempfindlich für solche Natureindrücke, und ein »Nest« mit Garten wünscht er sich ja seit seiner »Flucht« vor den Dänen. In sein Amt scheint er sich rasch einzuleben. Ängste bereitet es nicht, schließlich ist er hier ja eine Respektsperson. »Uebrigens verwalte ich dieß Amt«, so schreibt er seinem Schwiegervater, »wovon ich nichts verstehe, seit zwei Tagen mit großer Ruhe und Würde« (19.3.64). Und so beschäftigt er sich wieder mit Schwindeleien und Giftmorden, Holzdiebstählen und Betrug.

»Geselligkeit haben wir hier jetzt mehr, als eigentlich angenehm; ein Glück nur, daß Constanze und ich aus den Tanzjahren heraus sind« (an L. Pietsch Herbst 64). Die Storms erfahren von allen Seiten Zuneigung und Vertrauen, von den Eltern und Geschwistern (Aemil, der Arzt und jüngste Bruder, mit einer Schwester Constanzes verheiratet, wohnt in der Süderstraße nebenan). Storm verschickt Einladungen und macht sich bald daran, seinen Gesangverein neu zu gründen. Erwünschte Besucher, Freunde und Verwandte finden sich ein. Fontane, der sich im nördlichen Kriegsgebiet als Berichterstatter aufhält, besucht ihn in Husum. Er kommt aber nicht als Freund, sondern kündigt seinen Besuch kühl und distanziert an, betont, seine Absichten seien es, Storm und seine Frau »auf eine halbe Stunde zu sehen« und eine nahe gelegene Insel zu besuchen. Wenn dies nicht möglich sei, so würde er die Reise unterlassen (25. 9. 64).[12] Nach dem Besuch notiert er in sein Tagebuch: »Dann zu Storm. Idyll. Garten. Kinder... Husum und Storms Haus sehr nett...«[13] Die beiden ehemaligen Rütlianer verplaudern einige Stunden und unternehmen einen Nachmittagsspaziergang zum Deich, wo sich der Feinschmecker Fontane für das Austernbassin im Dockkoog interessiert. Von Politik dürfte auch die Rede gewesen sein, denn Fontane ist als Redakteur der reaktionären Kreuzzeitung ein Vertreter der verhaßten Preußen. Und als der wenige Wochen später in einem *Einzugslied* die heimkehrenden preußischen Truppen besingt, Storm zudem auffordert, er solle ein entsprechendes Lied aus Sicht der Schleswig-Holsteiner schreiben, da erhält er (welch imponierendes Beispiel typisch Stormscher »Rücksichtslosigkeiten«) eine ruppige Antwort:

»Hol sie der Teufel! Wie kommen Sie dazu, daß *ich* eine Siegeshymne dichten soll!... Ihr Einzugslied ist so außerordentlich gut, daß ich gründlich dazu gratulieren muß, obgleich der Zipfel der verfluchten Kreuzzeitung aus jeder Strophe heraushängt... Ihr... meisterliches Lied feiert lediglich die militärische Bravour, wodurch der Beifall des Königs – oder Königthums erworben ist, von einem sittlichen Gehalt der That weiß es nichts« (19. 12. 64).

Wie die meisten Schleswig-Holsteiner traut er den Preußen immer weniger. Dabei steht die deutschsprachige Bevölkerung den beiden Großmächten zunächst freundlich gegenüber, übernehmen doch der preußische und der österreichische Kommissar die Zivilverwaltung Schleswigs, verweisen die dänischen Beamten des Landes und heben die Sprachreskripte auf.
»Wie es politisch mit uns wird – dat blivt mi düster«, schreibt er einem Kollegen (an Christoph Tiedemann 2. 5. 64); jedenfalls scheint Storm die Schwäche der Augustenburgischen Bewegung zu erkennen und die preußischen Annexionsabsichten zu befürchten. Von einer begeisterten Teilnahme am staatlichen Aufbau eines möglichen selbständigen Schleswig-Holstein kann

schon im Sommer 1864 nicht mehr die Rede sein. Er wird zum eher mißtrauischen Beobachter der Ereignisse; er stellt sich weder den Kommissaren der Großmächte noch dem Herzog vor. In ihm wächst eine verbissene Opposition nach allen Seiten hin. Zudem muß er um seine Stelle fürchten, besonders nachdem der Augustenburger im Wiener Frieden (30. 10. 64) zugunsten des preußischen Königs und österreichischen Kaisers auf die Herzogtümer verzichten muß. Die Beamtenstellen werden zunehmend durch Preußen oder Anhänger Preußens besetzt. Storm kann als solcher nicht gelten, auch wenn er sich nach seinem Amsantritt politisch zurückgehalten hat. Schließlich hat er ja den preußischen Dienst verlassen, um ein demokratisch gewähltes Amt zu übernehmen! Es dürfte auch nicht unbekannt sein, daß er zu den Demokraten innerhalb der »Augustenburger« zählt, die nur ein Zweckbündnis mit dem Herzog eingegangen waren und scharfe Kritiker der »frechen Junkerherrschaft« bleiben. Deshalb macht sich in Berlin L. Pietsch Sorgen und warnt seinen Freund, er solle sich in acht nehmen, denn mit den Sympathien für den Augustenburger »werdet ihr das preußische ›Militärjoch‹ doch nicht los, vielleicht aber eines schönen Tages Eure Stellen« (an Storm 22. 12. 64). So scheitern seine politischen Hoffnungen, noch ehe er sich in Husum richtig eingelebt hat. Die Preußen, so befürchtet er, könnten sich an die Stelle der Dänen setzen und ihn nochmals verjagen. »Ich hab«, so antwortet er enttäuscht, »diese Geschichten eigentlich zum Speien satt; möchte mit den Meinen und einigen Getreuen in den Urwald fliehen, oder wenn wir nur noch eine rechte Heide hätten« (27. 12. 64).

Bleibt also wiederum die Nahwelt als Zufluchtsort, der Ehekult mit Constanze, die Kinder, Verwandte, Freunde und nicht zuletzt die Kunst, die Musik und die Literatur. Er sorgt sich aber auch um Constanze; sie sieht nämlich schlecht aus – eine verbrauchte Frau, die im vierzigsten Lebensjahr ihr siebtes Kind erwartet. Für ihren Körper ist der Kindersegen längst zum Fluch geworden. Denn die wirklichen und falschen Wochenbetten, es sollen zwölf gewesen sein, haben aus ihr eine kränkelnde und leidende Frau gemacht. Deshalb sieht Storm der Geburt, sie soll im Mai 1865 stattfinden, mit großer Besorgnis entgegen. Und um so größer ist die Freude, als sie am 4. Mai nachmittags reibungslos verläuft; dies nicht nur wegen Constanze. Denn gegen Abend scheint alles soweit in Ordnung, daß er sogar noch, welche Freude, in seinen Gesangverein gehen kann. Zwei Wochen später aber liegt Constanze im Sterben, sie wird, wie viele Mütter vor der Entdeckung der Antiseptik durch Semmelweis, ein Opfer des Kindbettfiebers.

Storm ist geschockt. Die Kinder sehen ihn zum ersten Mal weinen. Schließlich führte er mit Constanze eine innige Lebens- und Liebesgemeinschaft, war sie der emotionale Mittelpunkt seines Lebens, Geliebte und Lebenskameradin, Wirtschafterin und poetisches Gewissen. Bei ihr fand er Zuspruch und Trost, zu ihr flüchtete er, wenn ihn das Leben kränkte. Wir wissen einiges über ihre Rolle für ihn, als Hausfrau, Mutter, Geliebte und Adressatin seiner Überschußgefühle, und wir wissen wenig über ihre Gefühle und Wünsche ihm gegenüber. Sie dürfte ihn geliebt haben, jedenfalls glaubt dies Storm, und zugleich auch unter ihm gelitten haben, unter seinem Starrsinn, seinen Launen, seinen Gängeleien, seinem Ehekult mit der strapaziösen Forderung nach Liebe als Dauerhandlungsbereitschaft. Wir können dies nur vermuten. Storm jedenfalls weiß, was er verliert. Er schreibt an den Studienfreund Tycho Mommsen:

»Sie können freilich nicht ganz ermessen, *wie* mein Leben zerstört ist; ... sie war nicht allein und immer mehr meine Geliebte in des Worts verwegenster Bedeutung; wenn die Welt mich kränkte und schlug, dann flüchtete ich zu ihr wie ein Kind zur Mutter, und an ihrem klaren sichern Herzen fand alles trostreiches Ende; die stille Gewalt ihres schlichten und edlen Wesens gab mir in allen Dingen, wofür sie mit mir eintrat, eine Überlegenheit, die über meine eigene Kraft hinausreichte« (28. 8. 65).

Die Beisetzung, so darf vielleicht nüchtern formuliert werden, findet nach dem individuellen Modell der Liebesehe unter Wahrung der Familientradition statt. Ohne Priester und ohne Grabgeläut wird die Tote »in der Frühe eines köstlichen Maimorgens«, bevor »die neugierige Stadt erwachte« (an Mörike 3. 6. 65) in der Familiengruft auf dem St.-Jürgen-Friedhof bestattet. Storm will jede öffentliche Zeremonie vermeiden. So begleiten denn seine drei Söhne, sein Bruder Aemil und dessen Frau den Sarg. Getragen wird er von Mitgliedern des Gesangvereins. Die Feindschaft gegen die Kirche, die Scheu, Liebe und Trauer öffentlich zur Schau zu stellen, veranlassen ihn zu diesem kleinen, unkonventionellen Begräbnis.

Constanzes Tod ist der Schicksalsschlag in seiner Lebensgeschichte. Er wird sein Leben für Jahre krisenhaft-unsicher machen, denn mit ihr verliert er ja das Zentrum seiner schützenden und stärkenden Nahwelt. Ihr Tod wird nicht sein Leben zerstören, wohl aber seine Lebenswelt durcheinanderbringen, wird ihn verstärkt grübeln lassen über Einsamkeit und Tod. Wir sollten seine Trauer und Klagen wörtlich nehmen. Daran ist nichts literarisch gesteigert. Wir sollten aber auch seine gefestigte Identität nicht unterschätzen.

Oder anders ausgedrückt, der Schicksalsschlag bewirkt keine lähmende Ausweglosigkeit, auch wenn einige Briefstellen verzweifelt klingen: »Wie öde ist es jetzt hier; ich in meinem zertrümmerten Leben ganz allein« (an H. u. L. Brinkmann 8. 6. 65). Aber seine »elastische« Natur bewährt sich auch jetzt. Und er ist sich dessen bewußt. So findet er überraschend schnell seine Sprache wieder, kann, wenn er über die Beerdigung berichtet, die »Frühe eines köstlichen Maimorgens« erwähnen. So schreibt keiner, den die Trauer auffrißt. Und so vermag er schon wenige Wochen nach Constanzes Tode, selbstgewiß und lebensfest, seinen Schmerz auszudrücken und zugleich seine Krisenbewältigung herauszustellen.

»Gleichwohl bin ich nicht der Mann«, so versichert er Mörike, »der leicht zu brechen ist; ich werde keines der geistigen Interessen, die mich bis jetzt begleitet haben und die zur Erhaltung meines Lebens gehören, fallenlassen; denn vor mir... liegt Arbeit, Arbeit, Arbeit!« (3. 6. 1865).[14]

Und dem Schwiegervater wird versichert, er gehöre nicht zu den Menschen, »die sich selber hülflos zu Grunde gehen lassen«; deshalb würde er auch alle bisherigen »Lebensinteressen« aufrecht halten (18. 6. 65).

Man kann Constanzes Rolle in seinem Leben kaum überschätzen und sollte trotzdem die lebensgeschichtlichen Auswirkungen ihres Todes nicht dramatisieren. Denn der zerstört seine behagliche Nahwelt, nicht aber seine Handlungsfähigkeit. Oder anders ausgedrückt: durch ihn gerät seine unmittelbare Lebenslage in eine Krise, nicht aber seine Identität; denn mit ihm bewährt sich gerade seine Fähigkeit zur praktischen Lebensbewältigung als erprobte Bewältigungsform des Zurechtkommens. Dies gilt für die unmittelbare Lebenspraxis, für die Berufsarbeit in politisch unsicheren Zeiten, für die Sorge um sieben mutterlose Kinder ebenso wie für die mittelbaren Lebensperspektiven, für den Wunsch, sich vielleicht wiederum die vermißte Behaglichkeit »herstellig« zu machen – nein, nicht mit einer Haushälterin, sondern mit einer geliebten Ehefrau. Trauer und Klagen schließen jedenfalls Handlungsfähigkeit und Lebensansprüche nicht aus. So verarbeitet denn Storm seinen Schmerz, in dem er ihn ausdrückt, und er stabilisiert sein Leben, indem er die Eingebundenheit in gesellschaftliche Anforderungen anerkennt und seinen Anspruch auf Teilhabe an gesellschaftlicher Lebensgewinnung nicht aufgibt.[15]

Das klingt abstrakt und unanschaulich. Leichter läßt es sich erzählen. Nach der Beerdigung setzt sich Storm ans Klavier, spielt stundenlang und tröstet sich mit der Musik. Noch am selben Abend beginnt er mit dem ersten Gedicht des Zyklus *Tiefe Schatten*; nicht, indem er Trauer und Schmerz rhetorisch deklamiert, sondern durch die Darstellung einer einheitlichen Bildlichkeit ausdrückt:

> In der Gruft bei den alten Särgen
> Steht nun ein neuer Sarg,
> Darin vor meiner Liebe
> Sich das süßeste Antlitz barg.
>
> Den schwarzen Deckel der Truhe
> Verhängen die Kränze ganz;
> Ein Kranz von Myrtenreisern,
> Ein weißer Syringenkranz.

Was noch vor wenig Tagen
Im Wald die Sonne beschien,
Das duftet nun hier unten:
Maililien und Buchengrün.

Geschlossen sind die Steine,
Nur oben ein Gitterlein;
Es liegt die geliebte Tote
Verlassen und allein.

Vielleicht im Mondenlichte,
Wenn die Welt zur Ruhe ging,
Summt noch um die weißen Blüten
Ein dunkler Schmetterling

(1. 86 f.).

Die Tote wird nicht beschrieben und auch nicht direkt angespro-
chen, der Dichter redet in der dritten Person von ihr. Sie bleibt
verborgen und gerade dadurch drückt sich Verlassenheit aus.
Die einfachen vierzeiligen Liedstrophen aber entwerfen ein ge-
mildertes Stilleben ohne laute Klage oder gar schauerliche Fried-
hofsromantik. Das biedermeierlich anmutende Grabidyll ist
durchzogen von Frühlingsduft und Frühlingspflanzen; selbst
das Gitter verliert im Diminutiv »Gitterlein« seine Schwere.[16] –
In diesem Zusammenhang interessiert uns nicht der ästhetische
Eigenwert des Gedichtes, etwa seine raffinierte Einfachheit oder
die Musikalität seines metrischen Schemas, sondern seine lebensgeschichtliche Bedeutung als Medium der Trauerverarbei-
tung. Und doch verweist den Biographen die »schöne Form«,
auf einen wichtigen lebensgeschichtlichen Tatbestand: selbst in
der Trauer hält Storm seine poetologischen Normen ein! Er
schreibt selbsttherapeutisch und zugleich kunstbewußt. Deshalb mildert er seine Affekte ab, macht sie zum Material einer
Erlebnislyrik, die durch die Form Geltungsanspruch über das
partikulare Ereignis hinaus erhebt. Als ihm später der Sohn
Hans vorwirft, er hätte diesen Zyklus nicht veröffentlichen
dürfen, da lautet die Antwort, der Dichter dürfe »grade sein
Heiligstes seinem Volke nicht vorenthalten«, dies sei sogar ein
Kennzeichen des Dichters, der dabei »im Dienst des Großen und
Schönen« stehe (14. 7. 67).

Zudem schreibt er Briefe, gleich am Tage nach dem Tode an die Byerns und Kaisenbergs nach Heiligenstadt, später an Freunde wie L. Pietsch oder die Brinkmanns, an entfernte Adressaten wie Mörike oder Tycho Mommsen. Und da ist ja auch noch der stabilisierende Beruf, die Grundlage bürgerlicher Geregeltheit und Ordnung, da trösten ihn die Kinder, die Eltern und der Bruder, muntert ihn der Gesangverein auf. Er kann im selbstgewissen Bewußtsein seiner Identität den Alltag auch ohne Constanze bewältigen. Um den Haushalt, das Neugeborene und die übrigen Kinder kümmert sich zunächst Auguste Jebens, ein Mädchen aus der weiteren Bekanntschaft. Zudem wird im Herbst durch Vermittlung von Wussows eine englische Haushälterin und Gouvernante eingestellt. Diese Miss Mary Pyle kennt er bereits aus Heiligenstadt, denn dort hat sie Hans im Englischen unterrichtet. Man ist sich also nicht völlig fremd. Sie besitzt Storms Vertrauen und scheint es auch zu rechtfertigen.

So wird jedenfalls der Haushalt geordnet, ist für die Kinder gesorgt. Das entlastet und erlaubt, Pläne zu schmieden, »3 oder 4 Wochen zu reisen... namentlich Menschen (zu) sehen, womöglich neue Fäden in's Leben (zu) spinnen«.[17] Er beschließt im Sommer nach Baden-Baden zu fahren, nicht um in diesem Modebad der Pariser Gesellschaft und des russischen Hochadels mondäne Welt zu spielen (kaum vorstellbar, der Landvogt mit seinem grünen Röckchen im Spielcasino), sondern um sich abzulenken und einen geschätzten Kollegen zu besuchen, der ebenfalls den »Naturlaut« und »Einfachheit« liebt, schwülstige Bilder und »Wortsensationen« ablehnt.[18] Der Kollege ist etwa gleichaltrig, stammt aus einem alten russischen Adelsgeschlecht und ist Storm nicht ganz unbekannt: Iwan Turgenjews Skizzensammlung *Aufzeichnungen eines Jägers* hat er bereits in Potsdam gelesen und die deutsche Übersetzung zum Druck empfohlen.[19] Jetzt spielt L. Pietsch den Vermittler. Der möchte seinen Freund Storm »mit diesem Prachtmenschen« (an Storm 24. 5. 65) zusammenbringen und übermittelt schließlich eine Einladung Turgenjews an Storm mit der Bitte, doch bei ihm zu wohnen.

Am 1. September macht er sich auf die Reise, besucht in Minden die Lyrikerin Elise Polko, in Frankfurt Tycho Mommsen und trifft am 5. in Baden-Baden ein. Über den achttägigen Aufenthalt sind wir durch Briefe an seinen Sohn Ernst und den Vater informiert. Zum Aufenthalt nur soviel: die Stadt und ihre Umgebung mit den Schwarzwaldbergen, Gärten und Villen gefallen Storm; nur findet er, an einen frischen Wind gewöhnt, die spätsommerliche Hitze unerträglich. Man nimmt ihn freundlich auf und an Zerstreuung fehlt es nicht; Gespräche mit Pietsch und Turgenjew, Konzertbesuche und Teeabende im Hause der berühmten Sängerin Pauline Viardot, eine musikalische Matinee in ihrem Haus (zu den Eingeladenen zählen Fürstinnen und Prinzessinnen, selbst die Königin von Preußen ist anwesend), Spaziergänge und Ausflüge in die nähere Umgebung. Storm ist begeistert vom Niveau der musikalischen Aufführungen, freut sich über Turgenjews Aufmerksamkeiten. Und doch bleibt ihm das Weltbad und sein mondänes, häufig französisch sprechendes Publikum fremd. Er mag begehrliche Blicke auf die schönen Frauen werfen; er blickt aber nicht voller Bewunderung in die große Welt auf oder versucht sich gar eilfertig anzupassen. Ganz im Gegenteil, in ihm regt sich ein Mißtrauen gegen den genußreichen Reichtum, gegen die Äußerlichkeiten des Weltbadbetriebes. Und so stellt er denn gegenüber dem Vater die gesellschaftliche Kluft zwischen der Husumer Honoratiorenwelt und Baden-Badener Verhältnissen heraus:

»Ich bin in dem Kur- und Trinksaale und in den Spielsälen gewesen – ich habe doch eigentlich keine Vorstellung von einer solchen Wirtschaft gehabt. Diese jeunesse dorée, die man überall durch die offenen Fenster mit schönen Frauen der Pariser Demimonde bei kleinen Soupers etc. Geld vertun sieht, dies schwindelnde Genußleben der Geld- und Adelsaristokraten, wie weit liegt das ab von unserem Tagewerke und glücklicherweise auch von den schönen und bedeutenden Menschen, unter denen ich hier lebe« (11.9.65).

Ihm mißfällt das verschwenderische Nichtstun ohne geregelte Arbeit und Ordnung; deshalb mißtraut er auch dem Reichtum. All dies paßt nicht zu seinen altfränkischen Bürgertugenden. – Storm versprach seinen Gastgebern, an ihm sollten sie »keinen kopfhängerischen Gast« haben (an L. Pietsch 27.8.65). Das scheint er auch nicht zu sein. Jedenfalls bringt ihm Baden-Baden

Zerstreuung und vor allem die Gewißheit, in Husum, vorausgesetzt man ist glücklich verheiratet, die beste aller möglichen Welten vorzufinden. Insofern bestätigt der Besuch im Weltbad seine gelebte Bürgerlichkeit, seine Vorliebe für überschaubare Kleinstädte, geordnete Arbeit und inniges Familienleben. Auf der Rückreise findet er wieder vertrautere Lebenswelten. In Frankfurt wohnt er wieder bei Tycho Mommsen, fährt anschließend bis Köln den Rhein hinab, besichtigt hier den Dom und den zoologischen Garten, besucht in Duisburg Pastor Ohlhues, einen Jugendfreund, in Arnsberg die Wussows und abschließend in Berlin seine »Tunnel«- und Rütlifreunde.

Ende September ist er wieder in Husum. Die Reise hat ihn zerstreut, aber jetzt nach der Rückkehr verstärken sich die Sorgen. Denn auch politisch verschärft sich die Lage. Im »Wiener Frieden« (30. 10. 64) muß der Augustenburger zugunsten des preußischen Königs und österreichischen Kaisers auf die Herzogtümer verzichten. Was wird jetzt aus der Landvogtei? Er versucht, sich mit den preußischen Offizieren zu arrangieren, nimmt einige sogar in seinen Gesangverein auf und spricht seine abgemilderte politische Meinung »Nichts gegen Preußen, viel gegen die Regierung, nichts gegen die Annexion, aber nur unter Genehmigung unsrer Stände« (an L. Pietsch 10. 12. 1865) offen aus. So sind auch seine Hoffnungen auf ein einheitliches und unabhängiges Schleswig-Holstein gescheitert. Er sucht Trost in der Musik und kümmert sich besonders liebevoll um die Kinder, paukt mit den ältesten Söhnen Hans und Ernst Latein, übt mit Karl Grammatik, überprüft Lisbeths Klavierspiel, schickt Elsabe in die Nähstunde und kümmert sich um die Kleinsten, um Lucie und Gertrud. Er ist ein sanfter Vater, einer, der ein partnerschaftliches Verhältnis zu seinen Kindern sucht. Miss Mary Pyle gibt sich Mühe, aber ohne Constanze, ohne eine Mutter, Ehefrau und Geliebte will ein behagliches Familienleben nicht aufkommen.[20] Darunter leidet Storm, er ist unglücklich wie nie in seinem Leben. Zu Weihnachten schreibt er an Elsabe Esmarch: »Ich lebe kümmerlich weiter, und suche meine zerbrochene Existenz zu flicken, so gut es gehen will« (23. 12. 65).

Das versucht er mit einer Unbeirrbarkeit und Zielstrebigkeit, die in einer nüchternen Analyse seiner Lage gründet und auf rasche Abhilfe sinnt. Das klingt verdinglicht und dürfte nicht zu seinem Liebes- und Ehekult passen. Aber er braucht für seine Kinder eine Mutter und für sich eine Ehefrau, denn mit Constanze ist nicht seine Sinnlichkeit gestorben. So geht Storm, erkennend, daß er, »um wirklich zu leben, der Frauenliebe mehr bedarf, als Tausend und tausend Andre« (an E. Esmarch 17. 3. 66), eine Vernunftehe mit einer elf Jahre jüngeren schon »verblühte(n) weiße(n) Rose« (an H. und L. Brinkmann 21. 4. 66) ein und bemüht sich, »ein schon altes Mädchen« (an P. Heyse 21. 11. 67) leidenschaftlich zu lieben. Wir wissen nicht wie es Do, nachdem sie als Neunzehnjährige Husum verlassen mußte, ergangen ist. Sie soll einsam und in drückender Abhängigkeit gelebt haben. Constanze knüpfte im ersten Sommer nach der Rückkehr in die Heimat die ersten Kontakte, lud sie nach Husum ein. Gut ein Jahr nach deren Tod (manche halten das für unschicklich früh, aber Eltern, Schwiegereltern und Freunde zeigen Verständnis) lassen sich Dorothea Jensen und Theodor Storm vom Pastor, einem Schulkameraden des Landvogts, in Hattstedt trauen – eine Konzession an die gläubige Braut, zu deren Leidwesen aber nicht in der Kirche, sondern, wie es Storms antikirchlicher Einstellung entspricht, im Pfarrhaus.[21] Auch dies wird eine einfache Feier ohne großen Aufwand. Nach dem Akt trinken die Trauzeugen und wenigen Angehörigen eine Tasse Tee im Pfarrgarten; noch am gleichen Tag beginnt das Paar seine Hochzeitsreise. Sie führt nach Hamburg und wird eine Woche dauern.

Liest man die noch erhaltenen Brautbriefe,[22] dann lassen sich die emotionalen Hypotheken dieser Vernunftehe, die auch eine Zuneigungsehe werden soll und wird, rasch erkennen. Do ist für Storm auch eine »verblühte Blondine«, die ihn kaum an die junge magdhafte Geliebte seiner Jugend erinnert, ist das verarmte einsame alte Mädchen, das ihn immer noch liebt und dem er nun seine Zuwendung schenkt. So kommt leicht ein herablassender Ton auf: »Meine Do, eine Perle bist Du immer gewesen; aber Du warst nicht an Deinem Platze, jetzt endlich hast Du Deine rechte Fassung bekommen« (21. 3. 66). Und selbst da, wo noch das emanzipative Programm der ehelichen Gleichberechtigung anklingt, infantilisiert er seine Braut, erklärt ihre Religiosität aus kindlichem Glauben, gesteht ihr zugleich großzügig zu, er könne ruhig abwarten, »wo das Kind auch hierin mein ebenbürtiges Weib wird«, und versichert ihr, sie könne nicht hindern, daß sie geistig neben ihm wachse (25. 3. 66). Nur in der Liebe will der in diesen Dingen nicht unerfahrene Bräutigam mit der Gleichberechtigung im Bett als Voraussetzung gesteigerter Lust sofort beginnen. In ihr, so schreibt er innerhalb weniger Tage in zwei Briefen gleichlautend, sei »ein Pantoffelregiment unmöglich, da hat jeder seine Freude daran, daß der Andere seine ganze Persönlichkeit möglichst frei auslebt« (25. 3. und 2. 4. 66).

In den Briefen an Do versucht Storm nochmals seine Gefühle in Wallung zu bringen. Und auch jetzt ermuntert ihn die Gattung: »Oh ich zähle jede Stunde, bis Du da bist« (13. 5. 66), läßt sich so ausrufen. Wir sollten dies nicht wörtlich nehmen, es sei den in dem Sinne, daß sein Haushalt und seine Sinnlichkeit eine Frau brauchen. Nein, eine Liebesleidenschaft wie in den späten vierziger Jahren entfacht Do nicht mehr; wohl aber scheint ihr Storm eine gerührte Zuneigung entgegenzubringen, die sich erst Jahre später zu einer dauerhaften Liebe auswächst. So entsteht mit diesem Erlebnisfundament keine Liebeslyrik mehr, und wenn den Briefen gelegentlich ein Gedicht beigelegt ist, dann klingt es müde und konventionell.[23]

Belastender noch als die gemischten Affekte mit Herablassung, gerührter Zuneigung und einem Rest von Emanzipationsanspruch auf ungeteilte und gleichberechtigte Liebe wirkt ein maßloser Constanze-Kult. Die Verstorbene bleibt als Mutter und Ehefrau, als »schöner und edler Mensch« Vorbild, an dem ihre Nachfolgerin gemessen wird. Schon der Braut wird eingeschärft, die Kinder dürften zu ihr nicht Mutter sagen, denn das klänge wie eine Beraubung der Toten. Vor diesem Hintergrund lesen sich die Bekenntnisbriefe an die Brinkmanns und Wussows, in denen Storm seine Liebe zu den beiden Frauen gesteht, auch wie Rechtfertigungsbriefe. Denn Constanze soll vor Jahren geäußert haben, »im Falle ihres Todes müßte ich doch wohl Do heiraten« (an die Wussows 14. 7. 1866).

»Qualvolle Gegenwart, berauschende Zukunft«, schreibt er hoffnungsvoll seiner Braut (14. 5. 66), doch daraus wird nichts, denn auch nach der Hochzeit will keine Behaglichkeit aufkommen. Dabei hat er sich ein helles und geräumiges altes Kaufmannshaus, es liegt in der Wasserreihe 31, ganz in der Nähe der Hohlen Gasse, gekauft und eingerichtet. So sonnig-heimwohlig wie er sich das wünscht, wird seine zweite Ehe zunächst nicht. Denn Do fühlt sich, nicht zu Unrecht, überfordert, verfällt bisweilen in Schwermut und Trübsinn angesichts der Anforderungen. Sie muß den etwas verwahrlosten Haushalt in Ordnung bringen, sich um sieben Kinder (Hans, der älteste, ist achtzehn, Gertrud, die jüngste, ein Jahr alt) kümmern, soll ihnen, die zur ihr nur Tante sagen dürfen, Mutter sein. Und da ist noch der Gatte mit seinen hohen Erwartungen. Ihm soll sie wie die Verstorbene Hausfrau und Mutter, Geliebte und poetisches Gewissen sein. So beginnt die junge Ehe der schon etwas älteren Eheleute krisenhaft.

Hinzu kommen entscheidende politische Veränderungen, durch die er seine Einkünfte bedroht sehen und sein einflußreiches Amt verlieren wird. Denn inzwischen ist es zum endgültigen Bruch zwischen den beiden deutschen Großmächten gekommen, und nach schlechtem alten Brauch überlassen die Österreicher und Preußen die Entscheidung dem »Gott der Waffen«. Bismarck, dem Österreichs Stellung in Kleindeutschland ein Dorn im Auge ist, der keine Reform des Deutschen Bundes will, sondern dessen Auflösung und Ersetzung durch die preußische Vorherrschaft, plant es so. Es geht hier nicht um die diplomatischen und militärischen Maßnahmen und Gegenmaßnahmen der Großmächte. Bismarck bringt Österreich durch einen provokatorischen Einmarsch preußischer Truppen nach Holstein und durch einen Bundesreformvorschlag, der es ausschließen soll, so weit, daß die Regierung in Wien am 11. 6. 1866 beim Bundestag die Mobilisierung gegen Preußen beantragt. Nach einem überraschend schnellen Sieg der modernen preußischen Kriegsmaschinerie muß Österreich im »Prager Friedensvertrag« seine Rechte auf die Herzogtümer aufgeben. Am 12.1. 1867 werden die Herzogtümer Holstein und Schleswig in eine preußische Provinz umgewandelt, ohne daß man deren Bewohner befragt oder die Genehmigung der Stände einholt.[24] Bei der anschließenden Wahl wählt Storm zwar mit dem ehemaligen Statthalter Beseler einen Vertreter der Nationalen, die Preußens annexionistische Politik begrüßen, doch läßt sich dies nicht als Bejahung der preußischen Politik verbuchen. Storm sieht keinen anderen geeigneten Kandidaten. Ihn »ekelt die ganze Geschichte an« (an Hans 13. 2. 67), er resigniert verbittert. Nein, er macht nicht mit den Preußen seinen Frieden, er wettert weiter gegen die Bismarcksche »Räuberpolitik«, gegen das »Junkerregiment«, gegen »die entwürdigenden Kriechereien«, gegen die »unwürdige Stellung der Beamten«.

Für seine politische Lebensperspektive ist nicht die gescheiterte Achtundvierziger-Revolution der Knotenpunkt, sondern der »Deutsche Krieg«. Erst Preußens Sieg bedeutet seine Niederlage, zerstört die Hoffnungen auf ein demokratisches Gemeinwesen in der Heimat. Zudem kürzen die neuen Herren zunächst das Gehalt des Landvogts. Die alte Angst, ins Proletariat abzurutschen, kommt wieder auf. An L. Pietsch schreibt er, noch unter dem unmittelbaren Eindruck des Kürzungserlasses: »So essen wir denn in unsrer fetten Heimat, wie einst auf dem magern Eichsfelde, die Semmeln wieder ohne Butter und trinken den Tee ohne Zucker« (10. 12. 66). Aber da hat er schon in einem ausführlichen Schreiben – wiederum ein Beweis seiner Lebenstüchtigkeit – Einspruch bei der Regierung in Schleswig erhoben, und »den ehrerbietigen Antrag« gestellt, die »hohe Regierung« wolle veranlassen, daß sein Gehalt »in einer den Bedürfnissen und dem Amte entsprechenden Weise erhöht werde«; dies übrigens mit Erfolg.[25] Als die preußische Regierung eine Verordnung über die Trennung von Verwaltung und Justiz erläßt, kann Storm immerhin wählen, ob er das neu geschaffene Amt eines Landrats oder das eines Amtsrichters übernehmen möchte. Er entscheidet sich für die bescheidenere Stellung eines Amtsrichters. Er fühlt sich degradiert, erkennt aber klug, in dieser juristischen Position weniger mit den neuen Herren in Konflikt zu geraten als in der des Verwaltungsbeamten. Das bisherige Diensteinkommen von 5000 Mark jährlich (ohne persönliche Zulage und »Wohngeldzuschuß«) wird ihm zugesagt.

Das bleibt zu wenig für seine große Familie, zumal jetzt in den Krisenjahren mit der Literatur eine wichtige Einnahmequelle nahezu versiegt. Immer wieder klagt er in den Briefen, er fühle sich »gesanglos und beklommen«, ihm fehle der unmittelbare Drang, das Gefühl zum Schreiben, er habe kein Vertrauen mehr in seine literarischen Arbeiten. Resignierend schreibt er an Fontane: »Jetzt scheint's aus zu sein mit meinem Dichten« (17.10.68). Die Klagen scheinen berechtigt. Er schreibt weniges und kaum Bedeutendes in den Krisenjahren, die Novellen *Von jenseits des Meeres, In St. Jürgen* und *Eine Malerarbeit* und den Gedichtzyklus *Tiefe Schatten*. Gründe nennt er selbst. Ihm fehle, so läßt er seine Schwiegereltern wissen, »die Vertiefung, das warme und behagliche Versenken in das Leben..., ohne welches keine Poesie denkbar ist« (8.6.66). Ähnlich äußert er sich auch gegenüber anderen. Zunächst scheint ja die Ehe mit Do, der verblichenen Jugendliebe, die Schwierigkeiten noch zu erhöhen. Hinzu kommt die große politische Enttäuschung, die »Vergewaltigung« des »Heimatlandes«, jenes »Ich hätte gedacht, anders in meiner Heimat zu leben« (an die Brinkmanns 21.1.68).

Storm sieht sich selbst als »freudlosen Menschen«, und er scheint keine Änderungen mehr zu erhoffen. Aus diesem Gefühl der handlungsgehemmten Resignation will der Fünfzigjährige sein literarisches Testament machen. Deshalb beginnt er die eigenen Arbeiten und die der anderen zu sammeln. Und natürlich braucht er wieder Geld, denn die beiden ältesten Söhne sollen die Universität besuchen. So entsteht mit dem *Hausbuch aus deutschen Dichtern seit Claudius* eine bedeutende Lyrikanthologie, ein poetologisches Dokument, in dem er nochmals, ohne auf den Publikumsgeschmack zu schielen, sein Konzept von Erlebnislyrik darlegt und zum rigiden Wertungsmaßstab macht. Wie bereits in der Anthologie *Deutsche Liebeslieder seit Joh. Chr. Günther* wendet er sich gegen die Massenlyrik, gegen die Phrase, die Anempfinder und Nachahmer, plädiert für den unmittelbaren Ausdruck der Empfindung und für lyrische Musikalität. Er bedient sich dabei der erfolgreichsten Präsentationsform für Lyrik. Denn Einzelveröffentlichungen verkaufen sich schlecht. Anthologien aber, häufig fürs weibliche Publikum, für »Haus und Familie« konzipiert, durch Goldschnitt und Illustrationen ebenso gefällig wie repräsentativ aufgemacht, eine Auswahl nur des Besten und Wertvollsten versprechend, oft aber schludrig und ohne Konzept zusammengestellt, überschwemmen den Markt. Sie sind, und das weiß auch Storm, ein Medium der Mittelmäßigkeit. Der Untertitel des Hausbuchs lautet »Eine kritische Anthologie«. Der Herausgeber setzt sich von marktgängiger Sammelei ab, denn er möchte »auch dem größeren Publikum einen Maßstab für poetische Leistungen in die Hand« geben (4. 395) und versichert, das Verdienst des Buches sei auch darin zu suchen, »was *dasselbe* nicht enthält«. So wählt er denn aus den Quellen gewissenhaft aus, bittet K. Groth, P. Heyse und Mörike um Hinweise. Ist sein poetologisches Konzept auch begrenzt, so geht er doch in seiner Stoff- und Themenwahl über den beschränkten Erwartungshorizont des Anthologiepublikums hinaus. So will er auch »das Häßliche« nicht ausschließen und nimmt auch trostlos-düstere Gedichte, etwa von Ada Christen oder dem besonders geschätzten M. Solitaire (d. i. Woldemar Nürnberger) auf und präsentiert nicht nur seine Favoriten Claudius, Goethe, Eichendorff, Mörike und Heine, sondern auch nahezu vergessene oder wenig bekannte wie Achim von Arnim, Clemens Brentano, Georg Büchner und Friedrich Hölderlin. Kompromisse geht er nicht ein. Obwohl der Verleger Wilhelm Mauke ihn inständig bittet, den einflußreichen R. Gottschall, einen Vertreter der »Phrase« aufzunehmen, bleibt Storm (wieder ein Beispiel seiner »goldenen Rücksichtslosigkeit«) unbeeinflußbar. Der Nichtaufgenommene, er hat selbst eine Anthologie herausgebracht, rächt sich, indem er das *Hausbuch* in den von ihm herausgegebenen einflußreichen *Blättern für literarische Unterhaltung* (1. 1. 71) »der lyrischen Kleinstädterei und Aquarellmalerei« bezichtigt. Storm fürchtet und überschätzt Gottschall als »das Orakel der Sortimentsbuchhändler«; in Husum, so schreibt er an Heyse, werde seit jener Kritik nur noch Elise Polkos *Dichtergrüße* verkauft. Deren Erfolg als populärste Anthologie bis ins neue Jahrhundert hinein und der Mißerfolg des *Hausbuchs* lassen sich nicht mit der einen Rezension erklären. Plausibler erscheint, daß der Lyriker und Herausgeber keine Konzessionen an den Zeitgeschmack macht. Er will zwar Geld verdienen und richtet sich doch nicht nach dem Markt.

Der Fünfzigjährige schreibt seinem Verleger George Westermann: »da ich auch als Poet an mein Ende zu denken habe, so bin ich entschlossen, Testament zu machen«, und er fragt, ob dieser sein »Testamentexekutor« sein wolle (28.6.68). So kommt noch im gleichen Jahr die erste sechsbändige Ausgabe seiner »Sämtlichen Schriften« auf den Markt; es ist, wie wir ja wissen, eine Ausgabe, die zwar fast alle bedeutenden Gedichte, aber wenige bedeutende Novellen enthält. Die wird er ja noch schreiben. Jetzt aber sieht er sein Leben als Autor abgeschlossen; ein resignierter Poet, der bezweifelt, ob er noch etwas leisten kann, der aber nicht daran zweifelt, daß er etwas geleistet hat. Selbstgewiß erhebt er den Anspruch, daß er »von allen, die im letzten Vierteljahrhundert ... mit lyrischen Dichtungen in die Literatur *ein*getreten sind, der einzige« ist, der »überhaupt in Betracht kommen kann« (an K. Groth 11.7.68). So schreibt keiner, der völlig gebrochen ist.

Aber als Autor ist Storm jetzt so alt, wie er es nie werden wird. Gemeint ist damit ein psychologisches Altern, das, was in der Altersforschung das Schrumpfen von Zielsetzungverhalten und Zeitperspektive genannt wird.[26] Beide beziehen sich als Leistungsvornahmen auf Zukünftiges und verkürzen sich im Alter.

So bündelt er resignativ seine Mißerfolgserfahrungen, seine Schreibschwierigkeiten und Gefühlsverarmung. Er selbst hält sich ja für »einen pensionierten Poeten« (an K. Groth 9.4.69). Der wird er aber nie. Auch nicht als Pensionär.

VIII.
Verbrauchte Themen, bewußte Form, und doch keine Lyrik nach Katalog

Das ist für die Lyrik nicht unbegründet. Denn Storm, der relativ spät zu seinem lyrischen Stil findet, verliert auch relativ früh die Fähigkeit, Gedichte zu schreiben. »Meine Novellistik hat meine Lyrik völlig verschluckt«, läßt er nach der Korrektur der 7. Auflage seiner Gedichte G. Keller wissen (7. 8. 85). Da hat er nicht unrecht, denn was er in seinem schmalen Werk als sorgfältige Auslese vorstellt, ist in fast allen Fällen vor Jahrzehnten, in der fruchtbaren Phase zwischen 1843 und 1868 entstanden.[1] Als Lyriker wird er wirklich zum »pensionierten Poeten«, dem kaum noch etwas gelingt; oder besser gesagt, Storm schreibt von nun an selten Gedichte, weil sie ihm nicht mehr »kommen«; eine sonderbare Formulierung, aber er gebraucht sie selbst, und sie sagt viel über sein Lyrikverständnis aus: »Und kommen die Lieder nicht mehr von selbst«, so berät er die junge Ada Christen, »so versuchen sie es lieber mit der Prosa« (21. 10. 69). Dies wird er von nun an machen.

Er braucht das Erlebnis, um Gedichte zu schreiben: »Sobald ich recht bewegt werde, bedarf ich der gebundnen Form« (an Mörike 2. 12. 55). Form und Gefühl bedingen also einander. Dabei meint Erlebnis nicht bloß allgemeine Stimmungen und Empfindungen, sondern deren konkrete Verknüpfung mit bestimmten Situationen, nicht zufällig aufgenommene Wirklichkeit, sondern innere, für die Bildung von Individualität bedeutsame Vorgänge. Insofern bleibt die lyrische Subjektivität einer äußeren Begebenheit verpflichtet. Und Form meint hier den Ausdruck des Gefühls, nicht einfach rhetorische oder metrische Regeln. Deshalb sollten wir unter Erlebnislyrik das Zusammenwirken von lebensgeschichtlichen Ereignissen und Tatbeständen mit hohem affektiven Wert, die sich Storm zurechnen kann, und stimmungsintensivierendem lyrischen Ausdruck, den der Leser auf sich beziehen kann, verstehen. Durch diese Einheit von Gefühl und Form wird das Gedicht zum Ereignis.

Charakteristische Stichworte für seine Lyrik gibt uns Storm selbst. Er spricht häufiger von »Erlebnis« und »Seelenstimmung«, von »Simplizität« und »Naturlaut«. Er ist kein Autor, der die Reflexionspoesie, wohl aber einer, der die Reflexion über Poesie liebt. Bei ihm beziehen sich Lyrikkonzeption und Lyrikproduktion eng aufeinander. Storm hat feste Vorstellungen, wie »feine Lyrik« zu sein habe, und daran orientiert er sich meistens. So schreibt er in einer Rezension:

»Es beruht daher auch das willkürliche und massenhafte Produzieren lyrischer Gedichte, das eigentliche Machen und Ausgehen auf derartige Produktionen auf einem gänzlichen Verkennen des Wesens der lyrischen Dichtkunst; denn bei einem lyrischen Gedichte muß nicht allein, wie im übrigen in der Poesie, das *Leben*, nein, es muß geradezu das *Erlebnis* das Fundament desselben bilden. Den echten Lyriker wird sein Gefühl, wenn es das höchste Maß von Fülle und Tiefe erreicht hat, von selbst zur Produktion nötigen, dann aber auch wie mit Herzblut alle einzelne Teile des Gedichtes durchströmen. Eine Folge hiervon und zugleich ein Beweis für unsere Ansicht ist es, daß selbst unsere besten Lyriker, wie Günther, Hölty, Goethe, Claudius, Uhland, nur wenige Lieder geschaffen haben, welche die seit ihrem Erscheinen verflossene Zeit überdauerten« (4.332).

Für ihn gründet also Lyrik unmittelbar in Lebensgeschichte, in der Spannung zwischen der Lebenslage, das heißt den konkreten Lebensbedingungen, den von ihnen ausgehenden Anforderungen, und den Lebenssituationen, den Einstellungen, Einsichten oder Befindlichkeiten.[2] Erlebnis meint aber hier eine spezifische Lebenssituation, nämlich eine affektiv-emotionale Zuspitzung innerer Vorgänge, die interne Repräsentation person-bedeutsamer Inhalte als reflexionslose Erfülltheit. Wir sollten nicht überlesen, daß Storm zur Kennzeichnung seiner Lyrik einen hochmodernen Begriff gebraucht, der sich nun durchzusetzen beginnt. Erst bei Goethe und Hegel finden sich erste substantivische Bildungen zu »erleben«;[3] nicht ohne Grund wertet die Romantik mit der künstlerischen Subjektivität innere Vorgänge auf und beantwortet damit das stärkere Auseinanderfallen von Phantasiewelten und nüchterner Wirklichkeit durch die Intensivierung der Innenwelten. Sicher, Storm ist kein Romantiker, ihm liegt es fern, den Alltag, der ihm ja keineswegs häßlich erscheint, mit einem Traumschleier von Poesie und Geist zu überdecken. Wenn er von Erlebnis spricht, bevor das Wort zu einem Schlüsselbegriff der Geschichts- und Kunstwissenschaften im späten neunzehnten Jahrhundert wird, dann bündeln sich darin lebensgeschichtliche Erfahrungen beengter Verhältnisse und erweiterter Bedürfnisse. Man könnte dies auch als verstärkte Differenz zwischen Innenwelt und Außenwelt bezeichnen. Wir haben ja in den vorhergehenden Kapiteln gesehen, wie dabei die Poesie als Stimmungsmacht mitwirkt und wie Storm die Lyrik als eine sozial beglaubigte Form persönlicher Erlebnisverarbeitung nutzt. Deshalb ließen sich ja in der Lebensgeschichte konkrete Momente, das »Berthaerlebnis«, die Liebe zu Do oder zu Constanze, ausmachen, in denen sich allgemeine Spannungen zwischen Lebenslage und Lebenssituation, zwischen Husumer Verhältnissen und Wünschen darüber hinaus, Konvention und Sinnlichkeit, Vergänglichkeit und Lebensinnigkeit konzentrieren. Mögen ihn auch solche Differenzen von dem genügsamen Leben der Husumer oder Heiligenstädter Honoratioren unterscheiden, so kann diese lyrische Erlebnisverarbeitung keineswegs den Anspruch künstlerischer Originalität erheben. Denn, so dürfen wir angesichts des Lyrikbooms vermuten, Zehntausende Bildungsbürger bringen dichtend ihren Gefühlshaushalt in Ordnung.

Storm aber, es sei wiederholt, entwickelt sich von einem Advokaten, der dichtet, zu einem Dichter, der auch Advokat ist. Das heißt, er schreibt nicht nur für sich, sondern im Bewußtsein einer nationalliterarischen Kontinuität. So verortet er sich, nicht ohne Selbstbewußtsein, indem er andere kritisiert, sie als Vorgänger oder als abschreckende Beispiele darstellt. Nur wenige läßt er wie Claudius, Uhland, Eichendorff, Heine oder Mörike gelten. Goethe ist ihm, »die wenigen kleinen vielgerühmten Sachen ausgenommen, noch ein rechter Schüler« (an Fontane 25. 5. 68); Platen lehnt er wegen seiner »äußerlichen Form« (an E. Schmidt 24. 8. 84) ab, gegenüber Freiligrath und Heyse, Keller und Meyer wahrt er Distanz. Und Geibels Formkunst schreckt ihn ab. Storm ist ein poetologisch hochbewußter Lyriker, einer, der das Ende der Kunstperiode zwar nicht wie Heine als Funktionswandel der Künste erkennt, wohl aber als Krise des lyrischen Sprechens ahnt.[4] In der Lyrik ist für ihn

»alles Fertige bereits so abgegriffen und verbraucht, daß es nur in den seltensten Fällen und durch die größte Kunst des Dichters einen frischen Eindruck hervorzubringen vermag« (4.351).

Bekanntlich duften in der deutschsprachigen Lyrik des 19. Jahrhunderts die Linden, rauschen die Eichen und murmeln die Bäche durch Wald und Wiese, über Berg und Tal ziehen meist lerchenfröhlich und unbeschwert jugendliche Wanderer, und den Liebenden dient der Wald als bergender Schutzraum, als »Himmelsdom«. Einer meist friedlichen Landschaft fehlen Lärm und Unrast. Um so intensiver klingen Wind, Wasser und Wald, klappern die Mühlen, zwitschern die Vögel – vornehmlich Nachtigallen –, blühen und duften die Blumen, Hyazinthen, Levkojen und vor allem die Rosen. Zum Gesang der Wanderer und zum Jauchzen der Winzer gesellen sich häufig Wald- und Posthornklang. Vorzugsjahreszeit ist der Frühling mit Maienduft in lauer Luft. Aber auch der Herbst paßt als bunte Jahreszeit zum Lebensglück, oder er verdunkelt als Nebelzeit die Stimmung. Sieht man von den großen Namen der Literaturgeschichte ab, so läßt sich vom Biedermeier bis zur Goldschnittlyrik ein festes Arsenal von lyrischen Motiven ausmachen, das unterschiedliche Talente ausplündern und zu einem Gedicht arrangiert in den zahlreichen Anthologien unterbringen können. In Natur, Heimat und Vaterland werden Kindheit und Liebe, Geselligkeit und Glück, gelegentlich aber auch Lebensbedrohung und Einsamkeit erfahren. Bevorzugte Gedichtform sind nicht freie Rhythmen, Hymnen oder Elegien, bestimmend ist das Lied. Gepflegt wird es in bürgerlichen Salons wie im Handwerkermilieu, in Vereinen wie in studentischen Verbindungen. Empfindsamkeit und Weltflucht, im 18. Jahrhundert auch progressives Moment einer nicht mehr religiösen, sondern zunehmend weltlichen Selbstbetrachtung, schlagen in Deutschland ohne geglückte bürgerliche Revolution zu Natursentimentalität und »machtgeschützter Innerlichkeit« (Th. Mann) um. Die Lyrik wird geradezu ein literarisches Medium zur Konservierung überholter Bewußtseinsinhalte. Ihre Innerlichkeit erlaubt es, neue Realitäten auszublenden, und sie erhält damit einen harmonisierenden Drall, der die Gefühle selbst glättet, der die Spannungen zwischen lyrischer Subjektivität und bürgerlicher Umwelt beruhigt. Dies zeigt sich – nicht nur bei der sogenannten Triviallyrik, sondern auch bei den »gehobenen« Produkten des Münchener Dichterkreises – als Verlust an subjektiven Daseinserfahrungen und als weitgehende Stagnation der lyrischen Sprache, ihrer Formen und Mittel.[5]

Davon ist auch Storm betroffen, und er schreibt doch dagegen an, ohne allerdings mit der Tradition vollends zu brechen. Auch seine Lyrik bezieht Menschenzustand und Naturzustand aufeinander, auch bei ihm duften Rosen, steigen Nebel, wehen Lindenzweige und reimt sich »Schneeglöckchen« auf »weißes Röckchen«, haftet der Natur ein poetischer Zauber an, kann sie Lebenslust und Lebensunlust ausdrücken:

> Jasmin und Flieder blühen,
> Es ist die schönste Zeit –
> Ich aber fühle schlimmer
> Als je die Einsamkeit.

(1. 249)

Solch beseelte Blütenpracht unterscheidet sich markant von den »kalten« Naturbildern des Symbolismus, in denen sich die Entfremdung von der Natur äußert. Storm hingegen setzt noch auf Unmittelbarkeit, auf Empfindung und Stimmung. Er entscheidet sich deshalb für das Lied und gegen Gedankenlyrik, gegen »hohe« lyrische Formen wie Hymne und Ode. Als Heine 1837 in seinem Vorwort zum *Don Quijote* den Deutschen die Palme in der Lyrik zuspricht, da nennt er sie die besten Liederdichter der Erde und versichert, für ihn würde Goethe im Wettgesang der Völker den Preis davontragen. Diese Hochschätzung der deutschen Lyrik, insbesondere des Liedes, behält noch lange für Kritiker und Dichter seine Geltung. Bei so unterschiedlichen Denkern wie Vischer und Schopenhauer und so unterschiedlichen Autoren wie Hebbel und Storm gilt das Lied als die reinste und eigentliche Ausprägung des Lyrischen. Doch Heine, der so rühmend das deutsche Lied herausstellt, schreibt im gleichen Jahr seinem Verleger Campe (19. 12. 37), der ohne Erfolg einen Lyrikwettbewerb ausgeschrieben hatte und dessen Gewinner eine goldene Feder erhalten sollte:

> Der Sangesvogel, der ist tot,
> Du wirst ihn nicht erwecken!
> Du kannst Dir ruhig in den Steiß
> Die goldne Feder stecken.

Storm versucht der Krise zu entgehen, indem er sich des persönlichen Erlebnisses vergewissert. Auch hier sind Rückgriffe auf die Aufklärung festzustellen, auf deren emanzipative Aufwertung von Gefühl und Natürlichkeit. So wie Lessing im Drama den bürgerlichen Helden fordert, verlangt Herder Gedichte voller Einfachheit und Wahrheit, Natürlichkeit und »Melodie des Herzens«. Storms Ausrichtung auf eine Lyrik des »Naturlauts der Seele«, wie er sie im Volkslied, bei Claudius, teilweise bei Goethe, bei Uhland, Eichendorff oder Mörike zu finden glaubt, und das Bewußtsein verbrauchter lyrischer Motive und Ausdrucksmittel führen zu einer Lyrikkonzeption, die den Zeitgenossen zu eng erscheint und die aus literaturgeschichtlicher Perspektive als borniete Einseitigkeit gelten mag. Ihr kommt aber als Selbstverständigung seines lyrischen Schreibens große Bedeutung zu. Zwar entwickelt er keine umfassende Theorie der Lyrik; wohl aber lassen seine Vorreden zu den Anthologien und die Rezensionen ein großes Bewußtsein von der Krise des lyrischen Sprechens erkennen. Eben daraus resultiert die verengte Lyrikkonzeption.

Sicher, hier sollten nicht die unmittelbar lebensgeschichtlichen Momente vergessen werden, die ihn zum Erlebnis »drängen«, der Sensualismus, die Vorliebe für Stimmungen und Gefühle, das Desinteresse gegenüber großen Theorien und Gedanken. Aber sein Festhalten am Erlebnis als dem Ursprung lyrischen Dichtens bedeutet auch eine »Verteidigung der Poesie« gegenüber dem Machen von Gedichten,[6] gegenüber einer Lyrik nach Katalog, die ihre Muster routiniert auszuwählen vermag. Deren Vertreter können immer weiter schreiben, während bei Storm seit den späten sechziger Jahren mit einer veränderten Lebensgeschichte (davon später mehr), das fragile Verhältnis von Erlebnis und Form zerbricht.

So stellt er sich bewußt in die Tradition der Lieddichtung, und er läßt doch keine übermächtigen Vorbilder gelten. Zugleich bricht er mit bestimmten Traditionen und kritisiert scharf zeitgenössische Lyriker. Trotz seiner politischen Ansichten, die er ja mit zahlreichen Autoren des Vormärz teilt, läßt er die Vormärzlyrik nicht gelten. Deren politisches Funktionsverständnis widerspricht seiner Vorstellung von Kunstautonomie. Wir erinnern uns, er schreibt zwar politische Gedichte, verarbeitet mit ihnen Erfahrungen, er nimmt aber mit ihnen nicht an ästhetischen Feldzügen teil. Die Vormärzlyrik und die des Biedermeier, die politische und unpolitische, verbindet die Vorliebe für gesteigerte Bildlichkeit, gesuchte Metaphern und Rhetorik. Auch dagegen wendet er sich im Namen der Einfachheit und Unmittelbarkeit.[7] Storm bricht mit der Herrschaft der Rhetorik, mit der gekonnten »Vieltönigkeit«, wie wir sie noch im *Liederbuch dreier Freunde* finden, und entwickelt einen mittleren Stil, der das Pathetische wie Niedrig-Komische vermeidet, der die Gefühlsergriffenheit in der Gegenständlichkeit darstellen und nicht als Wirkung beschreiben will. So wird das subjektiv-bekennerische Moment reduziert, indem sich das lyrische Ich in die Gegenständlichkeit zurückzieht. Dennoch geraten Gedichte wie *Waldweg*, *Mondlicht*, *Die Stadt* oder *Meeresstrand* nicht genrehaft. Im Unterschied zum gängigen Genrehaften in der Kunst und Literatur des 19. Jahrhunderts, das ja in typisierten Darstellungen eine alltäglich-genügsame Welt darstellen will, verzichtet Storm auf vereindeutigende Reizmittel, auf Bilder, Gleichnisse und Metaphern.[8] Solche Einfachheit ist keineswegs naiv, sondern kalkuliert; mit ihr entgeht er der Trivialität und der Eindeutigkeit des Genrehaften, das ja mit seiner detaillierten Bildlichkeit die Wirkungen mit verordnet. Hingegen enträt Storms (sein Mißerfolg als Lyriker dürfte auch darin gründen) bewußt hergestellte »Simplizität« der sentimentalen eindeutigen Stimmungshaftigkeit. Dies zeigt anschaulich das Gedicht *Abseits*

Es ist so still; die Heide liegt
Im warmen Mittagsonnenstrahle,
Ein rosenroter Schimmer fliegt
Um ihre alten Gräbermale;
Die Kräuter blühn; der Heideduft
Steigt in die blaue Sommerluft.

Laufkäfer hasten durch's Gesträuch
In ihren goldnen Panzerröckchen,
Die Bienen hängen Zweig um Zweig
Sich an der Edelheide Glöckchen;
Die Vögel schwirren aus dem Kraut –
Die Luft ist voller Lerchenlaut.

Ein halbverfallen' niedrig' Haus
Steht einsam hier und sonnbeschienen;
Der Kätner lehnt zur Tür hinaus,
Behaglich blinzelnd nach den Bienen;
Sein Junge auf dem Stein davor
Schnitzt Pfeifen sich aus Kälberrohr.

Kaum zittert durch die Mittagsruh
Ein Schlag der Dorfuhr, der entfernten;
Dem Alten fällt die Wimper zu,
Er träumt von seinen Honigernten.
– Kein Klang der aufgeregten Zeit
Drang noch in diese Einsamkeit.

(1.12)

Hier fehlen, abgesehen von den »Laufkäfern« im »Panzerröckchen«, Detailrealistik und Bildlichkeit. Es finden sich poetische
Verklärungen wie die »blaue Sommerluft« oder der »rosenrote
Schimmer«. Auch erscheint die Armut des Kätners in einem
freundlichen Licht. Vorherrschend sind aber sachliche Aussagen
in einfachen Hauptsätzen. Zu Recht ist darauf hingewiesen
worden, daß ein Lyriker der Biedermeierzeit solch schlichte,
unpoetische Sätze kaum gewagt hätte.[9] Das Gedicht, auf einem
Spaziergang im Spätsommer 1847 entstanden, konzentriert sich
zum Räumlichen. Es ist ausgehend von der Natur auf das
verfallene Haus und seine Bewohner hin geschrieben. Dieses
Abseits ist ein Gegenbild zur aufgeregten Zeit, das sich aber nicht
als idyllischer Fluchtraum abgrenzt, sondern durch den Kommentar des Dichters in seine Beziehung zur Welt gesetzt wird.

Der Gedankenstrich bricht die genügsame Geschlossenheit auf, und das »noch« läßt seine Vergänglichkeit und Gefährdung erkennen.

Storms Lyrikkonzept wendet sich auch gegen die zeitgenössischen »Anempfinder(n) und Nachahmer(n)« (4.392). Das zielt nicht nur gegen Geibel und den Münchener Dichterkreis, sondern gegen die Trivialisierung der Lyrik allgemein. So heißt es über Julius von Rodenbergs Lieder, deren Erfolg erkläre sich dadurch,

> »daß der Verfasser es verstanden hat, die allgemeingültigsten Gedanken und Empfindungen in einer freilich weder tiefen noch eigentümlichen, aber darum desto verständlicheren Weise auszusprechen. Wie hiervon bis zum Trivialen kaum ein Schritt ist, braucht nicht hervorgehoben zu werden. Jugend, Frühling und Liebe sind das Thema dieser Lieder... In den Liebesliedern begegnen wir nur der Liebe in abstracto und es fehlt überall... der Hintergrund des inneren Erlebnisses. In gleicher Allgemeinheit sind die übrigen Stoffe behandelt; fast nirgend befinden wir uns auf dem Boden bestimmter oder gar wirklicher Verhältnisse« (4.337f.)

Aus dem Zusammenhang von unmittelbar lebensgeschichtlichen Momenten und der Krisenerfahrung des lyrischen Sprechens entwickelt Storm einen Formbegriff, der sich gegen die naive Gefühls- und Stimmungspoesie ebenso wendet wie gegen die epigonale Variation poetischer Ausdrucksmuster. Deshalb unterscheidet er auch zwischen einer gröberen prosodischen und einer feineren geistigen Form. Diesen gestalthaften Formbegriff[10], der als »innere Form«, als »Seele« oder, wie es schon bei Herder heißt, als »Weise«, Gefühl unmittelbar ausdrücken soll, stellt Storm im folgenden Programmgedicht »lyrische Form« als »Kontur« dem »Goldgefäß« gegenüber:

> Poeta laureatus:
> Es sei die Form ein Goldgefäß,
> In das man goldnen Inhalt gießt!
>
> Ein Anderer:
> Die Form ist nichts, als der Kontur,
> Der den lebend'gen Leib beschließt.
>
> (1.93)

So ist Storm ein Lyriker des »fließenden Rhythmus«, der glatten Fügung, der Melodie, in die sich die Worte einpassen.[11] Deshalb kommt seine liedhaft-musikalische Natur- und Liebeslyrik meistens ohne komplizierte Vers- und Strophenmaße wie Distichon, Stanze, Ghasel, Ritornell oder Sonett aus. Antike Strophenmaße finden wir nur in der Jugendlyrik; und die Distichen der Elegien *Constanze*, die er 1871 verfaßt, sieht er als Beleg dafür, daß seine Zeit des Dichtens wohl vorüber sei.

Wenn er auch das »Machen« von Gedichten ablehnt, so steht hinter der »Simplizität« keineswegs Schlichtheit oder gar Anspruchslosigkeit. Vielmehr verbinden sich in den besten Gedichten volksliedhafte Einfachheit und ganzheitliche Form zu einer raffinierten Intimität, die bewußt hergestellt ist, sich aber schwerlich als gemachte erkennen läßt. Dies zeigt anschaulich das vielgerühmte Gedicht *Hyazinthen*. Hier finden wir keine strenge Form. Die fünfhebigen Verszeilen haben wechselnde Reimenden. Und doch finden wir hier einen strengen Formwillen, der den Versen musikalische Bewegtheit verleiht, und der durch die assoziative Verknüpfung der Geruchs- und Gehörempfindungen mit dem seelischen Zustand des Liebenden eine synästhetische Darstellung erreicht, die Gefühle nicht beschreiben muß, sondern durch sinnliche Wahrnehmungen ausdrücken kann.

> Fern hallt Musik; doch hier ist stille Nacht,
> Mit Schlummerduft anhauchen mich die Pflanzen;
> Ich habe immer, immer dein gedacht,
> Ich möchte schlafen; aber du mußt tanzen.
>
> Es hört nicht auf, es ras't ohn' Unterlaß;
> Die Kerzen brennen und die Geigen schreien,
> Es teilen und es schließen sich die Reihen,
> Und alle glühen; aber du bist blaß.
>
> Und du mußt tanzen; fremde Arme schmiegen
> Sich an dein Herz; o leide nicht Gewalt!
> Ich seh' dein weißes Kleid vorüberfliegen
> Und deine leichte, zärtliche Gestalt. – –

Und süßer strömend quillt der Duft der Nacht
Und träumerischer aus dem Kelch der Pflanzen.
Ich habe immer, immer dein gedacht;
Ich möchte schlafen; aber du mußt tanzen.

(1. 23)

Schon im Titel duftet es stark, süßlich und schwer. Mit Tönen
und Gerüchen, mit Musik und Blumen, entsteht eine Spannung
zwischen hier und dort, zwischen dem Liebenden und der
fernen Geliebten, die sich ausgehend von den Empfindungen zu
einem flüchtigen Bild verdichtet. Darauf richten sich die ersten
drei Strophen aus; nicht indem sie Gefühle offen benennen,
sondern indem sie durch Wahrnehmungen und durch einen
beschleunigten Rhythmus sich steigernde Erregung ausdrücken.
So wird hier das Erlebnis durch die raffinierte Form über
metrische Schemata hinaus wirkungsmächtig. Das soll kurz
erläutert werden. Die erste Strophe gibt das Thema an: Sinnes-
eindrücke erinnern den Liebenden an die ferne Geliebte; er
möchte schlafen, aber sie will tanzen. Das beginnt in der ersten
Zeile, durch ein aufgehobenes Metrum verstärkt, bewegungslos
als Gegenüberstellung von ferner Musik und stiller Nacht; und
es gewinnt dann immer mehr an Bewegung. Die geht von den
Pflanzen, die ihn »anhauchen« (!) aus, und ihn so, stilistisch
gesteigert durch die Iteratio »immer, immer«, an die Geliebte
denken lassen. In der letzten Zeile personalisiert das »Ich« und
»Du« den einleitenden Gegensatz von Musik und Nacht.
Stimmt die erste Strophe in die Situation des »Hier und Dort«
ein, so steigert und variiert die zweite Strophe das Thema. Schon
das einleitende »Es« drückt aus, daß sich die Empfindungen
bewußter Kontrolle entziehen; sie übermächtigen das Subjekt,
rufen Leidenschaft und schmerzliche Aufgeregtheit hervor. Dies
wird nun nicht als Wirkung auf den Liebenden beschrieben,
sondern in die Bildlichkeit der Gegenstände und Vorgänge
eingelagert. Kerzen »brennen«, Geigen »schreien«, es »teilen
und schließen sich die Reihen« – harte »e-« und »ei-Laute«
schaffen eine Einheit von Sprach- und Wortsinn, die den sinn-
lich-affektiven Wert der Unmittelbarkeit erhöhen. Zugleich un-
terstreicht das metrisch sich nach vorne verschiebende »und« die

Bewegtheit der Tanzenden. Die letzte Zeile endet wiederum mit einem Gegensatz. In der folgenden Strophe verdichten sich die Empfindungen, eingerahmt durch die beiden »und« zu einer bildhaften Vergegenwärtigung. Auch die Geliebte handelt unkontrolliert, sie »muß« tanzen. Das Übergreifen des Satzgefüges über das Versende hinaus beschleunigt nochmals den Rhythmus, verdichtet die Situation und führt zum Erscheinen der Geliebten hin. Denn das lyrische Ich sieht nur die Gefährdung durch einen Fremden, das weiße Kleid und ihre Gestalt. Die letzte Strophe kehrt zur ersten zurück und überbietet sie zugleich. Denn jetzt »quillt« der Duft »träumerischer aus dem Kelch«. Der Komparativ und die abschließende Wiederholung des Gegensatzes »ich möchte schlafen, aber du mußt tanzen« im Präsens vergegenwärtigen den spannungsreichen Zustand von Eifersucht und Erschöpfung.

Dieses Raffinement eines vermeintlich einfachen Gedichts veranschaulicht, daß Storm mit seinem ganzheitlichen Formbegriff trotz traditioneller Motive und Themen die verhaßte Phrase vermeiden kann, daß er weder naiv noch kunsthandwerklich-formalisiert dichtet.

Das Gedicht *Hyazinthen* mag typisch im Sinne seiner Lyrikkonzeption sein. Die Lyrikproduktion gipfelt zwar im liedhaften Erlebnisgedicht, sie beschränkt sich aber nicht darauf. Er schreibt zudem, wie schon ausführlicher zitiert, politische Lyrik, aber auch Sprüche und Widmungen (*Für meine Söhne*, *Der Lump* oder *Friedlos bist du*), ja bisweilen sogar, wenn auch weniger überzeugend, balladeske Gedichte (wie *In Bulemanns Haus*, *Geschwisterblut*, *Knecht Ruprecht*).

Dennoch, seine Geltung als Lyriker gründet vor allem in einer liedhaften Lyrik, welche Natur und Liebe, Tod und Vergänglichkeit zum Thema hat. Hier gelingt ihm, was Vischer in seiner Ästhetik das »punktuelle Zünden der Welt im Subjekt« nennt. Lebensgeschichtlich äußert sich dies in Stimmungen und Empfindungen, die an bestimmte Situationen gebunden sind. Wenn er bisweilen behauptet, jedes lyrische Gedicht solle ein »Gelegenheitsgedicht« sein, dann meint er damit nicht irgendeine Auftragsdichtung zu bestimmten öffentlichen oder privaten Anlässen, sondern das Ausgehen von bestimmten Situationen, die sich durch die Kunst der Poeten zum »Allgemeingültigen« ausdrücken lassen. Das schließt die Loslösung des Subjekts von jeglicher äußeren Begebenheit aus und verhindert so dessen Entgrenzung, dessen Auswuchern in nicht gelebten Vorstellungen, Affekten und Emotionen. So verhindert Storm, daß Subjektivität zu einer bloßen Funktion des lyrischen Schreibens wird, daß sie befreit von jeglichem Weltbezug als herstellbare Inwendigkeit vermarktet werden kann. Je formversierter ein Künstler sich ausdrückt, um so weniger muß er das sein, was er ausdrückt; und je mehr er seine Erlebnisse als völlig weltlose hervorrufen kann, um so eher können sie als hergestellte Regungen zu einem Stoff der Manipulation werden.[12] Das hat Nietzsche gespürt, als er Wagner, den Dompteur des Ausdrucks, der Heuchelei bezichtigte, ohne allerdings zu erkennen, daß dies weniger eine Frage der Individualpsychologie und mehr eine der Kunstgeschichte ist. Denn die Steigerung der Subjektivität durch die Subjektivität im Interesse ihrer künstlerischen Vermarktung ist ja schon für Heine ein Problem, und sie wird schon mit dem Lyrikboom im 19. Jahrhundert vollends problematisch, weil sie im virtuosen Gebrauch der durchmusterten Emotionen und Affekte sich selbst auflöst. Wenn Storm immer wieder darauf besteht, lyrische Gedichte sollten »immer unmittelbar aus der vom Leben gegebenen Situation heraus geschrieben« werden (4.331), wenn er, sicherlich unfreiwillig hegelnd, »die individuellste Darstellung mit dem allgemeingültigsten Inhalt« verbinden will, wenn er gegen Liebeslyriker polemisiert, die nicht geliebt haben, dann wendet er sich damit instinktiv nicht nur gegen die Formkunst, sondern ebenfalls gegen die Auslöschung der Subjektivität durch ihre kommerzielle literarische Ausbeutung. Auch deshalb bleibt ihm die Ironie des bewunderten Heine fremd. Vor allem aber, die verengte Lyrikkonzeption zeugt nicht von einem beschränkten Autor. In der Lyrik wie auch in der Novellistik ahnt Storm die Krise seines Kunstmodells; er erkennt sie nicht, und wir können sie doch an seinen mißlungenen Produkten ausmachen.

Zunächst aber bleibt hervorzuheben, daß mit der betonten

Beziehung von äußerer Begebenheit, innerem Erlebnis und liedhafter Form die Verbindung von Nahwelt, Erlebnisfähigkeit und Kunstmodell zu einem fruchtbaren und zugleich labilen Ermöglichungszusammenhang für die Lyrikproduktion gerät. Denn sie wird so unmittelbar in der Lebenssituation verankert. Bringt sie keine Erlebnisse mehr hervor, so »kommen« auch nicht mehr die Gedichte. Undenkbar, daß Storm im hohen Alter ein Rollengedicht als junger Liebhaber schreibt! Entstehen die Gedichte aber »aus dem Leben heraus« als unmittelbarster Ausdruck der Empfindung, dann präsentiert Storms Formkunst eingegrenzte Bereiche in gesteigerter Gestaltungsintensität. Zudem lassen die Verklärungszwänge des Poetischen Realismus eine stoffliche Ausweitung oder gar den Bruch mit der bürgerlich wohlanständigen Rede nicht zu. So wird die Beschränkung auf Liebe und Natur, Tod und Erinnerung verständlich.

Seine Lyrik verarbeitet dies in den Generalthemen Lebensbejahung und Vergänglichkeit, Sinnlichkeit und Gefährdung. Das erhält natürlich in jedem Gedicht, je nach Erlebnis, einen unterschiedlichen Akzent. So kann sich im *Oktoberlied* uneingeschränkt Weltlust und Lebensgenuß ausdrücken. Die zweite Strophe lautet:

> Und geht es draußen noch so toll,
> Unchristlich oder christlich,
> Ist doch die Welt, die schöne Welt,
> So gänzlich unverwüstlich!
>
> (I. 11)

Solche Überwindung der empfindsam-biedermeierlichen Resignation findet ihren Traditionsbezug in den anakreontischen Trinkliedern eines Hölty oder Claudius, dessen *Rheinweinlied* ebenso wie der *Wandsbecker Bote* in Husum bekannt ist.[13] In den Liebesgedichten kann Weltbejahung auch als Leidenschaft und Sinnlichkeit erscheinen, die keine rhetorischen Vorgaben mehr variieren und ohne Gottes Segen auskommen, die Subjektivität ausdrücken und in einer raffinierten Einfachheit extreme Stillagen vermeiden. So lautet das Gedicht *Abends*

Warum duften die Levkojen so viel schöner bei der Nacht?
Warum brennen deine Lippen so viel röter bei der Nacht?
Warum ist in meinem Herzen so die Sehnsucht auferwacht,
Diese brennend roten Lippen dir zu küssen bei der Nacht?

(1. 22)

Derart idyllische oder befriedete Stimmungen sind aber unty-
pisch für Storms Lyrik, denn sie drückt meistens eine Spannung
zwischen Wunsch und Enttäuschung, Glück und Gefährdung
aus. Auch deshalb ist der elegische Ton, ist die verhaltene Klage
oder wehmütige Resignation in Gedichten wie *Hyazinthen*,
Lied des Harfenmädchens, *Im Herbste*, *Rote Rosen* oder *Es ist
ein Flüstern in der Nacht* für ihn charakteristischer als die
kommersbuchhafte Weinseligkeit des *Oktoberliedes*. Storm
bricht zwar mit dem religiösen Jenseitsglauben und ihm fehlt
keineswegs die lebensinnige Hingabe an das Hier und Jetzt, an
die Schönheiten der sinnlichen Erscheinungswelt, aber er denkt
immer, und das unterscheidet ihn von Keller, an deren Vergänglichkeit. Etwas salopp ausgedrückt: pflückt er eine Blume, so
sieht er sie in der Hand welken, umarmt er eine jugendliche
Schöne, so denkt er an ihr Alter. Ihm spendet weder das
christliche Jenseits als mögliche Heimat Trost, noch gestattet das
Diesseits ein erfülltes Glück. Deshalb werden Vergänglichkeit
und Tod in seinen Gedichten präsent (*Wer je gelebt in Liebesar-
men*, *Schließe mir die Augen beide*, *Lied des Harfenmädchens*),
bedarf es der Erinnerung (*Gedenkst du noch?*, *Du warst es doch*,
Ein grünes Blatt), um zumindest in der Vergangenheit sich des
hinschwindenden Glücks zu vergewissern. So lautet die letzte
Strophe des Gedichts *Lied des Harfenmädchens*:

> Doch kann ich den Blick nicht wenden,
> Du einst so reizende Maid;
> Mir ist, als schaut ich hinüber
> Tief, tief' in vergangene Zeit.
>
> (1. 124)

Drückt die Unwiederbringlichkeit vergangene Glücksmomente
aus, so bedroht die Leidenschaft gegenwärtige Liebe. Wir haben

ja schon gesehen, wie sich in den Metaphern vom »sich entzünden«, von den »elektrisch zuckenden Funken« oder von der
»heißen Flut« das Gefühl der Bedrohung und Gefährdung ausdrückt.

Das braucht hier nicht wiederholt zu werden. Jetzt bleibt hervorzuheben, daß mit seiner Konzeption vom lyrischen Erlebnis,
das zur liedhaften Form drängt, seine Gedichte, darin durchaus
der Novellistik ähnlich, Lebensgeschichte »verarbeiten« können. Andererseits geschieht dies in verschiedenen Formen, die
unterschiedliche Wirklichkeitsverhältnisse verlangen und verschiedene Wirklichkeitspräsentationen ermöglichen. Insofern
verschiebt sich mit der Lebensgeschichte auch seine Schreibge-
schichte zur Novellistik. Anders ausgedrückt, mit der prosaischen Weltaneignung verändert sich Storms literarisches Weltverhältnis. Es ist zunächst lyrisch, das heißt, er versucht das
Leben als subjektives Gefühl, als Konzentration der erlebten
Empfindungen auszusprechen. Selbst seine frühen Novellen
sind ja eher lyrisierte Stimmungsbilder als handlungsgesättigte
Prosa. Und es wird episch, das heißt, er versucht äußere und
innere Geschehnisse zu erzählen. Damit wendet er sich, wie er
selbst über die Novelle *Draußen im Heidedorf* an Emil Kuh
schreibt, von den Stimmungen ab und den sich entwickelnden
»vorgetragenen Tatsachen« zu (24. 2. 73). Man hat nicht ohne
Grund von einer Hinwendung zum Tatsächlichen oder zur
Objektivität sprechen können.

Das von ihm selbst bemerkte »Verschwinden« seiner Lyrik in
der Novellistik entsteht nicht allein mit einem beruhigten Leben, mit einer zweiten Ehe, die Liebe als Leidenschaft kaum
noch kennt. An Bertha, Constanze und der jugendlichen Do
konnten sich die Sinne entzünden. Frau Dorothea Storm aber,
die nüchterne Hausfrau, bringt die Gefühle nicht mehr in Wallung. Bei ihr reicht es gerade für einige konventionelle Liebes-
briefe. Zudem nimmt Storm, wie noch ausführlicher zu zeigen,
das emanzipative Projekt der Liebesehe zugunsten eines eher
konservativen Durchhaltemodells zurück. Damit erscheint die
Welt in ihrer subjektiven Erfahrbarkeit weniger stimmungshaft.

Hinzu kommt auch, ähnlich wie bei Keller und Fontane, die verschärfte Sicht auf gesellschaftliche Veränderungen, wohlgemerkt nicht panoramatisch, sondern so, wie sie sich in seiner Nahwelt auswirken. Dies äußert sich in den späten Novellen als Konfliktverschärfung in den gefährdeten oder zerstörten Familien.

Zugespitzt formuliert, der Lyriker Storm ist ein Opfer seiner engen Lyrikkonzeption, und er profitiert zugleich davon. Sein Festhalten am liedhaften Erlebnisgedicht blockiert die lyrische Verarbeitung gesellschaftlicher Desillusionierung. Wir wissen ja, wie sehr er Meyers symbolische Gestaltung ablehnt, weil ihm der Ausdruck der Empfindungen fehle. So verkennt er, daß Meyers Gedichte, indem sie sich vom Erlebnisfundament befreien und die Poesie symbolisch aufladen, die Krise der Innerlichkeit umgehen.

Wenn er auch in der Vorrede zum *Hausbuch aus deutschen Dichtern seit Claudius* versichert, man dürfe »das Häßliche« nicht ausschließen, so erlaubt es doch das Verklärungspostulat des Poetischen Realismus nicht, der Lyrik neue Stoffe zu erschließen, wie dies etwa seine Briefpartnerin Ada Christen in den *Liedern einer Verlorenen* versucht. Ebenso rigide schließt sein Lyrikkonzept die einfache Wiederholung lyrischer Muster wie das Zergliedern der Stimmungen oder deren reflektierende Erörterung aus.

Daß bei Storm seit den fünfziger Jahren die Anzahl der Gedichte geringer wird, gründet, wie wir gesehen haben, in der Krise des lyrischen Sprechens. Was er noch schreibt, sind Gelegenheitsstrophen, Spruchdichtungen und sogar so epigonale Verse wie die zehn *Neuen Fiedellieder*, die in ihrer künstlichen Frische und Ungezwungenheit zu jener gründerzeitlichen Wandererlyrik passen, die mit schnurrigem Humor und Vagantenglück bemühte Lebenslust aufkommen lassen will. Aber solche Banalitäten bleiben eine Ausnahme. Daran zeigt sich am Negativbeispiel, wie er von seiner Lyrikkonzeption profitiert. Denn die verhindert, daß er solch epigonale Sujets weiterhin variiert. Nur selten noch gelingen ihm Gedichte, in denen er etwas ausdrücken kann. Dabei gerät er an die Grenze der liedhaften Erlebnislyrik. In *Über die Heide* nähert sich die verstorbene Natur, das schwarze Kraut, der leere Himmel, symbolischen Naturbildern:

> Über die Heide hallet mein Schritt;
> Dumpf aus der Erde wandert es mit.
>
> Herbst ist gekommen, Frühling ist weit –
> Gab es denn einmal selige Zeit?
>
> Brauende Nebel geisten umher,
> Schwarz ist das Kraut und der Himmel so leer.
>
> Wär' ich hier nur nicht gegangen im Mai!
> Leben und Liebe – wie flog es vorbei!
>
> (1. 93)

Eine trostlose Elegie, die nicht nur der Toten gedenkt, sondern die Vergangenheit selbst und damit den Lebenssinn in Frage stellt – sie zeigt an, daß hier keine Spannung zwischen erinnertem Glück und trauriger Gegenwart besteht. Leben erscheint nicht mehr als reiche Welt subjektiver Erfahrbarkeit. Die Identität von Metrum und Rhythmik, Heide, Herbst, Frühling und Nebel schaffen eine lakonische Form, die nichts mehr mit der Stormschen Musikalität zu tun hat. Um so überraschender wirken die beiden letzten, konventionellen Zeilen, in denen sich die Klage freisetzt. Mit Mai, Leben und Liebe schlägt der neue Ausdruck einer dunklen Natur als Chiffre für Sinnentleerung ins Triviale um. – Einen unbekannten Storm zeigt das Gedicht *Geh nicht hinein*. Hier führt das Entsetzen über Sterben und Tod zu einer eindeutigen formalen Wendung im lyrischen Sprechen, zu einer erregten Sachlichkeit, die auf lyrisch-poetische Formung durch Strophe und Reim verzichtet.
Nicht ohne Grund hält sich Storm für den letzten bedeutenden Lyriker nach Mörike. Aus seiner Sicht ist dies durchaus berechtigt. Denn die hohe Selbsteinschätzung bestätigt ihm der abschätzige Blick auf die zeitgenössische Massenproduktion. Aber auch eigene Schreiberfahrungen dürften sein Urteil prägen. – Wer Geibel »mit seinen Trivialitäten« kaum dulden kann und erfahren muß, daß die Lyrik eines Julius Wolff »auf den Thron gesetzt« wird, für den ist das »Publikum inkurabel« (an C. Al-

denhoven 6. 2. 85). Bis zum Lebensende schätzt er sich als Lyriker höher ein denn als Novellist. Um so mehr schmerzt der Mißerfolg. Anerkennung erfährt der Novellist, nicht der Lyriker. Seine Lyrik verkauft sich schlecht. Und ein Leben lang leidet er unter dem Ruhm der Geringeren. Ja, man verwechselt ihn sogar wegen der Namensähnlichkeit mit Julius Sturm.[14] Nachahmer findet er viele, doch kann man für Hermann Löns nicht Theodor Storm verantwortlich machen. Bekannt wird er vor allem durch Anthologien und Lesebücher.[15] Noch zu Lebzeiten nimmt ihn Maximilian Bern in seine einflußreiche *Deutsche Lyrik seit Goethes Tode* auf; Elise Polko, die ihn 1869 übergeht, berücksichtigt ihn 1903 in ihren *Dichtergrüßen*! Mit 22 Gedichten präsentiert ihn 1907 Ferdinand Avenarius in seinem weitverbreiteten *Hausbuch deutscher Lyrik*. Gottschall ist längst vergessen, und Geibel, wie hätte sich Storm darüber gefreut, nur noch mit fünf Gedichten vertreten.

Doch Anthologien und Lesebücher sind als Resultate einer Auswahl problematische Medien. Und bei Storm greift man gerne auf das Heitere und Heimelige zurück. Das hat Folgen für die Wirkung. Adjektive wie »stimmungshaft«, »wehmütig« und »weich« zeigen an, daß hier jemand verkleinert wird. Als Kehrseite erscheinen dann »fehlender Bezug zu übergreifenden objektiven Problemen« oder »bloße Selbstaussage«. Sicher, für den Literaturhistoriker markiert Storms Lyrik den Abgesang des bürgerlichen Lieds. Danach folgen dann Symbolismus und Naturalismus. Die Literaturgeschichten mögen die Ismen in Reih und Glied bringen. Die Leser aber entscheiden, ob dieses abgeschlossene Kapitel der Literaturgeschichten aktuell ist.

Storms Lyrik hat jedenfalls bis heute ihr »kurables Publikum« noch nicht gefunden.

IX.
Beruhigtes Leben und beschleunigte Produktivität

Als Novellist aber schreibt er sein literarisches Testament zu früh. Denn Storm verjüngt sich bald und gewinnt sein Selbstbewußtsein als Autor zurück. So werden seine literarischen Projekte über den Tod hinausreichen: die Novellen *Die Armensünderglocke* und *Die Sylter Novelle* bleiben unvollendet. Solche Fragmente sind ein gutes Zeichen für die Produktivität eines Autors. Allein zwischen 1872 und 1880 entstehen im »Poetenstübchen« in der Wasserreihe sechzehn Novellen; zwölf weitere wird der Pensionär in Hademarschen vollenden. Erst jetzt verfaßt er sein novellistisches Hauptwerk. Eine enorme Leistung für jemanden, der sich für Geselligkeit und Familie viel Zeit nimmt, der langsam und sorgfältig arbeitet und sich an einem emphatischen Kunstbegriff orientiert. Auch eine unerwartete Leistung für einen, der sich als fünfzigjähriger Autor bereits am Ende sieht.

Auf den ersten Blick erscheint die Situation paradox: die letzte Lebensphase verläuft ereignisarm und ereignisreich zugleich, je nach Blickwinkel, dem biographischen oder dem literarischen. Storm führt das ruhige Leben eines älteren Provinzbeamten, der routiniert seinen Dienst ableistet, sich in der Familie erholt und kaum Interesse für die große Welt zeigt, der bildungsbürgerliche Geselligkeit, den Gesangverein und Gespräche über Literatur (vor allem über die eigene) liebt und auf seine Pensionierung hofft. Zugleich aber entstehen mit diesem kleinen Leben große Novellen, werden Briefe mit berühmten Autoren wie P. Heyse oder G. Keller gewechselt, belästigen ihn – dies ist ein wichtiges Zeichen wachsender Anerkennung – Autographensammler, suchen dichtende Backfische und anerkannte Kritiker seinen Rat, besuchen ihn Gymnasialprofessoren und Literaturwissenschaftler. – Wir sollten uns von den Literaturgeschichten nicht täuschen lassen, denn sie präsentieren einen verfestigten Wertungskanon und sie ignorieren die zeitgenössischen Wertungshierarchien. Wer heute kaum erwähnenswert erscheint, kann damals als Berühmtheit gelten. Nicht Keller oder Storm sind in den sechziger Jahren die erfolgreichen Autoren sondern G. Freytag und B. Auerbach. Das ändert sich in den nächsten Jahrzehnten. Jetzt wird Storm literaturgeschichtswürdig, gerät zum Forschungsobjekt und findet Eingang in die Schule.

Wie läßt sich das erklären? Bis jetzt erlaubte seine Lebensgeschichte eine Gliederung nach Ortswechseln. Dies sollte übrigens dem Biographen nicht als theorielose Einfalt angerechnet werden. Denn der Ortswechsel von Husum nach Lübeck bzw. Kiel und zurück, sein »Exil« in Potsdam und Heiligenstadt, die Rückkehr in die Heimat markieren immer einen lebensgeschichtlichen Positionswandel, einen Lernprozeß durch veränderte und veränderbare Lebensbedingungen, ein neues Verhältnis von Anforderung und Gestaltungsmöglichkeiten.[1] Wie in der fiktionalen Prosa entsteht so erzählbare Handlung, weil die Hauptfigur mit Folgen für sie selbst von einem »Raum« in den anderen tritt. Das muß nicht immer so sein. Was soll man über Immanuel Kant berichten, der nahezu sein ganzes Leben, durchaus gesellig und galant, in Königsberg verbringt und einen höchst geregelten Tagesablauf schätzt. Ein solches Leben kann man als intellektuelle Biographie, als die Geschichte seines Denkens erzählen.[2] Storms Leben hingegen läßt sich bis zur Rückkehr nach Husum durch Raumwechsel verzeitlichen, nicht als einfache chronologische Summe von Lebensdaten, sondern als prozeßhafte Lebensgeschichte zum Werk hin.

Auch in den letzten beiden Jahrzehnten bleibt die Zeit Entwicklungsraum, und zugleich verlieren die Räume ihre Zeitfunktion für die Fähigkeitsentwicklung und Identitätsbildung des Autors. Die späten sechziger und frühen siebziger Jahre markieren einen lebensgeschichtlichen Wendepunkt. Denn bald entsteht wieder eine Nahwelt, die produktionsfördernd stabil bleibt, ein dauerhaftes Miteinander verschiedener Lebenssphären (der Familie, der Literatur, der Gesellschaften, des Berufs) und lebensgeschichtlich ordnender Sinnelemente, das sich nicht mehr verschiebt. Bezeichnend dafür, daß auch der letzte Umzug, die Übersiedlung nach Hademarschen, nichts mehr an dieser entlastenden Ordnung ändert. An ihr wird er festhalten, ohne sich gänzlich mit ihr zu identifizieren. Er lebt seine Bürgerlichkeit, und er geht doch nicht in ihrem kleinstädtischen Mittelmaß auf. Vielmehr verschärfen sich jetzt die Spannungen zwischen seiner beruhigten konkreten Lebenslage und seiner individuellen Lebenssituation, seinen Weltvorstellungen und seinem Personen- und Autorenverständnis, seiner erkennenden und bewertenden Befindlichkeit. Die Unterscheidung zwischen objektiver Lebenslage und subjektiver Lebenssituation soll die vermeintliche Paradoxie »ereignisarmes Leben und ereignisreiche literarische Produktion« erklären helfen. Die Diskrepanzen zwischen beiden verstärken sich jetzt. Seine konkreten Lebensbedingungen schränken seine Lebensmöglichkeiten ein. Storms Wünsche, Einstellungen und Befindlichkeiten vermögen sie aber nicht zu beschränken. Die gehen darüber hinaus und artikulieren sich weltaneignend und weltrepräsentierend in der Prosa. Jetzt verschieben sich auch die Schwerpunkte der lebensordnenden Sinnelemente: die Liebesehe verliert und die Literatur gewinnt an Bedeutung. Sie wird zum maßgebenden Handlungsfeld. Denn sie bietet größere Gestaltungsmöglichkeiten als das emanzipative Projekt Liebesehe.

Dessen Scheitern ist unübersehbar. Mit der neuen Ehefrau wird Storm zu einem Ehemann älteren Typs; nicht zu einem autoritären Herrscher, wohl aber zu einem beherrschenden Hausvater. Diese beruhigte Alltagswelt mag uns heute, wie übrigens schon zeitgenössischen Besuchern, spießbürgerlich-eng erscheinen. Sie ermöglicht aber zugleich für den Autor eine beschleunigte Produktivität.

Beim Durchlesen der Briefe fällt auf, daß sich gegen Ende der sechziger Jahre die familiären Verhältnisse bessern. Do, das ist unverkennbar, kommt mit ihrer Aufgabe als Mutter und Geliebte besser zurecht. »Tante Do ist jetzt recht heiter«, schreibt Storm seinem Sohn Hans (Ende Mai 68). Offensichtlich mäßigt er seinen Constanze-Kult; schließlich ist die »Tante« eine werdende Mutter. Nach der Geburt des eigenen Kindes, man nennt es Friederike, dürfte ihr Selbstbewußtsein wachsen.

Beide nähern sich jetzt an. Ob sie sich so lieben, wie es der junge

Storm den Eheleuten emphatisch vorschrieb, scheint unwahrscheinlich. Aber zwischen ihnen wächst eine selbstverständliche Vertraulichkeit, ein Miteinander, ohne laute Worte oder gar gestauten Haß. So künden die wenigen Briefe beider Eheleute von einer lebendigen Zuneigung. »Süßer lieber Mann, immer Deine« schreibt die schon über Fünfzigjährige (Ende September 1880). Und Storm versichert ihr gelegentlich »Zu Dir zurückzukehren ist ein Gedanke, der das höchste Glück für mich umfaßt« (30.6. 83). Auch jetzt sollten wir die Briefe nicht wörtlich nehmen; auch jetzt bringt das Schreiben Gefühle in Wallung. Dann kann man auch noch als Siebzigjähriger wie ein Siebzehnjähriger schreiben: »...ich bin so obenvoll von Sehnsucht u. Liebe nach u. zu Dir... ich bin immer gleich selig, wenn ich dich wieder habe« (6.8. 87). – Die Rollen sind aber klar verteilt, Do, die magdhafte Geliebte von einst, bleibt eine fügsame Ehefrau, streng und penibel in Haushaltsdingen, nachgiebig und sanft gegenüber ihrem Gatten. Solcher Biedersinn bleibt auch Besuchern nicht verborgen. So sind Wilhelm Jensen, damals ein berühmter Kollege, und seine Frau über die Lebensweise der Storms enttäuscht, insbesondere über den regelmäßigen Tagesablauf des Hausherrn und über den »starken Ordnungssinn« der Hausfrau.[3]

Beide gleichen sich aber nicht einander an. Storm, der innige Briefschreiber, redet von seiner zweiten Frau weitaus nüchterner als von der ersten. Das betrifft nicht nur den Körper der »verblühten Blondine«, sondern vor allem deren Intellekt. Die uns schon vertraute Fähigkeit des nüchternen Ausbalancierens finden wir auch hier. Sein Verhalten gegenüber Do läßt sich formelhaft als Akzeptanz und Distanz zusammenfassen. Dies kommt anschaulich in einem Brief an G. Keller zum Ausdruck:

»Meine Frau mit ihrem schlichten Wesen und Verstande, aber freilich mit dem ›doch willst du wissen, was sich ziemt‹ etc. muß – wenn ich es ihr nicht vorlese – alles lesen, was und während ich es schreibe; ich sitze ihr dann wohl gegenüber und suche es ihr vom Gesicht zu lesen, ob es ihr munter eingeht oder ob es nicht recht vorwärts will;« (28.11. 81)

So hat er über Constanze nie geschrieben. Aber gerade dieses Sicheinstellen auf das »schlichte Wesen« bedeutet eine Konsolidierung seiner familiären Verhältnisse. Wer so über seine Frau schreibt, der überfordert sie nicht mehr und kann von ihr weniger enttäuscht werden. Vom alten Projekt der Liebesehe, von der gleichberechtigten Lebenspartnerschaft bleibt da nicht viel übrig.

Literarisch verarbeitet Storm die Widersprüche seiner zweiten Ehe, den Constanze-Kult, noch aus der Emanzipationsperspektive, aus dem Blickpunkt der zweiten Frau, der das häusliche Milieu und die Kinder fremd bleiben und der Mann fremd zu werden beginnt, weil er sich nicht aus dem Bann der Verstorbenen zu lösen vermag. So steht im Mittelpunkt der Novelle *Viola Tricolor* (das ist der lateinische Name für Stiefmütterchen, auch Storm nennt Do in seinen Briefen gelegentlich Stiefmütterchen) eine junge Frau, die unter dem Vergangenheitskult ihres Mannes bis hin zur Geistesverwirrung leidet. Mit ihrer Mutterschaft aber lösen sich allmählich die Probleme und am Schluß verkörpert ein symbolisches Motiv gelungene Aussöhnung und hoffnungsfrohe Perspektive: die Erinnerungswelt figuriert leitmotivisch ein »Garten der Vergangenheit«; den öffnet jetzt Rudolf und betritt ihn mit seiner Gattin Ines. Natürlich scheint die Sonne hell und natürlich ist es »Rosenzeit«. Er umarmt sie, und alles ist auf Idylle, Versöhnung und »fröhliche Zukunft« (2. 163) eingestellt.

Storms Ehewirklichkeit fällt weitaus nüchterner aus. Ihr läßt sich kein emanzipatorischer Glanz mehr abgewinnen. Übrigens verdunkeln sich auch in seinen Novellen die familiären Verhältnisse, ja man könnte ihn als Autor der beschädigten Familien bezeichnen. Es charakterisiert seinen Realitätssinn, daß er sich nicht mit einem konjunktivischen Denken belastet und verpaßte Möglichkeiten bejammert. Ihm helfen auch Sprüche weiter: »Vorwärts ruft uns das Leben, es schenkt uns nichts!« oder »Man muß sich zu fassen suchen, man darf nicht verzweifeln«.[4]

Solche Lebenstüchtigkeit stabilisiert aber nicht nur seine Ehe, sondern sie führt auch zu einer Ernüchterung seiner Vorstellungen und Wünsche. Von denen verbleibt als Restbestand in der Beziehung zu Do die familiäre Behaglichkeit und, so kann nur vermutet werden, die sexuelle Gleichberechtigung, das aufeinander Achten und Eingehen, wie Storm es ja in den Brautbriefen fordert. Jetzt hat für ihn die Ehefrau zunächst einmal eine tüchtige Hausfrau zu sein. So läßt er Hermione von Preuschen wissen:

»Ich sehe als guter Deutscher die wirtschaftliche Tüchtigkeit, und zwar im hausbackensten Sinn, als das Fundament der weiblichen Bildung an; geist- und kunstreich darf mir eine Frau nur sein, wenn mir, sowie ich ihre Schwelle betrete, überall der geist der Ordnung und der Sauberkeit – und zwar in dem unerbittlichen schleswig-holsteinischen Sinne – entgegenatmet. Von einer Frau, wie ich sie wünsche, verlange ich freilich, daß sie nicht nur dies bewältige, sondern sich auch die geistigen Interessen des Lebens aneigne. Aber das erste ist schwer und zeitraubend, wenn es perfekt geleistet sein soll; nebenbei kann das nicht betrieben werden. Soweit es damit vereinbar ist, bin ich natürlich dafür, daß auch die Frauen jedes Talent, das sie besitzen, *möglichst* ausbilden.« (16. 12. 73)

Soweit er die Schwelle der Frau betritt – das falsche Possessivpronomen drückt dennoch richtig die generelle Beziehung der Zugehörigkeit aus: Das Reich der Frau ist demnach der Haushalt. Darin läßt er ja seine Do mit ihrem »schlichten Verstand« walten. Welch ein Unterschied zu den modernen Ansichten des jungen Husumer Advokaten oder auch zum Zusammenleben mit Constanze! Sicher, auch ihr hat er wohl kaum im Haushalt geholfen, und doch war die Ehe mit ihr immer noch vom Ideal der gleichberechtigten Lebenspartnerschaft durchzogen. Strenggenommen arbeitete sie ja nicht als Hausfrau, sondern sie führte einen Haushalt, leitete das Dienstpersonal an, war Gesprächspartnerin des Mannes und blieb gesellschaftsfähig. Do aber bleibt mehr auf den Haushalt beschränkt und nimmt weniger (auch das eine bezeichnende Veränderung) an den Gesellschaften außerhalb des Hauses teil. Die Briefstelle zeigt: jetzt spricht er als pater familias, der außerhalb des Hauses dem Beruf und Gelderwerb nachgeht und die züchtige Hausfrau auf den häuslichen Herd verweist. In der Kindererziehung bleibt er hingegen ein Fortschrittsmann, ein sanfter Vater, der nicht schlägt und droht, der ein partnerschaftliches Verhältnis zu seinen Töchtern und Söhnen sucht.

In diesem Zusammenhang ist es beachtenswert, daß sich nun mit der Veränderung der Lebenspraxis auch seine Eheauffassung endgültig ändert. Wir erinnern uns, als junger Mann ließ sein emphatischer Begriff der Liebesehe keine äußere Form zu, jetzt aber hebt er den institutionellen Zwang hervor, bejaht die Form, nimmt die Emanzipation des Fleisches zurück, entwirft gegenüber dem liberalen Freund Heyse das konservative Modell einer staatstragenden Vernunftehe:

»*Welche* Form, ist mir einerlei; ich verlange nur irgendeine, vom Staat anerkannte. Denn solange wir nicht auch den Staat beseitigen wollen, dessen Fundament die Ehe ist, weil sie die Familie entstehen läßt, so lange genügt zur Schließung der Ehe nicht ein Be- und Anerkenntnis vor einem Freundeskreis, sondern es muß, und selbstverständlich in bestimmter Form, vor dem Allgemeinen, sei es die Kirche oder nach der Wandlung der Zeit der Staat, resp. vor deren Vertreter abgelegt werden. Auch darf dies Verhältnis, das der Träger des Staates ist, nicht nach Laune und Willkür des einzelnen aufgehoben werden können, sondern nur unter Bedingungen, die der Allgemeinwille (Das Recht) als ausreichend anerkannt hat. Die Geschlechtsliebe zwischen Mann und Weib ist nur die Begründerin, keineswegs, ja nur zum kleinsten Teil der Inhalt der Ehe« (21.11.75).

Man könnte dies als Anpassung an veränderte soziale und politische Mentalitäten interpretieren und käme so zu einer gefälligen Gleichung: Storms konservative Eheideologie würde dann der politischen Kapitulation des deutschen Bürgertums, seinem Freiheitsverzicht im nationalen Einheitstaumel entsprechen. Sie läge damit im mentalen Trend, der, an neuen monarchischen Leitbildern orientiert, endgültig die biedermeierliche Vorstellung der geistreichen und gebildeten Frau, der harmonischen Lebenspartnerschaft durch strenge Rollenverteilungen und patriarchalisches Autoritätsdenken ersetzt. Man verkennt aber dabei seine gefestige Identität, sein innengeleitetes Weltverhältnis, seine geringe Empfangs- und Folgebereitschaft. So verlockend Parallelen zwischen Individual- und Gesellschaftsgeschichte sein mögen, bei der Rücknahme des emanzipativen Eheprojekts handelt es sich zunächst um seine private Anpassung an Do, um eine pragmatische Korrektur seiner Erwartungen im Interesse eines stabilen, nicht mehr krisenhaften Familienlebens. Dazu braucht er Jahre. Aus dieser Sicht war der Constanze-Kult nicht nur Reflex des nachwirkenden Glücks, sondern auch der gegenwärtigen Enttäuschung durch Do.[5] Storm, ganz pragmatisch und »elastisch«, nimmt seine Erwartungen nun zurück, wartet nicht mehr bis Do sein »gleichberechtigtes Weib« wird. Damit verliert die Liebesehe als lebensordnendes Sinnelement an Bedeutung, aber zugleich normalisiert sich das Familienleben.

Auch in der Politik stellt er sich auf die neuen enttäuschenden Verhältnisse ein, allerdings ohne seine politischen Ansichten aufzugeben. Sicher, Storm verstand sich nie als politischer Mensch, und doch waren bei ihm seit den vierziger Jahren, seit der nationalen Begeisterung in Schleswig-Holstein, politische Ereignisse immer affektiv präsent, als Hoffnung und Enttäuschung über die Entwicklung in seiner Heimat, als Kritik eines preußischen Beamten an der verhaßten preußischen »Staatsmaschine«. Seine Lebenskrise verschärfen zudem die politischen Ereignisse, die Inbesitznahme der Heimat durch die Preußen. Seine Briefe enthalten dann bittere Klagen über die neuen Herren, über ihr undemokratisches Gehabe und ihren autoritären Verwaltungsstil. Ihn versetzen auch nicht die Siege im Deutsch-Französischen Krieg und die Reichseinigung in nationale Begeisterung. Wir wissen ja bereits, er ekelt sich vor dem Krieg und weigert sich, »Schutz- und Trutzlieder« zu verfassen. Er verbietet seinem Sohn Ernst, sich freiwillig zu melden. Sein Maßstab bleibt die demokratische Freiheit im Inneren und nicht der Erfolg nach außen. Deshalb vernebeln ihm die Siegesnachrichten nicht den Blick auf die Schikanen der Offiziere, die, so liest er es in der *Volkszeitung*, in Berlin Soldaten so lange haben exerzieren lassen, bis dreißig von ihnen »am Sonnenstich tot hingefallen sind«.

»Das dämpft«, so schreibt er an seinen Sohn Ernst weiter, »denn meine Begeisterung für diese Erfolge nach außen, die der größte Teil nur erringen hilft, weil er kommandiert wird. Solange wir uns dergleichen von unsern eignen Gewalthabern gefallen lassen, wogegen die Behandlung der Neger in den Zuckerrohrplantagen noch eine milde ist, so lange sind wir doch nur noch ein Volk von Knechten.

> Hat erst der Sieg über fremde Gewalt
> Die Gewalt im Innern besiegt,
> Dann will ich rufen; das Land ist frei!
> Bis dahin spar ich den Jubelschrei.«

(8.8. 70)

Mit Drill und Kadavergehorsam, mit der gesellschaftlichen Neufeudalisierung der »besseren Leute«, mit einem preußischen Herrscher als deutschem Kaiser, mit einem Staat, autoritär im Politischen, liberal im Wirtschaftlichen, ist er nicht einverstanden. Er wird aber die neuen Verhältnisse nicht bekämpfen, sondern hinnehmen, sich resignierend auf eine demokratische Minderheitenposition zurückziehen und die Politik aus seinem Erfahrungshorizont ausblenden. Auch das markiert den lebensgeschichtlichen Wendepunkt. Schon eine rasche Durchsicht der Briefe zeigt, seit den frühen siebziger Jahren spielen politische Ereignisse für ihn keine bedeutende Rolle mehr. Selbst gegenüber L. Pietsch, dem er ja zahlreiche Klagebriefe über die Preußen schrieb, enthält er sich seit Beginn der siebziger Jahre des politischen Kommentars. Von nun an befindet er sich in einer bewußt hergestellten Distanz zu den aktuellen Ereignissen und Veränderungen im Lebensstil. »Von der Reichsgründung«, so schreibt er rückblickend, »hörte ich aus der Ferne, daß sie gemacht wurde« (an G. Hoerter 1. 4. 78).

Auch hier verarbeitet er sein Sich-Einstellen auf veränderte Verhältnisse literarisch, vergewissert sich in Gedichten und in der autobiographischen Erinnerung seiner sozialen Identität und Herkunft. So schreibt er, auch um sich selbst zu lesen; verfaßt *Die neuen Fiedellieder*, einen Zyklus von elf Liedern, deren gekünstelte Frische und banale Eingängigkeit an Viktor von Scheffels *Wandererlyrik* erinnert,[6] die aber, und das ist hier wichtiger, aus Erinnerung an die Studentenzeit entstehen. Bereits das *Liederbuch dreier Freunde* enthielt ja einen Zyklus von sieben *Fiedellieder*n.[7] In den *Kulturhistorischen Skizzen* erinnert er sich an Husumer Begebenheiten, etwa an *Lena*

Wies oder an *Zwei Kuchenesser der alten Zeit. Zerstreute Kapitel*
sind diese und andere Arbeiten in der Buchausgabe betitelt. In
ihnen findet sich auch eine Erzählung, die einen unmittelbaren
und aktuellen lebensgeschichtlichen Bezug aufweist: *Eine Halligfahrt.* Natürlich erlaubt der Text verschiedene Lesarten. Man
kann an ihm Storms Symbolkunst, seine Fähigkeit, die Natur als
Spiegel der Seele zu schildern,[8] analysieren; man kann ihn aber
auch als Liebesgeschichte lesen. Hier interessiert der autobiographische Bezug, die erzählerisch bearbeitete politische Resignation. Denn in beiden männlichen Hauptgestalten, dem Ich-
Erzähler und Halligbesucher, einem jungen Advokaten, und
dem Halligbewohner, einem älteren Verwandten und ehemaligen Verwaltungsbeamten, wirken die veränderten politischen
Verhältnisse nach der Vereinnahmung Schleswig-Holsteins
durch die Preußen. Der junge Advokat entsagt der Liebe zu
einem jungen Mädchen, auch weil aus politischen Gründen seine
Berufsaussichten nicht gesichert sind. Ihm war angedeutet worden, wenn er in seinem Beruf »›prosperieren‹ wolle«, dann
müsse er den »grauen Heckerhut bei Seite legen« und sich den
»Schnurrbart abrasieren« (2. 57). Das hat er bisher »leichtsinnig
und wohlgemut« unterlassen, und er will es auch nicht ändern,
sondern er kann seine »Gedanken zu nichts Besserem bewegen,
als sich gegen diese Tyrannei der öffentlichen Meinung immer
von Neuem in Schlachtordnung aufzustellen« (2. 57 f.). Und den
alten Vetter treiben die politischen Verhältnisse auf eine Hallig:
»Die Räder der Staatsmaschine«, so begründet er seine Weltflucht, »werden mir doch zu indiskret« (2. 46), und deshalb zieht
er sich vor den »regierungslustigen Mitkreaturen« (2. 50) in die
Einsamkeit der Natur zurück.

»Der *Alte*, das bin ich«, schreibt Storm an L. Pietsch (o. D. 73).
Offensichtlich verarbeitet er mit dieser Gestalt seinen Rückzug
aus der Politik. Übrigens bedeutet bei beiden Novellenfiguren
Resignation nicht Anpassung oder gar Angleichung an die neuen
Verhältnisse. Und auch ihr Autor wendet sich von der Politik ab
und bleibt doch seinen politischen Ansichten treu. Als er im
Frühjahr 1886 nach Weimar fährt, seine Tochter Elsabe sollte
dort im Klavierspiel unterrichtet werden, und die Großherzogin

Sophie den inzwischen berühmt gewordenen Dichter zu einer Audienz bei Hofe einlädt, da erscheint Storm nicht wie erwartet im Zylinder, sondern, ganz Demokrat und Bürger, im Schlapphut.[9] Zudem wissen wir ja, wie verärgert er reagiert, als bei der Feier zu seinem siebzigsten Geburtstag Graf Reventlow, der Husumer Freund, einen Kaisertoast ausspricht.

Diese bewußt hergestellte Distanz zu politischen Ereignissen vergrößert auch den Abstand zu neuen Mentalitäten, die sich mit dem ökonomischen Aufschwung der Gründerzeit und mit der Reichseinigung von oben herausbilden. Gemeint ist damit zunächst ein neuer kultureller Stil, der Wandel des gebildeten und geschmacksicheren Bürgertums in eine Schicht ehrgeiziger Kaufleute und Fabrikanten, deren Vorliebe für Dekoration, Renommage, Pracht und Kostümierung. Zu den Fürsten-, Helden- und Heroenwelten eines Hans Makart oder Felix Dahn, zur neuen Vorliebe für Glanz und Reichtum, Pracht und Luxus paßt Storms solide wie traditionsbewußte Bürgerlichkeit nicht. So wie er nicht das Geld, aber doch die Spekulation, nicht den Handel, wohl aber die Gewinnsucht in Frage stellt, kann er auch den Gründerprunk ablehnen.[10] Übrigens gestaltet er in der Novelle *Zur ›Wald- und Wasserfreude‹* mit Herrn Hermann Tobias Zippel einen dieser neuartigen Spekulanten und Projektemacher, der aus einem alten Dorfgasthof ein gewinnbringendes »Etablissement« machen möchte, mit Tanzsaal, Veranda und Bootsverleih. Für Zippel ist der alte Hof »totes Kapital«, das er nun durch die Modernisierung profitbringend in Bewegung setzen will. Der Erzähler ist hier ganz auf der Seite des guten Alten. Mit dem neuen Besitzer, so läßt er uns wissen, »verschwanden neben den alten Geschichten auch die billigen Preise, der goldgelbe Rahm und die frisch gekarnte Butter« (2. 598). Deshalb läßt er denn auch den rührigen Kleinunternehmer im Gegensatz zur allgemeinen ökonomischen Tendenz scheitern. Solche Kritik gründet nicht in einer reflektierten Ablehnung des Kapitalismus, sondern in einer instinktiven Absage aus altbürgerlicher Tradition an den Wirtschaftsbürger, an dessen neue ökonomische Rücksichtslosigkeit.[11] – Jener nun grassierende neureiche Verlegenheitshistorismus, der fehlende bürgerlich-

politische Tradition und den häßlichen Kapitalismus durch Anlehnung an die Renaissance oder gar durch einen eklektischen
Stilmischmasch überspielen möchte, bleibt ihm fremd. Auch
darin zeigt sich die Husumer Herkunft, ein Ruhen in seiner
Gegenwart, gesichert durch eine starke bürgerliche Kultur.
Butzenscheiben und Fassadenkunst, Erkerplätzchen und Ritter-
rüstungen passen nicht zu dem Senatorenenkel Theodor Woldsen-Storm. Man schaue sich seine Wohnung an, das große und
das kleine Wohnzimmer oder das »Poetenstübchen«. In ihr ist
die gemütliche Heiterkeit und Zweckmäßigkeit des Biedermeier
noch lebendig. Storm richtet sich nicht in diesem Stil ein,
sondern er wächst mit ihm auf! Deshalb achtet er nicht auf
irgendeinen stilistischen Purismus, sondern er geht mit seinen
Gegenständen, nicht belastet vom neumodischen Repräsenta-
tionsdruck, entlastet um. Deshalb kann er sich auch in sein
Arbeitszimmer eine geschnitzte Balkendecke im neugotischen
Stil einbauen lassen.[12] Als Einstellungswandel läßt sich das nicht
verbuchen. Denn bestimmend bleiben für ihn, ganz im Gegensatz zum herrschenden Geschmack, Gemütlichkeit und Bequemlichkeit, nicht Dekoration und Kostümierung. Dies läßt
sich an seinem neuen Haus, an dessen Fassade und Grundriß,
ablesen. Im Unterschied zu den gründerzeitlichen Wohnpalä-
sten, in denen die Salons, auf Sehen und Gesehenwerden ausgerichtet, repräsentativ zugeschnitten sind, die privaten Schlaf-
räume hingegen eher kümmerlich ausfallen, enthält sein Haus in
Hademarschen »unten 3 mit Flügelthüren verbundene hohe
lichte Zimmer von 18 u. 16, 21 u. 21, 21 u. 15 Hamburger Fuß«
(an E. Schmidt 16. 6. 80), und im Obergeschoß neben dem
geräumigen Arbeitszimmer drei große Schlafstuben und eine
kleinere Mädchenkammer. Auch dieses Haus ist auf Gäste und
Geselligkeiten angelegt, doch schmälert das Repräsentationsbe-
dürfnis noch nicht den Privatbereich. So bietet sich denn auch
die Fassade mit einfachem Backstein und Schieferverkleidung an
den Wetterseiten nach Süden und Westen, mit großen Fenstern
ohne historisierende Stuckelemente dar. Solch nüchterne Funk-
tionalität macht auf zeitgenössische Besucher »einen recht plum-
pen Eindruck«.[13] Interessant dagegen, wie er sein Haus be-

schreibt, mit Worten, – auch dies ein Beleg für die Aktualität des vermeintlich Altmodischen über das zeitgenössisch Modische hinaus – die an die Programmschriften der modernen Architektur erinnern. Nein, er nennt seine Altersvilla nicht Wohnmaschine, sie ist ihm aber der »große steinerne Lebensapparat« (an P. Heyse 15. 11. 80), ein »einfacher Würfel« (an H. von Byern 17. 9. 80); er spricht nicht vom Gebrauchswert und der nötigen Lichtdurchlässigkeit, aber er lobt die Helligkeit zu einer Zeit, als es Mode wird, die Räume durch Butzenscheiben, Rouleaus, Portieren in ein diffuses Zwielicht zu tauchen: »es ist alles in diesem Hause so unbeschreiblich helle und freundlich; oben aus meinem Zimmer nach Ost und Nord die weite Schau ins Land hinein« (an P. Heyse 1. 3. 81).

Auch Kleidung, Körperhaltung und Sprache, kurzum sein Auftreten, veranschaulichen wachsende Unterschiede zum »Zeitgeist«. Gemeint ist damit auch eine Resistenz gegen die Verfestigung und Verstärkung einer autoritären politischen Mentalität, jene neuartige Untertanengesinnung, mit Unterordnung und Gehorsam, mit Unterwürfigkeit nach oben und Aggressivität nach unten, die dem Husumer Senatorenenkel zuwider bleibt. Offensichtlich kommt es jetzt zu einer markanten Veränderung der kollektiven Mentalitäten, der Denk-, Gefühls- und Verhaltensmuster, die Storm nicht mitmacht, die er aber (darüber später mehr) literarisch verarbeitet. Jetzt bildet sich nämlich eine neuartige Untertanengesinnung aus, anpassungsbereit und unterwürfig, nationalistisch und voller Feindbilder, ängstlich und zugleich schneidig auftretend.[14] Das läßt sich leichter erzählen als mentalitätsgeschichtlich analysieren. Man denke nur an Heinrich Manns *Untertan* Diederich Heßling, seine markigen, dem Kaiser abgelauschten Phrasen und an seinen historischen Antagonisten, den alten Buck, der liberalen Respektsperson. Mit der wachsenden Akzeptanz des preußisch-deutschen Kaiserreichs entstehen neue Männlichkeitsbilder, demnach gibt man sich draufgängerisch und naßforsch, beginnt sich die empfindlichen Seiten abzugewöhnen. Um es salopp zu formulieren: Landräte, die bei der Lektüre von Mörikes Gedichten in Tränen geraten, entsprechen nicht mehr dem neuen Leitbild. Auch nicht ein dichtender Amtsrichter. Der dürfte aus Sicht solch moderner Mannhaftigkeit eher wehleidig und schlaff wirken; zudem zählt er ja zu den Reichsverdrossenen und sieht seinen politischen Hauptfeind weiterhin in der Adelsherrschaft, nicht in den vaterlandslosen Sozialdemokraten.

Übrigens trügen Storms Porträts. Sei es nun, daß ihn die Prozedur des Fotografierens zu steifer Würde veranlaßte, sei es, daß der Fotograf sein Objekt dazu ermunterte; jedenfalls dürfte er »in Wirklichkeit« einen weicheren und lässigeren Eindruck gemacht haben. So erinnert sich Hermione von Preuschen an ihren Besuch in Husum 1877:

»Den Dichter selbst hatte ich mir nach seinem letzten Brief jugendfrischer und männlicher gedacht. Ich war ja ein thörichtes Kind, das sich von dem roten gestrickten Shawl, den er sich immerfort um den Hals wickelte und der immerfort sich wieder löste, ernüchtert berührt war.«[15]

Als sie sich Jahre später in Hamburg treffen, wird er den roten Shawl, zum Entsetzen der jungen Frau, wieder tragen. Nein, trotz des mäßig langen Vollbarts, als Herr im Sinne der neuen Männlichkeit kann Storm nicht gelten; auch nicht als typischer Nordfriese, denn er ist von eher schmächtiger Gestalt, geht, frühzeitig gebeugt, langsam und bedächtig, spricht mit stiller, singender Stimme, leidet häufig unter nervösen Beschwerden, unter Kopf- und Rückenschmerzen, ermüdet schnell und reagiert empfindlich auf Witterungsumschläge, auf Kälte und Hitze. Also keine Kraftnatur, aber einer, der über seine körperlichen Schwächen, über die kleinen Beschwerden reden kann, der sich nicht durch Kleidung und Auftreten zum starken Mann machen will. Storm braucht keine Männlichkeitsfassade, er kann sich schwach und empfindsam zeigen, weil er stark ist und in dem Bewußtsein lebt, »daß man die Welt, in der man lebt, im wesentlichen in sich selber trägt« (an H. v. Preuschen 31. 3. 74). Wer so von sich denkt, der vollzieht keine übereilte Anpassung an neue Leitbilder, der ist gegen Konformitätsdruck geschützt, der verachtet die neudeutsche Schneidigkeit. Seine Ablehnung der neuen subalternen Beamten bekommt so über das politische

Ereignis hinaus einen erweiterten Sinn. Sie kann auch als Zurückweisung einer autoritären Mentalität verstanden werden. – Kein Wunder, daß Storm schon zu Lebzeiten für die jüngere naturalistische Generation zu einem altmodischen Autor wird, dem »im großen und ganzen... sogar in seinem Schaffen, dem Ton und dem Stil, wie den Stoffen, etwas Altväterliches« anhaftet, »als ob von dem Wesen der Kleinstadt, in deren Enge die Erzählungen sich großenteils bewegen, ein Stück in die Seele des Dichters selbst übergegangen wäre«.[16]

So erweitert sich der Abstand zwischen Lebensgeschichte und Gesellschaftsgeschichte. Zugleich aber entsteht durch das Sich-Einstellen auf die neuen Lebensbedingungen, auf seine Frau »mit ihrem schlichten Wesen«, auf die handlungshemmende unliebsame politische Entwicklung eine produktionsfördernde Behaglichkeit. »Mit meiner Produktivität sieht es schlecht aus«, schreibt er noch zu Beginn des neuen Jahrzehnts (an Karl Theodor Pyl 14. 11. 70); schließlich sei er Vater von acht Kindern, er würde zu sehr in Anspruch genommen, »auch ist ja die Zeit nachgerade vorüber; ich bin schon im vierundfunfzigsten«. Also auch hier wieder die bedrückenden familiären Verhältnisse und das Gefühl, mit der literarischen Produktion sei er am Ende. Beides ändert sich nun rasch. Jetzt wird ihm das eigene Haus, mit Garten und Gasbeleuchtung, zum gemütlichen Heim. Bald wird er in seinen Briefen wieder familiäre Behaglichkeit schildern und sich über die wachsende literarische Anerkennung freuen.

»In meinem Haus steht es wohl. Es ist ein unsägliches Glück für mich, daß Do noch für mich da war, als Constanze es nicht mehr sein konnte... Die Kinder wachsen gesund und erfreulich auf« (an H. Brinkmann 25. 2. 73).

Welch ein Unterschied zu den Klagen seit Constanzes Tod. Offensichtlich gelingt es Storm, seine Lebenssituation auf die Lebensbedingungen einzustellen. Und so hebt er denn immer wieder hervor, daß sein Haus gut bestellt sei:

»Liebe und Fürsorge umgiebt mich, und meine Arme haben genug ans Herz zu drücken. Auch Anerkennung für mein poetisches Schaffen habe ich in Hülle und Fülle; an u. über mich wird genug und mit liebevoller Verehrung geschrieben, was ja denn gut genug ist, zumal wenn man alt wird« (an H. Brinkmann 5. 12. 74).

Das läßt er auch andere wissen. Ähnliches schreibt er an P. Heyse oder G. Keller. Das für ihn wichtige Gefühl, von den Seinen umgeben zu sein, dichten zu können und beachtet zu werden, beflügelt ihn bis zum Lebensende. Jetzt tauchen in den Briefen auch wieder die uns schon bekannten familiären Gemütlichkeitsszenen auf, die Weihnachtsschilderungen mit stöberndem Schnee und kaltem Ostwind draußen, mit harmonischem Familienkreis drinnen. – Besuchern präsentiert er sich als stolzer Hausherr und Familienvater. L. Pietsch, der nach elfjähriger Trennung Storm 1876 besucht, erinnert sich:

«Im Triumph führte er mich in das von ihm bewohnte, traulich eigene Haus ein, in dessen Räumen nun alles in schmucker, gefälliger Ordnung und Nettigkeit prangte, so den Geist der lieben Herrin desselben spiegelnd. Die kleinen blonden Mädchen, die ich in Heiligenstadt sah, waren große schlanke liebliche Damen geworden, und die beiden jüngsten, um welche ihre Zahl sich inzwischen vermehrt hatte, bereits hübsche ›handliche Dierns‹ von 11 und 8 Jahren. Mit welch frohem Behagen machte Storm mich nun mit allen seinen Lieblingsschätzen in Haus und Stadt bekannt... Ich fand ihn dabei von einer köstlichen Frische und inneren Freudigkeit, wie kaum damals in Heiligenstadt« (*Vossische Zeitung* 13. 7. 1888).[17]

Zudem läßt der Beruf genügend Zeit zum Leben. Die preußische »Staatsmaschine« kann dem Amtsrichter, Oberamtsrichter und Amtsgerichtsrat nicht mehr bedrohlich erscheinen. Sicher, auch jetzt klagt Storm gelegentlich über Belastungen, doch reibt ihn der Dienst nicht auf. Bisweilen gibt es auch Ärger. Als sich 1872 herausstellt, daß sein Gerichtssekretär jahrelang Mündelgelder veruntreute, da trifft ihn der Vorwurf, er habe die Dienstaufsichtspflicht vernachlässigt. Dabei weisen die erhaltenen Gerichtsprotokolle und -urteile eine korrekte Amtsführung aus. Er ist offensichtlich ein beliebter Richter, der sich, wie schon das erste Zeugnis bescheinigt, »mit dem gemeinen Mann gut zu verständigen«[18] wisse, einer, der den Ausgleich sucht, Vergleiche liebt und, wie nicht anders zu erwarten, in der schriftlichen

Ausführung von Urteilen sachgemäß und anschaulich zu argumentieren versteht. Zudem stärkt der Erfolg des Dichters auch das Selbstbewußtsein des Richters. Als man die Versetzung seines neuen tüchtigen Gerichtssekretärs verfügt, beschwert er sich, nicht ohne Erfolg, mündlich und schriftlich beim Minister, bei Ministerialräten, Präsidenten und setzt dabei auch seine literarische Reputation ein:

»... ich wurde dabei zuletzt so selbstbewußt und zornig ... daß ich an den Präsidenten schrieb: ›und die Literaturgeschichte wird eine Mißhandlung mehr zu verzeichnen haben, deren der Genius schon so manche von dem Stockbeamtenthume zu erdulden hatte‹« (an E. Schmidt 28. 2. 78).

Dennoch wird ihm das Amt mit der Zeit lästig, vor allem als 1879 die Reichsjustizgesetze eine Umwälzung des gesamten Justizwesens einleiten und neues Einarbeiten und Mehrarbeit verlangen. Jetzt faßt er den Entschluß, sich vorzeitig, mit 63 Jahren, pensionieren zu lassen. Denn durch die Neuordnung wird auch das Zeitbudget des Dichters bedroht. Zum 1. Mai 1880 wird der Amtsgerichtsrat offiziell entlassen; er erhält wie jeder höhere Beamte, der sich nichts zuschulden hat kommen lassen oder gar mit den Sozialdemokraten sympathisierte, den Adlerorden IV. Klasse. Stärker interessiert ihn die Pension. Sie beträgt 3483 Mark jährlich. Mehr als Storm erwartet hat und doch zu wenig für die Familie. Aber da ist ja noch die Literatur. Und mit deren Einnahmen wird und kann er weiterhin rechnen.

Das Richteramt mag ihn zeitlich einschränken, aber es läßt doch Zeit für die Literatur und den Umgang mit seinen Freunden und Bekannten. Dazu zählt natürlich auch die von ihm geschätzte kleinstädtische Honoratiorengeselligkeit, der Gesangverein, Konzert- und Theaterbesuche, Komödienaufführungen, Rezitationsabende, Bälle, Einladungen, Punschabende, Teestunden, der Whistclub, Landpartien, das Zusammensein mit den Eltern (der Vater stirbt 1874, die Mutter 1879) und dem »Doktorbruder« Aemil, mit befreundeten Familien, den Tönnies und Cornils; schließlich auswärtige Besucher, auch solche, die den berühmter werdenden Dichter sehen wollen oder mit ihm Geschäftliches bereden wie die Verleger Heiberg aus Schleswig oder Westermann aus Braunschweig. Alte Freundschaften werden gepflegt und intensiviert, neue angeknüpft; etwa mit berühmten Autoren wie Klaus Groth, dem niederdeutschen Lyriker und Erzähler, dem Ehrendoktor und Germanistikprofessor, oder mit Wilhelm Jensen, damals als Autor erfolgreicher als Storm, aber einer seiner anhänglichsten Bewunderer.[19] Enge Freundschaft schließt er wiederum mit einem adligen Landrat, mit Ludwig Graf Reventlow, einst schleswig-holsteinischer Offizier im Unabhängigkeitskampf der Herzogtümer, später Vorsitzender des schleswig-holsteinischen Landeskommitees des Deutschen Nationalvereins, jetzt seit 1865 als Vertreter der preußischen »Herrschaft« im alten Schloß residierend. Es ist eine eigentümliche über zwanzig Jahre andauernde Freundschaft zwischen dem schneidigen und sarkastischen Landrat, der zwar keinen Adelshochmut kennt, wohl aber für Storm ein politischer Vertreter der Adelsherrschaft sein dürfte. Aber das stört ebensowenig wie in Heiligenstadt Alexander von Wussows Preußentum. Storm schätzt die Denkkraft, das politische Talent seines Freundes; und vor allem ist der auch eine ehrenhafte und offene Natur mit großem Interesse für die Poesie, feinfühlig und urteilssicher, kein diletantischer Bewunderer Stormscher Produktionen, sondern auch ihr rücksichtsloser Kritiker. Beide nennen sich wechselseitig oft unerträglich, beide schätzen sich. Storm über Reventlow: »... ein Mensch, schroff, brunnentief und von bedeutendem Geist und Wissen« (an P. Heyse 22. 10. 79). Nach außen rauh und doch stimmungshaft-weich, das sind Gegensätze und Gemeinsamkeiten, die verbinden. Zudem zählt man ja zu den Honoratioren, hat als Amtsrichter und Landrichter bisweilen beruflich miteinander zu tun. So entsteht dann wieder eine Männerfreundschaft mit Familienanschluß, mit regelmäßigen Besuchen und Gegenbesuchen. Als Storm Husum verläßt, um den Bau seiner Altersvilla zu überwachen, da glaubt er »zwei Menschen« (die Frau wird nicht mitgezählt!) besonders zu vermissen, seinen jüngeren Bruder Aemil und Graf Reventlow wie dessen »geistig ebenbürtige schöne Frau« (an P. Heyse 22. 10. 79). Selbst von Hademarschen aus besucht er regelmäßig anläßlich des Geburtstags seines Freundes für einige Tage Husum, dann beginnt, wie er es nennen wird, die »Storm-Saison«.

Er scheint sich wohl zu fühlen. Schließlich zählt er ja zur Oberschicht in Husum, achtet man nicht nur ihn, sondern auch seine Herkunft, »geht es gut« mit seiner Familie, fehlt es nicht an gesellschaftlichem Umgang, an Einladungen und Zusammen-künften, an Festlichkeiten und kulturellen Veranstaltungen. Das klingt im Brief bisweilen lebensfroh-harmonisch:

»Wir leben hier wirklich nach Göthes Vorschrift ›Tages Arbeit, Abends Gäste‹! Was so eine kleine norddeutsche Stadt, die doch eine Menge geistiger Elemente (großes Gymnasium etc. etc.) in sich faßt, an Gesel-ligkeit zu leisten vermag, ist unglaublich; und wir sind sehr vergnügt dabei. Wir z.B. geben, um den Bekanntenkreis einigermaaßen zu erschöpfen, in diesen 8 Tagen 3 Gesellschaften von je 18 Personen. Dabei mein Gesangverein von etwa 50 Sängern beiderlei Geschlechts. Vorigen Winter wurde sogar in unserm großen u. recht schönen Theatersalon Comödie gespielt, sogar Professoren des Gymnasiums spielten mit, u. zwar eminent. Nachher blieben Comödianten u. Zu-schauer, weit über 100 Personen zusammen – Abendtafel und Tanz. Sie sehen, wir Husumer können nicht verderben. Es handelt sich nur um's Aushalten« (an P. Heyse 25. 2. 75).

Wer so die Heimatstadt lobt, der fühlt sich in der großen Welt fremd. »Ich bin nicht geschaffen, mich ins Schlaraffenland hin-einzuessen« schreibt er seinem Sohn Hans im August 1872 aus Schloß Leopoldskron bei Salzburg. Dorthin hat ihn der liberale österreichische Parlamentarier Julius Alexander Schindler ein-geladen, ein wohlhabender Kollege, der unter dem Pseudonym Julius von der Traun Gedichte und Erzählungen veröffentlicht. Drei Wochen verbringt Storm in der luxuriösen Atmosphäre des Schlosses. Über die Reise (sein Vetter Ludwig Scherff, Bankangestellter und Komponist – dessen Erstlingsoper *Die Rose von Bacharach* enthält auch Verse Storms –, begleitet ihn) soll hier nicht ausführlich berichtet werden. Nur soviel: auf der Hinfahrt besucht er auch seinen Bruder Otto in Heiligenstadt. Als man abends bei einer Flasche Wein zusammensitzt, gibt ihm der alte Gesangverein ein Ständchen. Das scheint ihn mehr zu berühren als die imposante Landschaft und das üppige

Ambiente im Salzburgischen. Jedenfalls bleibt ihm der großbürgerliche Lebensstil seines wohlhabenden Kollegen fremd. »Ost un West, to Huus is best«, läßt er nach der Reise E. Esmarch wissen (19. 10. 72). Dies mag eine kleinstädtisch-borniert Abwehrhaltung gegenüber der großen Welt ausdrücken, doch äußert sich darin keine chauvinistische Arroganz, die deutsche Ursprünglichkeit und Urtümlichkeit gegen Fremde und Zivilisation ausspielt. Baden-Baden oder Schloß Leopoldskron schneiden gegen Husum schlecht ab, weil Reichtum und Repräsentation Storms bürgerlicher Tradition, seiner Auffassung von Maßhalten und Arbeit widersprechen. Wer so seine eigene Welt als Mittelpunkt setzt, der kann seinen Ort verändern und bleibt doch meistens zu Hause. In diesem Sinne ist er beweglicher und reiselustiger als allgemein angenommen.[20] In die Welt zu reisen, etwa an den Gardasee wie sein Freund Heyse, kommt ihm nicht in den Sinn. Wenn er bisweilen klagt, ihm fehlten »die silbernen Flügel« zum Reisen, dann geht es um Verwandten- oder Kollegenbesuche. Solche Reisen liebt er; so besucht Storm in Schleswig Wilhelm Petersen, in Kiel K. Groth, in Hamburg, Friedrichstadt, Neumünster, Hademarschen, Eutin, Segeberg, Heiligenstadt, Grube oder Toftlund Kinder, Brüder, Schwiegereltern, Vettern, Onkel und Tanten. Erholungsreisen führen zu Freunden und Verwandten, nicht in die Ferne. Man mag es nicht glauben, das offene Meer und einen großen Sandstrand sieht Storm zum ersten Mal ein Jahr vor seinem Tode, als er mit seiner Tochter Lucie und F. Tönnies einen Erholungsaufenthalt in Sylt verbringt! Werden weitere Reisen unternommen, dann hat dies familiäre oder berufliche Gründe. So reist er 1876 und 1877 nach Würzburg, um seinen verbummelten Sohn Hans durchs medizinische Examen zu bringen, begleitet 1886 seine Tochter Elsabe nach Weimar, läßt er sich 1884 in Berlin feiern.

Nicht, daß sich nun die Lebensgeschichte als unbekümmertes Stilleben ausmalen ließe. Sein beruhigtes Leben kennt durchaus Sorgen und Ängste. Die können ihn belasten, aber nicht überfordern oder gar in Resignation und Verzweiflung treiben. – »Schauderhaft ›abgeturnt‹« (an H. v. Byern 4. 8. 78) fühlt er sich häufiger, und die Angst um seine labile Gesundheit wird ihn nicht mehr verlassen. Er will durch eine regelmäßige Lebensweise, durch das Mittagsschläfchen, das frühe Zubettgehen, durch Abstinenz gegenüber Nikotin und Mäßigung beim Alkohol, sein Leben verlängern. Ein Zigarre rauchender Storm ist ebensowenig vorstellbar wie Goethe mit einer Tabakspfeife. Doch bisweilen scheint er sich maßlos mit Kuchen zu überfressen und auch ein Gläschen Wein zu trinken. Chateau d'Yquem, süß, wuchtig und fruchtig, das Getränk der Zaren und Könige, ist sein »Leibwein« (an Do 4. 8. 87), den er sich wohl kaum leisten kann. Gelegentlich aber bestellt er sich einige Flaschen feinen Mosel oder Graves. Und beim Abendbrot sollen ab und an Wein und Grog die Stimmung erhöhen.[21] Als Weintrinker oder Weinkenner kann der magenkranke Storm nicht gelten. Dazu fehlen ihm das Geld und die robuste Gesundheit. Als der Dichter des *Oktoberliedes* seinen unerschwinglichen »Leibwein« zum ersten Mal trinkt, da beantwortet er die Frage seines Gastgebers W. Jensen, ob denn der Wein schmecke: »O ja, er könnte nur ein bißchen süßer sein.«[22]

Warum überhaupt darüber berichten? Storm der Teetrinker und Nichtraucher ist keinesfalls ein Maßhalteapostel, doch halten ihn seine beschränkten Geldmittel und seine gefährdete Gesundheit zum Maßhalten an. So klagt er denn zunehmend über Magenschmerzen und Migräne, über das »Engerwerden der Nase«, über körperliche Ermüdung und Erkältungen. Dem sollen die Mäßigkeit beim Essen und die Vorsicht gegenüber dem wechselnden Wetter entgegenwirken. Deshalb spaziert er schon Anfang Oktober bei mildem Herbstwetter mit Pelzmütze und Winterpaletot durch seinen großen Garten in Hademarschen. Immerhin scheint er auf seine Vorsichtsmaßnahmen zu vertrauen, denn er glaubt so alt zu werden wie seine Eltern. Bereitwillig akzeptiert er auch eine fromme Lüge. Während der Hausarzt im Frühjahr 1887 Storms Leiden als Magenkrebs diagnostiziert, erklären der »Doktorbruder« Aemil und dessen Schwiegersohn, ein Medizinprofessor aus Kiel, es handele sich um eine Erweiterung der Aorta. Das beruhigt den Erkrankten und ermutigt zur Weiterarbeit am *Schimmelreiter*. Obwohl

Storm über seine labile Gesundheit sein Leben lang klagt, bleibt er bis auf wenige Tage vor seinem Tode arbeitsfähig.

Von einer weiteren Sorge wird ihn auch nicht die wachsende Anerkennung als Novellist entbürden. Auch im Alter muß Storm mit seinen Geldmitteln streng haushalten, um seinen bürgerlichen Lebensstil zu sichern. Schließlich kostet das Studium der Söhne Geld, studiert doch Ernst Jura, Karl Musik und Hans Medizin. Hinzu kommt das Schulgeld für die Töchter. Und wir sollten auch das gastfreie Haus nicht vergessen, die Einladungen, bei denen nicht gespart werden darf. Das Haus in der Wasserreihe hat ihm sein Vater gekauft, und auch von Constanzes Vater erhält er noch zu Beginn der siebziger Jahre, ganz ordentlich gegen Ausstellung eines Schuldscheins, Geldbeträge. Um überhaupt auszukommen, muß man sogar für mehrere Jahre die untere Etage des Hauses vermieten, kann Storm nicht einmal auf der Rückreise von Salzburg Hans im nahen Kiel besuchen, müssen andere Reisepläne aufgegeben werden. Selbst der Verkauf des großelterlichen und des eigenen Hauses schaffen keine Besserung. Weiterhin wird er über den »mageren Geldbeutel« klagen, sich bisweilen ironisch als »zusammenscharrende(r) Greis« (an E. Schmidt 1. 3. 82) bezeichnen. So erfährt Storm die Macht des Geldes durchaus als Einschränkung seiner Lebensbedingungen, ohne allerdings die Geldmacht zu hinterfragen. Vielmehr rechnet er als Autor mit den Marktbedingungen, verhandelt hartnäckig um Honorarerhöhungen und versichert: »Ich thue indeß das Meinige und bin fleißig wie eine Biene, um unser kleines Familieneinkommen vor zu großen Löchern zu schützen« (an Hans 13. 10. 73).

Vor allem aber: an seinen Kindern erfreut er sich und doch bekümmern sie ihn. Am wenigsten übrigens Ernst, der tüchtige und etwas hypochondrische Zweitälteste. Der studiert wie sein Vater Jura, wird Amtsrichter in Lüneburg und Toftlund, läßt sich 1887 als Rechtsanwalt und Notar in Husum nieder: also eine standesgemäße Karriere, zudem noch eine Ehefrau, »heiter, gut und klug«, Enkel. Lisbeth, die älteste Tochter, ist seit 1879 mit einem Pfarrer verheiratet, einem, wie er erleichtert feststellt, gebildeten und freisinnigeren Theologen. Aber die anderen, Lucie, Elsabe und die beiden jungen, »keine schönen, aber wohlaussehende Mädchen«, Gertrud und Dodo, sind noch zu verheiraten. Ihm scheint es unwahrscheinlich, »daß sie« – man beachte die »Leideform« – »verheiratet werden, und es wird mir kaum gelingen, eine kleine Existenz für sie nach meinem Tode zu erringen« (an H. v. Byern 23. 5. 87). Dabei läßt er nichts unversucht. So empfiehlt er sogar einem jungen Besucher, dem Gymnasiallehrer Alfred Biese, Lucie als Hausdame!

Sorgen bereitet ihm auch der jüngste Sohn Karl, der »Musikus«, ein treuer und solider Sohn, der Musik studiert und doch nur ein schwachentwickeltes Talent und geringes Konzentrationsvermögen besitzt. Zuwenig für die vom Vater geplante Künstlerlaufbahn. So findet er schließlich in bescheidener Stellung als Klavierlehrer sein Auskommen. Für ihn »rührt er die Trommel«, macht »Staatsvisiten«, setzt sein Renommee als Dichter ein, um den Untalentierten unterzubringen. In *Ein stiller Musikant*, eher ein ins Rührende stilisiertes Genrebild als eine Novelle, verarbeitet er seine Enttäuschung.

Aber die Lebenswunde, das »Sorgenkind«, ist Hans, der Älteste, der Bummelant und Alkoholiker, der lieber ins Wirtshaus als ins Kolleg geht, der erst im 22. Semester sein Medizinexamen besteht, der als Arzt scheitert, der mit 38 Jahren verbraucht und lungenkrank im städtischen Krankenhaus in Aschaffenburg stirbt. Obwohl er eine »elastische Natur« sei, so schreibt Storm L. Pietsch, gehe er an der Sorge um ihn »körperlich zugrunde... Aber das ist meine Achillesferse« (15. 10. 74). Wie sehr ihn Hans' Leben bekümmert, zeigen seine Briefe. Immer wieder schildert Storm Freunden und Bekannten, wie es seinem Ältesten geht, was er sich von ihm noch erhofft. Für ihn reist er, knapp an Mitteln, zweimal nach Würzburg, wird bei Professoren vorstellig. Über ihn freut er sich, wenn er gelegentlich schreibt oder gar »trocken« bleibt. Ihn ermahnt er zu Sparsamkeit und Fleiß, bittet den Sohn, an den Vater zu denken, zu schreiben, schickt Geld, nennt ihn liebevoll »meinen alten Jungen«, ist nachsichtig, wenn der eine wertvolle Uhr versetzt.

Man hat Storm zu große Nachsicht gegenüber Hans vorgeworfen; nicht nur aus Sicht einer autoritären Pädagogik, die aufs
Durchgreifen setzt[23], sondern auch psychoanalytisch-feinsinni-
ger mit dem Hinweis, er sei wegen seiner Mutterbindung ein
schwacher und kindlicher Vater, eine Fehlbesetzung im Soziali-
sationsdrama, er habe an Verständnis, Fürsorge und Geduld
eher zuviel als zuwenig getan[24]. Hier sollen keine Schuldzuwei-
sungen spekulativ ausgestellt werden. Storm ist jedenfalls kein
selbstgerechter Vater, und er weicht von seinem partnerschaftli-
chen Erziehungsideal nicht ab, er bittet lieber als zu drohen:
»Mein lieber alter Junge, ich weiß wohl, daß Du etwas anders
construirt bist als wir Andern; aber sei diesmal gewissenhaft«
(an Hans 1.9. 72). Ihn quälen Schuldfragen und das Verer-
bungsproblem. Er sieht in Hans einen »Unglücklichen, der
allein die unheilvolle Erbschaft aus seines Großvaters Familie
trägt, von der sein Großvater allein unter seinen Brüdern völlig
frei war« (an H. v. Byern 17. 3. 86). Das geht auch hier in die
Novellistik ein, etwa als Vererbung und Trunksucht (*John Riew*
und *Der Herr Etatsrat*) oder als Schuldzusammenhang zwischen ehrenfestem wie nachgiebigem Vater und leichtsinnigem
Sohn (*Carsten Curator*), als mangelnde väterliche Aufsicht und
Tod des Kindes (*Aquis submersus*). Als Vater eignet sich Storm
jedenfalls nicht zum Kläger, und er macht auch nie seinen Sohn
zum Angeklagten. So leidet er und dichtet in »trostloser Stimmung«:

> Friedlos bist du, mein armer Sohn,
> Und auch friedlos bin ich durch dich;
> Wären wir, wo deine Mutter ist,
> Wir wären geborgen du und ich.

(1. 274)

Solche Sorgen belasten sein Leben, aber sie bringen es nicht
durcheinander. Selbst der Tod des Sorgenkindes Hans bedeutet
deshalb keine Lebenskrise. Denn »Im Hause, wo mich außer der
Frau Do vier ›blühende Töchter‹ umgeben, steht alles wohl« (an
G. Keller 14. 8. 81). Wir sollten uns aber von der ereignisarmen
stabilen Lebenslage nicht täuschen lassen. Vielmehr verstärken

sich jetzt die Spannungen zwischen seiner unmittelbaren Umgebung, der Familie mit traditioneller Rollenverteilung, dem kleinstädtischen Mittelmaß und seiner Befindlichkeit. Denn auf seine Nahwelt läßt er sich einerseits verstärkt ein, um sein Leben auszubalancieren. Andererseits kultiviert er ihr gegenüber Einstellungs- und Verhaltensweisen, die darüber hinausgehen. Storm braucht die Geborgenheit und Überschaubarkeit des Provinzlebens, aber dessen Beschränktheit wird ihm nicht zur Beschränkung. Die oft zitierte und hier wiederholte Selbstcharakterisierung: »Ich bedarf äußerlich der Enge, um innerlich ins Weite zu gehen« (an H. v. Preuschen 21. 9. 81) drückt dies aus. Jetzt geht es um die spannungsreichen Diskrepanzen zwischen Lebenslage und Lebenssituation, zwischen dem beruhigten Leben und der beschleunigten Produktivität.

Denn mit der Zurücknahme des Emanzipationsprojekts Liebesehe verschwinden nicht die Bedürfnisse nach sinnlicher Liebe. Do, so können wir nur vermuten, vermag diese nicht gänzlich zu befriedigen. Auch jetzt sei daran erinnert, daß im 19. Jahrhundert hinter der Fassade von Anstand, Prüderie und Heuchelei Sinnlichkeit und Leidenschaft gelebt werden[25], daß die Verhüllungs- und Verdrängungsmanier gerade die sexuelle Neugierde anreizt, daß mit der verschweigenden Reserviertheit nicht nur Ängste oder gar Neurosen entstehen, sondern auch erotische Verfeinerungen der fleischlichen Genüsse und Beglückungen. Letzteres dürfte auch für Storm, für dessen »leidenschaftl., warme, sinnliche Natur« (Notizen von E. Schmidt 9. 2.–4. 3. 77) gelten. Über einen gemeinsamen Theaterbesuch, gespielt wurde die Komödie *Andrea* von Victorien Sardou mit Johanna Buska vom Wiener Burgtheater in der Hauptrolle, notiert sich E. Schmidt Storms Reaktion: »Er: dieses Weib wird mir gefährlich. Geht nicht mehr mit«. – Der Briefwechsel mit Hermione von Preuschen mag das Nebeneinander von bürgerlicher Tugendvorstellung und Begierde veranschaulichen. Denn Storm legt der jungen Frau nicht nur sein hausbackenes Hausfrauenideal dar oder lobt die befriedigende Arbeit als das solideste Glück, er glaubt in ihr auch ein »heißblütiges Mädchen« zu erkennen, betont, nur das reifere Alter fühle die Leidenschaft, bittet um Bilder und bedankt sich dafür, kaum verblümt, mit einem Hinweis auf seine gute Durchblutung und seine rege Phantasie.

»Dies zweite Bild ist das Bild eines Weibes, dem ich gern das Haar aus der Stirn streichen würde, um ihr zu sagen: ›Hermine, ja, du hast ein Herz‹. Und bei diesem jungen Weibe soll ich unglücklicher Verfasser von ›Aquis submersus‹ die Schattenrolle des väterlichen Freundes übernehmen; sie wird mir ruhig lächelnd in die Hand gedrückt, denn solche alten Schatten haben ja kein Blut mehr in den Adern, oder dürfen es wenigstens nicht mehr haben ... aber es ist ein Unglück der Poeten, daß Herz und Phantasie so spät bei ihnen altern« (3. 10. 75).

Solch briefliche Schlüpfrigkeiten passen nicht zu einem preußischen Oberamtsrichter, wohl aber zu Storm. Sie werden hier nur erwähnt, um zu verdeutlichen, daß er den Zwiespalt zwischen der Eheinstitution und den darüber hinausgehenden Wünschen erfährt. Den kann er nicht überbrücken, wohl aber literarisch verarbeiten, etwa in der Gestalt seiner erotisch anziehenden meist dunkelhaarigen und dunkeläugigen Mädchen[26], durch die Stilisierung ehelicher Liebe oder die Dämonisierung der Sexualität. Dann wird, wie in *Draußen im Heidedorf*, das männliche Begehren mit einem Bullen verglichen, der an der Kette reißt, und die weibliche Verführung mit einem Tier, das weiße spitze Zähne und schwarze Augen hat (vgl. 2. 98). – Lebensgeschichtlich bleibt die leicht erregbare Alterssinnlichkeit folgenlos. Sie scheint sich auf Blicke und Wünsche zu beschränken. Werkgeschichtlich geht sie hingegen als Spannung zwischen Konvention und Leidenschaft, Verzicht und Wunsch in die Novellistik ein.

Auch Husum kann ihm nicht genügen. Als soziale Herkunft, als gelebte Bürgerlichkeit bleibt seine Vaterstadt ein Leben lang in ihm lebendig, und doch wird er sich seit seiner Studentenzeit nicht mehr nur als Husumer fühlen. Dabei dürfte wohl bis heute kein deutschsprachiger Dichter so sehr mit seiner Heimatstadt, grau und am Meer gelegen, in Verbindung gebracht werden. Man denkt bei Storm an Husum und bei Husum an Storm. Aber schon der junge Advokat verspürt ja durch Lyrik und Liebe eingestimmt eine gewisse Distanz zur »rüstigen Geschäftswelt«

der Kleinstadt. Die wird sich mit dem wachsenden Erfolg als Autor vergrößern. Zwar verleugnet Storm keineswegs seine Herkunft, er stellt sich nicht ungern als Patrizierenkel dar, sieht sich auch als Sohn seiner Vaterstadt. Doch zugleich versteht er sich als Dichter der deutschen Nation, als der letzte bedeutende Lyriker und nicht als Heimatdichter. Das schafft ein national-literarisches Wirkungsbewußtsein und mit dem Erfolg auch bedeutende Freunde und Briefpartner. Aus dieser Perspektive muß Husum spießig-beschränkt wirken. Natürlich fühlt er sich hier »zu Hause«, und doch reicht seine Lebensperspektive über die der Honoratioren hinaus. Zu Recht ist darauf hingewiesen worden, daß er nie ein Gedicht oder eine einzige Novelle im *Husumer Wochenblatt* veröffentlichte[27], daß er sich ja schon als Schüler und Student um die Aufnahme seiner Gedichte in den renommierten *Deutschen Musenalmanach* bemühte, daß er sich als Autor auch für die *Gartenlaube* zu schade dünkt. Wer abends Briefe an G. Keller oder E. Schmidt schreibt, der geht anschließend nicht mehr ins Wirtshaus. Sicher, er braucht seine kleine Stadt, und er läßt sich doch von ihr nicht vereinnahmen. Deren Klatsch ignoriert er. Das zeigen die Briefe. An der lokalen Geselligkeit, soweit sie »Niveau« hat und von den ersten Familien getragen wird, nimmt er teil (oft mit Begeisterung), und er findet sie doch bisweilen »übertrieben« und »langweilig«. Der Dichter stilisiert sich keineswegs zum Künstler oder gar Genie; er liebt die Ordnung. Selbst auf seinem Schreibtisch ist ja alles rechteckig angeordnet. Und doch kommt es zur Entfremdung zwischen ihm und den Husumern. Dieser kleine etwas gebeugte Mann mit dem schlohweißen Bart und den hellblauen Augen, der im Sommer mit einem breitrandigen Strohhut und im Winter mit brauner Pelzmütze und dickem Shawl durch die Gassen geht,[28] ist seiner Stadt entwachsen.

Bereits 1878 kauft er ein großes Grundstück in Hademarschen mit schöner Aussicht – oft von ihm in den Briefen beschrieben – auf Wiesen und Wälder. Dort besuchte er schon häufiger seinen Bruder Johannes, der in dem holsteinischen Dorf ein Sägewerk und einen Holzhandel betreibt. Mit Hilfe seines Gärtnerbruders Otto und seines jungen Freundes, des Malers

und Illustrators Hans Speckter, legt er einen Garten (»einige
Hundert Bäume und Büsche«) nach eigenen Plänen an. »Solange
meine alte Mama lebt, denke ich selbstverständlich nicht ans
Fortgehen«, schreibt er am 18. 2. 79 an G. Keller, und als sie ein
halbes Jahr später stirbt, beschließt er den Verkauf der Familien-
häuser, läßt sich, wie wir bereits wissen, vorzeitig pensionieren
und zieht schon am 23. 4. 1880 nach Hademarschen. In Husum
»ist das Geschrei über unsern Fortgang groß« (an P. Heyse
Pfingsten 1880). Dort kann man Storm, der sich doch im »Exil«
immer in seine Heimatstadt zurückwünschte, nicht verstehen.
Er ist sich auch keineswegs sicher, ob sein Entschluß richtig ist.
Aus seinen Briefen läßt sich auch keine eindeutige Begründung
herauslesen. Was wir aber wissen: die »Altersvilla« soll nicht
zum Ruhesitz werden. Vielmehr erwartet er von dem Ortswechsel eine erhöhte literarische Produktivität, denn hier hofft er »als
Poet noch eine neue Periode« zu erleben (an Karl 23. 10. 78).
Hademarschen bedeutet ihm die »ländliche Freiheit« von über-
lastenden gesellschaftlichen Verpflichtungen und auch eine Befreiung von der Husumer Vergangenheit. »Man darf nicht in
Erinnerung schwelgen, wenn man für das Leben noch etwas
leisten will«, schreibt er seinem Sohn Karl (12. 2. 82). Als Flucht
in die ländliche Isolation sollten wir den Umzug nicht bewerten.
Eher schon als den Versuch, den Kreis der Bekannten und
Besucher über Husumer Zufälligkeiten hinaus für sich zu erweitern. Für die übliche Honoratiorengeselligkeit ist auch Hademarschen gut genug. Auch hier wird ein »Club« gegründet, dem
der Pastor, ein Internatsleiter, der Besitzer des Gutes Haderau,
ein Reichstagsabgeordneter, der Bruder und andere angehören;
ein »Club«, der Musikabende, Lesungen und Teestunden veranstaltet. Zudem ist ja Husum nicht weit entfernt, kann Storm
Besucher empfangen und Besuche machen. Auch sind die großen Städte Hamburg und Kiel von hier aus leichter erreichbar.
Vor allem aber: der neue Wohnort liegt ganz in der Nähe einer
Eisenbahnstation an der Route Itzehoe – Meldorf – Heide.
Darauf weist Storm immer wieder in Briefen an G. Keller,
E. Schmidt, P. Heyse und andere hin. Gäste werden also erwar-
tet, interessantere Leute, als Husum zu bieten hat. Das Haus

und seine Lage sind auf Besuch und Austausch angelegt, nicht auf Flucht und Rückzug.

Besucher finden sich ein, doch weniger, als er erwartet. Aber immerhin, P. Heyse, E. Schmidt, W. Jensen, W. Petersen kommen nach Hademarschen, auch P. Schütze, sein erster Biograph, oder A. Biese, der Gymnasiallehrer, der in zahlreichen Schriften den Dichter populärer machen möchte, und der in ihnen sogar detaillierte Anweisung für den Ablauf von Storm-Feiern in den Gymnasien geben wird. Strenggenommen ist der Autor auf den Besuch nicht angewiesen. Er wohnt zwar abseits der großen kulturellen Zentren des deutschsprachigen Raums, weit weg von Berlin, München oder gar Wien, und dennoch steht er mitten im literarischen Leben der Nation. Denn er ist ja, wie wir bereits wissen, ein leidenschaftlicher Briefschreiber, mitteilsam und bisweilen schwatzhaft, und doch neben Th. Fontane, G. Keller, F. Hebbel, P. Heyse einer der bedeutendsten der deutschen Literatur der zweiten Hälfte des 19. Jahrhunderts[29]. An seinen Lieblingsthemen, die Familie und die Literatur, ändert sich nichts. Und so finden wir auch jetzt Schilderungen über das Befinden der Gattin und der Kinder, über das Haus, das Wetter und natürlich die Weihnachtsfeier. Veränderungen lassen sich aber beim Adressatenkreis beobachten. Der erweitert sich seit den frühen siebziger Jahren. Zu ihm zählen Autoren wie Detlev von Liliencron oder Heinrich Seidel, Kritiker, Herausgeber und Verleger wie Emil Kuh, Karl Emil Franzos, die Gebrüder Paetel oder George Westermann. Auch daran läßt sich die erhöhte Bedeutung der Literatur für den verjüngten Poeten ablesen.

Hier sollen keine weiteren Namen aufgelistet werden. Nur soviel, die umfangreiche Korrespondenz zeugt von einer großen Belesenheit. Die beschränkt sich nicht auf die deutschsprachige Literatur. Storm liest auch Hugo, Flaubert, Zola und George Eliot. Und er kritisiert die Gelesenen: die Lyriker, eng und dogmatisch mit der Elle der Erlebnislyrik. Selbst ein C. F. Meyer wird mit ihr erschlagen, spürt Storm doch in dessen Gedichten »zuviel Absicht und Arbeit« (an P. Heyse 9. 1. 83). Nachsichtiger werden die Erzähler behandelt. Aber auch hier dient, wie etwa bei der Verurteilung Zolas, das eigene poetologische Konzept, das Verklärungspostulat des Poetischen Realismus, als Maßstab. Unerbittlich aber fertigt er die Marktgänger ab, die vielgelesenen Vertreter der »Mache« wie F. Dahn oder P. Lindau.

Am häufigsten schreibt er – seit 1876 im vertraulichen Du – über »sein Haus« und seine Literatur an einen Kollegen, den er schon seit den Tagen des Rütli kennt. Zu nennen ist hier P. Heyse, mit dem er die umfangreichste Korrespondenz führt. Beide verbindet die Sorge um ihre ältesten Söhne. Heyse, geistreich, geschäftig und weltläufig, ist ein vertrauter Brieffreund, eine Art Gegenbild aus der großen Welt, dem Storm bereitwillig von seinem privaten Kummer berichtet. Heyse ist aber auch der Kollege, über dessen Produkte vorsichtige Urteile abgegeben werden, auf dessen literarische Vorschläge er selten eingeht, dessen Lyrik ihm zu sehr unter dem Einfluß Geibels steht. Storm bewundert Heyses Produktivität, macht Vorschläge für dessen *Deutschen Novellenschatz*; und er steht ihr doch reserviert gegenüber, kritisiert seine Arbeitsmethode, eine Handlung zu erfinden und dann die Personen dazu. Aber er braucht ihn als Adressat seiner monologischen Familienberichte und als Berichterstatter aus der literarischen Welt. Er schätzt es, von dem Berühmteren geschätzt zu werden.

Unproblematischer fällt das Verhältnis zu einem anderen Briefpartner aus, zu E. Schmidt, dem jungen Germanisten, dem Umgänglichen und Erfolgreichen, der schon Privatdozent ist und bereits eine Berufung an die Straßburger Universität erhalten hat, als der fünf Jahre ältere Hans noch vor dem Medizinexamen steht. Storm lernt ihn 1877 in Würzburg kennen, als er dem verbummelten Sohn nachreist und den Vierundzwanzigjährigen – eine sonderbare Situation – bittet, sich um ihn zu kümmern. Das baut Distanzen ab, macht miteinander vertraut. Storm wirbt um die Freundschaft des Jüngeren wie ein Junger und versichert ihm, er habe eine Mappe angelegt mit der Aufschrift »Briefe von Erich Schmidt«, und er hoffe, daß man die nicht leer in seinem Nachlaß finden werde: »Lassen Sie, was da gewesen, also nur den Anfang, nicht das Ende sein« (16. 3. 77). Der Brief enthält auch ein Gedicht:

Ich habe Deine Hand gefaßt,
Und werde suchen sie zu halten;
Mein junger Freund, ich hoffe fest,
Du wirst noch einer von den alten.

Der Literaturwissenschaftler und der Dichter haben sich viel zu schreiben. Bald wandelt sich die Anrede, aus »Lieber Herr Doctor« wird dann »Mein lieber Freund Erich«. Storm findet in ihm einen Vertreter der wissenschaftlichen Welt und der groß-städtischen Gelehrtenkultur, den Star einer jungen, jetzt eta-blierten Wissenschaft. Wien, Weimar und Berlin heißen die Stationen seiner Karriere. Schmidt entdeckt als Direktor des Goethearchivs in Weimar den Urfaust, wird noch zu Lebzeiten des Dichters Nachfolger auf Wilhelm Scherers Lehrstuhl in der Reichshauptstadt. So berichtet er in den Briefen auch über seinen beruflichen Werdegang (eine wichtige Quelle für die Historiker des Fachs Germanistik), erwähnt aber auch Privates. Am häufig-sten geht es um Literatur. Der Briefwechsel ist voller literari-scher Anspielungen, Dichternamen und Zitate; natürlich stehen Storms Arbeiten im Mittelpunkt. In ihm erörtern sie Titel-, Stoff- und Kompositionsprobleme, legen ihre Auffassung von der Gattung Novelle dar. Mit E. Schmidts Storm-Essay, er erscheint 1880 in der Deutschen Rundschau, wird der Autor wissenschaftswürdig. Literaturgeschichten und Lexika nehmen ihn nun auf. Zugleich aber setzt damit eine problematische Festlegung auf Resignation und Elegik ein, denn so heißt es dort »Storm will rühren, nicht erschüttern«. Dem hält er sein künst-lerisches Bekenntnis entgegen, »daß eine aufs Tragische gestellte Novelle, wenn sie ist wie sie sein soll, so gut wie die Tragödie erschüttern und nicht rühren soll« (26. 6. 80).

Auch in einem anderen Fall geht die Initiative von ihm aus. Etwa zur gleichen Zeit, als er E. Schmidt kennenlernt, schreibt er auf Betreiben W. Petersens an einen Autor, der im äußersten Süden des deutschen Sprachraums lebt und dessen Hauptwerk er schätzt. An G. Keller sendet er mehr Briefe, als er erhält. Und obwohl er auch hier ausführlich von seiner Familie berichtet, kommt in dem Briefwechsel kein vertrauter Ton auf. Jedenfalls in den privaten Dingen. Denn Storm, so können wir vermuten, befremdet Keller, den etwas grantigen Junggesellen und Wirtshausbesucher, mit seinen Berichten über Hausbau, Geselligkeit, Frau und Kinder. Und als er annimmt, aus den Briefen spreche doch ein gewisser »Menschenmangel« (28. 11. 81) – übrigens im Zusammenhang mit einer typisch »eidetischen« Wortwahl (»...stand plötzlich vor mir, daß sie nämlich in Zürich eine große Stadt, gar mit einer Universität, hinter sich haben«) – da reagiert Keller gereizt. Einladungen nach Hademarschen kommt er nicht nach. Aber beide gehen intensiv auf ihre Werke ein, urteilen über Kollegen, besprechen Honorarforderungen. Als Kritiker schätzen sie sich. Man lese nach, wie ausführlich Storm Umarbeitungen am *Grünen Heinrich* vorschlägt, für den »Ich-Erzähler« plädiert, für eine Verjüngung der Judith eintritt und zugleich mit seinen Bemerkungen wieder auf eine Einladung verweist (»man müßte beieinandersitzen, um es zu besprechen« 15. 7. 78). Und Keller bedankt sich für »die handwerklichen Ratschläge und Winke, die mir gut bekommen« (13. 8. 78).

So schafft der Briefwechsel einen fördernden Austausch über die enge Provinzwelt hinaus. Storm erweitert so, bewußt Einladungen aussprechend, Freundschaften suchend, Briefe schreibend, seine Mitteilungs- und Austauschmöglichkeiten. Wohlgemerkt, nicht allein weil er Bekannte und Freunde braucht. Geborgenheit bietet ihm ja auch Husum und Hademarschen. Sondern weil er über das sprechen möchte, worauf er hinlebt, nämlich über Dichtung. Nüchterner ausgedrückt: dem Autor geht es um die Erweiterung seiner Kommunikationspotentiale. Auch dies kann er »herstellig machen«. Er mag zwar abseits wohnen, er zählt aber nicht, wie es bis heute Literaturgeschichten kolportieren, zu den Abseitsstehenden.

»Von uns ist nicht viel zu sagen: besonderes Unheil sucht uns bis jetzt nicht auf, noch weniger besondres Glück« (an L. Pietsch 4. 4. 83). Keine Frage, durch das Sich-Einstellen auf die neuen enttäuschenden Verhältnisse, durch die Rücknahme des emanzipativen Eheprojekts und die Distanz zur Politik harmonisiert er seinen Alltag, ohne sich mit den Verhältnissen auszusöhnen. Denn Storms Lebenssituation läßt sich nicht mit dieser ausbalancierten Nahwelt verrechnen. Vielmehr schaffen seine Erfahrungen, Einstellungen und Befindlichkeiten, seine Wert- und Ideal-vorstellungen, sein Selbstkonzept und sein Handlungsbewußt-sein (vor allem als Autor) eine fruchtbare Spannung darüber hinaus. Zudem hält er ja an den politischen Ansichten fest, bleibt ein unpolitischer Demokrat, ein Vertreter des bürgerlich-eman-zipativen Humanitätsprojekts, auch wenn die politischen Erfah-rungen mit den Preußen seine Erwartungen schrumpfen lassen. Er versucht auch nicht, die Herausbildung einer modernen Klassengesellschaft durch begriffliche Abstraktionen einzufan-gen, wie dies sein junger Freund Ferdinand Tönnies tut. Von ihm läßt er sich gerne erzählen, etwa über den Unterschied von Gemeinschaft und Gesellschaft, von naturhaft-organischen oder modern-zweckgerichteten Verbänden. Aber, wie wir bereits wissen, das Begriffliche liegt ihm nicht, er liebt die Anschauung, das Nahe, Konkrete und Sinnliche.

Als er geboren wird, steht in Husum eine schwache Laterne, ist die Stadt nach einem starken Regen wegen der schlammigen Straßen nicht mehr mit dem Pferdewagen zu erreichen, fühlen sich die Einwohner als Dänen. Ihre materiellen Lebensverhält-nisse haben mehr mit dem späten 16. als mit dem späten 19. Jahr-hundert gemeinsam. Als er stirbt, hat die Stadt Gaslicht, einen Eisenbahnanschluß, fühlen sich die Bewohner als Bürger des mächtigen deutschen Reiches. Das ist nun zu einer großen Industrienation geworden, führend in den Wachstumsindu-strien Elektrotechnik und Chemie, aggressiv nach außen und autoritär nach innen. In Storms Geburtsjahr finden wir im deutschsprachigen Bereich noch mittlere und kleine Städte wie Celle oder Reutlingen, Husum oder Lörrach, die straff geglie-dert, örtlich begrenzt und ständisch bestimmt, eher noch mittel-alterlich anmuten. In seinem Todesjahr fühlen sich die Herr-schenden durch eine völlig neue soziale Bewegung, durch die revolutionäre Sozialdemokratie, bedroht, beginnt ein junger, etwas theatralisch auftretender Kaiser – er wird der letzte sein – die Regentschaft, erhält die Deutsche Bank die erste Konzession zum Bau der Bagdadbahn.

Man könnte das Auseinanderfallen von Lebensgeschichte und Weltgeschichte weiter ausführen und allzuleicht feststellen, daß

Storm den Übergang von einer vorindustriell-ständischen Gesellschaft in eine modern-kapitalistische in seinen Kleinstädten
musizierend und schreibend verschläft. Ein solches ideologie-
kritisches Schnellurteil verkennt aber die labile Lebenssituation
und die von ihr ausgehende verschärfte Weltaneignung. Um es
bildhaft auszudrücken: mit dem lebensgeschichtlichen Wendepunkt verengt sich weiter sein sozialer Erfahrungshorizont und
er erhält doch eine vertiefte und verschärfte Problemdimension.
Gegenüber der großen Welt – mit Ausnahme des literarischen
Lebens – lockern sich die Realkontakte, aber sie sensibilisieren
sich gegenüber seiner Nahwelt. Denn mit den familiären Verhältnissen werden nicht die Wünsche beruhigt. Mit deren Stabi-
lisierung kann gerade das Bewußtsein ihrer Gefährdung wachsen. In der scheinbar persönlichsten Erfahrung, in den geweck-
ten Wünschen durch die partnerschaftliche Liebesehe und die
Enttäuschungen in der Kleinfamilie wirken so allgemeine soziale
Beschleunigungsprozesse. Nicht ohne Grund verliert gerade in
der zweiten Hälfte des 19. Jahrhunderts die Familie durch die
Wissenschaft, durch Arbeiten von Bachofen, Morgan oder Engels, ihre naturhaft-ahistorische Selbstverständlichkeit, während sie zugleich als Institution und Grundlage des Staates
aufgewertet und ideologisch verklärt, ja auch als gemütliche
Gegenwelt gegenüber der lauernden Konkurrenz »draußen«
akzeptiert wird. Privatheit und eheliche Liebe werden zu Leitwerten, und der gemütliche Kleinhaushalt gerät bis in die refor-
mistische Programmatik der Arbeiterbewegung hinein zum
Leitbild. Das Projekt »bürgerliche Liebesheirat«, lebensgeschichtlich ein Nacheinander von Erregung und Routine, von
Verlockung und Versagung, kann aber ihr Versprechen nicht
halten. Die Versöhnung zwischen individueller Liebe und dauerhafter Institution, das Zusammenleben gleichberechtigter
Gatten, all dies wirkt mit der Aufklärung und der Französischen
Revolution über diese hinaus – jedenfalls in der Literatur und bei
den Literaten – und es pendelt sich doch realgeschichtlich in
patriarchalische Abhängigkeits- und Autoritätsverhältnisse ein.
Aus Sicht der Sozialgeschichte mögen solche Emanzipations-
projekte bestenfalls bis zum bürgerlichen Recht und dessen

Vertragsdenken gelten. In der Literatur aber werden sie vor dem Vergessen gerettet. Nicht nur bei Storm. Deshalb thematisieren die großen realistischen Romane des 19. Jahrhunderts die enttäuschte Ehefrau, kritisiert der utopische Sozialist Fourier die Familie als »isolierende Eintönigkeit«.

Zudem bringt das Richteramt soziale Erfahrungsgewinne, bleiben weltanschauliche Irritationen, die »quälenden Rätsel« Tod und Vergänglichkeit, lebendig. Im Gedicht *Geh nicht hinein* (es entsteht nach dem Tode des sechzehnjährigen Grafen Theodor Reventlow 1878) kann sich solche Stimmung zu einem düsteren Pessimismus steigern, in eine Ohnmacht gegenüber dem Tode, mit der sich die schöne Form auflöst, die Verse reimlos und die Sätze bruchstückhaft werden. Das Gedicht gilt nicht dem besonderen Fall. Der ist nur Anlaß, um die Erschütterung des Todeserlebnisses in einer neuen Radikalität auszudrücken.[30] Es schildert nicht in naturalistischer Manier den Todesvollzug, sondern die durch ihn veränderte Gefühlslage des Sterbenden und der Lebenden. So heißt es am Ende:

> Dort, wo er gelegen,
> Dort hinterm Wandschirm, stumm und einsam liegt
> Jetzt etwas – bleib! Geh nicht hinein! Es schaut
> Dich fremd und furchtbar an; für viele Tage
> Kannst du nicht leben, wenn du es erblickt.
> »Und weiter – du, der du ihn liebtest – hast
> Nichts weiter du zu sagen?«
> Weiter nichts.
> (1. 94)

Das erinnert nicht mehr an das empfindsam-melancholische Seelenlied mit seiner Stimmungshaftigkeit und geordneten Form. –

»Sonst ist mein Leben freilich arm gegen den seltnen Reichtum des Deinigen. Aber in dieser Stille – die innere Unruhe der Sorge hab ich freilich in Fülle – wächst doch so etwas wie der *Waldwinkel* « (an Pietsch 15. 10. 74).

Hier haben wir den produktiven Zusammenhang von beruhigter Lebenslage, problematischer Lebenssituation und Literatur. So kann die erwähnte Novelle Erfahrungen und Wünsche verarbeiten, die im Alltag zurückgedrängt oder gar tabuisiert werden. *Waldwinkel,* das ist ein einsam gelegenes Haus, in das sich Richard und Franziska zurückziehen, »um hier«, so notiert sich Fontane in den nachgelassenen Aufzeichnungen, »wie die Auerhähne zu balzen«[31]. Nun kann der Rückzug aus der Gesellschaft, die Flucht vor ihren Zumutungen und Konventionen in die »Waldeinsamkeit« nach Tieck, Eichendorff und Stifter eher als konventionelles, trivialliterarisch verbrauchtes Motiv gelten. Aber dieser Richard war politischer Gefangener der Preußen, weil er am Wartburgfest teilgenommen hat, und er bleibt ein Außenseiter, enttäuscht von der Gesellschaft. Vor allem aber, er ist achtundvierzig Jahre alt, die elternlose Franziska hingegen ist achtzehn! Zwar wird in der Waldeinsamkeit aus dem jungen Schützling seine Geliebte, und doch entwirft Storm keine erotisch-bukolische Geschichte. Die Flucht aus der zivilisierten Gesellschaft in die unberührte Natur erreicht nicht ihr Ziel, denn auch die Natur verweigert sich als Refugium. Vielmehr geht von ihr eine bedrohliche Unruhe aus: das »schwarze Gewölk« stürmt »über den bleichen Himmel«, man hört das »Geheul des großen Waldkauzes« oder das »Brechen eines dürren Astes«, und auch Franziskas »graue(n) Falkenaugen« schweifen lebhaft hin und her. Auch an der Natur in ihnen scheitert die ungleiche Liebe: Franziska verläßt den alternden Mann und schließt sich einem jungen Förster an. Das Glück in der »Waldeinsamkeit« erweist sich aber als Illusion, weil beide mit ihrer Geschichte auch Gesellschaft nicht ablegen können. Franziska, eines jener typisch Stormschen »eben aufgeblühten Mädchen«, hat gelernt, den Menschen zu mißtrauen. Ihre Augen, so erfahren wir, »seien ein halbes Dutzend Jahre älter, als das Mädchen selbst« (2. 226). Richard, krank und gebrochen, besitzt keinen Lebensmut mehr, aber durchaus noch Wünsche; er will sie nicht heiraten, bietet ihr aber, um sie an sich zu binden (»und er verschlang die junge Gestalt mit seinen Blicken« 2. 258), Staatspapiere an, macht sie zu einer »Kapitalistin«. Als er sich später zur Heirat entschließt, ist es zu spät. Franziska liebt ihren jungen Förster, entflieht mit ihm, nicht ohne die Staatspapiere mitzunehmen. Also keine naturalistische Triebdämonisierung, sondern soziale Motivation.

Diese »niederträchtige Geschichte« (an Heyse 25. 11. 74) enthält politische und sexuelle Problemkonfigurationen, die im Alltag verdrängt, aber im Medium der Literatur verarbeitet werden. Anders ausgedrückt: das beruhigte Leben in Husum und Hademarschen bedeutet hinsichtlich der Schreibmöglichkeiten eine entlastende Ordnung, mit der Bedürfnisse und Affektmengen stabilisiert und als erfüllte in den Hintergrund gedrängt oder als unerfüllbare zurückgenommen werden[32]. Dies schafft aber »Raum« für eine literarische Produktion, die Erfahrungen und Wünsche, Einstellungen und Befindlichkeiten weltrepräsentierend ausdrückt. So können die Novellen Konflikte entfalten, von denen die Lebensgeschichte freigehalten wird. Mit der bewußt hergestellten Distanz gegenüber Politik und Gesellschaft entlastet sich Storm zudem von durchgreifenden Wahrnehmungsänderungen, und er kann damit zugleich sein Kunstmodell, das ja dem Schönheitsbegriff und der Weltverklärung verpflichtet ist, bewahren[33]. Welche Schwierigkeiten die literarische Darstellung aktueller Verhältnisse hervorruft, zeigt ja der gescheiterte Versuch seines Züricher Brieffreundes, mit dem *Martin Salander* einen Zeit- und Gesellschaftsroman (Storm findet ihn »langweilig«) zu schreiben, ein Gesamtbild der kapitalistischen Schweiz zu entfalten. Aber Münsterburg ist nicht mehr das alte Seldwyla. Glück, Spiel und Spekulation sind nun vom Weltmarkt abhängig, sind versachlicht, systembedingt, nicht moralisch und persönlich abzuhandeln. So sieht sich Keller vor völlig neue Gestaltungsprobleme gestellt, die er mit den Mitteln des Poetischen Realismus, des Bildungsromans und seiner Novellistik nicht zu bewältigen vermag.

Storms provinzielle Beschränktheit, seine eingegrenzte Wahrnehmung und seine kleinen, poetisch verklärten Welten sollen hier nicht gerechtfertigt, wohl aber begründet werden. Stofflich verhalten sich seine Novellen gegenüber den panoramatischen Gesellschaftsromanen eines Balzac oder Dickens wie Husum oder Heiligenstadt zu Paris oder London. Bei ihm sind aber die Konflikte, und das sollte man vor jedem Schnellurteil berücksichtigen, moderner als ihr Milieu. Wie viele seiner Kollegen empfindet Storm die industrielle Revolution als Bedrohung seiner selbstverständlichen Kunstwahrnehmung und seines ästhetischen Programms. Sicherlich weiß er von den großen Fabriken und neuen Riesenstädten. Er besucht ja noch 1884 Berlin. Aber diese Realitäten werden für ihn nicht zur beachteten Wirklichkeit. Er mag sie sehen, aber er nimmt sie nicht wahr. Das verbindet ihn mit vielen Künstlern. Solches Festhalten an gewohnter Wirklichkeitswahrnehmung blendet mit Fabrik und Großstadt, Bourgeoisie und Proletariat neue zentrale Wirklichkeitsbereiche aus – dagegen polemisieren ja die Naturalisten mit ihrem Anspruch auf Modernität –, und es erlaubt zugleich die literarische Verarbeitung der vorindustriellen Realitäten und aktueller Probleme mit dem Modus des traditionellen Modells der schönen Künste. Das Auseinanderfallen von Lebensgeschichte und Gesellschaftsgeschichte schafft so nicht nur einen Wirklichkeitsverlust, sondern auch eine »Garantiesituation«, einen produktiven und stabilen Zusammenhang zwischen der Weltaneignung und der literarischen Verarbeitung.

Mit dem Sich-Einstellen auf die ernüchternden familiären und enttäuschenden politischen Verhältnisse zu Beginn der siebziger Jahre verlieren die Liebesehe und ein mögliches gesellschaftliches Engagement über die Nahwelt hinaus an Anziehungskraft. Durch sie entzünden sich keine Tagträume mehr, keine planenden »Griffe nach vorn«. Zugleich aber gewinnt die Literatur als dominantes Gestaltungsfeld an Bedeutung. Auf sie lebt er, so darf vielleicht etwas pathetisch formuliert werden, hin. Ihretwegen bleibt er, der reinen Phantasie mißtrauend, stoff- und erfahrungshungrig, macht und empfängt er Besuche, versendet er Briefe an Kollegen, Herausgeber und Verleger. Sie beherrscht sein verfügbares Zeitbudget. Ja selbst der Umzug nach Hademarschen geschieht in der Absicht, sich als »Poet zu verjüngen«. Sicherlich kennt Storm auch alltägliche Zeitperspektiven, Erinnerungen, Wünsche, Hoffnungen und Befürchtungen. So freut er sich immer noch auf das Weihnachtsfest, erwartet erregt Besucher oder macht sich Sorgen um die Zukunft seiner Töchter. Der Autor aber forciert sein Zielsetzungsverhalten als Leistungsvornahme auf Zukünftiges, auf Werke, die ihn überleben werden. Oder um es weniger persönlichkeitstheoretisch auszudrücken: aus einer lebensweltlichen Perspektive altert Storm; als Schreibender aber, sozusagen aus Sicht seiner literarischen Produktivität, ist er vor seinem Tode jünger denn je.

»Mir ist mitunter, als hätte ich erst jetzt erreicht, die Poesie zu kommandieren. Ich fürchte nur den plötzlichen Sturz« (an L. Pietsch 30. 4. 75). Der findet nicht statt. Denn die wachsende Anerkennung wird ihn bestätigen, sein Selbstbewußtsein stärken und den Novellisten zum Weiterschreiben ermuntern. Und in der Tat, erst jetzt wird er zu einem anerkannten Aktivposten der deutschen Nationalliteratur, von der Kritik stärker beachtet,[34] in Literaturgeschichten aufgenommen, brockhauswürdig, Objekt für Germanisten und Schulmänner, Ratgeber für jüngere Autoren, und mit Eichendorff, Mörike, Hebbel, Grillparzer, Keller und Wagner Träger des bayrischen »Maximilianordens für Kunst und Wissenschaft«.[35]

Sicherlich passen seine neuen Novellen, ihr Menschenbild und ihre Konflikte, eher in das Kraft- und Kampfpathos des gründerzeitlichen Erwartungshorizontes als die müden Melancholiker der Immensee-Zeit. Aber wir sollten dies nicht als alerte Anpassung verbuchen. Auch wenn die Sprache seiner lobenden Kritiker nicht ohne gründerzeitliche Kraftmeiereien auszukommen glaubt. Für E. Schmidt etwa sind die frühen Novellengestalten »Müdlinge«, die man ins »Stahlbad« schicken müsse; hingegen begehrten in den neueren Novellen die Leute mehr auf, handelten energischer, »sie haben mehr Eisen im Blut, ballen die Faust und stemmen die Schulter.«[36]

Die ermunternde Anerkennung läßt sich nicht alleine mit dem neuen Stil und der geregelten Produktivität erklären. Jetzt geht nämlich von den Literaturverhältnissen eine verstärkte Außenstütze für sein Schreiben aus. Ja sie fordern ihn dazu auf: »Jetzt liegt man fast vor mir auf den Knien, um einen Beitrag zu erhalten; denn die neuen Zeitschriften vermehren das Bedürfnis...« (an K. Th. Pyl 7. 4. 1875). Nun herrscht, wie Storm dies häufiger nennt, »Novellennot«, und er weiß, daß »die angesehensten Zeitschriften Gefahr laufen, aus Mangel an akzeptabelen Novellen zugrunde zu gehen« (an P. Heyse 20. 3. 75). Daran kann ihm nicht gelegen sein. Denn er ist ein Buch- und ein

Zeitschriftenautor. Die Buchausgaben sollen ihm das Ansehen über den Tod hinaus in der Nationalliteratur sichern. Die Zeitschriftenveröffentlichungen bringen das nötige Geld und machen ihn beim Publikum bekannt. 1877 sind von den *Gesammelten Schriften* (1868) nur 3100 Exemplare verkauft! Vor allem aber, Storm ist zwar kein freier Schriftsteller, keiner von denen, der sich wie Gutzkow, Spielhagen oder Freytag als Redakteur durchschlagen muß, der wie Fontane gezwungen ist, feste Verträge mit Zeitungen abzuschließen, der Berichte, Kritiken oder Reisebilder abzuliefern hat. Dennoch braucht er die literarischen Einkünfte, rechnet er mit dem Markt, verhandelt selbstbewußt mit Verlegern und Herausgebern. Zugleich aber polemisiert er gegen diejenigen, die sich dem Markt ausliefern und »Mache« produzieren; er jedenfalls möchte nicht »von der Industrie verbraucht werden« (an H. Brinkmann 18. 1. 64), wohl aber mit ihr verdienen[37]. Auch das ist ein Erklärungsmoment für die beschleunigte Produktivität: Storm sieht die Gefahren des literarischen Marktes, und er läßt sich doch auf ihn ein. Als Autorentyp verkörpert er die Einheit von Autonomieästhetik und Marktkalkül. Aus Sicht einer überstrapazierten Moderne mag er altmodisch wirken. Denn während die Naturalisten der Literatur neue Stoffbereiche erschließen und mit Blick auf die Arbeiterbewegung schreiben, bleibt er der Schönheit und Autonomie verpflichtet. Und vollends überholt wirkt er gegenüber jenen modernen französischen Autoren, die wie Baudelaire oder Mallarmé das traditionell schön Empfundene als verlogen und unwirklich denunzieren, die elitär, voller Antibürgerlichkeit, sich als Provokateure verstehend mit der schönen Rede brechen, Sinn zerstören, Wirklichkeit fragmentieren, Kommunikation verweigern.

Storm aber schreibt aus einem anderen Selbstverständnis. Für ihn bleibt die Kunstautonomie, das, was Keller die »Reichsunmittelbarkeit der Poesie« nennt, federführend. Wirkungsbewußtsein und Wirklichkeitsbezüge sind damit nicht ausgeschlossen. Denn er dichtet in dem Bewußtsein, seiner »Nation etwas zu sagen« (an L. Pietsch 15. 10. 74), und für ihn geht es ja darum, »in vielen der Leser ein Nachdenken, eine Vorstellung, eine neue Einsicht oder ein schärferes Empfinden und Auffassen dieser Verhältnisse des Lebens« zu bewirken (an Hans Ende Mai 68). Er setzt auf Sinn und Ganzheit, Repräsentanz und Wirkung. Der Dichter als Bürger und der Bürger als Dichter – das heißt auch, Storm schreibt, trotz Distanz und Kritik, für seine Gesellschaft. Deshalb stellt er auch nicht die Zeitschriften in ihrer ökonomischen Vermittlungsfunktion zwischen Autor und Leser in Frage; und er kann doch zugleich gegen eine Kommerzialisierung der Literatur polemisieren. Als materielle Kommunikationsform läßt er den Tauschwert gelten, hingegen soll die künstlerisch-ästhetische Leistung autonom bleiben.[38] Auch das mag haarspalterisch klingen. Doch verhindert diese Unterscheidung eine kurzschlüssige Analogie zwischen kapitalistischer Warenproduktion und Literatur ebenso wie ein beziehungsloses Auseinanderfallen der beiden Bereiche.

Storms Selbsteinschätzung, die Poesie »kommandieren« zu können, seine hohe Produktivität im Alter gründet so nicht allein in der privaten Überwindung seiner Lebenskrise. Zum Ermöglichungszusammenhang zählen auch die erweiterten Kommunikationsbedürfnisse der Gesellschaft, die Einführung moderner Technologie im Verlagswesen, die Entstehung neuer Medien, der Unterhaltungs- und Familienzeitschriften, vor allem aber der literarisch-kulturell informierenden Zeitschriften, die sich ans Bildungsbürgertum wenden. Deren Leserzahl ist kleiner als die der *Gartenlaube* oder der *Illustrierten Welt*. Aber immerhin, *Westermanns Monatshefte* haben eine Auflage von 15 000 und die *Deutsche Rundschau* hat eine von 10 000 Exemplaren. In ihnen veröffentlicht er die meisten seiner Novellen. Nicht nur, weil es etwas einbringt, sondern weil sie von den kulturellen Geschmacksträgern gelesen werden. Aber selbst zwischen den beiden Zeitschriften macht er, marktkundig und wirkungsbewußt, noch feine Unterschiede. So begründet Storm gegenüber seinem Verleger George Westermann, warum er ihm *Die Söhne des Senators* nicht angeboten habe:

»Es hat sich so gemacht, daß meine zuletzt in den *Monatsheften* abgedruckten Novellen sich in kleinbürgerlichen Kreisen bewegten, während die der ›Deutschen Rundschau‹ zugefallenen in einer gewissen romantischen Beleuchtung standen« (30. 6. 80).

Wie aber, so bleibt zu fragen, sieht diese Beleuchtung aus? Und was läßt sich über die Resultate seines beruhigten Lebens sagen?

X.
Die Novellistik zwischen Konfliktverschärfung und Verklärungszwang

Daß Storm zu Beginn der siebziger Jahre mit der Lebenskrise auch seine Schaffenskrise überwindet, ist unverkennbar. So erscheint 1872 eine Arbeit, die er, seine Freunde, aber auch die Literaturkritik als Neuanfang bewerten. Mehrere Rezensenten vergleichen *Draußen im Heidedorf* mit Kellers *Romeo und Julia auf dem Dorfe*. Heyse meint nach der Lektüre, es sei darin »ein ganz neuer Storm« (Storm an L. Pietsch 15. 10. 74). Ihr Verfasser scheint sich dessen bewußt zu sein, wenn er an E. Kuh schreibt: »Ich glaube darin bewiesen zu haben, daß ich auch eine Novelle ohne den Dunstkreis einer bestimmten Stimmung... schreiben kann« (24. 2. 73). Das gelingt ihm, und doch sollten wir die Kontinuitäten seiner Erzählweise nicht übersehen. Denn in dieser Novelle entfaltet er virtuos sein perspektivisches Erzählen, charakterisiert er sein Personal nicht offen psychologisch, sondern mit den Mitteln der symptomatischen Darstellung. Das alles ist uns ja aus der Heiligenstädter Zeit bereits bekannt. Was aber ist neu? Was rechtfertigt die emphatischen Urteile? Jetzt entsagt Storm jedem empfindsamen Harmonieverlangen, jeglicher tröstenden Lebensversöhnung und lyrisierenden Verklärung. Daraus erwächst eine illusionslose Gestaltung von Tatsachen, ein verschärfter novellistischer Konflikt, die Enthüllung von Lebenstragik.

Worum geht es? Storm erzählt hier einen Vorfall aus der Richterpraxis. Darüber berichtet er im Mai 1866 seiner Frau:

»Ein junger Mann, der sich durch Liebschaften und Schulden sein Leben anscheinend unheilbar zerrüttet hatte, war seit einigen Tagen verschwunden. Ich ließ alle Trinkgruben und Brunnen des Dorfes absuchen, und heute ist er bei Rantrum tot in einer Trinkgrube gefunden worden. Die Frau ist guter Hoffnung. Gestern abend kam ich von der traurigen Fahrt zurück. Es war der Leichnam eines stattlichen jungen Mannes, der am Rande der öden Mergelgrube lag. Von dort fuhren wir nach Rantrum. Ich vernahm zuerst die junge Frau, die er nicht geliebt, aber geheiratet hatte, um mit Beihülfe ihres Geldes den väterlichen Besitz aufbessern zu können, und dann das bezaubernde, in süßester Jugendfrische blühende Mädchen, das er schon, da es noch fast Kind war, geliebt und um das er sich, mir ganz unzweifelhaft, den Tod gegeben hatte. Sie war, wahrscheinlich auf Antrieb seines Vaters, von ihrer Mutter fortgeschickt gewesen, aber, nachdem seine Ehe ein Jahr lang gedauert hatte, zurückgekehrt. Nun ist er wieder zu ihr gegangen und hat sich aus diesen wunderbaren Augen Leidenschaft und Tod getrunken... Das junge Mädchen schien beim Verhöre eigentlich nur von Angst vor irgendeiner kriminellen Verantwortung erfüllt zu sein. Sie war in höchster Aufregung, aber von Schmerz um den Toten gewahrte ich nichts, obgleich seine Leiche eben durchs Dorf gefahren wurde... Da hast Du das Drama einer Leidenschaft auf dem Lande.«[1]

Diesen Stoff mildert er nicht zum Entsagungsidyll oder zur harmlosen Dorfgeschichte ab. Vielmehr intensiviert er das Geschehen zum Konflikt zwischen dämonischer Sinnlichkeit und dörflicher Ordnung, zwischen dem Anspruch auf individuelle Liebe und der Vernunftehe. Auch in der Novelle ist die männliche Hauptgestalt dem Mädchen wehrlos verfallen. Insofern deutet sich in der lähmenden Determination des Triebhaften bereits die naturalistische Auffassung der Liebe als Krankheit und Bedrohung an. Zugleich aber bleibt Storms Emanzipationsprojekt lebendig, denn Hinrich Fehses Liebe zur schlanken Margret Glansky, einem »gefährlichen Mädchen« mit »üppigen Lippen«, »dunklen Augen« und blassem Teint, lebt ja auch aus dem Verlangen nach persönlicher Wahl. Dem steht die bäuerliche Tradition entgegen. Für sie ist der Hof Mittelpunkt des Lebens, nicht der Anspruch auf individuelle Liebe. In der Novelle verkörpert diese Position vorindustrieller bäuerlicher Zweckrationalität der Küster. Auf dessen Rat hin wird Hinrich ganz nach dem Modell der alten Ehe mit einer älteren, häßlichen aber wohlhabenden Bauerntochter verheiratet. Das rettet zunächst seinen überschuldeten Hof, verschafft ihm »Betriebskapital« (2. 75) und bedeutet doch seinen Untergang. Denn er erliegt, als Margret wieder zurückkehrt, ihrer fremdartigen Schönheit, vernachlässigt seinen Hof, kauft ihr, auch um seinen Konkurrenten, einen wohlhabenden Bauernsohn, zu überbieten, Kleider und Schmuck, sucht schließlich, verarmt und verzweifelt, im Moor den Tod. Der Konflikt ist zeitgemäßer als es das zeitlose ländliche Milieu zunächst vermuten läßt, denn hier geht es ja auch um neue individuelle Wünsche und alte kollektive Ordnungen. Der Selbstmord wirkt so als individueller Protest, der die dörflichen Verhältnisse indes auch bestätigt. Am Ende überlegt sich der Küster, wer denn die Witwe heiraten könne, damit der Hof wieder bewirtschaftet werde und alles ist wieder »in seinen Schick gebracht« (2. 101).

Zugleich aber biologisiert Storm diesen Konflikt. Nicht weil er die Sexualität miteinbezieht, sondern durch die Art, wie er sie darstellt. Denn sie wird durch die Sage vom weißen Alb dämonisiert. Der soll sich nachts als dünner Faden »an den offenen Mund der Schlafenden« legen, dann bis zu schwerfälliger Ungestalt anschwellen und sein Opfer blödsinnig machen. Die Angst vor der gefährdenden Sexualität verkörpert sich zudem im Objekt der Begierde, denn es ist nicht nur schön und verlockend, sondern auch kalt und fremd: Margret, die »Slowakendirne«, und ihre »schlanke, volle Mädchengestalt in städtischer Kleidung« passen nicht ins dörfliche Milieu. »Ihr haltet den Bullen nicht«, sagt Hinrich zu seiner Mutter, und er schaut dabei nach dem Fensterladen, wo er ein Tier mit weißen spitzen Zähnen und schwarzen Augen zu sehen glaubt.

Storm entgeht nicht immer der Gefahr, soziale Konflikte zu naturalisieren; sei es indem er die Sexualität, die Vererbung oder gar das Wetter über sein Novellenpersonal entscheiden läßt. Hervorzuheben aber bleibt der desillusionierende Charakter des Erzählten, das Scheitern der Liebe an den Verhältnissen ohne die Beschwichtigung lyrischer Stimmungen. Jetzt ist sogar die Natur eingedunkelt: das Moor wirkt wie eine düstere Steppe, die Lichter flimmern im dunklen Herbstlicht, schwarz stehen die Bäume im Garten, es ist Herbst. Gegenüber Kellers *Romeo und Julia auf dem Dorfe*, der seine sozial deklassierten Liebenden ja durch herrliche Naturbilder wandern läßt und ihren Fall als inniges Miteinander liebevoll einschönt, ist die Welt des Hinrich Fehse düster, einsam und trostlos. – Auch hier verzichtet Storm auf den allwissenden Erzähler, indem er die dramatische Faszination mit der Technik »der gebrochenen Linie« herstellt. Das

Geschehen veranschaulichen wechselnde Perspektiven: so ist der Erzähler, ein Amtsrichter, immer auf die Berichte anderer, des Küsters, der Küstersfrau, Margrets oder der Mutter, angewiesen. Man kann dies mit Kategorien der Filmanalyse beschreiben, als Überblenden, Einblenden, Zurückblenden, als ständig wechselnde Einstellungen und raffinierte Bild- und Szenenschnitte.[2] Damit entsteht der Eindruck des nicht Eindeutigen, der nur annähernd wiedergegebenen Zusammenhänge; zugleich erhöht sich aber im Einzelbericht die empirische Authentizität. Mit den einzelnen Berichten und Gerüchten entsteht so eine verschachtelte Ordnung von Szenen und Bildern, die episch gestrafft auf die Katastrophe zielt. Auch jetzt vermeidet er das »direkte Losgehen«, das eindeutige Psychologisieren. Er charakterisiert seine Figuren durch Handlungen und Gegenstände. Also auch hier das uns schon bekannte symptomatische Erzählen. So beschreibt er nicht Hinrichs Seelenzustand, vielmehr erzählt er die Krise und Auflösung seiner Person als Zerstörung der bäuerlichen Identität. Hinrich verkauft, so erzählt es ein älterer Beamter dem Amtsrichter, Futter, Saatroggen und selbst die Pferde: »Dafür aber promeniert draußen im Dorf das Hebammenfräulein in seidenen Jacken und goldenen Vorstecknadeln« (2. 77). Daß es um Haus und Familie schlecht bestellt ist, symbolisiert wie oft bei ihm ein »ödes Gartenstück«. Die endgültige Wendung zur Katastrophe setzt mit den letzten zerstörten Hoffnungen auf eine gemeinsame Auswanderung nach Amerika und der Erkenntnis ein: »ich bin kein Bauer mehr, ich hab' keine Gedanken ohne dich!« (2. 93)

Storm erschließt sich in dieser »Aufhellungshandlung« durch die Zerstörung der Liebes- und Lebensillusionen des Hinrich Fehse, durch dessen hoffnungsloses Scheitern an bäuerlicher Ordnung und erotischer Faszination neue künstlerische Bereiche – nicht, indem er mit seinen Erzähltechniken bricht, sondern, indem er sich vom »Dunstkreis« der lyrisierten Stimmungen befreit und seine erzählten Szenen auf einen verschärften novellistischen Konflikt ausrichtet, sie somit stärker in eine epische Ganzheit integriert. Mit dieser Novelle habe er, so ist in der Forschung zu lesen, zum Tatsachenstil des Spätwerks gefunden.

Aber schon die folgende Novelle wirkt heiter-versöhnlich. Mit ihr weicht er wieder in seine Lieblingszeit aus, ins späte 18. Jahrhundert, von dessen befriedeter Bürgerlichkeit er seine Jugend noch verschönt glaubt. *Beim Vetter Christian* erzählt die Geschichte eines Hilfslehrers, des Kollaborators an der kleinstädtischen Gelehrtenschule, der sich zur eigenen Überraschung in ein junges Mädchen verliebt, das er zur Entlastung der alten Wirtschafterin ins Haus geholt hat. Die »Mamsell« befürchtet, das Mädchen habe es auf den Vetter abgesehen, und versucht, die gefährliche Person aus dem Haus zu vertreiben. Daraus entsteht eine Situationskomik, die aber immer humoristisch-versöhnlich bleibt. Am Ende, wie schön, heiratet Christian seine Julie, die häuslich und bescheiden, hübsch und anstellig ins Puppenstubenmilieu paßt. Natürlich wird auch die getreue Wirtschafterin übernommen, herrscht am Hochzeitstag »Frühlingssonnenschein«. – Humoristisch gerät auch eine weitere Erzählung aus der »Zopfzeit«. In *Die Söhne des Senators* geht es um die Erbstreitigkeiten zweier Brüder. Hier endet der Konflikt ebenfalls mit einer Versöhnung, versinnbildlicht durch eine Familienfeier voller Behaglichkeit und sozialer Harmonie. – Mit diesen Novellen weicht er offensichtlich in die Wunschbilder seiner Jugend aus. Ihre Welten geraten zu idyllisch, und die Verhältnisse zwischen den Menschen erscheinen allzu niedlich. Hier schreibt offensichtlich der alte Storm, nicht der neue.

Aber auch andere, eher in der Gegenwart angesiedelte Novellen, bleiben von einer illusionären Konfliktlösung oder beruhigenden Konfliktabschwächung bestimmt. Auch in ihnen suchen wir vergebens die desillusionierende Darstellung des »Tatsachenmaterials«. Es sei nur an die gedämpfte Melancholie von *Ein stiller Musikant*, an Melodramatik und Happy-End von *Viola Tricolor*, an die effektvollen an Heyse erinnernden Genreszenen von *Psyche* erinnert. Auch die Novelle *Pole Poppenspäler*, von Storm keineswegs als Jugendlektüre konzipiert,[3] trägt versöhnende Züge. Die Geschichte um den Puppenspieler Joseph Tendler, seine Tochter Lisei und den Kunstdrechsler Paul Paulsen erhält ihre Spannung aus dem Gegensatz von Kunst und bürgerlichem Leben, von vergangenen poetischen und gegenwärtigen versachlichten Zeiten. Die zweiteilige Erinnerungserzählung berichtet vom Idyll der Kindheit, von der Kinderfreundschaft zwischen dem Bürgersohn und der Puppenspielertochter. In der Erinnerung vergolden sich Kunst und Kindertraum. Von ihnen geht ein Märchenzauber aus, der den Rückblick melancholisch einstimmt. Jahre später findet Paul die Tendlers in großer Not, denn die Puppenspieler, ehedem als reputierliche Bürger angesehen, gelten nun als fahrende Leute und Außenseiter. Die alte Puppenspielerherrlichkeit ist vorbei, die einst bewunderten Puppen werden als Trödel verschleudert, für Phantasie und Träume scheint kein Platz mehr. Daran zerbricht der alte Tendler. Die Puppenspieler sind jetzt dem Spott der Spießbürger ausgesetzt. Als der alte Tendler nach langer Zeit nochmals versucht, ein Stück aufzuführen, wird das Spiel gestört und es muß vorzeitig abgebrochen werden – denn das ist »nicht mehr die harmlose schaulustige Jugend« aus den Kinderjahren (2. 213). Die Zeiten haben sich geändert; »Pole Poppenspäler« wird als Schimpfwort an die Haustür geschrieben. Eine bitterböse Geschichte ist dies aber nicht. Denn den Gegensatz von Kunst und Bürgerlichkeit, von Traumwelt und Provinzwelt mildert das Glück der jungen Leute. So kommt Storm ohne sentimentale Idealisierung oder gar antibürgerliche Romantisierung seiner Personen aus, und er kann doch die Affekte seiner Leser befrieden, indem er am Schluß Paul und Lisei zu einem glücklichen Paar macht: »Es waren prächtige Leute, der Paulsen und sein Puppenspieler-Lisei« (2. 220).

So zeigen die Flucht in eine beschönigte Althusumer Bürgerherrlichkeit und die konfliktabschwächenden Versöhnlichkeiten, daß sich sein novellistisches Schreiben nicht einfach als Entwicklung von lyrisierten Situationsbildern zu einem epischen Tatsachenstil beschreiben läßt. Sein Erzählen drängt zu verstärkter gesellschaftlicher Konfliktaufnahme, und es kennt doch immer wieder Rückfälle. Damit ist zunächst die sentimentale Aufladung des Geschehens gemeint, das Herausstellen der Gefühle und Stimmungen, das aber jetzt nicht wie in der Empfindsamkeit des 18. Jahrhunderts als Ausdruck natürlichen Gefühlslebens und individueller Glücksansprüche das ästhetische

Wirklichkeitsverhältnis erweitert, sondern es eher einschränkt, weil Wirklichkeit verbrämend. Denn mit der Sentimentalität vermag die Atmosphäre des Erzählten die Erzählhandlung zu hemmen. Oder sie soll über die Sprödigkeit des Stoffes, über einen Mangel an Erzählbarkeit stimmungshaft hinwegtäuschen. Weil er etwa in der Novelle *Schweigen* dem Konflikt (der junge Ehemann glaubt, er sei geistig erkrankt, will es seiner Frau aber nicht sagen) keinen epischen Sinn, kein »kräftiges Knochengerüst« (an Heyse 15. 11. 82) abzugewinnen vermag, versucht er dies durch eine verstärkte Atmosphäre auszugleichen. Damit entsteht für Fontane der Eindruck, es läge Storm »immer nur daran, eine gewisse schwüle bibbrige Stimmung herauszuarbeiten«.[4]

In den Chroniknovellen kann solches Stilisieren auch die Atmosphäre des Kraftmeierisch-Brutalen herstellen. Hier übrigens nicht, um das gebrochene epische Nacheinander zu kompensieren, sondern um die Handlungsfülle im feudalen Milieu, um die Kämpfe und Leidenschaften der Junker zu überhöhen. In *Eekenhof, Zur Chronik von Grieshuus* oder gar *Ein Fest auf Haderslevhuus* gründet solche Stilisierung in balladesker Sagenstimmung und einem historischen Milieu, das allzu schnell zur Dekoration gerät. Der Autor monumentalisiert bisweilen seine Adelswelt. In ihr wirkt alles größer und bewegter als im bürgerlichen Milieu. Wir erinnern uns, wie sparsam Storm seinen Alten zu Beginn von *Immensee* ins mondbeschienene Zimmer setzt. In *Grieshuus* sieht es anders aus. Dort fällt die Wintersonne ins Zimmer, dort lodern im Kamin große Scheite, und der alte Junker steht, ganz Tatmensch,

»mit aufgestützter Faust... an dem breiten Eichentisch, von dem es hieß, er sei einst mit dem Hause hier hineingebaut, und die freie Hand fuhr unruhig über das kurz geschorene Haupthaar« (3. 228).

In den Schlußpartien von *Ein Fest auf Haderslevhuus* gleitet das Bemühen um großen Stil in die Theatralik des Schauerromans ab. Ritter Rolf Lembeck raubt die Leiche seiner Geliebten Dagmar aus dem Sarg, flieht mit ihr, verfolgt von den anderen Gästen in einer gespenstischen Atmosphäre von Finsternis,

Kerzenlicht, Fackeln und Mondschein, begleitet von bedrohlichen Geräuschen, kreischenden Wetterfahnen und Zugluft durch die nächtliche Burg, durch Gemächer, Stiegen, Treppen und Gänge bis zur Plattform des Turmes. Von hier aus springt er mit der toten Geliebten ins dunkle Nichts: »›O Dagmar!‹ rief er; ›Süße, Selige! Breit' deine Flügel nun und nimm mich mit dir!‹« (3. 457).

Mit dem perspektivischen Tatsachenstil von *Draußen im Heidedorf* hat dies nichts zu tun. Ja strenggenommen gibt es sie nicht, die oft angeführte einheitliche Altersnovellistik. Denn neben der Desillusionierung steht versöhnende Rührseligkeit, verbrämende oder heroisierende Stilisierung, die Neigung zu sprachlichen und inhaltlichen Klischees, ja bisweilen die Nähe zur verachteten industriellen Mache.

Wie aber läßt sich dieses Auf und Ab zwischen der Demaskierung und der Verharmlosung menschlicher Realitäten, wie lassen sich die frappanten Niveauunterschiede erklären? Mit dem beruhigten Leben schafft die Garantiesituation einen Zusammenhang zwischen Weltaneignung und literarischer Verarbeitung. Der ist hinsichtlich der Schreibfähigkeiten, der Produktivität stabil. Und der bleibt doch zugleich, so muß jetzt hinzugefügt werden, gegenüber der Schreibweise, den Produkten äußerst labil. Denn Storms Modus künstlerischer Wirklichkeitsdarstellung verändert sich nicht grundlegend, während die Weltaneignung mit den Spannungen zwischen gesellschaftlicher Desillusionierung und Humanitätsprojekt, zwischen Lebenslage und Lebenssituation prosaischer wird. Storms Provinzwelt, daran sei erinnert, läßt sich nicht als gesellschaftliche Ausgliederung verstehen. Er lebt zwar abseits der neuen urbanen und industriellen Zentren, und er erfährt doch soziale Beschleunigung. Anders ausgedrückt: geht man davon aus, daß der Begriff »Garantiesituation« eine Verhältniseigenschaft zwischen Weltaneignung, literarischem Modus und literarischer Wirklichkeitsdarstellung ausdrückt, dann läßt sich nun, und dies erklärt die Niveauunterschiede, eine verunsichernde Diskrepanz zwischen gesellschaftlicher Konfliktaufnahme und Kunstmodell ausmachen. Mit ihr entsteht das Nebeneinander von gelegentlichem

Kitsch, der rührend zu Herzen geht, und novellistischer Desillusionierung, die erschüttern will, indem sie die Menschen zugrunde gehen läßt.

Damit keine Mißverständnisse aufkommen, Storm nimmt sich auch jetzt nicht der großen Stoffe und Themen an. Bei ihm bleiben Geschehen und Raum begrenzt. Seine provinziellen und historischen Milieus beschränken sich auf den Adel, auf Bürger und kleine Leute. In seinen Novellen ist kein Platz für die neuen Klassen, für das Proletariat und die Bourgeoisie. Er selbst fühlt sich nur für das Ausschnitthafte zuständig, nicht für das Ganze, sondern für »das Einzelne« (an Th. Mommsen 1. 5. 85), »für das wirklich Schöne, für das Tiefe und Intime« (an P. Heyse 18. 11. 84), für das »rein Menschliche« (an W. Petersen 14. 12. 85) und nicht für das Modische.

Sicher, in der stofflichen Begrenzung drückt sich sein verengter Horizont aus. In der verstärkten Konfliktaufnahme aber wird dieser vertieft und verschärft. Damit kann eine scheinbare Paradoxie (später darüber mehr) zwischen altem vorindustriellen Milieu und modernen Problemkonfigurationen entstehen. Dies auch, weil ja seine Gattung, die Novelle, im Fragmentarischen ihrer Perspektive zum Stilisieren und Verdichten der Konflikte antreibt. Gerade sie kann ja in einer konzentrierten, einzigartigen Begebenheit, ohne die komplizierte neue Wirklichkeit romanhaft-panoramatisch zu repräsentieren, typische Konflikte präsentieren. Dies versucht die zeitgenössische Novellentheorie metaphorisch zu veranschaulichen. Demnach verhalten sich dann Novelle und Roman »wie Strahl und Lichtmasse« (F. Th. Vischer) oder wie ein »Multiplikationsexempel und ein Additionsexempel« (F. Spielhagen) zueinander.

Bei Storm äußert sich die verstärkte Konfliktaufnahme markant in einem veränderten Novellenkonzept, das nun nicht mehr auf lyrische Situationsbilder setzt, sondern die Novelle als »Schwester des Dramas« bestimmt. Nicht die Situation oder die Szene, sondern der Konflikt wird damit zum entscheidenden Gattungskriterium. Weit intensiver als Fontane, der unter Novelle jede poetische Erzählung versteht, aber auch als Keller, der sich gegenüber Theorien und Regeln sperrt, bemüht sich Storm um eine Gattungsbestimmung. Sie bietet als begleitende Reflexion seines Schreibens wichtige Anhaltspunkte für seine veränderte Schreibweise. Nach seiner Meinung eignet sich die Novelle

»zur Aufnahme auch des bedeutendsten Inhalts, und es wird nur auf den Dichter ankommen, auch in dieser Form das Höchste der Poesie zu leisten. Sie ist nicht mehr, wie einst, ›die kurzgehaltene Darstellung einer durch ihre Ungewöhnlichkeit fesselnden und einen überraschenden Wendepunkt darbietenden Begebenheit‹; die heutige Novelle ist die Schwester des Dramas und die strengste Form der Prosadichtung. Gleich dem Drama behandelt sie die tiefsten Probleme des Menschenlebens; gleich diesem verlangt sie zu ihrer Vollendung einen im Mittelpunkte stehenden Konflikt, von welchem aus das Ganze sich organisiert, und demzufolge die geschlossenste Form und die Ausscheidung alles Unwesentlichen; sie duldet nicht nur, sie stellt auch die höchsten Forderungen der Kunst« (4. 408 f.).

Storms Konfliktkonzeption wie seine Konfliktgestaltung lassen sich aber nicht als tragisches Schicksal, existentielle Geworfenheit oder gar als »Unabänderlichkeit des Schicksalsvollzuges« wie im germanischen Mythos von »Urd, Werdandi und Skuld« enthistorisieren.[5] Für ihn äußert sich im Tragischen ein Konflikt zwischen Individuum und Gesellschaft. Damit steht er dem Aufklärer Lessing näher als den Zeitgenossen F. Hebbel oder O. Ludwig. Letzterer polemisiert ja gegen Lessings *Emilia Galotti*, weil dieses Drama das Verderben im Zustande der Gesellschaft und nicht in der spezifischen Charaktereigenschaft der Menschen sehe. Bei O. Ludwig wird nach der Niederlage der Achtundvierziger-Revolution die Konzeption des Tragischen knechtisch-servil, denn die realen Lebensverhältnisse bleiben als undurchsichtige Dingwelt verschleiert. Die Schuld schrumpft so zur vereinzelten individuellen Tragik, sie liegt im Menschen und entlastet die Verhältnisse. So stellt sich für O. Ludwig mit dem Untergang des Helden die Weltharmonie wieder her. In seinem erfolgreichen Drama *Der Erbförster* sind soziale Aspekte keineswegs ausgeblendet, aber zugleich ins individuell Sonderlinghafte abgedrängt. Der Erbförster scheitert letztlich, weil er gegen seinen Arbeitgeber, gegen die Obrigkeit aufbegehrt.[6] Hebbel hingegen setzt den Gegensatz zwischen Ich und Welt, Individuum und Gesellschaft als dramatischen Hauptkonflikt und er überhöht ihn zugleich, auch von Schopenhauers Pessimismus beeinflußt, als tragische Bestimmung der Existenz schlechthin. Der einzelne verfällt nicht in sittliche, sondern in metaphysische Schuld, denn alles Leben wird ja als Kampf des Individuellen mit dem Universum verstanden. Auch verfestigt sich Gesellschaft zum universellen Zustand, und das Tragische erscheint als unabänderliches Menschenschicksal.

Storm ist zwar Mitglied des Komitees für ein Hebbeldenkmal, aber er hält dessen Dramenpoesie für »eine völlig pathologische; überall kämpft er den düstern Kampf mit sich und seinem düstern Leben« (an K. Groth 14. 8. 82). In diesem Urteil mögen Abneigungen gegenüber dem Landsmann wirken, gegenüber dem Maurersohn, Aufsteiger und problematischen Künstler, dessen Dramen auf Storm, darin stimmt er mit Keller überein, gesucht und schrullenhaft wirken. Wichtiger aber ist, daß Storms Konfliktkonzeption Schuld weder als psychologische Verinnerlichung noch als metaphysische Kollision zwischen Individuum und Universum akzeptieren kann. In den Aufzeichnungen *Was der Tag giebt* notiert er sich:

»H. Heiberg sagte mir, ein ihm bekannter Prediger habe geäußert, er habe vor, über mich zu schreiben und dabei nachzuweisen, daß die Personen meiner Novellistik ohne eigene Schuld zugrunde gingen. Wenn das ein Einwand gegen mich sein soll, so beruht der auf einer zu engen Auffassung des Tragischen. Der vergebliche Kampf gegen das, was durch die Schuld oder auch nur die Begrenzung, die Unzulänglichkeit des Ganzen, der Menschheit, von der der (wie man sich ausdrückt) Held ein Teil ist, der sich nicht abzulösen vermag, und sein oder seines eigentlichen Lebens herbeigeführter Untergang scheint mir das Allertragischste. (*Karsten Kurator*, *Renate*, *Aquis submersus*, bei welchem ich an keine Schuld des Paares gedacht habe.)«[7]

Zu ihm paßt weder die Anpassung an obrigkeitsstaatliche Verhältnisse noch jene von Hebbel befolgte Schopenhauersche Forderung nach einem tragischen Helden mit einer das bürgerliche Mittelmaß überragenden »Fallhöhe«.[8] Er lebt ja gerade dieses Mittelmaß und er bleibt auch als Künstler immer Bürger; im Gegensatz zu Hebbel, der unter den Erbärmlichkeiten des Tages leidet und für den der Mensch »in der Kunst seine Befriedung finden soll«. All das mag Storm überspannt vorkommen, »ihm fehlt«, so urteilt er ganz selbstsicher aus seiner bürgerlichen Sekurität heraus über Hebbel, »ganz die heitere Behaglichkeit des Schaffens« (an K. Groth 14. 8. 82).

So gibt es lebensgeschichtliche Unterschiede, die zur Erklärung der unterschiedlichen Konfliktkonzeptionen beitragen können. Vor allem aber sollten wir nicht übersehen, daß es sich ja um verschiedene Gattungen, um das Drama und seine »Schwester« handelt. Die problematischen Konzeptionen des Tragischen gründen ja auch in dem Tatbestand, daß nach der Niederlage der Revolution von 1848 in der Gesellschaft Konflikte nicht mehr offen ausgetragen werden. Nicht ohne Grund löst jetzt ein naturwissenschaftlich orientierter Evolutionarismus oder ein kulturkritischer Pessimismus die dialektische Geschichtsphilosophie ab. Andererseits entsteht mit der sozialen Veränderung ein Gefühl neuer Widersprüche. Diese lassen sich aber nicht mit einer Dramenkonzeption verarbeiten, die, wie bei Hebbel, den Lebensprozeß an sich darstellen und den Zufall im sinnhaften Ablauf des Ganzen einfangen möchte. So verlangt das Drama eine Objektivierung von Gehalt und Form, die gegenwärtige Zustände nicht erlauben. Die Novelle hingegen befreit, ganz auf den Einzelfall ausgerichtet, vom Zwang zum großen Sinnzusammenhang, erlaubt erzählerische Bewegungsfreiheiten, szenische Situationen, Sprünge, Andeutungen, Multiperspektivität, und sie läßt doch eine Annäherung ans Dramatische zu. Ihre seit F. Th. Vischer immer wieder hervorgehobene Verwandtschaft zum Drama gründet in der Fähigkeit, das Tragische aufzunehmen, ohne den Spannungsraum der Tragödie ausfüllen zu müssen.[9]

Storms Herausstellen des novellistischen Konflikts als »Kernpunkt..., von dem aus das andre sich entwickelt« (an H. Seidel 20. 4. 75) drückt so ein Erzählen aus, das zu stimmungsbefreiten Realitäten drängt. Seine ernüchterte Wirklichkeitsaneignung findet in der Gattung ein lebensgeschichtlich bestätigendes und literarisch intensivierendes Medium. Die Novelle erlaubt, seine »Domäne«, die Familie, als bedrohte und sich auflösende zu erzählen. Zumal er jetzt auch die Verpflichtung zur Kunstschönheit, zur Aussparung und Verklärung lockert: »Das moralisch und ästhetisch Häßliche ist von der Verwendung in der Kunst nicht ausgeschlossen; ja es ist in gewisser Weise unentbehrlich;« (an den Neffen E. Esmarch 4. 7. 82).

So schreibt er denn Novellen, die von der Gefährdung der Familie handeln und deren Personal Storm bisweilen mit einer überraschenden Konsequenz scheitern läßt. In *Carsten Curator* erzählt er die Geschichte eines unantastbaren Ehrenmanns als Auflösung von Rechtschaffenheit und Familientradition. Der Konflikt ist vom Vater, dem alten Curator, her gestaltet. Der heiratet nämlich die schöne, leichtsinnige und lebenslustige Juliane, die Tochter eines Spekulanten, und er untergräbt damit seine altbürgerliche Solidität. Denn nach der Mutter gerät Heinrich, der Sohn. Der ist unzuverlässig und faul, ein Spekulant und Spieler. Der milde Vater aber gibt immer wieder nach, schickt ihm Geld, auch aus einem Schuldbewußtsein heraus, erkennt er doch in Heinrich seine verstorbene Frau. Deren Sinnlichkeit und Leichtlebigkeit erscheint als das Fremdartige und Auflösende der festen bürgerlichen Ordnung. Vater und Sohn verkörpern so unterschiedliche Mentalitäten, nämlich Lebensaskese und Lebensanspruch. Insofern enthält die Novelle als Generationskonflikt eine konkrete sozialhistorische Zeitdimension, denn der alte Curator steht für altbürgerliche Ehrbarkeit und der Sohn für neubürgerliche Spekulation. Heinrich, wieder nach Hause zurückgekehrt, läßt sich, des Kleinhandels bald überdrüssig, auf einen Verwandten mütterlicher Seite ein, der als »großsprechender Spekulant« (2. 507) auftritt und mit seinen Projekten scheitert. Zugleich aber besteht zwischen Vater und Sohn durch das Vererbungsmotiv ein Schuldzusammenhang. Auch der alte Curator verstößt aus Vaterliebe und in der vagen Hoffnung, seinen Sohn in ein kleines Familienglück zurückzuholen, gegen die eigene Rechtschaffenheit. Denn er billigt, gegen besseres Wissen, Heinrichs Heirat mit seiner Pflegetochter Anna. Deren Erbe bringt er auch durch. Den Rest läßt der Erzähler die Natur besorgen: Heinrich wird bei einer Sturmflut ins Meer gerissen. Den alten Curator trifft der Schlag. – Uns mag heute die überstrapazierte Vererbungstheorie befremden. Doch sollte nicht überlesen werden, daß Storm hier auch eine neue ökonomische Mentalität, die aufs große Geschäft aus ist, im Konflikt wirken läßt, daß er durch das Vererbungsmotiv, das ja die Schuld vom Vater her aufbaut, die schroffe Gegenüberstellung vom guten Alten und schlechten Neuen vermeidet.

Das gilt auch für den uns schon bekannten Herrn Tobias Zippel und seine Tochter Kätti aus der Novelle *Zur ›Wald- und Wasserfreude‹*. Dem skrupellosen Kleinunternehmer, der sich mehr um seine Geschäfte als um die Tochter kümmert, wird die Tochter keineswegs als romantisches Poesiewesen gegenübergestellt. Sicher, im Vergleich mit dem gewinnsüchtigen Vater verkörpert sie die Sehnsucht »in die weite Welt«, doch sind ihre Talente dürftig und ihre Träume banal. Nein, sie ist keine zigeunerhafte Mignonfigur, auch kein weiblicher Taugenichts. Die Zeiten haben sich geändert. Aus dem Bürger, ehedem Antipode der romantischen Kunstwelt, wird der Bourgeois, und in die Kunstwelt dringt der Tausch ein: Kätti erfährt, daß die herumziehende »Sängerbande« nicht ins Land der blühenden Zitronen, sondern, geleitet von einem verkappten Zuhälter, in die Welt des Tingeltangel führt. Auch hier besteht ein Zusammenhang zwischen Vater und Kind. Beide sind sie Erscheinungsweisen des banalen Lebens[10] und beide scheitern mit ihren »Projekten«. Stabil aber bleiben die sozialen Differenzen. Wulf Fedders, der junge Akademiker, von Kätti angehimmelt und geliebt, nimmt »Rücksicht auf seinen Ursprung« (3. 636). Nein, Hermann Tobias Zippels Schwiegersohn möchte er nicht werden.

Auch in *Hans und Heinz Kirch* steht der Konflikt zwischen Vater und Kind im Mittelpunkt; und auch hier bündeln sich individuell-charakterliche und gesellschaftliche Umstände zu einem tragischen Schuldzusammenhang. Hans Kirch, das ist ein kleiner Schiffseigentümer, der sich, ehrgeizig und pflichtfanatisch, nach oben arbeitet, der vorwärtskommen will, der nach Geld, Prestige und Macht strebt. Sein Sohn Heinz ähnelt ihm, auch er ist verschlossen und spröde, starrsinnig und unnachgiebig. Beide haben einen »harten Kopf«. Doch der Sohn gerät nicht wie es der Vater will; für Heinz haben nicht die neuen Leitwerte ökonomischer Erfolg und Ansehen Geltung, sondern

Liebe und Wärme. Der Sohn verstößt durch seine Liebe zur armen Wieb, einem Mädchen aus der Unterschicht, ihre Mutter soll gar in einem zweifelhaften Ruf stehen, gegen das Aufstiegsprogramm des Vaters. Für den bedeutet nämlich das ungleiche Liebesverhältnis einen drohenden sozialen Abstieg, den Verlust des erhofften Ratsherrenstuhls. Heinz aber, keineswegs ein Luftikus, verkörpert das Emanzipationsprojekt Liebesehe. Er will Wieb heiraten. Läßt der Ehrgeiz die Gefühle des alten Kirch verarmen, so steigert die Liebe diese beim jungen. Mit dem Liebespaar lassen sich auch wieder Stimmungsszenen erzählen. So kommt es zu einem rührenden, gefühlsintensivierten Abschied: eine Bootsfahrt, es ist Mai und natürlich scheint der Mond, endet tränenreich, »und da hat der wilde Heinz die kleine Wieb fast tot geküßt« (3.71). Der Konflikt zwischen Vater und Sohn entzündet sich an der Liebe, und er erhält seine Kraft aus einem neuen Wirtschaftsstil, mit dem das protestantische Arbeitsethos sich konkurrenzkapitalistisch in Rationalität, Autorität und Disziplin so sehr steigert, daß bei Hans Kirch »der Stufengang der bürgerlichen Ehren« zum Abstieg seiner Persönlichkeit gerät. Er wird als Vater schuldig, weil er sich zur ökonomischen Charaktermaske macht: denn die Macht des Geldes bemächtigt sich seiner Gefühle. Deshalb verweigert er die Annahme eines unfrankierten Briefes seines Sohnes, sieht er doch darin einen Beweis der Armut und des Mißerfolges. Solchermaßen durch Besitzdenken seelisch verhärtet, verleugnet er sogar seinen Sohn. Als Heinz nach siebzehn Jahren als abgerissener Matrose nach Hause zurückkehrt, zweifelt er bereitwillig an dessen Identität und schickt ihn schließlich mit einer Abfindungssumme versehen in die Fremde. Die Geschichte vom verlorenen Sohn endet hier nicht wie in der Bibel oder in den zahlreichen Bearbeitungen des 16. Jahrhunderts trostreich als reuige Rückkehr und liebevolle Aufnahme. Jetzt wird der heimgekehrte Sohn nach seiner Rückkehr zum Kostenfaktor:

»er rechnete, er summierte und subtrahierte, er wollte wissen, was ihm dieser Sohn, den er sich so unbedacht zurückgeholt hatte, oder – wenn es nicht sein Sohn war – dieser Mensch noch kosten dürfe« (3.116).

Für väterliche Fürsorge ist in der Welt ehrgeiziger und rücksichtsloser Wirtschaftsbürger offensichtlich kein Platz mehr. Oder um es in der Terminologie von Storms jungem Freund F. Tönnies zu sagen, die neue ökonomische Zweckrationalität der Gesellschaft gefährdet die Familie als Gemeinschaft. Deshalb erscheint auch Hans Kirch, in dieser einem authentischen Bericht entnommenen Geschichte, keineswegs als geiziger oder gefühlloser Sonderling, sondern eher als ein neuer Typus. Sicher, von ihm aus ist der Konflikt konzipiert, aber seine Verhaltensweisen entsprechen den Verhältnissen. So empfinden auch Schwester und Schwager den Zurückgekehrten als Fremden, dessen »nicht mehr vermutete Heimkehr die Grundlagen ihrer künftigen Existenz beschränkt« (4.91). Am Ende trifft den alten Kirch der Schlaganfall, und Wieb arbeitet als Schenkwirtin in einer verrufenen Hafenkneipe. Aber der Autor weiß diesmal die Leser der *Westermanns Illustrierten Deutschen Monatshefte* zu besänftigen. Davon später mehr.

Denn zunächst soll noch kurz von einem anderen Vater die Rede sein, dem Herrn Etatsrat, einem versoffenen Ungeheuer, das Tochter und Sohn zugrunde richtet. Dies wird nicht als Handlung erzählt, sondern in Bildern, denen des Vaters, des Sohnes und, wenn auch weniger markant, der Tochter vorgestellt. Strenggenommen handelt es sich bei dieser »etwas pessimistischen Geschichte« (an Gräfin Reventlow November 81) um keine Novelle, eher um eine »psychologische Studie«[11] über eine Gestalt, die an Geschichten E. T. A. Hoffmanns erinnert und die bis ins Grotesk-Pathologische gesteigert ist. In *Der Herr Etatsrat* zeigt Storm nach eigenen Aussagen die »Familie in der Zerstörung« (an A. Niess 8.6.81). Hier erscheint die väterliche Autorität vollends als mörderisches Machtverhältnis, dem sich Tochter und Sohn nicht entziehen können. Der Rat, voller Standesdünkel und Überheblichkeit, geizig und gleichgültig gegenüber seinen Kindern, egoistisch und niederträchtig, alkoholsüchtig und vital, erscheint als Sonderfall und zugleich als Mitbürger. Den Amtsinhaber und Deichbauingenieur ächtet die Gesellschaft nicht. Seine Kinder hingegen werden von ihr ausgegrenzt. Die Honoratiorentöchter meiden Sophie, sie ist nicht gesellschaftsfähig, und ihr Bruder Archimedes wird zum Außenseiter, zum verspäteten Studenten, zum Alkoholiker, der einsam in seiner Bude stirbt, während sich die Wirtsleute um die Miete sorgen. Trotz des Versuchs, das Grausige humorvoll abzuschwächen (etwa in der Szene des betrunkenen, harmonikaspielenden Rates oder des Sandbades) entsteht eine Welt voller Kälte und Demütigungen. Wie weit sich der Autor damit vom Dunstkreis seiner lyrischen Stimmungen entfernt hat, zeigt die Umbenennung der Menschen: der Rat ist ein »Oger«, also ein menschenfressender Riese, sein Gehilfe Käfer, den alte Damen einen feinen Menschen nennen, eine »Schnabelkerfe«, also eine Art Wanze, und Sophies Schulkameradinnen sind »hartherzige Kreaturen«.

Das Groteske verdunkelt sich hier nicht wie in der Literatur der Moderne zum Absurden. Das Monströse und Alogische repräsentiert keine undurchschauten chaotisch erlebten Realitäten. Denn es legt wirklichkeitsdarstellend gesellschaftlich produzierten Widersinn frei, und es gründet bei Storm wirklichkeitsaneignend im Erschrecken über die Diskrepanz zwischen menschlicher Deformation und menschlichem Ideal. So ist der Rat keineswegs individuell motiviert, wohl aber exakt sozial situiert. Er zeigt als Bürger, und durchaus von seiner Gesellschaft anerkannt, die Deformation der bürgerlichen Tugenden. So erscheint Religionskritik als Aberglaube und Quacksalberei, die Hausmusik als das Harmonikaspiel eines Betrunkenen, der Familienkult als Gleichgültigkeit gegenüber Familienangelegenheiten, die väterliche Autorität als zerstörerische Macht.

Zu erwähnen ist noch eine andere groteske Figur, eine Art weibliche Ausführung des Herrn Bulemann, eine alte Frau, Madame Sievert Jansen. Sie wohnt *Im Nachbarhause links*, einem düsteren Gebäude, das verfällt: die Messingklopfer an den Haustüren sind mit Grünspan überzogen, der Garten, wir kennen das ja schon, ist verödet. Die alte Witwe lebt völlig isoliert, sich ihren Erinnerungen hingebend. Ihr Haus ist nicht Ort der Behaglichkeit, sondern ein Gefängnis. In ihrer Jugend war sie eine umschwärmte Schönheit, eitel und genußsüchtig, jetzt ist sie ein alter Geizdrache, häßlich und freudlos. Isoliert hat sie sich aber schon damals, als sie eine Liebesheirat ausschlug und statt dessen einen reichen, schon etwas älteren Lebemann heiratete. Das Geld trennte ja schon die Liebenden, und die Schönheit der jungen Frau wurde zum Tauschwert im gesellschaftlichen Umgang. Der bestand nicht aus familiärer Geselligkeit, sondern aus Tanzvergnügungen, Bällen und Abendunterhaltungen. Aber der Tauschwert Schönheit fällt in diesem Milieu mit zunehmendem Alter, deshalb bleibt am Ende nur noch das Geld als das abstrakte Äquivalent aller Waren. Aber selbst das ist isoliert, wird ja als Schatz der Zirkulation entzogen. Den hortet sie und zeigt damit die »Unfähigkeit zur eignen Vermögensverwaltung« (2. 362). So lebt die Alte in ihrem düsteren Haus, voller Angst um ihr Geld, auf das sich ihre erloschene Lust konzentriert. Es ist ihre einzige Freude. – Hier handelt es sich eher um eine »psychologische Studie« als um eine Novelle, denn hier wirkt kein zugespitzter Konflikt, wohl aber ein durchgängiges Problem, nämlich die Zerstörung menschlicher Gemeinschaften durch die Kälte des Tauschwerts. Ähnlich wie der Etatsrat ist auch Madame Jansen eine statische Figur.

So handeln die Desillusionsnovellen von der Gefährdung oder gar Auflösung der Familie durch neue versachlichte Verhaltensweisen. Storm, der zwar mit Geld umgehen kann, von Ökonomie aber nichts versteht, empfindet offensichtlich instinktiv jene Verwandlung des behaglich dahinlebenden Bürgertums in eine neue Klasse von rücksichtslosen Wirtschaftsbürgern als Bedrohung seiner Gemeinschaften und als Verkrüppelung der Menschen. Seine Geschäftemacher passen noch in die alten kleinstädtischen Welten, und sie unterminieren sie doch. Er wühlt nicht im Schmutz, und er zeigt auch nicht die Nachtseiten der bürgerlichen Gesellschaft. Ihm geht es nicht um naturalistische Details. Vor allem aber bleibt in den Novellen, auch den grotesken, sein Humanitätsprojekt in Gestalt der Liebenden lebendig, kann er doch von ihnen aus seine überschaubaren vorindustriellen Welten poetisch einstimmen. Dennoch: erscheint in den frühen Erzählungen die Familie als Stätte der Geborgenheit, der Ordnung und des Glücks, als eine Art Schutzwall gegen die große Welt, so gerät sie nun in Unordnung.

Insofern ist die geläufige Unterscheidung zwischen den »Desillusionsnovellen« und den »Chroniknovellen« ohne größere Bedeutung. Denn in den letzteren geht es ebenfalls, wenn auch in historischer Distanzierung, um Storms »Domäne«, um Liebe und Familie. Wenn Rudolf Borchardt Storm vorwirft, daß er in seinem engen Heimatraum historische Gestalten zeichne und ihnen nur eine Maske von Gegenwärtigkeit aufsetze, andererseits Gestalten aus seiner Zeit so darstelle, als seien sie schon vergangen[12], dann läßt sich dieser vermeintliche Nachteil auch als Vorteil verstehen. Denn Storm flüchtet nicht in eine kulturgeschichtliche Novellistik (auch wenn er sich das »kulturhistorische Drumherum« bis in den Sprachgebrauch hinein durch Quellenstudium erarbeitet), die in erzählerischer Gelehrsamkeit Bilder aus der deutschen Vergangenheit vorstellen will. Die lehnt er als »Zwittergattung von Poesie und Geschichte« ab (an W. Petersen 13.3.86). Er schwimmt auch nicht in der Flut jener pseudohistorischen Belletristik, die, wie bei Felix Dahn oder Georg Ebers, vor den Kulissen Roms oder Altägyptens germanische Überlegenheit oder koloniales Ränkespiel inszenieren. Gegen Ebers, der behauptet hatte, ein echter Dichter könne eine Novelle nur als Erholung vom Romanschreiben verfassen, leistet sich Storm, angesichts der Herabsetzung der »strengsten und geschlossensten Form der Prosadichtung«, sogar einen antisemitischen Ausfall, indem er ihn »den frechen Juden« nennt (an G. Keller 14.8.81). – Aber er unterscheidet sich auch von einem anderen bedeutenden Novellisten, der sich angeekelt von der rohen Gegenwart bevorzugt in die Geschichte flüchtet, um in ihr, von der »brutale(n) Actualität zeitgenössischer Stoffe befreit«, Gegenwartsprobleme zu gestalten: C. F. Meyer siedelt seine Novellen im Milieu geschichtlicher Staatsaktionen und großer Gestalten an. Für den Bismarckbewunderer ist das große zeitgeschichtliche Ereignis der Kampf um die deutsche Einheit und ihre Verwirklichung. Storm hingegen steht ihr voll skeptischem Desinteresse gegenüber. Sein politisches Erlebnis war ja der Kampf um ein eigenständiges und demokratisches Schleswig-Holstein. Auch darin gründen ihre unterschiedlichen historisierten Novellenwelten. In den Chroniknovellen entzündet sich die Phantasie an sichtbaren Überresten der Vergangenheit, die in die Gegenwart hineinragen, so das alte Kirchenbild in *Aquis submersus*, das verfallene Hofbauernhaus in *Renate*, ein Ringgraben und ein Gemälde in *Eekenhof*, ein paar Granitquader in *Zur Chronik von Grieshuus*. Storm geht von überschaubaren heimatlichen Räumen aus und sein historisches Personal bleibt alltäglich-begrenzt. In seinen Novellen ist Geschichte als Familienchronik heimatkundlich privatisiert. Er soll sich ja mehr, so urteilt schon Fontane, für »Geschichten als für Geschichte« interessieren. Und nach Meinung des Freundes W. Jensen fehlt ihm »für das an sich geschichtlich Bedeutungsvolle« der Sinn, »wenn sich keine poetisch-psychologische Verknüpfung damit verband«.[13] Auch deshalb kennt er keine projektive Bindung an eine verherrlichte Geschichtsperiode, weder an ein heiles Mittelalter noch an eine Renaissance voller Kraftnaturen. Bei C. F. Meyer aber sind die Landschaften prächtige Dekoration für die Intrigen und Kämpfe seiner Diplomaten und Heerführer, und bei ihm dient vergangene Zeit, vor allem die Renaissance, als geschichtsidealistische Projektion.

Dennoch gibt es Gemeinsamkeiten. Auch bei Storm bedeutet der Rückgriff auf die Geschichte ein Ausweichen vor der prosaischen Gegenwart in überschaubare Räume, die den Menschen noch stärkere Gefühle erlauben. Während in den Desillusionsnovellen ökonomische Versachlichung die Affekte verkümmern läßt, herrschen in den Chroniknovellen mit Neid und Haß, Aberglaube und Dünkel reichere Stimmungskontraste. Denn in ihnen sind die Konflikte durch erlebbare Herrschaft aufgeladen, durch die Opposition bürgerlicher Welten und Werte zum Adel. – Für beide erscheint also Vergangenheit erzählbarer als Gegenwart, und sie wollen doch im Vergangenen Gegenwärtiges darbieten. Als Legitimation dient die Ablehnung kulturgeschichtlicher Gelehrsamkeit und die Betonung des »allgemein Menschlichen«. Für Storm wird die Poesie

»in jedem Jahrhundert, dem sich ihr Stoff am sichersten anpaßt, ihr Zelt aufschlagen können; nur soll der Stoff selbst nicht auf vorübergehenden Zuständen beruhen, sondern auf rein menschlichen Konflikten, die wir ewig nennen« (an W. Petersen 12. 12. 85).

Der wichtigste Unterschied besteht aber in politischen und weltanschaulichen Überzeugungen. Denn im Gegensatz zu C. F. Meyer entfaltet Storm in seinen Chroniknovellen Kritik an Adel und Klerus, an Macht und Gewalt. Ihre Konflikte sind durch die Grundopposition zwischen Adel und Bürgertum aufgeladen. In der Literatur erlaubt so eine historische Distanzierung die Rücknahme der lebensgeschichtlichen Distanz zur Politik; in ihr kann sich sein alter Adelshaß mit Anspruch auf Aktualität ausdrücken. Denn für ihn reicht die Macht des Adels als Dünkel und Gewalt in die Gegenwart hinein. Hier schreibt also auch der unpolitische Demokrat, der den neuen Kompromiß zwischen Bürgertum und Adel nicht mitmacht. Diese Grundopposition gerät aber nicht zum ideologischen Projekt, mit dem sich das Novellenpersonal zu Marionetten einer Weltanschauung vereinfacht.

Eher könnte man von gemischten Konflikten sprechen, von Novellen mit einer psychischen und einer historischen Dimension, die sich nicht in großen Entscheidungs- und Handlungssituationen entfalten, sondern familiär-intim.[14] So geht es in *Aquis submersus* um gesellschaftliche Widersprüche und um individuelle Tragik, um den Gegensatz zwischen Adel und Bürgertum und um die Liebe eines bürgerlichen Malers zu einem adligen Mädchen. Von dem Helden und Binnenerzähler, dem Maler Johannes, kündet in der Rahmenerzählung nur noch ein Gemälde, auf dem er einen alten Mann und ein Kind vereinigt, darunter steht die Rätselschrift C.P.A.S. (Culpa Patris Aquis Submersus). Ein weiteres Bild stellt einen finsteren schwarzhaarigen Mann im Priesterkragen dar. Er soll der Vater des schönen Knaben gewesen sein. Die Gemälde verweisen in die Vergangenheit, und ihre Geschichte erzählt die Chronik des alten Malers. Der konnte, dank der Unterstützung seines adligen Gönners, in Amsterdam Kunst studieren und hat hier, in der Metropole bürgerlicher Lebensart, die ersten Erfolge. Selbstbewußt kehrt er nach Hause zurück und erfährt hier die Herablassung der jungen Adligen. Sein väterlicher Freund ist inzwischen verstorben. Und die neuen Herren erscheinen als Spötter und Raufbolde, die unbeherrscht und gewaltbereit, mit Hunden und

Pferden, Kartenspiel und Trinkgelagen ihre Zeit totschlagen. Johannes verliebt sich in Katharina, die Schwester des Junkers Wulf und Tochter seines Gönners. Der Bruder hetzt im Jähzorn seine Bluthunde auf den Maler. Katharina aber rettet ihn, zieht den Verfolgten in ihre Kammer, wo die Liebenden zueinander finden. Als Johannes am nächsten Tag mutig um Katharinas Hand anhält, selbstbewußt auf seine Fähigkeiten hinweist (»ich bin kein Edelmann; aber ich bin kein geringer Mann in meiner Kunst und hoffe, es auch wohl noch einmal den Größeren gleichzuthun« 2. 425), da kommt es zu einer Konfrontation zwischen bürgerlicher Redlichkeit und adliger Gewalttätigkeit: der Junker schießt ihn wie einen Hund nieder. Johannes überlebt und flieht nach Holland, um Geld für ein »wohl bestellet Heimwesen« zu verdienen. Als er wieder zurückkehrt, hat man Katharina inzwischen mit einem fanatischen Prediger verheiratet, um dem Kind, das sie von ihrem Geliebten erwartete, einen ehrbaren Namen zu geben. Während Johannes und Katharina ihrer aufgeschobenen Leidenschaft freien Lauf lassen, ertrinkt ihr Sohn. Damit hat sich auch Johannes (»Aber meine Sinne zieleten nur auf das Weib, das sie begehrten« 2. 447) schuldig gemacht.

Storm verlegt aber nicht die Schuld in ein persönliches Versagen. Entscheidend bleibt die Konfrontation von bürgerlicher Emanzipation als Recht auf individuelle Liebe, als Tüchtigkeit, Kunstsinnigkeit und feudaler Verrohung als erzwungene Heirat, unzivilisierte Raufboldereien, Standesvorurteile. Dies stützt auch eine eigene Interpretation, die der Autor in seinen Aufzeichnungen *Was der Tag giebt* festhält:

»Man würde durchaus fehlgehen, wan man in *Aquis submersus* in der, freilich die bestehende Sitte außer Acht lassenden Hingebung des Paares die Schuld der Dichtung suchen wollte ... Die Schuld, wenn man diese Bezeichnung beibehalten will, liegt auf der anderen Seite des Geschlechterhasses, dort auf dem Übermute eines Bruchteils der Gesellschaft, der, ohne Verdienst auf die irgendwie von den Vorfahren eroberte Ausnahmestellung pochend, sich besseren Blutes dünkt und so das menschlich Schöne und Berechtigte mit der ererbten Gewalt zu Boden tritt. Nicht zu übersehen ist, daß es eben diese feindliche Gewalt ist, die das Paar einander fast blindlings in die Arme treibt«.[15]

Erzähltechnisch ist die schroffe Kritik an Adel und Kirche in einer zweigeteilten Binnenerzählung entfaltet, als doppelter dramatischer Höhepunkt mit glücklicher Vereinigung und folgender Katastrophe, als Zielhandlung im ersten Teil und Aufhellungshandlung im zweiten. Der Versuch, Katharina als Ehefrau zu gewinnen, scheitert am Adelsdünkel, ihr Schicksal aber besiegelt im zweiten Teil die Kirche in Gestalt ihres Zwangsgatten, eines fanatischen und hexengläubigen Predigers.

Auch in *Renate* tritt ein Vertreter der lutherischen Orthodoxie auf, einer, der im Bannkreis des Teufels- und Hexenglaubens steht, ein Fanatiker, der die Liebe zweier junger Leute scheitern lassen kann, weil sich sein religiöser Glaube mit dörflichem Aberglauben verbindet. Dieser gelehrte, vitale und fanatische Gottesmann setzt seinen Glaubensbruder, den Vater des jungen Liebhabers, so sehr unter Druck, daß er von seinem Sohn auf dem Sterbebett verlangt, er solle nicht Renate, die vermeintliche Hexe, heiraten. Josias unterwirft sich dem väterlichen Wunsch. Er, der angehende Pfarrer, opfert der Glaubenssatzung seine Liebe und Geliebte. Damit wird er an sich und an Renate schuldig. Storm konzentriert den Konflikt auf das Psychische, er setzt virtuos das Gespenstische, Unheimliche und Abergläubische ein, aufkommende Gerüchte im Dorf und den Auftritt des lutherischen Dunkelmanns, um die Geschichte einer unterdrückten Liebe in einem verzahnten spannungsreichen Gefüge zu erzählen. Auch hier liegt im persönlichen Konflikt ein historischer Widerspruch: Renate und ihr Vater, ein wohlhabender und modern wirtschaftender Bauer, verkörpern die Aufklärung, die beiden Geistlichen, der Vater und sein Amtsbruder, stehen für die menschenfeindliche Macht Lutherischer Orthodoxie. Als ihr Gegenpol erscheint die Liebe der jungen Leute; sie eröffnet den Horizont individueller Gefühle und freier Entscheidungen. Josias aber entscheidet sich für den ererbten Glauben. Indem er so dem Hexenwahn erliegt, verteufelt er seine Geliebte.

In den folgenden Chroniknovellen (*Eekenhof, Zur Chronik von Grieshuus, Ein Fest auf Haderslevhuus*) erscheint die Welt des Adels als unordentliche Verhältnisse voller Habgier, Gewalt und Roheit. Das soll hier nicht im einzelnen nacherzählt werden.

Jedenfalls läßt sich auch darin Storms Adelskritik ablesen. Doch dürfte für zeitgenössische Leser von der stilisierten Gestaltung der vitalen, wilden und düsteren Junker auch eine geheime Faszination ausgehen. Im Untergang der adligen Familien, in ihren Erbstreitigkeiten und Liebesaffären schildert Storm ein ungezügeltes Leben, das seine kleinstädtisch-bürgerlichen Mitlieus nicht hergeben. Damit paßt er sich nicht dem Zeitgeschmack an, aber er nähert sich ihm. Nicht, so darf vermutet werden, weil er bewußt Konzessionen macht. Eher dürften ihn die bewußte Poetisierung und Stilisierung der fremden vergangenen Welten, die Verpflichtung zum novellistischen Konflikt durch reichere Stimmungskontraste, die historisierende Bearbeitung nicht standesgemäßer Liebesbeziehungen und unglücklicher Ehen bisweilen in die Nähe der Butzenscheibendichtung bringen. Man lese die ersten vier Abschnitte von *Ein Fest auf Haderslevhuus* und man wird sehen, daß gerade dort, wo er sich stofflich völlig von seiner Bürgerlichkeit entfernt, der trivialliterarische Versatz- und Verkleidungs-, Dekorations- und Idealisierungsapparat die Erfahrungsdefizite beheben soll[16].

Jene verbreitete Vorliebe für Aristokratisches, für Titel, Ehre und herrisches Auftreten, akzeptiert er ebensowenig wie das Bündnis zwischen Rittergut und Hochofen. Für die stilisierten Adelswelten mit ihren düsteren, wilden Gestalten lassen sich eher erzähllogische Gründe anführen. Als fremde, noch nicht versachlichte Welten verführen sie den Erzähler dazu, die Affekte als effektvolles ästhetisches Reizmittel zu entgrenzen. Und damit entsteht ungewollt eine punktuelle Nähe zu gründerzeitlichen Kraftmeiereien. Übrigens weniger aus Sicht der Zeitgenossen, denn die sind an Gröberes etwa von W. Jordan, F. Dahn oder R. Hamerling gewöhnt.

Vielleicht ist jetzt anschaulicher, was Konfliktverschärfung meint. Sie läßt sich, begleitet von dem Bemühen, dies auch gattungstypologisch zu formulieren, als ein Kennzeichen der späten Novellistik ausmachen. Damit entsteht aber, so wurde ja behauptet, eine Diskrepanz zwischen gesellschaftlicher Konfliktaufnahme und Kunstmodell, zwischen novellistischen Problemkonfigurationen und dem Poetischen Realismus. Sie äußert sich bei Storm als labile Schreibweise, ausweichend in harmonisierenden Novellenstoffen oder abmildernd im versöhnlichen Ausgang. Man könnte die Diskrepanz individualpsychologisch als Hang zur Sentimentalität, als Vorliebe für poetische Stimmung und Sinngebung abhandeln. Doch verstellt solch falsche Nähe größere Zusammenhänge, europäische und deutsche. Denn, was man als allgemein-europäische Stilkrise seit der Mitte des 19. Jahrhunderts ausmachen will, gründet in der Diskrepanz zwischen dem Schönheitsbegriff der Kunst und einer häßlichen, veränderten Realität. Dies führt zu verschiedenen Reaktionen, zur Flucht in den Akademismus oder ins Lebensreformerisch-Kunstgewerbliche, aber auch zur Verarbeitung neuer häßlicher Realitäten im Naturalismus, oder, wie bei Baudelaire, zu einem Umbruch im lyrischen Sprechen und dem Verdacht, das bisher als schön Empfundene sei verlogen, unwirklich und kunstfremd. Es sei nur noch bemerkt, daß in Westeuropa, in England und besonders in Frankreich, die Erfahrung widersprüchlicher Realitäten zu einer intensivierten Reflexion des Zusammenhangs von Kunst und Schönheit führt.

In Deutschland finden wir eine ähnliche und doch andere Situation. Schon für Schelling oder Hegel sind ja die Prosa der Welt und die Schönheit unvereinbar. Doch wächst hier das Mißtrauen gegen klassische Kunst- und Schönheitsvorstellungen langsamer. Das hat etwas mit der fehlenden politischen und ökonomischen Einheit zu tun, mit der verspäteten Industrialisierung, aber auch mit den Nachwirkungen tradierter Harmonie- und Vollkommenheitsforderungen. Hier ist die Kluft zwischen Kunstnorm und Kunstrealität zunächst weniger tief als in Westeuropa. Hinzu kommt die politisch-gesellschaftliche Situation des Nachmärz, der Verzicht des Bürgertums auf politische Emanzipation und die damit verbundene Vorliebe für Humor, Ausgleich und Verklärung. Bezeichnend dafür, daß Heine vom »Ende der Kunstperiode« spricht, nicht aber Mörike oder auch Storm. Während Gottfried Semper unter dem Einfluß englischer Erfahrungen die Perspektive einer industriellen Ästhetik eröffnet, und in Rußland Tschernyschewski behauptet, die Wirklichkeit sei der Kunst überlegen und vollkommener als die Phantasie, versucht in Deutschland der Hegelianer Karl Rosenkranz in seiner *Ästhetik des Häßlichen* den Mangel seines Lehrers, nämlich das Aussparen neuer häßlicher Realitäten und sozialer Konflikte zu beheben, indem er von der »Hölle des Schönen« und dem »Wohlgefallen am Häßlichen« [17]spricht und den klassischen Schönheitsbegriff retten will, indem er ihn als Norm für den Erweis des Häßlichen herausstellt.

Was Rosenkranz ästhetiktheoretisch zu fassen versucht, muß Storm in seinen Novellen lösen. Denn auch er möchte ja das moralisch und auch ästhetisch Häßliche nicht ausschließen, und auch er bricht ja keineswegs mit den Verklärungspostulaten des Poetischen Realismus, mit der Vorstellung, Schönes und Bedeutsames zu schreiben. So erschrickt er, dem Flaubert »zu stofflich« ist und der sich von Zola nicht »martern« lassen will, bisweilen selbst vor den eigenen Konsequenzen. Er beklagt, daß ihm Heinrich, Carsten Curators Sohn, »zu sehr zum reinen Lumpen geworden« sei (an A. Niess 13. 12. 77); ja er fürchtet, die Erzählung werde »peinlich statt tragisch«, weil ihr die »Hoffnung« fehle (an Margarethe Mörike 30. 4. 78). Auf Sinngebung, so scheint es, möchte er nicht verzichten. Und gegenüber E. Schmidt verteidigt er seine Novelle *Hans und Heinz Kirch* und bedauert doch, daß er den Alten nicht mehr als liebenden Vater vorgestellt habe:

»... der Alte ist nicht zu hart, so sind unsre Leute hier, es hätte nur noch eine Scene geschrieben werden sollen, worin die selbstverständlich im Grunde schlafende Vaterliebe zum Durchbruch gekommen wäre...« (15. 12. 82).

Auch anderen bleiben poetische Verklärungen nicht verborgen. So kritisiert Turgenjew in einem Brief an den gemeinsamen Freund L. Pietsch den Schluß von *Aquis submersus*:

»Die Novelle ist fein und zart; aber um Gottes willen, wie ist es möglich, z. B. den Knaben kurz *vor* seinem Ertrinken – vom Paradies und Engeln singen zu lassen!...Zwei Fehler begehen *stets* die Deutschen, wenn sie erzählen: das leidige Motivieren – und die ganze Idealisation der Wahrheit. – Faßt die Wahrheit einfach und *poetisch* auf – das Ideale bekommt ihr obendrein... Wenn der deutsche Autor mir etwas Rührendes erzählt – so kann er nicht umhin – mit dem einen Finger auf sein eigenes Auge zart hinzuweisen – mit dem anderen aber mir dem Leser, einen bescheidenen Wink zu geben, daß ich ja nicht das Rührobjekt unbeachtet lasse!«.[18]

Hier ist wohlgemerkt von Storm und den Deutschen die Rede. Doch scheint der im gefühlvollen Abdämpfen einzelner Konflikte eine besonders problematische Meisterschaft zu entwickkeln. Er wolle rühren und nicht erschüttern, halten ihm ja die Freunde W. Petersen und E. Schmidt vor. Das weist er zurück. Und doch kann der Eindruck entstehen. Denn Storm möchte, ganz seinem Kunstmodell verpflichtet, die Widersprüche seiner Konflikte abmildern oder gar versöhnen. Nicht, weil er Hoffnungen und Trost spenden will, sondern weil ihn sein Verständnis von Kunst und sein Selbstverständnis als Künstler dazu verpflichtet. Deshalb finden sich die Niveauunterschiede nicht nur zwischen den Novellen, den harmonisierend-tröstlichen und den desillusionierenden, sondern auch in ihnen. Dann ist offensichtlich die prosaische Wirklichkeit der Konflikte komplexer als sein Kunstmodell.

Dies versucht er auszugleichen. Deutlich ist dies an den Novellen zu sehen, die sich im Milieu am stärksten dem Naturalismus annähern. Gemeint sind zwei Novellen, die unter dem bezeichnenden Sammeltitel *Bei kleinen Leuten* erscheinen. In *Bötjer Basch* erzählt der Autor die Bedrohung des Handwerks als ökonomische Krise und zunehmende Vereinsamung. Insofern erinnert die Novelle an einen der bekanntesten Romane des deutschen Naturalismus, an Max Kretzers *Meister Timpe* (1888). Während Kretzer seinen Handwerker scheitern läßt, wendet Storm seine Geschichte ins Versöhnlich-Tröstende. Auch sein Böttchermeister plant einen Selbstmord, doch den Alten rettet die badende Jugend, der Sohn kehrt aus Amerika zurück, der Vater gesundet, und selbst der geliebte Vogel wird ihm zurückgebracht. – In *Ein Doppelgänger* erzählt Storm die Geschichte eines kleinstädtischen Arbeiters, der nach Beendigung seiner Militärzeit keine Arbeit findet, der wegen eines Einbruchs eine harte Zuchthausstrafe abbüßen muß und den die Gesellschaft wieder in die Kriminalität und in den Tod treibt.

Aber auch hier fehlt nicht die Wendung ins Beruhigende: Der Vater scheitert, aber die Tochter, so erfahren wir aus der Rahmenerzählung, lebt in gesicherter Bürgerlichkeit.[19] Solches Nebeneinander von erbarmungsloser Gesellschaft und beruhigendem Bürgerglück läßt sich nicht als abgeschwächte Sozialkritik verstehen, jedenfalls nicht aus der Sicht Storms. Die Novelle mag so wirken. Sie erhält aber vom Autor, der sich nie als Sozialkritiker empfand, ihren beschönigenden Rahmen, weil ihm die erzählte Wirklichkeit für seine Vorstellung von Dichtung zu roh ist.

Solche Verklärungen und Konfliktabschwächungen finden sich in zahlreichen Novellen. So treffen sich Renate und Josias im Alter wieder, sühnt in *Ein Bekenntnis* ein Arzt, der seine Frau unwissentlich gemordet hat, seine Tat, indem er nach Afrika geht. Virtuos gelingt dem Autor eine Affektkanalisierung in *Hans und Heinz Kirch*. Nachdem den herzlosen Alten der Schlag getroffen hat, finden wir ihn auf einer Bank in der Nachmittagssonne, neben ihm Wieb, die Geliebte seines Sohnes. Die soll nun bei ihm bleiben. Ansonsten denkt er an seinen Sohn. »›Nur in der Ewigkeit, Heinz! Nur in der Ewigkeit!‹ rief er, in plötzliches Weinen ausbrechend, und streckte zitternd beide Arme nach dem Himmel« (3. 128). Diese rührende Szene wird aber von einem herabgekommenen Tischler und Sozialdemokraten unterbrochen: »›Was haben wir Menschen mit der Ewigkeit zu schaffen?‹ sprach eine heisere Stimme neben ihm«. Nach einem Disput beruhigt sich die Stimmung:

»Neben ihm kniend, sanft und unbeweglich, hielt sie das weiße Haupt an ihrer Brust gebettet, denn Hans Kirch war eingeschlafen. – Auch das Abendrot legte sich über das Meer, ein leichter Wind hatte sich erhoben, und drunten rauschten die Wellen lauter an den Strand. Noch immer beharrte sie in ihrer unbequemen Stellung; erst als schon die Sterne schienen, schlug er die Augen zu ihr auf: ›Er ist tot‹ sagte er, ›ich weiß es jetzt gewiß; aber – in der Ewigkeit, da will ich meinen Heinz schon wiedererkennen‹« (3. 129).

Unversöhnlich hingegen läßt er seine bekannteste Novellengestalt scheitern, Hauke Haien, den Schimmelreiter. Als Quelle dient ihm hier eine Sage, die nicht in seiner Heimat, sondern an der unteren Weichsel handelt.[20] Deren Geschehen überträgt er in den vertrauten heimatlichen Raum mit der Absicht, »einen Deichspuk in eine würdige Novelle zu verwandeln« (an Gebr. Paetel Sommer 86) und den »sagenhaften Stoff ins rein Menschliche« hinüberzuziehen (an Gebr. Paetel 7. 3. 88). Dazu betreibt Storm, ein schöner Beweis für die erhöhte Tatsächlichkeit in seinen Novellen, ausführliche Quellenstudien, liest Chroniken und Fachliteratur, läßt sich von seinem Freund, dem Bauinspektor und Fachmann für Deichbau Christian Hinrich Eckermann, beraten. Er sitze an etwas »Großem« erfahren die Brieffreunde. Bisweilen unterbricht er die Arbeit, schiebt »Leichteres« dazwischen, verfaßt *Bötjer Basch* und *Ein Doppelgänger*, und verliert doch nicht seinen Plan, die einfache Sage novellistisch zu verarbeiten, aus den Augen. Daran hindern ihn auch nicht Krankheit und Altersschwäche. Anderthalb Jahre trägt er den Plan mit sich herum. Anderthalb Jahre dauert es, bis der todkranke Autor im Februar 1888 seine Arbeit beenden kann.

Das Bewußtsein etwas »Großes« zu schreiben, bezieht sich nicht nur auf den Umfang dieser Novelle, die kaum noch eine Novelle ist, sondern auch auf den Inhalt; und die Schwierigkeiten des Schreibens gründen in dem Versuch, die Sage als aktualisierte Vergangenheit zu gestalten, ohne das Vergangene als Kulisse des Gegenwartsinteresses auszumalen oder gar heimatkundlich als Abgeschlossenes zu mumifizieren. So möchte er die Deichgespenstersage, den vorbereitenden Schimmelreiter bewahren, ohne den Charakter des Unheimlichen zu verwischen. Und doch geht es ihm nicht um eine Gespensternovelle.

Dies gelingt durch eine gedoppelte Rahmentechnik, die den Leser in die Erzählsituation miteinbezieht und den Bezug von Vergangenheit und Gegenwart herstellt, die das Phantastische erzählbar macht und durch Perspektivenwechsel zugleich relativiert. Strenggenommen handelt es sich sogar um einen dreifachen Rahmenbau.[21] Der äußere »offene« Rahmen stellt mit dem Hinweis auf die Quelle eine zeitliche Distanz her. Der mittlere Rahmen schafft die Erzählsituation und führt mit dem »Reiseabenteuer« zum inneren Rahmen hin, zur Erzählung des Schulmeisters, der als Chronist berichtet und das Geschehen als aufgeklärter Mann kommentiert. Das Unheimliche und Sagenhafte, die Seegespenster und Nebeldünste, die Teufelspaktmären und Tieropfer, schaffen so die Atmosphäre der Novelle, doch zugleich vermögen die beiden Erzähler, der Schulmeister und ein Ungenannter, auch durch Unterbrechungen des Erzählten, eine Distanz zum Aberglauben herzustellen. Erzähltechnisch gehen Aberglaube und Realitätssinn ineinander über, und sie werden doch in der Aussage getrennt.

Warum überhaupt diese Kunstgriffe? Auch *Der Schimmelreiter* ist eine historisierte Novelle, in ihr lassen sich geschichtlich nachweisbare Gestalten ausmachen, und die eigentliche Binnenerzählung ist genau datiert: sie spielt vor und nach 1750. Storm möchte mit dem Aberglauben, der ja in dem mittleren Rahmen, der Erzählsituation, bis ins dritte Jahrzehnt des 19. Jahrhunderts reicht, die Atmosphäre einer vergangenen Zeit einfangen, um in ihr eine aktuelle Problemkonfiguration zu entfalten. Damit erhält das kunstvolle Geflecht von Rahmen und Binnenhandlung über das Artistische hinaus seine Bedeutung. Denn auch hier erlaubt die Vergangenheit, gegenüber einer zunehmend unpoetischen, versachlichten Gegenwart Konflikte zu ballen und Affekte zu steigern. Dabei dient das Nebeneinander von aufklärerischem Rationalismus und dunklem Aberglauben der sozialen und psychologischen Motivierung des Novellenpersonals. Insofern ist es wichtiger Bestandteil der Konfliktzuspitzung. So ist Hauke Haien zugleich eine historische und eine moderne Gestalt. Er steht im Mittelpunkt der Novelle – so sehr, daß seine Geschichte, der Aufstieg vom Kleinknecht zum Deichgrafen in einer Welt voller Konkurrenz, sich beinahe romanhaft als Entwicklungsgeschichte entfaltet. Ehrgeiz und Begabung bringen ihn nach oben; prägnant und symbolisch drückt dies die Szene aus, wo sich Hauke am jährlich stattfindenden Eisboßeln beteiligt. Er will gewinnen, um Elke, der Tochter des Deichgrafen, zu imponieren. Es geht ihm weniger um Liebe, sondern vor allem um Macht. Im zweiten Teil beschleunigt sich die eher gemächliche Erzählung seines Aufstiegs zu dramatisch sich steigernder Handlungsdichte. Denn als Amtsinhaber kann der vom wissenschaftlich gesicherten Deichbau Besessene daran gehen, seine Pläne zu verwirklichen, zugleich seinen Grundbesitz zu vergrößern und sich in der Nachwelt ein Denkmal setzen. Denn ihm soll ja ein beträchtlicher Teil des Landes, das durch den neuen Deich geschützt würde, gehören. Eitelkeit, persönlicher Vorteil und Dienst am Gemeinwohl treiben seinen Ehrgeiz an. Immer wieder verlangt er von den Dorfleuten Arbeitseinsätze. Die lehnen den planenden, investitionsbereiten und veränderungswilligen Deichgrafen, den Emporkömmling, zunehmend ab. Es kommt zu einer sich aufschaukelnden Entfremdung zwischen Hauke und den Dorfbewohnern, zu einer Steigerung von allgemeiner Mißgunst und persönlicher Verbitterung bei Hauke. Der scheitert nicht an der Sturmflut, die den Deich aufreißt und auch Kind und Weib verschlingt, sondern an sich selbst und am Konservatismus seiner Umwelt.

Storm vermeidet hier eine eingängige Opposition zwischen dumpfer, abergläubischer Masse und tatkräftiger, rationaler Führergestalt. Schuld wird nicht eindeutig verteilt. Aberglaube, Besitzdenken und Sozialneid der Dorfbewohner, Kalkül, Gewinnverlangen und Ehrgeiz bei Hauke – dies bezieht sich aufeinander.

Zu Recht ist darauf hingewiesen worden, daß sich in der Gestalt des Deichgrafen, des zielstrebigen Rechners und Aufsteigers, des isolierten Helden und Kraftmenschen wie im Thema der Herrschsucht und des »Willens zur Macht« die gründerzeitliche Vorliebe für Tatpathos und Übermensch äußert.[22] Sicher, da mögen auch Zeitstimmungen mit im Spiel sein. Wir sollten aber nicht übersehen, daß die stärker herausgestellten Konfrontationen in der erhöhten Konfliktaufnahme und den gesteigerten Stimmungskontrasten in der Vergangenheit gründen. Dies zeigt sich ja schon in den vorhergehenden Novellen als Wandel im Formalen. Perspektivische Brechungen, aktualisierte Geschichte, kurze Sätze, knappe Dialoge und die Natur nicht als tote Kulisse, sondern als symbolische Spiegelung – all das ist ja Ausdruck der Kontinuität Stormschen Erzählens. Seine Landschaft, das Meer, der Deich, die Marsch, ist sorgfältig als realistisches Milieu bis hin zu präzisen Benennungen wie Fenne, Demath, Pesel, Priel lokalisiert.[23] Das hat nichts mit der kulissenhaften Theatralik der Professorenromane zu tun, aber auch nichts mit Meyer oder Heyse, deren Landschaften zeigen, daß beide erzählerisch überall und nirgendwo zu Hause sind. Storm ist auch kein Stifter, kein Landschaftsschilderer, wohl aber ein Landschaftseinstimmer. Deshalb bleibt sie bei ihm immer in Bewegung, zittert und flimmert die Luft, rauscht der Wind, klatscht der Regen. Storm hat ein Ohr für Töne und Geräusche, für akustische Wahrnehmungen; die Natur klingt. All dies finden wir im *Schimmelreiter* wieder, nicht als Stimmungsrequisit, sondern in einer symbolischen Funktion, das heißt hier im Sinne von Zeichen, die auf einen allgemeineren Sinn hindeuten. Storm möchte damit das Erzählte nicht verrätseln oder gar verschlüsseln. Jeder symbolistische Symbolgebrauch, der die Literatur auf einen kleinen Kreis von Eingeweihten einschränkt, bleibt seinem Autorenverständnis fremd. Er möchte durch die Natur über Menschen sprechen, in einer konkret lokalisierten Geschichte das ausdrücken, was er das »rein Menschliche« nennt. Wir können mit einer solchen Formulierung heute nicht mehr viel anfangen. Jedenfalls symbolisieren Meer und Deich Naturgewalt und Naturbeherrschung, und die Novelle vom gespenstischen Schimmelreiter erzählt die Geschichte des Verhältnisses der Menschen zur Natur als Miteinander und Gegeneinander. Ein großes Thema, das im kleinen Raum der symbolischen Ausweitung bedarf. Dabei widersetzen sich Zufall, Schuld und Geschick einer einsinnigen Auflösung. So endet Haukes Kampf um Sicherung von Land und Leben in der Katastrophe des Deichbruchs, wird der Rationalist, der Bekämpfer des Aberglaubens, als Furcht- und Schreckensbild dessen Opfer.

Insofern geht die Novelle über gründerzeitliche Mentalitäten hinaus. In der Gestalt des Hauke, der sich auch selbst zum Opfer seines Ehrgeizes macht, der auf den Tod von Elkes Vater lauert, der, ein wichtiges Kennzeichen bei Storm, ein liebloses Familienleben führt und sinnlich verkümmert, distanziert sich der Autor von den neuen Mentalitäten der Gründerzeit. Dennoch schreibt er keine Zeitkritik. Sein Kunstverständnis, so diffus sich dies auch poetologisch ausdrückt, möchte allgemeinere Konflikte novellistisch gestalten. Und dazu braucht er die symbolische Sinnerweiterung: das Meer, den Deich, Hauke und die Dorfgemeinschaft.

Es gibt natürlich verschiedene Schimmelreiter. Das erklärt zunächst die symbolische Offenheit der Novelle. Ob nun Hauke Haien als nordischer Held, faschistischer Führer, faustisches Genie oder als Opfer des »Verhängnishaften« – das läßt sich nur als Zusammenhang von Textgeschichte und Mentalitätsgeschichte erzählen. Das gilt aber nicht nur für diese Novelle, sondern für die gesamte Stormrezeption.

XI.
Alte Stormbilder und ein neues Stormbild?
Kein Autor der Moderne, aber einer der
Modernitätserfahrungen

Schon zu Lebzeiten fühlt Storm sich mißverstanden, und er wird
es auch. Er soll ja nur rühren, soll fürs Heimatliche, Häusliche
und Familiäre zuständig sein. Das paßt um die Jahrhundertwende zur Wiederentdeckung der Provinz, zur vermeintlichen
Rückbesinnung auf die Kräfte des Volkes, des Stammes, der
heimatlichen Natur, zur Opposition gegen Modernismus und
Großstadtkultur. Storm, der ja schon für die liberalen Kritiker
der sechziger Jahre hoffnungslos veraltet erscheint, gilt nun als
zeitgemäßer Autor, als ein Vorbild für die Heimat-, Stammes-,
Grenzland- und Bauerndichtungen. Der Westermann-Verlag
paßt sich dem an, wenn er 1904 und 1912 mit Heidemotiven
geschmückte Storm-Ausgaben herausbringt. Dermaßen auf
Heimat und Stimmung ausgerichtet, kommt er dem Bedürfnis
nach einem harmonischen vorindustriellen Leben entgegen, dem
die Literatur Ersatzwelten ohne weltanschauliche und soziale
Zerrissenheit zu liefern hat.[1] Noch vor dem Ablauf der damals
geltenden Schutzfrist (1918), die ja Nachdrucke erschwert und
verteuert, gewinnt er an Popularität. Ein Blick in die erhältlichen
Lesebücher und Literaturgeschichten zeigt:[2] jetzt wird er endgültig zu einem anerkannten Autor, während andere, wie Geibel
oder Gottschall, in Vergessenheit geraten. In einer Statistik der
»Gesellschaft für Verbreitung der Volksbildung«, die 1911 die
Ausleihen in Volks- und Wanderbibliotheken auswertet, zählt
Storm nach Ganghofer, Freiligrath, Raabe und Auerbach zu den
meistgelesenen Autoren.[3]
Nur wenige, wie G. von Lukács oder später Th. Mann, erheben
eindrucksvoll, aber eher wirkungslos gegen die Verniedlichun-
gen Einspruch. Und folgenlos bleibt die Lesart des Sozialdemokraten Johannes Wedde, die Storms »demokratisches Volksver-
ständnis« hervorhebt und vor Verklärungen warnt.[4] In der
Presse und Literatur der deutschen Arbeiterbewegung findet er

kaum Beachtung. Für Franz Mehring, den einflußreichsten Literaturkritiker der Sozialdemokratie, ist Storm ein »Modedichter«, einer, der »in holder Harmonie mit den Teekesseln von Husum« summt.[5] Also auch hier die gängige Heimattümelei, nur anders bewertet. Eine Sichtung der Bestände und Ausleihen sozialdemokratischer und freigewerkschaftlicher Bibliotheken der Jahre 1908–1914 zeigt ihn erst an fünfundvierzigster Stelle, weit hinter Gerstäcker und Heyse, Keller und Freytag.[6] Entscheidend aber wirkt ein kulturkonservativer und später auch faschistoider Erwartungshorizont, der Storm auf Heimattümeleien und germanisches Naturgefühl festlegt. Das läßt sich nicht einfach als Mißbrauch abtun und gerät doch zur Verfälschung. Denn diese Lesart kann an seine vorindustriellen Welten anknüpfen, an die poetischen Verklärungen und »Husumereien«, und sie muß doch die novellistischen Konflikte ausblenden oder sie als zeitloses Schicksal mystifizierend beruhigen. So wird der Autor nicht nur verniedlichend dem Rührenden zugeschlagen, sondern auch heroisierend einer bezuglosen Tragik, die als Schicksals-, Blut- oder Stammesgemeinschaft erscheint. Dies geht nun allerdings nicht ohne offene Verfälschungen. Dann werden, wie es in einem *Gedenkbuch* zum hundertsten Geburtstag heißt, seine »deutschnationale Gesinnung« und seine »männlichen, kämpferischen Kräfte« hervorgehoben.[7] Daher braucht der Nationalsozialismus das gängige Stormbild nicht entscheidend zu korrigieren. Er wird den Autor noch schamloser entstellen. Einigen Übereifrigen erscheint Storm zunächst nicht heroisch genug. Aber 1934 warnt der *Völkische Beobachter* selbsternannte Zensoren und Bücherverbrenner davor – die offiziell inszenierten Autodafés sind schon vorbei – »Eichendorff, Storm und Mörike auf den Schutthaufen« zu werfen.[8] Allgemein aber gilt Storm als nordischer Dichter, als ein literarischer Kronzeuge gegen Latinität und Urbanität, dem man verschiedene Einsätze gegen »Artfremdes« zumutet, sei es als Vertreter einer »echten deutschen Erotik« gegen »Sexualspekulationen« und »Asiatentum«[9] oder als »Bekämpfer ostischen Aberglaubens«.[10] Hier sollen nicht die Peinlichkeiten einer Germanistik aufgelistet werden, die sich als deutsche Wissenschaft versteht, die den Verfasser der Novellen *Immensee* und *Der Schimmelreiter* als Autor der »Bürgerlichkeit« und des »Stammestums« herausstellt und für die das »dem Blut Gemäße immer das Eigentliche ist«.[11] Jedenfalls bis 1945, denn dann wird ja das sprachliche Kunstwerk zum »Eigentlichen«.

Nach der Niederlage des Nationalsozialismus entsteht ein nur bedingt korrigiertes Stormbild. War er vorher ganz aus Blut und Boden erwachsen, so scheint er nun völlig ortlos existentialistisch »geworfen«. Aber hier wird nur in neuem Gewand die alte Enthistorisierung von Leben und Werk weiterbetrieben, diesmal durch existenzphilosophischen Schwulst, etwa als »Gesetz des Verhängnishaften« oder »Verwobenheit von Schuld, Schicksal und Tod«, als »Rätsel der Existenz«. Auch dagegen wenden sich die schon erwähnten Versuche, sein Leben sozialhistorisch zu orten und sein Werk sozialkritisch zu lesen. Dies bedeutet in der DDR auch die Korrektur der irrationalen und nationalistischen Verfälschungen, die Neubestimmung des literarischen Erbes, der es darum geht nachzuweisen, daß Kleist kein reaktionärer preußischer Junker war, Raabe kein Verkünder machtgeschützter Innerlichkeit mit antisemitischem Einschlag und Storm kein Wegbereiter einer nach Blut und Boden riechenden Heimatkunst.[12]

Im akademisch-germanistischen Betrieb ist nach 1968 viel guter Wille, aber bisweilen auch Willkür im Spiel. Denn Storm versteht sich weder als Sozialkritiker, noch schreibt er Sozialkritisches. Was immer dieser unscharfe Ausdruck meinen mag, jedenfalls engagiert sich der Lyriker und Novellist nicht für die Entrechteten, und seine Werke enthalten keine Mitleidsappelle oder gar politische Anklagen. Ja, die neuen sozialen Verhältnisse, die Fabriken und Großstädte, die Gegensätze zwischen Arbeiterklasse und Bourgeoisie, kommen bei ihm nicht vor. Aus dieser Sicht können seine Arbeiten im Vergleich mit der Moderne als verspätet und unzeitgemäß gelten. Vor dem Horizont einer Ereignisgeschichte, auch wenn man sie als Sozialgeschichte verstehen möchte, erscheint er so als ein eher altmodischer Autor, der sich zwar als aufrechter Bürger und Demokrat aufwerten läßt, dessen Werk aber verstaubt wirkt. Er versichert ja selbst, ihm fehle »wohl das, was man historischen Sinn nennt« (an G. Hoerter 1.4.78).

Das stimmt, wenn man Geschichte als Schauplatz großer Persönlichkeiten, Machtkämpfe und sozialer Ereignisse versteht. Geht man aber von einer kulturhistorischen Zeit aus, die veränderte Mentalitäten, Verhaltensweisen und Vergegenständlichungen in den Blick bringt, dann ist Storm ein enorm historischer Autor. Man könnte diese Zeitauffassung der »langen Dauer« als historische »Tiefendimension« charakterisieren, ohne sie damit zur »schnelleren« Ereignisgeschichte in eine statische Beziehung zu setzen. Denn den alltäglichen Veränderungen kommt gegenüber den »großen« Ereignissen eine vorauseilende oder zurückbleibende Zeitfunktion zu. Aus dieser Sicht befindet sich Storm mitten in den kollektiven Mentalitäten des 19. Jahrhunderts. Denn in ihm lebt mit dem neuen Ehemodell, das individuelle Liebe und Sinnlichkeit bejaht, ein zentrales Projekt der bürgerlichen Gesellschaft. Und er erlebt nicht nur dessen Scheitern, sondern auch die Gefährdung seiner Nahwelt, seiner kleinstädtischen Gemeinschaften durch neue versachlichte Verhaltensweisen und beschleunigte Zeit. Man denke nur an die hartnäckigen Geldsorgen, an die schmerzhaften Erfahrungen des Senatorenenkels, daß sich ständische Geborgenheit und Sicherheit auflösen. Bei Storms Geburt sind dessen soziale Lebenschancen mit der Geburt gesichert, was aber aus seinen Töchtern wird, weiß er nicht. Das braucht hier nicht mehr ausgeführt zu werden. Es sei nur darauf hingewiesen, daß für ihn der affektive Wert der Nahwelt stabil bleibt und er doch deren Einschränkungen und Gefährdungen wahrnimmt. Davon handeln, zuspitzend und weltintensivierend, seine Novellen.

Nicht ohne Grund sind Wandel und Entwicklung zentrale Kategorien des 19. Jahrhunderts. Jetzt schwächt und erschüttert die rasante sozioökonomische Entwicklung alte Ordnungen, die mit ihren Hierarchien, Normen und gesellschaftlichen Ständen Orientierung boten und Sinn gaben. Den Individuen erscheint die komplexere Wirklichkeit in Bewegung. Gesellschaft verliert an Überschaubarkeit und entzieht sich als Ganzes zusehends alltäglicher Erfahrung. Diese Beschleunigung und Unübersicht-

lichkeit erfährt auch Storm. Erst damit werden typische Kennzeichen seiner Prosa verständlich. So gründen bei ihm Rahmen-
bildung und Erinnerungsmotiv[13] in der Wirklichkeitsaneignung
wie im Kunstmodell. Man könnte sie als »Scharniere« zwischen
Lebensgeschichte und Werkgenese begreifen. Sie lassen sich
nicht beschränkt erzähltechnisch abhandeln. Ihr Fundament
sind lebensgeschichtliche Erfahrungen, die in ihnen ihren er-
zähltechnischen Ausdruck finden. Sie erlauben nicht nur das
Springen zwischen »einst und jetzt«, die Poetisierung des Vergangenen wie dessen harmonische Vergegenwärtigung. Sie
schaffen zugleich eine erzählerische Unmittelbarkeit und eine
Distanz zum Geschehenen, ein Vergegenwärtigen und Unbe-
stimmt-Machen. Mit dem Rahmen und den Erinnerungen verschiedener Personen entstehen so gestaffelte Perspektiven, die
Wirklichkeit als nicht verbürgte von mehreren Seiten aufhellen
und als rasch vergängliche erzählen können. So wird das Erzählte lückenhaft, und es entsteht Raum für Mutmaßungen und
atmosphärische Stimmungen.

Storm soll hier nicht zum Autor der Moderne umgeschminkt
werden. Seine Lebensgeschichte weist ihn als Bürger und Künstler des 19. Jahrhunderts aus. Der Autor schreibt mit Blick auf ein
traditionelles Kunstmodell, das Wirklichkeit verarbeiten und
verklären will, das an Schönheit und Autonomie festhält. Seine
Welten scheinen schon Zeitgenossen unzeitgemäß. Doch ist sein
Lebensanteil an Welterfahrbarkeit höher als bisher behauptet,
und sein Werk enthält mit der beschleunigten Zeit und den
versachlichten Beziehungen zentrale Modernitätserfahrungen!
Vielleicht wird so eine überraschende Parallele zu dem nach Max
Weber einflußreichsten deutschsprachigen Soziologen, zu
F. Tönnies, verständlich. Der legt ja mit seinem Hauptwerk
Gemeinschaft und Gesellschaft (1887) eine Theorie des sozialen
Wandels vor, indem er die Gefährdung und Auflösung der
natürlichen Gemeinschaften wie Dorf und Familie durch die
Gesellschaft, durch zweckrationale Formen des Zusammenle-
bens, durch Großstadt und Staat aufzeigt: »... hier ist ein jeder
für sich allein, und im Zustand der Spannung gegen alle übri-
gen.«[14] Das gilt sicherlich auch für die Menschen in Storms

beschädigten oder gar zerstörten Familien. Für Tönnies ist der Prozeß weder aufzuhalten noch umzukehren. Vielmehr gehe es um einen Ausgleich, um eine Begrenzung der Entwicklung zur »reinen Gesellschaft«. Auch Storm verherrlicht ja keineswegs die Vergangenheit und ihre Gemeinschaften. Er vermeidet jedenfalls die gängige Gegenüberstellung von poetischer Vergangenheit und prosaischer Gegenwart. Also auch hier eine Gemeinsamkeit; doch ist er in seinen fiktionalen Welten zugleich radikaler als sein junger Husumer Freund in seinem wissenschaftlichen Werk. Sicherlich sind bei Storm Konflikte poetisch verklärt. Wir kennen ja seine Abmilderungstechniken. Doch die Illusion einer befriedeten Gesellschaft, sei es wie bei Tönnies durch Verträge oder Genossenschaft, finden wir bei ihm nicht. Storm vergoldet die Vergangenheit nicht sozialromantisch, und er liebt doch die Erinnerung an ruhigere, überschaubarere Zeiten. Er bejaht die Gegenwart im Namen einer »fortschreitenden« Menschheit, und er wahrt doch Distanz zu den vermeintlich neuen, herrlichen Zeiten. Jedenfalls betrachtet er seine Wirklichkeit weder aus der Perspektive von »Gemeinschaft« noch von »Gesellschaft«.[15] Und vor allem: die angesprochene »Nähe« zum soziologischen Befund ist nicht Resultat irgendeiner wissenschaftlichen Lektüre, sondern Produkt des gelebten Lebens.

Die Parallele zwischen Wissenschaft und Literatur soll hier nicht überstrapaziert werden. Nicht nur, weil Storm jegliches begriffliche Denken fremd bleibt, sondern vor allem, weil Kunstwerke nicht in demselben Sinne richtig oder unrichtig sind wie Theorien. Sie können zwar »verlogen« sein, doch muß dies nicht ihrer Relativität und Perspektivität entspringen. Und man weiß, daß das Kunstwerk nicht das *ist*, was es darstellt, wohl aber *das* ist, was es darstellt.[16] Doch auch dieses Darstellen ist keine feste Größe. Denn mit der abgeschlossenen Entstehungsgeschichte der Werke beginnt erst deren offene Wirkungsgeschichte.

Man sieht von der Kunst der Vergangenheit nur soviel, wie von der Gegenwart sichtbar wird. Vielleicht läßt sich so Storms Werk mit seinen Modernitätserfahrungen in altbürgerlicher Beschaulichkeit neu lesen: als verengter Horizont und vertiefter Blick.

Anhang

1. *Husum, Schiffbrücke, mit dem Haus von Storms Urgroßmutter Elsabe Feddersen.*

2. *Das Haus der Familie Woldsen in der Hohlen Gasse*

3. *Das Geburtshaus am Markt*

4. *Die Gelehrtenschule*

5. *Die Mutter, Lucie Storm, geb. Woldsen*

6. *Bertha von Buchan*

7. *Constanze, achtzehn Jahre alt*

8. *Neustadt 56, Storms Wohnung 1845–1853*

9. *Dorothea Storm*

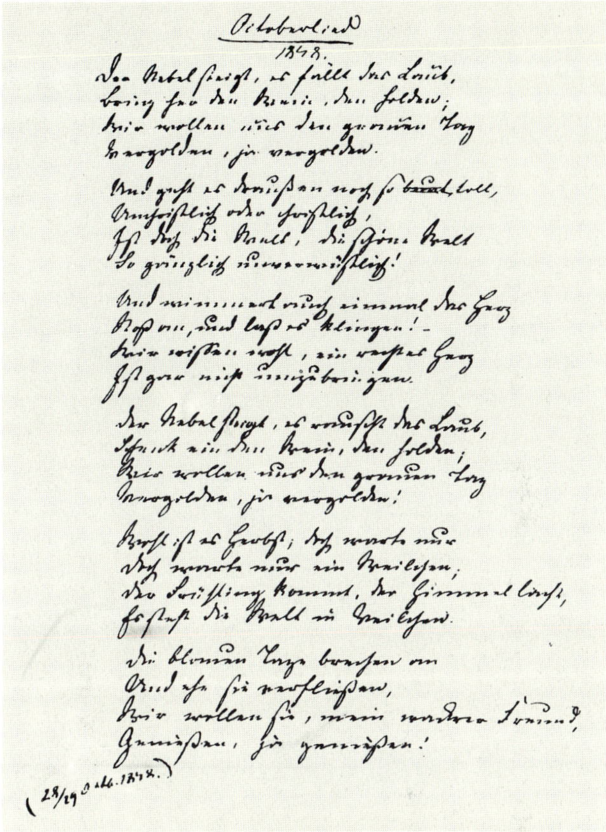

Oktoberlied
1848.

Der Nebel steigt, es fällt das Laub,
Bring her den Wein, den holden;
Wir wollen uns den grauen Tag
Vergolden, ja vergolden.

Und geht es draußen noch so ~~bunt~~ toll,
Unchristlich oder christlich,
Ist doch die Welt, die schöne Welt
So gründlich unverwüstlich!

Und wimmert auch einmal das Herz
Stoß an, und laß es klingen! –
Wir wissen wohl, ein rechtes Herz
Ist gar nicht umzubringen.

Der Nebel steigt, es [illegible] das Laub,
Schenk ein den Wein, den holden;
Wir wollen uns den grauen Tag
Vergolden, ja vergolden!

Wohl ist es Herbst; doch warte nur
Doch warte nur ein Weilchen;
Der Frühling kommt, der Himmel lacht,
Es steht die Welt in Veilchen.

Die blauen Tage brechen an
Und ehe sie verfließen,
Wir wollen sie, mein wackrer Freund,
Genießen, ja genießen!

(28/29 Okt. 1848.)

10. *Oktoberlied 1848*

Die Sense rauscht, die Aehre fällt,
Die Thiere räumen scheu das Feld, –
Der Mensch begehrt die ganze Welt. Th. St.

11. *Herbst. Erstdruck als Kalenderdruck für den August in Biernatzkiis Volksbuch auf das Jahr 1849.*

12. *Constanze Storm im 32. Lebensjahr, Ölgemälde von N. Sunde*

13. *Storm im 40. Lebensjahr, Ölgemälde von N. Sunde*

14. *Süderstr. 12,*
Storms Wohnung 1864–1866

15. *Wasserreihe 31,*
Storms Wohnung 1866–1880

16. *Storm-Haus, Wasserreihe 31, das Wohnzimmer*

17. *Storm und seine Kinder um 1866*

18. *Die »Altersvilla« in Hademarschen*

19. Storm um 1887

Anmerkungen

Zum ersten Kapitel

1 *Theodor Fontane*, Von Zwanzig bis Dreißig. Autobiographisches nebst anderen selbstbiographischen Zeugnissen. Werke Bd. 15. München 1967. S. 210.
2 *Erich Schmidt*, Hans Theodor Woldsen Storm (1893). In: ADB. Berlin 1971. S. 448–456.
3 *Josef Nadler*, Literaturgeschichte der deutschen Stämme und Landschaften. Bd. IV. Der deutsche Staat. Regensburg ³1932. S. 533.
4 *Franz Stuckert*, Theodor Storm. Sein Leben und seine Welt. Mit sieben Abbildungen. Bremen 1955.
5 *Peter Goldammer*, Theodor Storm. Eine Einführung in Leben und Werk. Leipzig ²1974.
6 *Karl Ernst Laage*, Theodor Storm: Studien zu seinem Leben und Werk mit einem Handschriften-Katalog. Berlin 1985. Es sei hier auch an Laages fruchtbare Arbeit als wissenschaftlicher Leiter der »Theodor-Storm-Gesellschaft« erinnert.
7 vgl. dazu *Kenji Takahashi*, Theodor Storm und Japan. In: STSG 17, 1968, S. 55–57. Allerdings scheint heute, so teilte es am 1. 10. 1987 der Präsident der japanischen Stormgesellschaft, Herr *Miyauchi P. Goldammer* mit, Storm weniger gelesen zu werden.
8 Für die Popularbiographie untersucht dies ausführlich *Leo Löwenthal*, Literatur und Gesellschaft. Das Buch in der Massenkultur. Neuwied und Berlin 1964. S. 196–238.
9 Robert Musil, Der Mann ohne Eigenschaften. Hamburg 1952. S. 665.

Zum zweiten Kapitel

1 Solche politisch motivierten Fehleinschätzungen unterlaufen auch heute noch verdienstvollen Fachwissenschaftlern. *Friedrich Sengle* stellt Storm, der die Hohenzollern ablehnt, als »nationalliberalen Bürger« vor! Ders., Storms lyrische Eigenleistung. Abgrenzung von anderen großen Lyrikern des 19. Jahrhunderts. In: STSG 28. 1979. S. 16.
2 vgl. dazu *Roar Skovmand, Vagn Dybdahl, Erik Rasmussen*, Geschichte Dänemarks 1830–1939. Die Auseinandersetzungen um nationale Einheit, demokratische Freiheit und soziale Gleichheit. Übersetzt von *Olaf Klose*. Neumünster 1973. S. 15.
3 *Johannes Jensen*, Nordfriesland in den geistigen und politischen Strömungen des 19. Jahrhunderts (1797–1864). Neumünster 1961. S. 83.

4 vgl. dazu *Helmuth Plessner*, Die verspätete Nation. Über die politische Verfügbarkeit des bürgerlichen Geistes. ('1935). Frankfurt 1974. S. 46.

5 zitiert nach *Franz Stuckert*, Theodor Storm. Sein Leben und seine Welt. Bremen 1955. S. 14.

6 *G. F. Schuhmacher*, Genrebilder aus dem Leben eines siebenzigjährigen Schulmanns. Schleswig 1841. S. 275.

7 *Ingwer Ernst Mommsen*, Die Bevölkerung der Stadt Husum von 1769 bis 1860. Versuch einer historischen Sozialgeschichte. Kiel 1969. S. 174.

8 Dazu ausführlicher in Anlehnung an Karl Marx und Max Weber *Jürgen Kocka*, Stand – Klasse – Organisation. Strukturen sozialer Ungleichheit in Deutschland vom späten 18. bis zum frühen 20. Jahrhundert. In: *Hans Ulrich Wehler* (Hrsg.), Klassen in der europäischen Sozialgeschichte. Göttingen 1979. S. 137–165.

9 *Karl Boll*, Die Weltanschauung Theodor Storms. Berlin 1940. S. 59.

10 Einen Überblick über verschiedene Häuser und andere Stormstätten bietet *Karl Ernst Laage*, Theodor Storm in Husum und Nordfriesland. Ein Führer durch die Stormstätten. Heide 1979.

11 vgl. dazu *Niklas Luhmann*, Liebe als Passion. Zur Codierung von Intimität. Frankfurt 1982. S. 183 ff.

12 *Wilhelm Jensen*, Heimat-Erinnerungen 2: Th. Storm. In: Velhagen und Klasings Monatshefte. 14. 2. 1899/1900. S. 505.

13 *Fritz Böttger*, Theodor Storm in seiner Zeit. Mit 17 Bildtafeln. Berlin 1958. S. 17.

14 *Gertrud Storm*, Theodor Storm. Ein Bild seines Lebens. Jugendzeit. 2. Auflage. Berlin 1912. S. 22.

15 vgl. dazu *Johannes Jensen*, Nordfriesland in den geistigen und politischen Strömungen des 19. Jahrhunderts (1797–1864), (zit. Anm. 3). S. 118.

16 zit. nach G. Storm (zit. Anm. 14). S. 173.

17 *Georg Wilhelm Friedrich Hegel*, Vorlesungen über die Ästhetik. II. Werke Band 14. Frankfurt am Main 1970. S. 220.

18 *Hans Sievert Hansen*, Narzißmus in Storms Märchen. Eine psychoanalytische Interpretation. In: STSG 26. 1977. S. 37–56.

19 *Irmgard Roebling*, Liebe und Variationen. Zu einer biographischen Konstante in Storms Prosawerk. In: *Walter Schönau* (Hrsg.), Literaturpsychologische Studien und Analysen. Amsterdamer Beiträge zur neueren Germanistik. Bd. 17. 1983. S. 99–130.

20 vgl. dazu *I. Roebling*, Liebe und Variationen (zit. Anm. 19).

21 Zum Gesamtkomplex vgl. *Sigmund Freud,* Der Dichter und Phantasieren. In: S. Freud, Gesammelte Werke. Bd. VII. Frankfurt. S. 221.

22 *Joachim Rohweder*, Aus der Jugendzeit Theodor Storms. In der Gelehrtenschule. In: Schleswig-Holsteinische Zeitschrift für Kunst und Literatur Bd. 18. 1906–1907. S. 582.

23 Dieser erste bekannte Brief Storms vom 9. 12. 1832 an *Fritz Gustav Stuhr* ist abgedruckt bei *Karl Ernst Laage*, Theodor Storm 1832 – 15 Jahre

alt. Erstveröffentlichung des frühesten Storm-Briefes. In: STSG 29. 1980. S. 10.

24 *Henriette Nölting* schreibt in ihr Tagebuch: »Es kam auch viel junges Volks zu uns... Emanuell (d. i. *Geibel* G. B.) brachte gelegentlich auch einmal Theodor Storm und *Kruse* mit hinaus.« Zit. nach einer Schreibmaschinenabschrift des nicht mehr vorhandenen Originals. Archiv der Storm-Gesellschaft A 14. S. 14. Das Original der Abschrift befindet sich in der Lübecker Stadtbibliothek.

25 zit. nach *G. Storm*, Th. Storm (zit. Anm. 14). S. 123.

26 vgl. dazu ausführlicher *Dieter Lohmeier*, Das Erlebnisgedicht bei Theodor Storm. In: STSG 30. 1981. S. 15.

27 *Joseph von Eichendorff*, Ahnung und Gegenwart. In: Werke, hrsg. v. *W. Rasch*. München 1971. S. 570.

28 zit. nach *Lothar Wickert*, Theodor Mommsen. Eine Biographie. Band I. Lehrjahre 1817–1844. Frankfurt. S. 204.

29 zit. *L. Wickert*, Th. Mommsen (zit. Anm. 28). S. 205 f.

30 vgl. dazu *Rudolf Schenda*, Volkserzählung und nationale Identität: Deutsche Sagen im Vormärz (1830–1848). In: Fabula. Zeitschrift für Erzählforschung 25. Bd. 3/4. 1984. S. 296–303.

31 vgl. dazu *L. Wickert*, Th. Mommsen (zit. Anm. 28). S. 172.

32 zit. bei *L. Wickert*, Th. Mommsen (zit. Anm 28). S. 207.

33 vgl. zur Neueinschätzung des Gedichtes *F. Sengle*, Storms lyrische Eigenleistung (zit. Anm. 1). S. 12–14.

34 zit. (aus einem Brief) bei *Herbert Kraft*, »Mein Indien liegt in Rüschhaus«. Münster 1987. S. 109 f.

35 Ausführlichere Informationen zur Herkunft und zum weiteren Leben von *Bertha von Buchan* finden sich bei *Elmer Otto Wooley*, Storm und Bertha von Buchan. In: STSG. 2. 1953. S. 51. Hier sind auch Briefe von *B. v. Buchan*, Storm, *Th. Rowohl* und *F. H. Scherff* abgedruckt. Eine Auflistung der vom Bertha-Erlebnis inspirierten Gedichte findet sich bei *Elmer Otto Wooley*, Studies in Theodor Storm. Bloomington 1941. S. 42–46.

36 Brief vom 3. 4. 1841. Abgedruckt bei *E. O. Wooley*, Storm und Bertha von Buchan (zit. Anm. 35). S. 37.

37 Der Brief ist abgedruckt bei *E. O. Wooley*, Storm und Bertha von Buchan (zit. Anm. 35). S. 39.

38 Zur romantischen Liebe vgl. die immer noch anregende Untersuchung von *Ricarda Huch*, Die Romantik. Ausbreitung, Blütezeit und Verfall (1899/1902). Frankfurt. Wien. Zürich. 1966. S. 227–252.

39 Brief an Storm vom 21. 10. 1842. Abgedruckt bei *E. O. Wooley*, Storm und Bertha von Buchan (zit. Anm. 35). S. 44.

40 so *I. Roebling*, Liebe und Variationen (zit. Anm. 19). S. 110. Allerdings überzeugen hier nicht immer die Beispiele. Bertha von Buchan ist ein Kind, als Storm sie kennenlernt. Hingegen sind seine Braut Constanze Esmarch und seine Geliebte Dorothea Jensen junge Frauen!

41 zit. bei *E. O. Wooley*, Storm und Bertha von Buchan (zit. Anm. 35). S. 47.

42 Darauf verweist *Fritz Böttger*, Theodor Storm in seiner Zeit. (zit. Anm. 13). S. 75.

Zum dritten Kapitel

1 Eine ausführliche Aufzählung findet sich bei *Heinrich von Treitschke*, Deutsche Geschichte im Neunzehnten Jahrhundert. Dritter Teil. Leipzig 1927. S. 575.

2 vgl. dazu *Klaus Holzkamp*, Grundlegung der Psychologie. Frankfurt. New York. 1983. S. 336.

3 *Georg Wilhelm Friedrich Hegel*, Vorlesungen über die Ästhetik III. Werke Bd. 15. Frankfurt 1970. S. 158 f.

4 zit. bei *Gertrud Storm*, Theodor Storm. Ein Bild seines Lebens. Jugendzeit. 2. Auflage. Berlin 1912. S. 165.

5 Ausführliche Informationen zum »Singverein« finden sich bei *Hans Jürgen Sievers*, Zur Geschichte von Theodor Storms »Singverein«. Eine Chronik. In: STSG 18. 1969. S. 89–105.

6 *G. Storm*, Theodor Storm. (zit. Anm. 4). S. 171.

7 So beschrieben bei *Ludwig Pietsch*, Theodor Storm. Eine Lebensskizze. In: Westermanns Monatshefte 25. 1869. S. 105.

8 zit. bei *G. Storm*, Theodor Storm (zit. Anm. 4). S. 173.

9 vgl. *Lothar Wickert*, Theodor Mommsen. Eine Biographie. Band 1. Lehrjahre 1817–1844. Frankfurt. S. 203.

10 Ausführlicher dazu *Pierre Macherey*, Zur Theorie der literarischen Produktion. Darmstadt und Neuwied 1974.

11 Daß die Zeit des Victorianismus nicht die Zeit der sexuellen Kälte ist, zeigt *Peter Gay*, Erziehung der Sinne. Sexualität im bürgerlichen Zeitalter. München 1986.

12 Darauf verweist *Eric J. Hobsbawm*, Die Blütezeit des Kapitals. Eine Kulturgeschichte der Jahre 1848–1875. Frankfurt 1980. S. 293.

13 Storm schätzt das Gedicht sehr hoch ein. Im April 1851 schreibt er an *H. Brinkmann* über *Sommergeschichten und Lieder*: »Es sind sogar, wie ich glaube, einzelne in der Form recht vollendete Sachen darin, wie sie wenige aufzuweisen haben; darunter namentlich *Du willst es nicht in Worten sagen*, was an Form und Inhalt, Schönheit des Gedankens und leidenschaftlicher Innigkeit das Beste in dem Buche ist.«

14 vgl. dazu ausführlich *Johannes Jensen*, Nordfriesland in den geistigen und politischen Strömungen des 19. Jahrhunderts (1797–1864). Neumünster. 1961. (= Quellen und Forschungen zur Geschichte Schleswig-Holsteins Band 44). S. 20–48.

15 zit. bei *H. Hansen*, Deutsche Volks- und Sängerfeste in Schleswig-Holstein, besonders das am 1., 2. und 3. Juni 1845 gefeierte deutsche Volksfest in Eckernförde. Altona 1846. S. 65.

346

16 Dazu ausführlich *Johannes Jensen*, Nordfriesland in den geistigen und politischen Strömungen des 19. Jahrhunderts (1797–1864). (zit. Anm. 14). S. 133–214.

17 zu Storms Aktivitäten vgl. *Frithjof Löding*, Theodor Storm und Klaus Groth in ihrem Verhältnis zur schleswig-holsteinischen Frage. Dichtung während einer politischen Krise. Neumünster 1985. (= Quellen und Forschungen zur Geschichte Schleswig-Holsteins Bd. 84). S. 17–98.

18 Sie erscheinen hier mit einem Stern signiert. Storms Verfasserschaft hat mit an Sicherheit grenzender Wahrscheinlichkeit *Hans-Erich Teitge* nachgewiesen. Vgl. Ders., Theodor Storms Briefwechsel mit *Theodor Mommsen*. Weimar 1966. S. 17–20.

19 so bei *Franz Stuckert*, Theodor Storm. Sein Leben und seine Welt. Bremen 1955. S. 56f. Und bei *Fritz Martini*, Theodor Storms Lyrik. Tradition – Produktion – Rezeption. In: STSG 24. 1979. S. 16.

20 *H. E. Teitge*, Theodor Storms Briefwechsel mit Theodor Mommsen (zit. Anm. 18). S. 104f. Storm überarbeitete dieses Gedicht nochmals geringfügig im Mai 1851 und nahm es in dieser Form in »Gedichte« 1852 auf. Zur korrekten Überschrift von fremder Hand vgl. 1. 818.

21 Da diese heute weniger bekannt ist, zur Veranschaulichung die erste Strophe von *Ludwig Seegers* »*Frühling*«:

> Der Lenz, der Lenz bricht aus der Kluft hervor,
> Der Lenz, der Flüchtling vor dem Winterkönig;
> Der Lenz, der Weltbefreier klopft an das Tor,
> Und jubelnd grüßt die Welt ihn, tausendtönig.

Zit. nach *Bruno Kaiser* (Hrsg.), Die Achtundvierziger. Ein Lesebuch für unsere Zeit. Weimar 1952. S. 296.

22 *F. Stuckert*, Th. Storm (zit. Anm. 19). S. 61.

23 *Wilhelm Jensen*, Heimat-Erinnerungen. Velhagen und Klasings Monatshefte. Band 14. 1899/1900. S. 503.

24 Zu dem Komplex Persönlichkeit und Alltagsleben vgl. *Agnes Heller*, Das Alltagsleben. Versuch einer Erklärung der individuellen Reproduktion. Hrsg. und eingeleitet von Hans Joas. Frankfurt 1978. S. 315–319.

25 Wir übernehmen hier eine kulturanthropologische Denkfigur von *Arnold Gehlen*, Vgl. Ders., Urmensch und Spätkultur. Philosophische Ergebnisse und Aussagen. 3., verbesserte Auflage. Mit fünf Abbildungen auf Kunstdrucktafeln. Frankfurt 1975. S. 28–44.

26 zit. nach *Wickert*, Th. Mommsen (zit. Anm. 9). S. 204.

27 zit. ebd. S. 204.

28 *Duncker* veröffentlicht Storm auf Empfehlung *Heyses*. Darüber berichtet *G. Storm*: »»Es ist drollig‹, schreibt *Paul Heyse* einer Tochter Storms, ›daß ich, der soviel Jüngere, ihm den Weg zum Publikum öffnete. Meine Märchen ›Der Jungbrunnen‹ waren in *A. Dunckers* Verlage erschienen. Eines Tages

347

übergab mir *Duncker* ein Heft, betitelt *Sommergeschichten und Lieder*, von einem ganz unbekannten Poeten mit der Bitte, es zu lesen und ihm dann zu sagen, ob ich ihm raten könne, es in den Verlag zu nehmen. Ich gab es ihm zurück mit den Worten, ich könne ihm nur Glück wünschen, die Bekanntschaft dieses unbekannten Dichters gemacht zu haben.‹« Zit. G. Storm, Th. Storm (zit. Anm. 4). S. 198.

29 Die Veröffentlichung der einschlägigen Akten der Kopenhagener Zentralverwaltung findet sich bei *Dieter Lohmeier*, Die Berichte der Husumer Behörden über Storms politische Haltung während der schleswig-holsteinischen Erhebung. In: STSG 34. 1985. S. 39–48.

30 Zur Frage der Erklärungen vgl. *D. Lohmeier*, Die Berichte der Husumer Behörden (zit. Anm. 29). S. 44 ff.

31 Zur Unterscheidung zwischen Stand und Klasse ausführlicher *Max Weber*, Wirtschaft und Gesellschaft. Fünfte, revidierte Auflage. Studienausgabe. Besorgt von Johannes Winckelmann. Tübingen 1972. S. 177–180.

Zum vierten Kapitel

1 vgl. *Ferdinand Tönnies*, Theodor Storm. Zum 14. September 1917. Gedenkblätter. Berlin 1917. S. 61.

2 *Heinrich Heine*, Brief an *Gustav Kolb* v. 13. 2. 1852. In: H. Heine, Werke und Briefe in zehn Bänden. hrsg. v. *H. Kaufmann*. Bd. 9. Berlin/Weimar ³1980. S. 469.

3 *Helmuth Plessner*, Die verspätete Nation (1959). Frankfurt 1974. S. 113.

4 *Fontane* überschätzt Storms ästhetische Wirklichkeitsaneignung, und er unterschätzt dessen nüchternen Realitätssinn – vermutlich, weil er ihn vor allem als Künstlerkollegen kennenlernt –, wenn er schreibt: »Er hatte, wie so viele lyrische Poeten, eine Neigung, alles aufs Idyll zu stellen und sich statt mit der Frage ›Tut man das?‹ oder: ›Ist das convenable?‹ nur mit der Frage zu beschäftigen: ›Entspricht das *Vossens* ›Luise‹ oder dem redlichen *Tamm* oder irgendeiner Szene aus *Mörikes* ›Maler Nolten‹ oder aus *Arnims* ›Kronenwächter‹?. Ja, ich fürchte, daß er noch einen Schritt weiterging und seine Lebensvorbilder in seinen eigenen, vielfach auf Tradition sich stützenden Schöpfungen suchte.« *Theodor Fontane*, Von Zwanzig bis Dreißig. Autobiographisches nebst anderen selbstbiographischen Zeugnissen. Werke Bd. 15. München 1967. S. 208.

5 Der Begriff wird hier eingeführt in Anlehnung an *David Riesman*, Die einsame Masse. Eine Untersuchung der Wandlungen des amerikanischen Charakters. Mit einer Einführung in die deutsche Ausgabe von *Helmut Schelsky*. Hamburg 1958.

6 *F. Tönnies*, Th. Storm (zit. Anm. 1). S. 54.

7 Die Unterscheidung zwischen ausgebildeter psychischer Identität und offener Lebensgeschichtlichkeit übernehmen wir von *Lucien Séve*, Historische

Individualitätsformen und Persönlichkeit. In: Marxistische Studien. Jahrbuch des IMSF 10. 1986. S. 16–41.

8 *Karl August Varnhagen von Ense*, Beobachtungen und Erkenntnisse. Aus den Tagebüchern von 1835 bis 1858. Berlin 1980. S. 258.

9 ebd. S. 266.

10 *Th. Fontane*, Von Zwanzig bis Dreißig (zit. Anm. 4). S. 201 f.

11 zit. nach *Jochen Schulte-Sasse*, Autonomie als Wert. Zur historischen und rezeptionsästhetischen Kritik eines ideologisierten Begriffes. In: *Norbert Mecklenburg* (Hrsg.), Literarische Wertung. Texte zur Entwicklung der Wertungsdiskussion in der Literaturwissenschaft. Tübingen 1977. S. 165. – Zum politischen Engagement *Geibels* schreibt *Jürgen Link*: »In den Bismarckschen Kriegen konnte Geibel den Beweis antreten, daß seine lyrische Maschine modernstes politisches und militärisches semantisches Material nach ihrem Regressionsschema zu verarbeiten vermochte.« Ders., Was heißt: ›Es hat sich nichts geändert?‹. Ein Reproduktionsmodell literarischer Evolution mit Blick auf Geibel. In: *Hans-Ulrich Gumbrecht, Ursula Link-Heer*, Epochenschwellen und Epochenstrukturen im Diskurs der Literatur- und Sprachhistorie. Frankfurt 1985. S. 243.

12 *Gertrud Storm*, Theodor Storm. Ein Bild seines Lebens. Mannesalter. Mit sechs Abbildungen und 1 Faksimile. Berlin 1913. S. 28.

13 So charakterisiert ihn, die Briefe wörtlich nehmend, *Fritz Böttger*. Vgl. Ders., Theodor Storm in seiner Zeit. Mit 17 Bildtafeln. Berlin 1958. S. 168.

14 Darauf verweist *Ingeborg Weber-Kellermann*, Die deutsche Familie. Versuch einer Sozialgeschichte. Frankfurt 1974. S. 225 f.

15 *Karl Ernst Laage*, Theodor Storm. Leben und Werk. Husum 4. Aufl. 1984. S. 35.

Zum fünften Kapitel

1 Die Übermittlung dieses bisher unveröffentlichten und in der Forschung noch nicht berücksichtigten Briefes vom 6. 10. 56 verdanke ich *P. Goldammer*. Der Brief befindet sich in der Biblioteka Jagiellónska, Kraków (Polen).

2 Der Bericht eines anderen Falls an *Constanze* läßt ebenfalls Storms menschliche Anteilnahme und sein »Milieuverständnis« erkennen: »Der letzte Angeklagte unserer Schwurgerichtssitzung war ein gefürchteter und vielbestrafter Dieb, ein noch junger, hübscher, intelligent und energisch aussehender junger Mann. Als er vom Gefangenhaus in die Sitzung geführt werden sollte, warf er dem Inspektor eine Prise Schnupftabak ins Gesicht und wollte entspringen. Es gelang ihm indessen nicht, und er wurde von unseren Gefangenwärtern bei der Gelegenheit ziemlich arg mitgenommen, so daß er mit blutrünstigem Gesicht im Gerichtssaal erschien. Der Mann interessierte mich. Es war etwas in seiner kraftvollen Erscheinung, daß ich immer denken

mußte, den haben die Verhältnisse auf diesen Platz gebracht. Etwas Sonnenschein zur rechten Zeit hätte vielleicht eine sehr edle Menschenpflanze zur Erscheinung gebracht... Meine gute Meinung von ihm hat sich aber jetzt bestätigt, denn ich höre soeben, daß er sich im Gefängnis erhängt hat. – Einer mehr zu den vielen.« (10. 10. 63)

3 Vgl. dazu *Eugen Wohlhaupter*, Dichterjuristen. Hrsg. v. *H. G. Seifert*. Tübingen 1957. S. 96 ff.

4 Zum Verhältnis von Richteramt und Novellistik vgl. auch *Gunter Grimm*, Theodor Storm: Ein Doppelgänger (1886), Soziales Stigma als ›modernes Schicksal‹. In: *H. Denkler* (Hrsg.), Romane und Erzählungen des bürgerlichen Realismus. Neue Interpretationen. Stuttgart 1980. S. 325–346.

5 Auf das bürgerliche Fundament von Storms Formkunst verweist als erster in einem brillanten aber auch (detail-)fehlerhaften Essay *Georg Lukács* in »Bürgerlichkeit und l'art pour l'art: Theodor Storm« (1911). In: Ders., Die Seele und die Formen (1911). Neuwied und Berlin 1971. S. 82–116.

6 zur Arbeitsweise vgl. *Albert Köster*, Prolegomena zu einer Ausgabe der Werke Theodor Storms. Leipzig 1918. S. 16 ff. – A. Köster weist darauf hin, daß die Niederschriften Storms, soweit sie als Druckvorlagen in die Druckereien und Redaktionen gelangten, vernichtet wurden.

7 *Karl Emil Franzos*, Zur Erinnerung an Theodor Storm. In: Deutsche Dichtung 5. 1888/1889. S. 30. – Storm übersendet ihm später noch ein Schlußmanuskript. Der jüngste Fund eines 147 Seiten umfassenden Handschriftenkomplexes, der alle Stadien der Arbeit an dieser Novelle dokumentiert, belegt seine Beobachtungen, vgl. dazu 3. S. 1000 ff.

8 *G. Lukács*, Bürgerlichkeit und l'art pour l'art (zit. Anm. 5). S. 87.

9 Am 5. 12. 1863 schreibt Storm seinen Eltern: »Eine Reisegeschichte von *Constanze* muß ich doch erzählen. Beim Absteigen in Hannover kann sie nicht nach ihrem Wagen finden und bittet zwei Offiziere, sie nach dem Wagen Nummer so und so zu zeigen. Sie sind auch bereit und gehen mit ihr. Im Gehen fragt der eine: ›Zweite Klasse, nicht wahr?‹ – ›Nein, dritte Klasse‹, antwortet Constanze. Da wenden die beiden aristokratischen Herren ihr den Rücken und lassen sie stehen, ohne ein Wort weiter an sie zu verlieren. Das ist der Geist unseres deutschen Militärs.« Vgl. auch den Brief an Detlev von Liliencron vom 12. 7. 77.

10 *Wilhelm Heinrich Riehl*, Die Naturgeschichte des Volkes als Grundlage einer deutschen Socialpolitik. Dritter Band. Die Familie (1854). Sechster unveränderter Abdruck. Stuttgart 1862. S. 222.

11 Zur veränderten bürgerlichen Kleinfamilie im Wilhelminismus vgl. *Ingeborg Weber-Kellermann*, Die deutsche Familie. Versuch einer Sozialgeschichte. Frankfurt 1974. S. 115 f.

12 So erinnert sich der Maler und Freund *Ludwig Pietsch*: »Storm's Gattin war eine der seltenen und erlesenen weiblichen Kreaturen, die, an Leib und Seele in idealem Stil geformt, das Gepräge desselben sich mühelos auch in der Berührung mit der Plage und Sorge des gemeinen Tages, mit der Last der

häuslichen Pflicht und Arbeit rein und unverwischt durchs Leben zu retten wissen, auch wenn keine Glückesgunst ihnen den Kampf mit dessen Forderungen abnimmt oder erleichtert. Noch in ihren späten dreißiger Jahren, als Mutter von sechs Kindern, war in ihrer Erscheinung, der reinen breiten Stirn, den großen grauen Augen, dem feinen Munde, der hohen vollen Gestalt und dem herrlichen Klange ihres Alt in Sprache und Gesang, jener Zauber der scheinbar unverlierbaren Jugend, der freien und wahrhaft adeligen Schönen geblieben, über welche die körperlichen Spuren, was diese in Leid und Mühsal gebracht haben mochten, keine störende Macht üben konnten.« Ders., Theodor Storm. Eine Lebensskizze. In: Westermanns Monatshefte 25. 1869. S. 105.

13 vgl. ebd. S. 104 ff.

14 vgl. dazu *Rudolf Wendorff*, Zeit und Kultur. Geschichte des Zeitbewußtseins in Europa. Opladen 1980. S. 414 ff.

15 *Helmuth Plessner*, Die verspätete Nation. Über die politische Verfügbarkeit des bürgerlichen Geistes. Frankfurt 1974. S. 112 f.

16 vgl. dazu *Roland Barthes*, Die helle Kammer. Bemerkungen zur Photographie. Frankfurt 1986. – Nebenbei bemerkt: Storm verurteilte das neue Medium Fotografie keineswegs mit irgendwelchen kunstideologischen Argumenten. So schreibt er an L. Pietsch: »Die Photographien sind ja auch ganz vortrefflich; so hat man wenigstens im kleinen ein Stückchen echter Kunst im Hause. Ich denke, die Photographie muß noch einmal alle schlechten Bilder aus der Welt drängen.« (15. 9. 63).

17 zit. *Walter Brecht*, Storm und die Geschichte. In: DVJS Jg. 3 (1925). S. 450. Es ist das Verdienst W. Brechts, auf Storm als den Dichter des »gefühlsmäßigen Zeitproblems« hingewiesen zu haben. Allerdings verhindert die Etikettierung, Storms Dichtung sei »Todesproblemdichtung«, eine kulturwissenschaftliche Differenzierung des Zeitproblems.

18 vgl. dazu *Gerhard Jaritz*, Theodor Storms Stellung zum Proletariat. In: Eichsfelder Heimathefte 3, 1969. S. 136–143. Für Jaritz ist *L. Pietsch* gar eine »Schlüsselfigur« in Storms Leben. Ebd. S. 140.

19 Dies berichtet *Ferdinand Tönnies*, Theodor Storm. Zum 14. September 1917. Gedenkblätter. Berlin 1917. S. 70.

20 vgl. dazu *P. Westra*, Theodor Storm en Ludwig Feuerbach. In: De Gids. Tweede Halpjaar 1950. S. 269–287. *Moritz Baßler*, ›Die ins Haus heimgeholte Transzendenz‹. Theodor Storms Liebesauffassung vor dem Hintergrund der Philosophie *Ludwig Feuerbachs*. In: STSG 36. 1987. S. 43–60. Zu *Schopenhauer*, wenn auch auf einen Textvergleich beschränkt, *Gerhard Klamp*, Eine Schopenhauer-Reminiszenz bei Theodor Storm. In: XXXVIII. Schopenhauer-Jahrbuch für das Jahr 1957. S. 159–161.

21 Ausführlicher dazu *Frederick Gregory*, Scientific Materialism in Nineteenth Century. Dordrecht u. Boston 1977.

22 *Louis Büchner*, Kraft und Stoff. Empirisch-naturphilosophische Studien. In allgemein-verständlicher Darstellung. Frankfurt 1855. S. 115.

23 *Friedrich Engels*, Ludwig Feuerbach und der Ausgang der klassischen deutschen Philosophie. In: MEW 21. S. 280.

24 Die Novelle *Im Schloß*, in der zweiten Hälfte des Jahres 1861 entstanden, zeigt, daß Storm schon vor der Popularisierung der Darwinschen Theoreme den Kampf ums Dasein mit einer weltanschaulichen Konnotation gestaltet. Auch der naturforschende Onkel klärt Anna auf: »›Weißt Du‹, fuhr er fort, ›wie der carabus den Maikäfer frißt?‹ – – Und nun begann er mit unerbittlicher Ausführlichkeit die grausame Weise darzulegen, womit dies gefräßige Insekt sich von andern seines Gleichen nährt... ›Und das, mein Kind‹, sprach er weiter, indem er jedes seiner Worte einzeln betonte, ›ist die Regel der Natur. – – Liebe ist nichts als die Angst des sterblichen Menschen vor dem Alleinsein‹« (1. 508). – Zwar erscheint bereits 1860 eine erste deutsche Übersetzung des »Origin of Species« (1859), doch gestaltet sich die Wirkung der Darwinschen Theorie als langwieriger Prozeß. Vgl. dazu *Kurt Bayertz*, Darwinismus und Freiheit der Wissenschaft. Politische Aspekte der Darwinismus-Rezeption in Deutschland 1863–1878. In: Scientia. LXXVII. N. 118. S. 267–281.

25 vgl. *Kurt Bayertz*, Darwinismus als Ideologie. Die Theorie des Darwinismus und ihr Verhältnis zum Sozialdarwinismus. In: Dialektik 5. 1982. S. 105–120.

26 Dies hebt hervor *Heinz-Dieter Kittsteiner*, Naturabsicht und unsichtbare Hand. Zur Kritik des geschichtsphilosophischen Denkens. Frankfurt u. Berlin 1980. S. 43.

27 *Julian Schmidt*, Geschichte der deutschen Literatur im 19. Jahrhundert. Dritter Bd. Leipzig ²1855. S. 118.

28 1. Januar 1871, *Blätter für literarische Unterhaltung*.

29 Hier kann keine Typologie der historischen Ausprägungen des Bürgertums referiert werden. Es sei nur darauf hingewiesen, daß mit dem sozioökonomisch sinnvollen Klassenbegriff »Bourgeoisie« die Lebensformen der »Bürgerlichkeit« im 19. Jahrhundert nicht unmittelbar erfaßt werden können. Deshalb finden wir bei *Marx* die Differenzierung Citoyen-Bourgeois. Später unterscheidet *Werner Sombart* (in »Der Bourgeois« 1913) unter geistesgeschichtlichen Vorzeichen zwischen »Bürgergeist« und »kapitalistischem Geist«. Zum aktuellen Stand, der unsere Unterscheidung zwischen einem sozioökonomischen und einem habituellen Begriffsgebrauch zu bestätigen scheint, vgl. *Jürgen Kocka* (Hrsg.), Bürger und Bürgerlichkeit im 19. Jahrhundert. Göttingen 1987.

30 zit. nach *Karl Friedrich Boll*, Spuk, Ahnungen und Gesichte bei Theodor Storm. In: STSG 9. 1960. S. 13.

1 An Storm 23. 12. 1855. Zit. bei *Gertrud Storm*, Theodor Storm. Ein Bild seines Lebens. Mannesalter. Berlin 1913. S. 48 f.

2 vgl. dazu *Wolfgang Preisendanz*, Gedichtete Perspektiven in Storms Erzählkunst. In STSG 17. 1968. S. 25–37.

3 *Franz Stuckert*, Theodor Storm. Sein Leben und seine Welt. Bremen 1955. S. 270.

4 Ausführlicher zu dieser Novelle und der symptomatischen Darstellungsweise *Dieter Lohmeier*, Erzählprobleme des Poetischen Realismus. Am Beispiel von Storms Novelle »Auf dem Staatshof«. In: STSG 28. 1979. S. 109–122.

5 *Otto Ludwig*, Schriften Bd. 5. 541. Zum Gesamtkomplex vgl. *Helmut Kreuzer*, Zur Theorie des deutschen Realismus zwischen Märzrevolution und Naturalismus. In: *Reinhold Grimm, Jost Hermand* (Hrsg.), Realismustheorie in Literatur, Malerei und Politik. Stuttgart, Berlin, Köln, Mainz 1975. S. 48–67.

6 *Fontane* vermutet sogar, daß *Dickens'* Roman *David Copperfield* Einfluß auf die Konzeption von *Auf der Universität* gehabt habe. Storm verneint dies. Vgl. dessen Brief an *Fontane* vom 20. 6. 62.

7 *Friedrich Theodor Vischer*, Aesthetik oder Wissenschaft des Schönen. Dritter Teil, zweiter Abschnitt, fünftes Heft. Stuttgart 1857. S. 883: Die Novelle. Die moderne Idylle. S. 1317.

8 Zu den Verklärungstendenzen der einzelnen Autoren vgl. *Marie Luise Gansberg*, Der Prosa-Wortschatz des deutschen Realismus. Bonn 1964. Zu Storm S. 146–155 und 293–301.

9 *Georg Lukács*, Ästhetik I. Neuwied und Berlin 1972. S. 47.

10 Hier seien besonders hervorgehoben *Ingrid Schuster*, Theodor Storm. Die zeitkritische Dimension seiner Novellen. Bonn 1971. Und *Günther Ebersold*, Politik und Gesellschaftskritik in den Novellen Theodor Storms. Frankfurt und Bern 1981.

11 *Fritz Martini*, Deutsche Literatur im bürgerlichen Realismus 1848–1898. Vierte, mit einem neuen Vorwort und erweitertem Nachwort versehene Auflage. Stuttgart 1981. S. 630.

12 Storm ist sich dieses Unterschieds bewußt. Er schreibt an *H. Brinkmann*: »Ich lese ›Problematische Naturen‹, ein reizendes Buch; wenn übrigens der Oswald sich schließlich als ein Grenwitzscher Sprößling proclamiert, so predigt es ja schließlich selbst das Mysterium von zweierlei Blut... Mein »Im Schloß« braucht sich übrigens vor den ›Problematischen Naturen‹ nicht zu verstecken. In der Ballszene ist es mir gelungen, auch den kaum in die Erscheinung tretenden, fast ungreifbaren Hauch der Insolenz, wozu das Adelsinstitut den Menschen bringt, zu einer Szene zu gestalten und vor den moralischen und ästhetischen Richterstuhl des Publikums zu stellen. So scharf und tief ist Spielhagen nirgends gegangen« (16. 4. 63).

13 Darauf verweist *F. Martini*, Deutsche Literatur im bürgerlichen Realismus (zit. Anm. 11). S. 642.

14 Wir greifen hier einen Gedanken von *Juri M. Lotman* auf. Vgl. Ders., Die Struktur literarischer Texte. München 1972. S. 313.

Zum siebten Kapitel

1 Zur Datierung des Briefes, der in der Forschung aufgrund eines Fehlers von *Gertrud Storm* auf den 13.3. 1864 festgelegt wurde, wie auch zu dem Gesamtkomplex vgl. *David Lotman*, Theodor Storms Heimkehr im Jahre 1864. In: STSG 33. 1984. S. 19–44.

2 Ausführlicher zum Gesamtkomplex *Frithjof Löding*, Theodor Storm und *Klaus Groth* in ihrem Verhältnis zur schleswig-holsteinischen Frage. Dichtung während einer politischen Krise. Neumünster 1985.

3 Vgl. dazu *Irmgard Roebling*, Prinzip Heimat – eine regressive Utopie? Zur Interpretation von Storms »Regentrude«. In: STSG. 34. 1985. S. 54–65.

4 vgl. dazu *Hans-Sievert Hansen*, Narzißmus in Storms Märchen. Eine psychoanalytische Interpretation. In: STSG 26. 1977. S. 37–56. Und *I. Roebling*, Prinzip Heimat – eine regressive Utopie (zit. Anm. 3).

5 Dies schließt nicht aus, daß die nationale Stimmung preußischen Sonderinteressen widerspricht. So vermutet *Harro Müller*, daß *Bismarck* sich auch auf dieses Gedicht beziehe, wenn dieser schreibt: »Die Frage ist, ob wir eine Großmacht sind oder ein deutscher Bundesstaat, und ob wir, der erstern Eigenschaft entsprechend, monarchisch oder, wie es in der zweiten Eigenschaft allerdings zulässig ist, durch Professoren, Kreisrichter und kleinstädtische Schwätzer zu regieren sind.« *Harro Müller*, Theodor Storms Lyrik. Bonn 1975. S. 142.

6 Darauf verweist *Fritz Martini*, Theodor Storms Lyrik. Tradition – Produktion – Rezeption. In: STSG 23. 1974. S. 18. Zuvor betonte schon *Walther Hermann*: »Er wollte mit seinen Versen wirken, zur Tat aufreizen. In dieser Hinsicht steht das Gedicht ganz einzig da.« Vgl. Ders., Theodor Storms Lyrik. Leipzig 1911. S. 96f.

7 Es sei hier betont, daß die in der Forschung gelegentlich vorgetragene Auffassung, es handele sich bei der »sozialen Frage« um ein sozialpolitisches Anliegen Storms, unzutreffend ist. »Soziale Frage« meint vorrangig den Kampf gegen den Adel, die Feudalpartei, mit der keine Koalition möglich ist. So ist denn auch das dem Brief beiliegende Gedicht zu verstehen:

> »Es gibt eine Sorte im deutschen Volk,
> Die wollen zum Volk nicht gehören;
> Sie sind auch nur die Tropfen Gift,
> Die uns im Blute gären.

Und weil der lebenskräftige Leib
Sie auszuscheiden trachtet,
So hassen sie nach Vermögen ihn
Und hätten ihn gern verachtet.

Und was für Zeichen am Himmel stehn,
Licht oder Wetterwolke;
Sie gehen mit dem Pöbel zwar,
Doch nimmer mit dem Volke« (an die Eltern 8. 2. 64).

8 *Ferdinand Tönnies*, Gedenkblätter. Theodor Storm. Zum 14. September
   1917. Berlin 1917. S. 46.

9 Dieses Erklärungsmoment ist für ihn entscheidend. Er schreibt in dem
   bereits erwähnten Brief am 13. 2. 1864 unmittelbar nach seiner Ankunft in
   Husum an *Constanze*: »Wie komm ich zu all dem Vertrauen! Aber Vaters
   fünfzigjährige tadellose Wirksamkeit steht hinter mir.«

10 Die Widmung befindet sich als gedrucktes Einzelblatt im Storm-Nachlaß in
   der SHLB Kiel. Mit schwarzer Tinte steht Storms Kommentar am oberen
   Rand: »In der ersten Begeisterung beabsichtigte Widmung, die ich jedoch vor
   dem Weiterdruck zurücknahm.« Dieser Hinweis und ein Nachdruck der
   Widmung finden sich bei *David Lotman*, Theodor Storms Heimkehr im
   Jahre 1864 (zit. Anm. 1). S. 33.

11 Wegen der fehlenden amtlichen Autorisation habe Storm, so teilte es
   Storms Sohn *Ernst Robert Pitrou* mit, die Wahl nicht annehmen wollen.
   Robert Pitrou, La vie et l'œuvre de Theodor Storm. Paris 1920. S. 371.
   Anm. 2.

12 Storms prompte Antwort fällt weitaus freundlicher aus (wiederum ein
   Beweis für seine Suche nach Freunden): »Hand auf's Herz, das ist wirklich
   eine große Freude. Sie sind natürlich zu jeder Stunde mit und ohne Anmel-
   dung willkommen« (26. 9. 64).

13 Zit. nach *Karl Ernst Laage*, Theodor Fontane und Theodor Storm. Eine
   Dichterfreundschaft. In: STSG 31. 1982. S. 36 f.

14 Schon zwei Tage nach *Constanzes* Tode schreibt Storm an *L. Pietsch*: »So
   muß ich denn nun weiter leben ohne sie; muß – denn vor mir – wie es in jenem
   Gedichte heißt – liegt Arbeit, Arbeit, Arbeit« (22. 5. 65). Gemeint ist das
   Gedicht *Genrebild* von *Karl Heinrich Preller*, dessen Arbeiten Storm im
   Literaturblatt des Deutschen Kunstblattes rezensiert hatte (vgl. 4. 342 f.).

15 Zu den einzelnen Termini vgl. *Klaus Holzkamp*, Grundlegung der Psychologie. Frankfurt und New York 1983. S. 356 ff.

16 Darauf verweist *Hiltrud Häntzschel*, Das quälende Rätsel des Todes. Zu
   Theodor Storms Gedichtreihe »Tiefe Schatten«. In: *Günter Häntzschel*
   (Hrsg.), Gedichte und Interpretationen Band 4. Vom Biedermeier zum
   Bürgerlichen Realismus. Stuttgart 1983. S. 362.

17 zit. nach *Karl Ernst Laage*, Theodor Storm und Iwan Turgenjew. Heide
   1967. S. 24.

18 vgl. zur Beziehung zwischen beiden Autoren ausführlich und kenntnisreich *Karl Ernst Laage*, Theodor Storm und Iwan Turgenjew. (zit. Anm. 17).

19 Auf Anraten von *L. Pietsch* hat Storm zudem den Roman »Das adlige Neste« und die Novellen »Faust« und »Die drei Begegnungen« gelesen. Ausführlicher dazu *K. E. Laage*, Theodor Storm und Iwan Turgenjew (zit. Anm. 17) und *Chr. Schultze*, Theodor Storm und Turgenev. Materialien über eine deutsch-russische Dichterfreundschaft (1863–1883). In: *Gerhard Ziegengeist* (Hrsg.), I. Turgenjew und Deutschland. Berlin 1965. S. 3–51. Hier ist auch die Korrespondenz der beiden mit erläuterndem Kommentar abgedruckt.

20 So schwankt denn Storms Beurteilung der Haushälterin, die, wie er in Briefen an die Schwiegereltern und *L. Pietsch* versichert, für die Kinder gut sorgt, aber bisweilen mit den Kindern nicht zurechtzukommen scheint. Darauf verweist *Gertrud Storm*, Theodor Storm. Ein Bild seines Lebens. Mannesalter. Mit sechs Abbildungen und einem Faksimile. Berlin 1913. S. 127. In einem unvollständig überlieferten Brief an *Dorothea Jensen* hebt Storm selbst hervor, daß Marei, so nennt er *Mary Pyle*, »mit einer gewißen Gereiztheit« auf die Kinder reagiere (April 66).

21 Erläuterungen dazu und einen Abdruck der Eintragungen des Kirchenbuchs finden sich bei *Karl Ernst Laage*, Storms zweite Trauung am 13. Juni 1866. In: STSG 28. 1979. S. 123–124.

22 Zur Quellenlage und zum Gesamtkomplex vgl. *Gerhardt Ranft*, Theodor Storm und Dorothea geb. Jensen. Ein unveröffentlichter Briefwechsel. In: STSG 28. 1979. S. 34–97.

23 So heißt es in dem Brief vom 14. 5. 66
»O süße Do, die alte Zeit kommt wieder,
Ich bin noch jung, Du bist ein Kind noch fast,
Wie schwül die Luft, wie duftet doch der Flieder,
Wie klopft mein Herz – –«

24 Darauf verweist zu Recht *F. Löding*, Theodor Storm und *Klaus Groth* in ihrem Verhältnis zur schleswig-holsteinischen Frage (zit. Anm. 2). S. 128 f.

25 Dazu detailliert die Einschätzungen der bisherigen Forschung korrigierend *Lothar Müller*, Theodor Storms Gehalt als Landvogt und Amtsrichter in den Jahren 1866 und 1867. Eine Richtigstellung. In: STSG 34. 1985. S. 49–53.

26 vgl. dazu *P. B. Baltes, H. W. Reese* und *L. P. Lipsitt*, Life-span developmental psychology. In: Ann. Rev. Psychol. 31. 1980.

Zum achten Kapitel

1 Zur Periodisierung der Stormschen Lyrik vgl. *Walther Hermann*, Theodor Storms Lyrik. Leipzig 1911.

2 Zu Lebenslage und Lebenssituation vgl. *Hans-Dieter Schmidt*, Grundriß der Persönlichkeitspsychologie. Mit einem Nachwort von Klaus Holzkamp. Frankfurt und New York 1986. S. 49 ff.

3 Zum Gesamtkomplex »Erleben, Erlebnis« vgl. Historisches Wörterbuch der Philosophie. Hrsg. v. *J. Ritter.* Bd. 2. Darmstadt 1972. S. 702 ff. – Zum Stellenwert der Kategorie Erlebnis für die Literaturwissenschaft und die Stormforschung vgl. *Dieter Lohmeier,* Das Erlebnisgedicht bei Theodor Storm. In: STSG 30. 1981. S. 9–26.

4 Insofern ist die Aussage von *Harro Müller,* Storm habe im Gegensatz zu Heine das Ende der Kunstperiode nicht erfaßt, zu relativieren. Vgl. *Harro Müller,* Theodor Storms Lyrik. Bonn 1975. S. 30.

5 Dazu ausführlich *Georg Bollenbeck,* »Mich lockt der Wald mit grünen Zweigen aus dumpfer Stadt und trüber Luft«. Zu Trivialisierungstendenzen des Wanderermotivs in der Lyrik des 19. Jahrhunderts. In: Sprachkunst. Beiträge zur Literaturwissenschaft IX. 1978. S. 241–271.

6 Darauf verweist in Anlehnung an *Johannes R. Becher Gunter Grimm* in seinem Nachwort zu »Theodor Storm. Gedichte.« Stuttgart 1978. S. 139.

7 Auf die stilgeschichtliche Situation verweist *Friedrich Sengle,* Storms lyrische Eigenleistung. Abgrenzung von anderen großen Lyrikern des 19. Jahrhunderts. In: STSG 28. 1979. S. 9–33.

8 Darauf verweist *Fritz Martini,* Theodor Storms Lyrik. Tradition – Produktion – Rezeption. In: STSG 23. 1974. S. 22. – Um die Differenz zwischen Storms raffinierter Einfachheit und der verbreiteten genrehaften Typisierung zu veranschaulichen, werden hier die ersten beiden Strophen des Gedichts *Herbstsonne* des erfolgreichen *Wilhelm Jensen* zitiert:

> Die Sonne liegt heiß noch in schimmernder Pracht
> Auf den Blättern und Zweigen,
> Darunter goldschimmernd herüber es lacht:
> Da sitzen und schweigen
> Meine Liebsten allebeid', auf Rufweite vom Haus
> Und schaun in den Herbst, in den braunen hinaus.

> Meine Frau und mein Kindchen, zusammengeschmiegt
> Die rosigen Wangen:
> Auf den Astern ein letzter Falter sich wiegt,
> An den Aesten hangen
> Vollgelbe Früchte, harrend der pflückenden Hand,
> Und ein Wehen, leis' kühlend, kommt vom
> Stoppelrand.

Zit. bei *Maximilian Bern* (Hrsg.), Deutsche Lyrik seit *Goethe's* Tode. Leipzig (o. J.). S. 281 f.

9 *F. Sengle,* Storms lyrische Eigenleistung (zit. Anm. 7). S. 16.

10 Darauf verweist auch *Ludwig Völker,* Bürgerlicher Realismus. In: *Walter Hinderer* (Hrsg.), Geschichte der deutschen Lyrik vom Mittelalter bis zur Gegenwart. Stuttgart 1983. S. 351.

11 Dem stehen nach *Wolfgang Kayser* Lyriker des bauenden Rhythmus gegenüber, die wie *Klopstock, Hölderlin, Platen* und *Meyer* die Worte nach rhythmisch metrischen Gesetzen fügen und deshalb häufig metrisch fixierte antike Strophenformen bevorzugen. Vgl. Ders., Geschichte des deutschen Verses. Zehn Vorlesungen für Hörer aller Fakultäten. Bern und München ²1971. In der *Vorrede zum Hausbuch aus deutschen Dichtern seit Claudius* betont Storm: »Nicht allein, daß die Forderung, den Gehalt in knappe und zutreffende Worte auszuprägen, hier (d.h. in der Lyrik. G.B) besonders scharf hervortritt, da bei dem geringen Umfange schon *ein* falscher oder pulsloser Ausdruck die Wirkung des Ganzen zerstören kann; diese Worte müssen auch durch rhythmische Bewegung und die Klangfarbe des Verses gleichsam in Musik gesetzt und solcherweise wieder in die Empfindung aufgelöst sein, aus der sie entsprungen sind; in seiner Wirkung soll das lyrische Gedicht dem Leser – man gestatte den Ausdruck – zugleich eine Offenbarung und Erlösung oder mindestens eine Genugtuung gewähren, die er sich selbst nicht hätte geben können, sei es nun, daß es unsre Anschauung und Empfindung in ungeahnter Weise erweitert und in die Tiefe führt, oder, was halb bewußt in Duft und Dämmer in uns lag, in überraschender Klarheit erscheinen läßt« (4. 393 f.).

12 Darauf verweist *Theodor W. Adorno*, Minima Moralia. Reflexionen aus dem beschädigten Leben. Frankfurt 1969. S. 287.

13 Leider übersieht dies *F. Sengle*, wenn er sich, literarische Traditionen unterschätzend, durch seine verengte Perspektive auf den Stilwechsel zwischen Biedermeier und Realismus beschränkt, zu biographischen Spekulationen verleiten läßt. Ohne dies zu belegen, soll für ihn das 1848 entstandene Gedicht »unter dem Einfluß von *Feuerbachs* Philosophie« entstanden sein. Vgl. Ders., Storms lyrische Eigenleistung (zit. Anm. 7). S. 17.

14 *Alfred Biese*, Zur Behandlung Theodor Storms in der Prima. Neuwied 1909. S. 15.

15 Für die Auswertung aller erhältlichen Lesebücher danke ich *Gudrun Brandenbusch*.

Zum neunten Kapitel

1 Hier wird ein Gedanke aus der Persönlichkeitspsychologie aufgegriffen. Vgl. dazu *Hans-Dieter Schmidt*, Grundriß der Persönlichkeitspsychologie. Berlin 1982. S. 54 ff.

2 Darauf verweist *Arsenij Gulyga*, Immanuel Kant. Frankfurt 1985. S. 9.

3 So erinnert sich der Schriftsteller und Verlagsbuchhändler *Hermann Heiberg* über einen Besuch der *Jensens* bei Th. und *Do Storm*: »Sie fanden sich durch Storm mit seiner notwendigen Rücksichtnahme auf seinen Körper und seine auf eine regelmäßige und maßvolle Lebensweise gerichteten Gewohnheiten und durch Frau Storm mit ihrem stark ausgeprägten Ordnungssinn reichlich

enttäuscht«. Ders., Wilhelm Jensen, Theodor Storm und Klaus Groth. In: Der Lotse 1. 1900 / 1901. S. 693. Enttäuscht von den Familienverhältnissen scheint auch eine junge, dichtende Frau zu sein, die Storm in Husum und Hademarschen besucht. Vgl. *Hermione von Preuschen*, Erinnerungen an Th. Storm. In: Deutsche Revue 24. 3. 1899. S. 188–208.

4 *Gertrud Storm*, Theodor Storm. Ein Bild seines Lebens. Mannesalter. Mit sechs Abbildungen und 1 Faksimile. Berlin 1913. S. 161.

5 Storm ist sich übrigens der Unterschiede zwischen beiden Frauen bewußt. So erinnert sich *Ferdinand Tönnies*: »Einmal sprachen wir in Westerland auch über Frauen. ›Man kann mit Frauen von sehr verschiedener Art leben‹, sagte Storm. ›Meine Erfahrung lehrt mich; es konnte nicht zwei verschiedenere Frauen geben, als meine erste und meine zweite Frau. Und doch habe ich mit beiden glücklich gelebt. Beide waren gute Frauen – und das ist die Hauptsache«. *F. Tönnies*, Theodor Storm. Zum 14. September 1917. Gedenkblätter. Berlin 1917. S. 67.

6 Ein Beispiel:
»Nur die Fiedel auf dem Rücken;
Vorwärts über Berg und Strom!
Schon durchschreit' ich deine Hallen,
Hoher kühler Waldesdom« (1. 96).
Zu diesem Komplex vgl. *Georg Bollenbeck*, Ausfahrt und Landschaftserlebnis im Unterhaltungsdienst. Zu Joseph Victor Scheffels »Wanderlied«. In: Günter Häntzschel (Hrsg.), Vom Biedermeier zum Bürgerlichen Realismus. Gedichte und Interpretationen. Band 4. Stuttgart 1983. S. 302–310.

7 Storm weist darauf in der Vorrede zur Buchausgabe des Zyklus in den *Zerstreuten Kapiteln* hin (vgl. 1. 881 ff.).

8 Dazu ausführlicher *Thomas Kuchenbuch*, Perspektive und Symbol im Erzählwerk Theodor Storms. Zur Problematik und Technik der dichterischen Wirklichkeitsspiegelung im poetischen Realismus. Marburg 1969. S. 168 ff.

9 Dies berichtet *F. Tönnies*, Theodor Storm. Zum 14. September 1917. (zit. Anm. 5) S. 63.

10 Dazu ausführlich *Richard Hamann, Jost Hermand*, Gründerzeit. Bd. 1. Epochen deutscher Kultur von 1870 bis zur Gegenwart. Frankfurt 1977. S. 22–47.

11 Zu den nötigen Begriffsdifferenzierungen vgl. *Jürgen Kocka*, Bürgertum und Bürgerlichkeit als Probleme der deutschen Geschichte vom späten 18. zum frühen 20. Jahrhundert. In: Ders. (Hrsg.), Bürger und Bürgerlichkeit im 19. Jahrhundert. Göttingen 1987. S. 21–63.

12 Zur detaillierten Beschreibung der Räumlichkeiten und Zimmer vgl. *Karl Ernst Laage*, Das Storm-Haus in Husum. Ein Führer durch das Museum. Heide 1980. – Deshalb akzeptiert Storm auch einen gründerzeitlich-klotzigen Schreibtisch aus der Werkstatt *Heinrich Sauermann*, ein Geschenk der »Kieler Damen« an den Dichter zu seinem 70. Geburtstag. Daran arbeitete übrigens der Lehrling *Emil Nolde* mit. Er schnitzte die »tiefsinnigen« Eulen.

13 *H. E. Jürgensen*, Ein paar Erinnerungen an Theodor Storm. In: *F. Düsel* (Hrsg.), Theodor Storm. Gedenkbuch zu des Dichters 100. Geburtstag. Braunschweig 1916. S. 65.

14 Dazu *M. Doerry*, Übergangsmenschen. Die Mentalität der Wilhelminer und die Krise des Kaiserreichs. Weinheim/München 1986. Bes. S. 55–176.

15 *Hermione von Preuschen*, Erinnerungen an Theodor Storm. In: Deutsche Revue. 24. 9. 1899. S. 198. Nach dem ersten Treffen mit Storm notiert sich *E. Schmidt* über ihn: »Mittelgroß, etwas gebeugt, 59 Jh., im Anfang etwas ungewandt. Volles graues Haar u. Bart. Schöne glänzende blaue Augen. Sanfte Stimme, langsame Sprache. Scharfe Schlesw ⟨igsche⟩ s (so sanft)... Etw. umständlich u. peinlich. Herzlich, warm... Spricht gern v. seiner ewig jungen Leidenschaft für Do (rothea), wie er sie aufs Knie zieht, vom Treffen nach Trennung (»das wirkt wie ein alter Wein«), Anmut. Mit viel Wehmut von der Gestorbenen. Sagt mir gedruckte u. ungedruckte Gedichte auf sie: »Begrabe nur dein Liebstes« u. eines: wie er über die Haide geht, der Tritt schallt, die Erinnerung übermannt ihn, wie ihm hier s. 1. Frau als Braut oft entgegenkam. Pause, streicht sich mit Hand übers Gesicht, Seufzer, dann neues Gespräch oder neues Lied«. Zit. nach *Karl Ernst Laage* (Hrsg.), Theodor Storm – Erich Schmidt. Briefwechsel. Kritische Ausgabe. Erster Band: 1877–1880. Berlin 1972. S. 15 f.

16 *Heinrich Hart*, Th. Storm, Gedenkblatt zum 14. September 1887. In: Gesammelte Werke Bd. 3. Hrsg. von *Julius Hart*. Berlin 1907. S. 274.

17 Hier zitiert nach *Volquart Pauls* (Hrsg.), Blätter der Freundschaft. Aus dem Briefwechsel zwischen Theodor Storm und *Ludwig Pietsch*. Heide ²1943. S. 14 f.

18 Zeugnis vom 28. 8. 1854. Abgedruckt bei *Otto Fisenne*, Storm als Jurist. In: STSG 8. 1959. S. 18.

19 Zum sechzigsten Geburtstag Storms schreibt er den Jubiläumsartikel, in dem er die Universität Kiel anklagt, dem Autor aus Husum die Ehrendoktorwürde verweigert zu haben. Vgl. *W. Jensen*, Theodor Storm. In: Die Gegenwart 11 (1877), S. 121–123. Zur Rolle *W. Jensens* zwischen *W. Raabe* und Storm vgl. *Eckhardt Meyer-Krentler*, Stopfkuchen – Ein Doppelgänger. *Wilhelm Raabe* erzählt Theodor Storm. In: Jahrbuch der Raabe-Gesellschaft. 1987. 183–186.

20 Darauf verweist auch *Karl Ernst Laage*, Theodor Storm. Leben und Werk. Husum ⁴1986. S. 68.

21 Das berichtet *Alfred Biese*. Vgl. Ders., Erinnerungen an Theodor Storm. In: STSG 30. 1981. S. 80.

22 Zit. bei *G. Storm*, Theodor Storm. Ein Bild seines Lebens (zit. Anm. 4) S. 141.

23 Völlig borniert zeigt sich dies bei *Erich Erichsen*, Theodor Storm und sein ältester Sohn Hans (1848–1896). Ein Beitrag zum Verständnis des Menschen und Dichters. Hamburg 1955.

24 *Gerhard Kaiser*, Aquis submersus – versunkene Kindheit. Ein literatur-

psychologischer Versuch über Theodor Storm. In: Euphorion 73. 1979. S. 424.

25 Dazu jüngst auch unter Berücksichtigung deutscher Quellen *Peter Gay*, Die zarte Leidenschaft. Liebe im bürgerlichen Zeitalter. München 1987.

26 Diese sind ausführlich aufgelistet bei *Hildegard Lorenz*, Varianz und Invarianz. Theodor Storms Erzählungen: Figurenkonstellationen und Handlungsmuster. Bonn 1985. S. 119–127.

27 *Karl Ernst Laage*, Theodor Storm und seine Vaterstadt. Ein Beitrag zum Neuverständnis des Dichters. In: STSG 17. 1968. S. 19. Später auch abgedruckt in Ders., Theodor Storm. Studien zu seinem Leben und Werk mit einem Handschriftenkatalog. Berlin 1985. S. 113–118.

28 So beschreibt ihn *Franziska Gräfin zu Reventlow*, Erinnerungen an Theodor Storm. In: Frankfurter Zeitung. Abendblatt vom 12. 3. 1897. S. 1.

29 Zu Storm als Briefschreiber vgl. *Minna K. Altmann*, Theodor Storm. Das Persönlichkeitsbild in seinen Briefen. Bonn 1980. Zum Quellenstand und den einzelnen Briefeditionen vgl. *Hermann Kunisch*, Der Briefschreiber Th. Storm. Aus Anlaß der Briefausgabe des Erich-Schmidt Verlags. Berlin 1969 ff. In: Literaturwissenschaftliches Jahrbuch 24. 1983. S. 361–391. *Karl Ernst Laage*, Storm – Briefveröffentlichungen. Vom Einzelbrief zur Briefbandreihe. In: STSG 29. 1980. S. 66–71. Ders., Die Problematik von Briefeditionen und die Briefbandreihe der Storm-Gesellschaft. In: STSG 31. 1982. S. 61–63.

30 Für *Fritz Martini* bedeutet dieses Gedicht gar »einen Wendepunkt in der Geschichte der neuern deutschen Lyrik«. Vgl. Ders., Ein Gedicht Theodor Storms, »Geh nicht hinein«. Existenz, Geschichte und Stilkritik. In: STSG 6. 1957, S. 11.

31 Zit. bei *Peter Goldammer* (Hrsg.), Theodor Storm. Sämtliche Werke in vier Bänden. Bd. 2. Berlin/Weimar ⁵1982 S. 758.

32 Wir übernehmen hier eine Denkfigur von *Arnold Gehlen*. Vgl. Ders., Urmensch und Spätkultur. Philosophische Ergebnisse und Aussagen. Frankfurt ³1975. S. 51.

33 Zu dem gefährdeten Zusammenhang zwischen künstlerischer Wirklichkeit und Lebenswelt durch die Industrielle Revolution vgl. *K. Ludwig Pfeiffer*, Kunst und Industrielle Revolution oder die Vertracktheit des Trivialen. In: *H. Pfeiffer*, *H. R. Jauß*, *F. Gaillard* (Hrsg.), Art social und art industriel. Funktionen der Kunst im Zeitalter des Industrialismus. Theorie und Geschichte der Literatur und der Schönen Künste. Neue Folge. München 1986. S. 273–280.

34 Vgl. dazu *Regina Fasold*, Theodor Storm im Urteil der Presse zwischen 1870 und 1890. Zu Motiven und Ursachen literaturkritischer Wertungen. In: WB H. 12. 1985. S. 1996–2007. Mit größerem Quellenmaterial vgl. Dies., Die Rezeption der Dichtung Theodor Storms in Zeitungen, Zeitschriften und buchmonographischen Veröffentlichungen zwischen 1850 und 1890. Diss. Leipzig 1983.

35 Den Orden erhält er auf Anregungen *Heyses* zu Weihnachten 1882 und nicht, wie vielfach in der Forschung behauptet, 1883.

36 *Erich Schmidt*, Th. Storm. In: Deutsche Rundschau. 24. 1880. S. 31–56.

37 Deshalb ist sein Ton in den Briefen an den Herausgeber der *Deutschen Rundschau, Julius Rodenberg*, in dem er weder einen Verleger noch einen Kollegen, sondern eher einen Literaturagenten sieht, ungewöhnlich kühl-geschäftlich. Darauf verweist: *Peter Goldammer*, Theodor Storm und Julius Rodenberg. In: STSG 22. 1973. S. 32–54.

38 Zu dieser Unterscheidung vgl. *Manfred Naumann, Dieter Schlenstedt, Karlheinz Barck, Dieter Kliche, Rosemarie Lenzer*, Gesellschaft, Literatur, Lesen. Literaturrezeption in theoretischer Sicht. Berlin und Weimar 1975. S. 208 ff.

Zum zehnten Kapitel

1 Zit. nach *Gertrud Storm*, Theodor Storm. Ein Bild seines Lebens. Mannesalter. Mit sechs Abbildungen und 1 Faksimile. Berlin 1913. S. 169 f.

2 Darauf verweist *Wolfgang Preisendanz*, Gedichtete Perspektiven in Storms Erzählkunst. In: STSG 17. 1968. S. 33.

3 Die Novelle entstand durch die Aufforderung zur Mitarbeit an der Zeitschrift *Deutsche Jugend*. Storm kommt dem nach, ohne mit seiner Vorstellung von Kunstautonomie zu brechen. So heißt es in einem Brief an den Schriftsteller *Georg Scherer*: »Übrigens, Jugendschriftstellerei anlagend, bin ich – wo es sich um *poetische* Arbeiten handelt – der Ansicht, daß man *nie* für die Jugend *schreiben* darf; denn da der Stoff, der die Gesetze seiner Handlung in sich trägt, sein Recht haben muß, so kann ich ihn nicht anders behandeln, wenn ich mir den großen Paul, als wenn ich mir den kleinen Peter als Leser denke; d. h. wenn ich mich nicht zum handwerksmäßigen Fabrikanten erniedrigen will« (8. 2. 74).

4 *Theodor Fontane*, Aufzeichnungen zur Literatur, Ungedrucktes und Unbekanntes. Hrsg. v. *H. H. Reuter*. Berlin u. Weimar 1969. S. 78.

5 So *Franz Stuckert* in einer Publikation, die im renommierten Franz Niemeyer Verlag erschien – nicht nur 1940, sondern auch 1966! Vgl. Ders., Theodor Storm. Der Dichter in seinem Werk. Tübingen 1966. S. 122.

6 Dies hebt *Georg Lukács* hervor. Vgl. Ders., Skizze einer Geschichte der neueren deutschen Literatur. Neuwied und Berlin 1963. S. 115.

7 Zit. nach *G. Storm*, Th. Storm (zit. Anm. 1). S. 175 f.

8 *Arthur Schopenhauer*, Die Welt als Wille und Vorstellung. Bd. 2. Sämtliche Werke Bd. 3. Leipzig 1938. S. 500.

9 Darauf verweist *Fritz Martini*, Die deutsche Novelle im »Bürgerlichen Realismus«. Überlegungen zur geschichtlichen Bestimmung des Formtypus (1960). In: *Josef Kunz* (Hrsg.), Novelle. Darmstadt 1973. S. 385.

10 Darauf verweist *Fritz Böttger*, Theodor Storm in seiner Zeit. Mit 17 Bildtafeln. Berlin 1958. S. 287.

11 *Fritz Martini*, Deutsche Literatur im bürgerlichen Realismus 1848–1898. Vierte, mit neuem Vorwort und erweitertem Nachwort versehene Auflage. Stuttgart 1981. S. 658.

12 Zit. nach *Christian Jenssen*, Theodor Storm im Blickfeld der Literatur des 20. Jahrhundert. In: STSG 7. 1958. S. 13.

13 *Wilhelm Jensen*, Heimaterinnerungen. II. Theodor Storm. In: Velhagen und Klasings Monatshefte. Bd. 14. 1899–1900. S. 502.

14 Diese Lesart wendet sich gegen eine überstrapazierte Psychoanalyse, die lebensgeschichtliche Motivschichten so herausstellt, daß die historisch-aktuelle Dimension der Novellen unerkannt bleibt. Wenn in Storms Werk, wie *Gerhard Kaiser* behauptet, Geschichte »als psychische, nicht eigentlich historische Dimension« erscheine, dann ist diese Vereinfachung Konsequenz seiner aparten These, in Storms Werk seien die Väter »finster-bedrohlich« oder kindlich geraten (dies ist nebenbei bemerkt unzutreffend), »weil er die Kultivierungsinstanz Vater am eindringlichsten aus der Perspektive einer prägenden Mutterbindung erfahren« habe. Vgl. Ders., Aquis submersus – versunkene Kindheit. Ein literaturpsychologischer Versuch über Theodor Storm. In: Euphorion Bd. 73, 1979, S. 416 und 425.

15 Zit. bei *G. Storm*, Theodor Storm (zit. Anm. 1) S. 176.

16 *W. Preisendanz*, Gedichtete Perspektiven (zit. Anm. 2) S. 37 Anm. 4.

17 *Karl Rosenkranz*, Ästhetik des Häßlichen. (1853). Faksimile-Nachdruck. Stuttgart-Bad Cannstatt 1968. S. 3 und 52.

18 Zit. bei *Peter Goldammer* (Hrsg.), Theodor Storm. Sämtliche Werke in vier Bänden. Bd. 2. Berlin/Weimar [5]1982. S. 779.

19 Nach *Gunter Grimm* äußert sich in dem Rahmen nicht die abgeschwächte sozialkritische Tendenz, vielmehr ermöglicht er die »Zusammenschau beider Erinnerungsbilder«. Vgl. Ders., *Ein Doppelgänger*. In: *Horst Denkler* (Hrsg.), Romane und Erzählungen des bürgerlichen Realismus. Neue Interpretationen. Stuttgart 1980. S. 336.

20 Ausführliche Informationen dazu bei *Reimer Kay Holander*, Theodor Storm, Der Schimmelreiter. Kommentar und Dokumentation. Frankfurt/Berlin 1976 und *Karl Ernst Laage*, Der »Schimmelreiter« im »Danziger Dampfboot«. In: STSG. 20. 1971. S. 72–75.

21 Der ursprüngliche Schluß sah einen geschlossenen dritten Rahmen vor. Vgl. dazu *Karl Ernst Laage*, Der ursprüngliche Schluß des Stormschen »Schimmelreiter«. In: Euphorion 73. 1979, S. 451–457.

22 Bereits *Albert Köster* vergleicht die Stormschen Chroniknovellen mit der historischen Dichtung der siebziger Jahre. Vgl. dessen Einleitung zu Storms »Sämtlichen Werken«, Leipzig 1921. Ausführlich und differenziert *Jost Hermand*, Hauke Haien. Kritik oder Ideal des gründerzeitlichen Übermenschen. In: Wirkendes Wort 15. 1965. S. 40–50.

23 Zu Storms Wortschatz, der 22 421 Worte umfassen soll, und mit dem er alle Schriftsteller überträfe *August Procksch*, Der Wortschatz Theodor Storms. In: GRM 6. 1914. S. 532–562.

1 *Gerhard Schweizer*, Bauernromane und Faschismus. Zur Ideologiekritik einer literarischen Gattung. Tübingen 1976. S. 13.

2 Vgl. dazu *Peter Goldammer*, Theodor Storm und die deutsche Literaturgeschichtsschreibung. In: Aufbau 12. 1956. S. 963–972. – Für die Auswertung aller erhältlichen Lesebücher und Literaturgeschichten danke ich *Gudrun Brandenbusch*.

3 Zit. bei *Peter Mettenleiter*, Destruktion der Heimatdichtung. Typologische Untersuchungen zu Gotthelf – Auerbach – Ganghofer. Tübingen 1974. S. 357.

4 *Johannes Wedde*, Theodor Storm. Einige Züge zu seinem Bilde. Hamburg 1888. S. 30.

5 *Franz Mehring*, Friedrich Spielhagen (1909). In: Ders., Aufsätze zur deutschen Literatur von Hebbel bis Schweichel. Gesammelte Schriften Bd. 11. Berlin 1961. S. 103.

6 Zit. bei *Lutz Winckler*, Autor – Markt – Publikum. Zur Geschichte der Literaturproduktion in Deutschland. Berlin 1986. S. 64.

7 *Friedrich Düsel* (Hrsg.), Theodor Storm. Gedenkbuch zu des Dichters 100. Geburtstage. 14. September 1917. Braunschweig 1916. S. 7f.

8 17. 7. 34. Zit. bei *Dietrich Strothmann*, Nationalsozialistische Literaturpolitik. Bonn ⁴1985. S. 80.

9 Völkischer Beobachter 7. 6. 1933. Zit. bei *D. Strothmann*, Nationalsozialistische Literaturpolitik (zit. Anm. 8) S. 407.

10 *Eduard Fuchs*, Theodor Storm als nordischer Dichter. In: Nationalsozialistische Erziehung. Kampf- und Mitteilungsblatt des NS-Lehrerbundes Gau Berlin. 6. 1937. S. 485–486.

11 *Wolfgang Kayser*, Bürgerlichkeit und Stammestum in Theodor Storms Novellendichtung. Berlin 1938. S. 68.

12 *Peter Goldammer* Brief an G. B. 23. 1. 88.

13 Dazu ausführlich *Karl Ernst Laage*, Das Erinnerungsmotiv in Theodor Storms Novellistik. In: STSG 7. 1958. S. 17–39. Abgedruckt auch in Ders., Th. Storm: Studien zu seinem Leben und Werk mit einem Handschriften-Katalog. Berlin 1985. S. 1–19.

14 *Ferdinand Tönnies*, Gemeinschaft und Gesellschaft (1887). Darmstadt 1972. S. 40.

15 Vgl. *Rolf Bartoleit*, das Verhältnis von *Ferdinand Tönnies'* »Gemeinschaft und Gesellschaft« zu *Theodor Storms* Erzählwerk: über die Fragwürdigkeit einer naheliegenden Interpretation. In: STSG 36. 1987. S. 69–82. *Bartoleit* wendet sich hier gegen *Segebergs* Behauptung, Storm betrachte »Gesellschaft« aus der Perspektive von »Gemeinschaft«, indem er das Gegenteil behauptet. Vgl. auch *Harro Segeberg*, Ferdinand Tönnies' Gemeinschaft und Gesellschaft und Theodor Storms Erzählwerk. In: *Rolf Fechner* (Hrsg.), Der Dichter und der Soziologe. Zum Verhältnis zwischen Th. Storm und F. Tön-

nies. Referate der Arbeitstagung im Nov. 1984 in Husum. Hamburg 1984, S. 23–55.

16 *Juri M. Lotman*, Die Kunst als modellbildendes System (Thesen). In: Ders., Kunst als Sprache. Leipzig 1981. S. 68.

Zeittafel

1817 14. September: Hans Theodor Woldsen Storm in Husum, Markt 9, geboren. Vater: Advokat Johann Casimir Storm (1790–1874), Mutter: Lucie Storm, geb. Woldsen (1797–1879).

1818 Umzug ins Haus Neustadt 56.

1821 Die Familie bezieht das großelterliche Haus, Hohle Gasse 3. Herbst: Eintritt in die Klippschule der Madame Amberg.

1826 Herbst: Eintritt in die Quarta der Husumer Gelehrtenschule.

1835 Herbst: Abgang von der Gelehrtenschule und Besuch des Katharineums in Lübeck. Bekanntschaft mit Emanuel Geibel. Freundschaft mit Ferdinand Röse Lernt Goethes Faust, die Lyrik Heines und Eichendorffs kennen.

1837 April: Immatrikulation an der juristischen Fakultät der Landesuniversität Kiel. Gedichte für Bertha von Buchan.

1838 Ostern: Studium an der Berliner Universität. Herbst: vierwöchige »Bildungsreise« nach Dresden.

1839 Herbst: Rückkehr an die Universität Kiel. Freundschaft mit Theodor und Tycho Mommsen. Bekanntschaft mit Mörikes Gedichten.

1840 Veröffentlichung erster Gedichte. Beginn des Sammelns von Sagen, Spukgeschichten, Märchen und Liedern.

1842 Oktober: Bertha von Buchan weist Storms Heiratsantrag zurück. Storm besteht nach elf Semestern sein juristisches Abschlußexamen. Erste Berufserfahrungen in der Praxis seines Vaters.

1843 Februar: Eröffnung einer eigenen Anwaltspraxis, Husum, Großstr. 11. Frühjahr: Gründung eines »Singvereins«. Im November erscheint das Liederbuch dreier Freunde mit 40 Stormgedichten.

1844 Januar: Verlobung mit seiner Cousine Constanze Esmarch (1825–1865) aus Segeberg, Tochter des Bürgermeisters Ernst Esmarch. Juni: Teilnahme am Nordfriesenfest in Bredtstedt. Freundschaft mit Hartmuth Brinkmann.

1846 15. September: Eheschließung mit Constanze Esmarch in Segeberg. Das junge Paar wohnt in der Neustadt 56.

1847 Liebesverhältnis mit Dorothea Jensen (1828–1903), Tochter des Senators Peter Jensen. Gedichtzyklus mit Rote Rosen und Mysterium. Erste Prosaskizze Marthe und ihre Uhr.

1848 Frühjahr: Dorothea verläßt Husum. Storm nimmt an der Schleswig-Holsteinischen Freiheitsbewegung teil. Sekretär des »Patriotischen Hülfsvereins«, Mitarbeit an der Schleswig-Holsteinischen Zeitung. Die Gedichte Ostern und Oktoberlied. Skizze Im Saal. Geburt des ersten Sohnes Hans.

1849 Immensee (erste Fassung), Der kleine Häwelmann. Unterschreibt eine Petition und eine Protestadresse gegen die Danisierungspolitik.

1850 Briefkontakt mit *Mörike*. Politische Gedichte *Im Herbst, Gräber an der Küste*.

1851 Geburt des zweiten Sohnes Ernst. Erste Buchausgabe *Sommergeschichten und Lieder* bei Duncker in Berlin. *Stein und Rose* (später *Hinzelmeier*).

1852 Storms Bestallung als Rechtsanwalt vom dänischen König aufgehoben. Erfolglose Bewerbungen anderswo. Dezember: Reise nach Berlin, um eine Anstellung im preußischen Justizdienst zu erhalten. Bekanntschaft mit den Mitgliedern des »Tunnels über der Spree«. Zusammentreffen mit Fontane und den Mitgliedern des von Franz Kugler gegründeten literarischen Klubs »Rütli« (Adolph Menzel, Friedrich Eggers, Paul Heyse u. a.). Erste selbständige Ausgabe seiner *Gedichte* bei Schwers in Kiel.

1853 Beginn des Briefwechsels mit Fontane. Geburt des Sohnes Karl. 18. Oktober: Ernennung zum unbesoldeten preußischen Gerichtsassessor. Beginn des Briefwechsels mit Heyse. Dezember: Übersiedlung von Husum nach Potsdam.

1854 Februar: Treffen mit Eichendorff im Hause Kuglers. *Ein grünes Blatt* und *Im Sonnenschein*. Beginn der Rezensionen (mindestens sechs) verschiedener Gedichtsammlungen in der Literaturbeilage des von Eggers herausgegebenen *Deutschen Kunstblattes*.

1855 Geburt der Tochter Lisbeth. August: Besuch bei Mörike in Stuttgart. *Angelika*.

1856 Zweite Auflage der *Gedichte* bei Schindler Berlin. Begegnung mit Ludwig Pietsch wegen der Illustrierung von *Immensee*. Juli: Ernennung zum Kreisrichter in Heiligenstadt. September: Umzug von Potsdam nach Heiligenstadt.

1857 Beginn der Freundschaft mit dem Landrat Alexander von Wussow. *Wenn die Äpfel reif sind*.

1858 *Auf dem Staatshof*. Zu Weihnachten erhält er vom Vater ein Tafelklavier.

1859 Gründung eines Gesangvereins in Heiligenstadt. Anthologie *Deutsche Liebeslieder seit Joh. Chr. Günther*.

1860 Geburt der Tochter Lucie. *Späte Rosen*.

1861 *Drüben am Markt* und *Veronika*.

1862 *Auf der Universität, Im Schloß* und *Unter dem Tannenbaum*. *Am Kamin*.

1863 Geburt der Tochter Elsabe. *Abseits*.

1864 Februar: Storms Wahl zum Landvogt. 13. Februar: Heimfahrt nach Husum. Die Familie bezieht ein Haus in der Süderstraße 12. *Bulemanns Haus*.

1865 4. Mai: Geburt der Tochter Gertrud. 20. Mai: Constanze stirbt am Kindbettfieber. Zyklus *Tiefe Schatten*. Beginn einer Lebenskrise. September: Aufenthalt in Baden-Baden als Gast des russischen Dichters Iwan Turgenjew. *Von Jenseits des Meeres*. *Der Spiegel des Cyprianus*.

1866 13. Juni: Eheschließung mit Dorothea Jensen (1828–1903). Umzug ins Haus Husum, Wasserreihe 31. Nähere Bekanntschaft mit Klaus Groth. Beide Herzogtümer werden preußisch.

1867 Das Amt des Landvogts wird aufgehoben. *In St. Jürgen* und *Eine Malerarbeit*.

1868 Storm wird Amtsrichter. Geburt der Tochter Friederike. Sieht sich als »pensionierten Dichter«. Erste Ausgabe der *Sämtlichen Schriften* bei Westermann, Braunschweig.

1870 Deutsch-Französischer Krieg. Storm sieht in Frankreich den Angreifer, spricht sich aber gegen den Krieg aus, lehnt es ab, »Schutz- und Trutzlieder« zu schreiben. Anthologie *Hausbuch aus deutschen Dichtern seit Claudius*.

1871 *Zerstreute Kapitel* (mit *Amtschirurgus-Heimkehr. Zwei Kuchenesser der alten Zeit. Eine Halligfahrt*). Beginn des Briefwechsels mit Emil Kuh.

1872 *Draußen im Heidedorf*. August: Reise nach Salzburg.

1873 Weitere *Zerstreute Kapitel*, mit *Lena Wies* und *Von heut und ehedem*.

1874 14. September: Tod des Vaters. *Viola Tricolor, Beim Vetter Christian, Pole Poppenspäler, Waldwinkel*.

1875 *Ein stiller Musikant, Psyche, Im Nachbarhause links*. Gedicht *Über die Heide*. Wachsende Anerkennung als Novellist.

1876 August: Reise nach Würzburg zu seinem alkoholgefährdeten Sohn Hans. *Aquis submersus*.

1877 Februar: zweite Reise nach Würzburg, um Hans durchs Medizin-Examen zu bringen. Bekanntschaft mit Erich Schmidt. März: Beginn des Briefwechsels mit G. Keller.

1878 *Carsten Curator* und *Renate*.

1879 28. Juli: Tod der Mutter. *Zur ›Wald- und Wasserfreude‹, Im Brauerhause, Eekenhof*. Gedicht *Geh nicht hinein*. Ernennung zum Amtsgerichtsrat.

1880 1. Mai: vorzeitige Pensionierung. Verkauf des Hauses Wasserreihe 31 und des Elternhauses. Übersiedlung nach Hademarschen. Überwacht den Bau seiner »Altersvilla«. *Die Söhne des Senators*. Besuch von Wilhelm Jensen und Wilhelm Petersen.

1881 30. April: Einzug in die »Altersvilla«. *Der Herr Etatsrat*. Besuch von Heyse.

1882 *Hans und Heinz Kirch*. Sylvester: Besuch von E. Schmidt. Erhält zu Weihnachten den »Maximilianorden für Kunst und Wissenschaft.«

1883 *Schweigen*.

1884 Mai: Reise nach Berlin. Zusammentreffen mit Fontane, Th. Mommsen, A. v. Wussow und L. Pietsch. Festbankett zu seinen Ehren. *Zur Chronik von Grieshuus, Es waren zwei Königskinder*.

1885 *John Riew* und *Ein Fest auf Haderslevhuus*. Die siebte und letzte Auflage der *Gedichte* zu Lebzeiten erscheint.

1886 Mai: Reise nach Weimar. Besuch bei E. Schmidt. Audienz beim Großherzog. *Bötjer Basch*. Oktober: ernsthafte Erkrankung an einer Rippenfell- und Nierenentzündung. 3. Dezember: Tod des Sorgensohnes Hans.

1887 August: Aufenthalt auf Sylt zusammen mit Ferdinand Tönnies. Feiern zum 70. Geburtstag. Ehrenbürger der Stadt Husum. Magenkrebs. *Ein Doppelgänger, Ein Bekenntnis.* Fragment *Sylter Novelle.*
1888 Novelle *Der Schimmelreiter.* Am 4. Juli stirbt er.

Danksagung und Bildnachweis

Der Verfasser ist vielen für ihre Unterstützung zu Dank verpflichtet: den Mitarbeitern verschiedener Bibliotheken, Freunden und Kollegen. Peter Goldammer, Jürgen Kühnel, Karl Ernst Laage, Karl Ludwig Pfeiffer und Hans Schäder gaben wichtige Hinweise. Heinz Thoma verfolgte mit großer Anteilnahme das Entstehen der Arbeit und zwang ihren Verfasser durch anregende Kritik zu Positionsüberprüfungen.

Wir danken der Theodor-Storm-Gesellschaft, Husum, für die Beschaffung der Bildvorlagen.

Bibliographie

Die folgenden Literaturhinweise sind als Auswahl konzipiert. Storms Werke sind nach der bisher vollständigsten Storm-Edition, der Centenar-Ausgabe von K. E. Laage und D. Lohmeier, zitiert. Auf einen näheren Nachweis der datierten Briefzitate wurde, sofern sie in den Briefausgaben vorliegen, verzichtet.

I. *Bibliographien und Forschungsberichte.*

Wooley, Elmer Otto: Bibliography. In: Studies in Theodor Storm, Bloomington 1943. S. 106–141.

Bernd, Clifford Albrecht: The Recent Criticism of Theodor Storm. In: Ders., Theodor Storm's Craft of Fiction, The torment of a narrator. Chaple Hill 1963. S. 119–131.

Teitge, Hans-Erich: Theodor Storm. Bibliographie. Berlin 1967.

Vincon, Hartmut: Theodor Storm. Stuttgart 1978.

Martini, Fritz: Deutsche Literatur in der Zeit des »bürgerlichen Realismus«. Ein Literaturbericht. In: Deutsche Vierteljahresschrift für Literaturwissenschaft und Geistesgeschichte, Jg. 34 (1960), S. 636–640.

Eine fortlaufende Bibliographie enthalten die *Schriften der Theodor-Storm-Gesellschaft* (1952ff., abgk. STSG).

II. *Ausgaben*

Theodor Storm, Sämtliche Schriften, Band 1–6. Braunschweig 1868; Band 7–10. Braunschweig 1877; Band 11–14, Braunschweig 1882, Band 15–19, Braunschweig 1889.

Theodor Storm, Sämtliche Werke, 8 Bände. Braunschweig 1898 (10. Auflage 1904).

Theodor Storm. Sämtliche Werke, Band 9. Spukgeschichten und andere Nachträge. Mit Erlaubnis der Erben des Dichters hrsg. von *Fritz Böhme*. Braunschweig und Berlin 1913.

Theodor Storm, Werke. Hrsg. von *Theodor Hertel*, 6 Bände. Leipzig und Wien o. J. [1919/1920].

Theodor Storms sämtliche Werke. Hrsg. von *Albert Köster*, 8 Bände. Leipzig 1919/1920.

Theodor Storm, Werke in neun Bänden. Nach der von *Theodor Hertel* besorgten Ausgabe neu bearbeitet und ergänzt von *Fritz Böhme*. Leipzig o. J. [1936].

Theodor Storm, Ausgewählte Werke. Kritisch durchgesehene Ausgabe in vier Bänden mit Anmerkungen und biographischem Nachwort besorgt von *Karl Hoppe*. Braunschweig 1948.

Theodor Storm, Sämtliche Werke in vier Bänden. Hrsg. von *Peter Goldammer*. Berlin und Weimar [5]1982.

Theodor Storm, Sämtliche Werke in vier Bänden. Hrsg. von *Karl Ernst Laage* und *Dieter Lohmeier*. Frankfurt 1987/1988.

III. *Briefe*

Weitere Briefe sind in verschiedenen Zeitschriften und Zeitungen veröffentlicht. Die meisten der hier verzeichneten älteren Briefausgaben sind lückenhaft und unzulänglich ediert.

Aldenhoven, Carl: Unbekannte Briefe von Th. Storm. Hrsg. von *Ernst Feder*. In: Maß und Wert 2. 1938/39.

Buchan, Bertha: Storm und B. v. Buchan. *Elmer. Otto Wooley*. In: STSG 2. 1953.

Christen, Ada: Storm als Erzieher. Seine Briefe an Ada Christen. Hrsg. von *Oskar Katann*. Wien 1948.

Brinkmann, Hartmuth und Laura: Theodor Storm – Hartmuth und Laura Brinkmann. Briefwechsel. Kritische Ausgabe. In Verbindung mit der Theodor-Storm-Gesellschaft hrsg. v. *August Stahl*. Berlin 1986.

Eggers, Friedrich: Theodor Storms Briefe an Friedrich Eggers. Hrsg. von *H. Wolfgang Seidel*. Berlin 1911.

Esmarch, Constanze: Theodor Storm, Briefe an seine Braut. Hrsg. von *Gertrud Storm*. Braunschweig 1915.

Esmarch, Ernst: Theodor Storm – Ernst Esmarch. Briefwechsel. Kritische Ausgabe. In Verbindung mit der Theodor-Storm-Gesellschaft hrsg. v. *Arthur Tilo Alt*. Berlin 1979.

Fontane, Theodor: Theodor Storm – Theodor Fontane. Kritische Ausgabe. In Verbindung mit der Theodor-Storm-Gesellschaft hrsg. v. *Jacob Steiner*. Berlin 1981.

Franzos, Karl Emil: Ein unbekannter Briefwechsel. In: STSG 18. 1969.

Groth, Klaus: Theodor Storms Briefe an Klaus Groth. Hrsg. von *Christian Jenssen*. In: STSG 4. 1955.

Heyse, Paul: Theodor Storm – Paul Heyse. Briefwechsel. Kritische Ausgabe. In Verbindung mit der Theodor-Storm-Gesellschaft hrsg. von *Clifford Albrecht Bernd*. 3 Bände. Berlin 1969–1973.

Jensen, Dorothea: Der Briefwechsel zwischen Th. Storm und D. Jensen. Hrsg. v. *Gerhardt Ranft*. In: STSG 28. 1979.

Keller, Gottfried: Der Briefwechsel zwischen Theodor Storm und Gottfried Keller. Hrsg. von *Peter Goldammer*. Berlin und Weimar [2]1967.

Kuh, Emil: Briefwechsel zwischen Theodor Storm und Emil Kuh. Hrsg. von *Paul R. Kuh*. In: Westermanns Monatshefte 67. 1889/90.

Liliencron, Detlev von: Theodor Storm, Briefe an Georg Scherer und Detlev von Liliencron. Hrsg. von *Franz Stuckert*. In: STSG 3. 1954.

Mommsen, Theodor: Theodor Storms Briefwechsel mit Theodor Mommsen. Hrsg. von *Hans-Erich Teitge*. Weimar 1966.

Mörike, Eduard und Margarete: Theodor Storm – Eduard Mörike, Theodor Storm – Margarethe Mörike. Briefwechsel. Mit Storms »Meine Erinnerungen an Eduard Mörike«. In Verbindung mit der Theodor-Storm-Gesellschaft hrsg. v. *Hildburg* und *Werner Kohlschmidt*. Berlin 1978.

Nieß, Albert: Briefe an A. Nieß. Hrsg. von *H. Mack*. In: Westermanns Monatshefte 81. 1936.

Paetel, Gebrüder: Neue Storm-Briefe. Hrsg. von *Wilhelm-Ernst Tornette*. In: Die Bücherschale 3. 1927.

Petersen, Wilhelm: Theodor Storm – Wilhelm Petersen. Briefwechsel. Kritische Ausgabe. In Verbindung mti der Theodor-Storm-Gesellschaft hrsg. von *Brian Coghlan*. Berlin 1984.

Pietsch, Ludwig: Blätter der Freundschaft. Aus dem Briefwechsel zwischen Theodor Storm und Ludwig Pietsch. Mitgeteilt von *Volquart Pauls*. 2. Auflage. Heide in Holstein 1943.

Pyl, Karl Theodor: *Kurt Gassen*, Theodor Storm und Karl Theodor Pyl. Unbekannte Briefe. In: Pommersche Jahrbücher, Band 33 (1939).

Rodenberg, Julius: *Peter Goldammer*, Theodor Storm und Julius Rodenberg, In: STSG 22. 1973.

Schmidt, Erich: Theodor Storm – Erich Schmidt, Briefwechsel. Kritische Ausgabe. In Verbindung mit der Theodor-Storm-Gesellschaft hrsg. von *Karl Ernst Laage*. Zwei Bände. Berlin 1972 und 1976.

Seidel, Heinrich: Theodor Storm und Heinrich Seidel im Briefwechsel. Hrsg. von *H. Wolfgang Seidel*. In: Deutsche Rundschau, Band 188 (1921).

Storm, Constanze: Theodor Storm, Briefe an seine Frau. Hrsg. von *Gertrud Storm*. Braunschweig 1915.

Storm, Johann Casimir und *Lucie*: Briefe in die Heimat aus den Jahren 1853–1864. Hrsg. von *Gertrud Storm*. Berlin 1907.

Theodor Storms Briefe in die Heimat aus den Jahren 1853–1864. Hrsg. von *Gertrud Storm*. Berlin 1907.

Tönnies, Ferdinand: *Heinrich Meyer*, Theodor Storm und Ferdinand Tönnies. In: Monatshefte für den deutschen Unterricht, Vol. 32. Madison, Wisconsin 1940.

Turgenjew, Iwan: *K. E. Laage*, Th. Storm und I. Turgenjew. In: STSG 16. 1967.

Verschiedene Empfänger: Theodor Storm, Briefe an seine Freunde Hartmuth Brinkmann und Wilhelm Petersen. Hrsg. von *Gertrud Storm*. Braunschweig 1917.

Verschiedene Empfänger: Theodor Storm, Briefe an seine Kinder. Hrsg. von *Gertrud Storm*. Braunschweig 1916.

Verschiedene Empfänger: Theodor Storm. Ein rechtes Herz. Sein Leben dargestellt von *Bruno Loets*. Leipzig o. J. [1945].

Verschiedene Empfänger: Theodor Storm, Briefe. Hrsg. von *Peter Goldammer*. 2 Bände. Berlin und Weimar 1972.

IV. Erinnerungen und Würdigungen

Biese, Alfred: Erinnerungen an Theodor Storm. In: STSG 30. 1981. S. 77–87.

Esmarch, Ernst: Theodor Storms Dichtungen. In: Monatsblätter für deutsche Literatur 2. 1898. S. 567–574.

Fontane, Theodor: Theodor Storm. In: Deutsche Rundschau, Band 87 (1896), S. 214–229. (Dasselbe in: Von Zwanzig bis Dreißig, Berlin 1898.)

Franzos, Karl Emil: Zur Erinnerung an Theodor Storm. In: Deutsche Dichtung, Band 5 (Oktober 1888), S. 27–31.

Fricke, Hermann (Hrsg.): Erinnerungen an Theodor Storm von Theodor Fontane. Ein nicht vollendeter Nekrolog. In: Jahrbuch für brandenburgische Landesgeschichte, Jg. 9 (1958), S. 26–37.

Heiberg, Hermann: Wilhelm Jensen, Th. Storm und K. Groth. In: Der Lotse 1 (1900/1901), S. 691–699.

Heyse, Paul: Jugenderinnerungen und Bekenntnisse. Bd. 3. Aus der Werkstatt. Stuttgart 1912. S. 132–138.

Jensen, Wilhelm: Heimaterinnerungen. II. Theodor Storm. In: Velhagen und Klasings Monatshefte, Band 14 (1899–1900), S. 501–512.

Jürgensen, H. E.: Ein paar Erinnerungen an Theodor Storm. In: *Friedrich Düsel* (Hrsg.), Theodor Storm. Gedenkbuch zu des Dichters 100. Geburtstag. Braunschweig 1916. S. 65–68.

Kuh, Emil: Theodor Storm. In: Wiener Abendpost, 11.–16. November 1874.

Lukács, Georg von: Bürgerlichkeit und l'art pour l'art. Theodor Storm. In: Die Seele und die Formen. Essays, Berlin 1911, S. 119–169.

Mann, Thomas: Theodor Storm. Adel des Geistes. In: Gesammelte Werke in zwölf Bänden. 10. Band, Berlin 1955, S. 451–472.

Pietsch, Ludwig: Theodor Storm. Eine Lebensskizze. In: Westermanns Monatshefte, Band 25. 1868.

–: Theodor Storm. Persönliche Erinnerungen. In: Vossische Zeitung vom 8., 10. und 13. Juli 1888.

Preuschen, Hermione von: Erinnerungen an Theodor Storm. In: Deutsche Revue, Band 3 (1899).

Franziska Gräfin zu Reventlow, Erinnerungen an Theodor Storm. In: Frankfurter Zeitung. Nr. 71. Abendblatt vom 12. März 1897.

Schmidt, Erich: Theodor Storm. In: Charakteristiken, 2. Auflage, Berlin 1902. S. 402–440.

–: Hans Theodor Woldsen-Storm. In: ADB (1893) Berlin 1971. S. 448–456.

Storm, Gertrud: Mein Vater Theodor Storm. Berlin 1922.

–: Vergilbte Blätter aus der grauen Stadt am Meer. Regensburg und Leipzig 1922.

Tönnies, Ferdinand: Theodor Storm. Zum 14. September 1917. Gedenkblätter. Berlin 1917.

Wedde, Johannes: Theodor Storm. Einige Züge zu seinem Bilde. Hamburg 1888.

V. Biographien und Gesamtdarstellungen

Biese, Alfred: Theodor Storms Leben und Werke. Zur Einführung in Welt und Herz des Dichters. Leipzig 1917.

Böttger, Fritz: Theodor Storm in seiner Zeit. Berlin 1958.

Goldammer, Peter: Theodor Storm. Eine Einführung in Leben und Werk. Leipzig 1974.

Jeß, Hartwig: Theodor Storm. Sein Leben und Schaffen. Braunschweig 1917.

Laage, Karl Ernst, Theodor Storm. Leben und Werk. Husum ⁴1986.

Pitrou, Robert: La vie et l'œuvre de Theodor Storm. Paris 1920.

Prinzivalli, Lydia: Theodor Storm. Palermo 1958.

Schütze, Paul: Theodor Storm. Sein Leben und seine Dichtung. Berlin 1887.

Storm, Gertrud: Theodor Storm. Ein Bild seines Lebens. 2 Bände. Berlin 1912/1913.

Stuckert, Franz: Theodor Storm. Sein Leben und seine Welt. Bremen 1955.

Vincon, Hartmut: Theodor Storm in Selbstzeugnissen und Bilddokumenten. Reinbek bei Hamburg 1972.

Wooley, Elmer Otto: Theodor Storm's World in Pictures. Bloomington, Indiana, 1954.

Wehl, Theodor: Storm, Ein Bild seines Lebens. Mit Porträts, Facsimiles und Ansichten. Altona 1888.

Personenregister

Werkregister